Die beste Dr. Oetker Kalte Küche

© Copyright 1982 by Ceres-Verlag
Rudolf-August Oetker KG, Bielefeld

Gestaltung Agentur für Werbung und Marketing
ATS, Bielefeld

Titel-Foto und Fotos Kapitel-Doppelseiten (Kulinarische Impressionen, Feine Spezialitäten) Arnold Zabert, Hamburg

Innen-Fotos Studio Büttner, Bielefeld
Friederun Köhnen, Sprockhövel
Christiane Pries, Steinhagen
Brigitte Wegner, Bielefeld

Food-Styling Wolfgang Helmentag, Gütersloh
Eike Upmeier, Bielefeld

Rezeptentwicklung und Rezepttext Versuchsküche Dr. August Oetker, Bielefeld
unter Mitarbeit von
Heide Hagendorf, Bielefeld
Mechthild Plogmaker, Bielefeld
Annette Elges, Bielefeld
Wolfgang Helmentag, Gütersloh

Küchenratgeber Hannelore Blohm, Hamburg

Herstellung Bentrup Druck, Bielefeld

Reproduktionen DC-Interscan aps, Viby, Dänemark

1. Auflage

ISBN 3-7670-0166-7

Die beste Dr. Oetker Kalte Küche

Ceres-Verlag
Rudolf-August Oetker KG
Bielefeld

VORWORT

Mit diesem Buch möchten wir Ihnen zeigen, wie frisch, gesund und vitaminreich die neue „Kalte Küche“ ist – und vor allem, wie leicht Sie schon mit ein paar kleinen Tricks die raffiniertesten Salate, kalten Suppen oder ein ganz köstliches „Abendbrot“ bereiten können. Denn die neue „Kalte Küche“ ist so vielseitig und abwechslungsreich, daß Sie am liebsten jeden Tag etwas anderes ausprobieren wollen. Und das Beste daran ist, alle Garnier-Ideen, Anrichte-Tips und Zubereitungen wurden in der Dr. Oetker Versuchsküche geprüft und sehr verständlich beschrieben, damit Ihnen alles am besten gelingt.

Die Rezepte der Doppelseitenfotos (Kulinarische Impressionen) finden Sie auf den Seiten 288 bis 295.

Die Rezepte sind – wenn nicht anders angegeben – für 4 Personen berechnet.

COCKTAILS

Die festliche Premiere.
(Rezept Seite 288)

Linsencocktail Acapulco

100 g Linsen	waschen, 12 – 24 Stunden in
1½ l Wasser	einweichen, in dem Einweichwasser zum Kochen bringen, fast weich kochen, erkalten lassen, abgießen, gut abtropfen lassen
1 Zwiebel	abziehen, in feine Würfel schneiden, mit den Linsen vermengen, mit
Rotweinessig	
Salz	
Pfeffer	
Zucker	würzen, gut durchziehen lassen
	für den Pfannkuchenteig
100 g Weizenmehl	mit
1½ g (½ gestrichener Teel.) Backpulver Backin	mischen, in eine Schüssel sieben, in die Mitte eine Vertiefung eindrücken
1 Ei	mit Salz, Zucker,
200 ml (⅕ l) Milch	verschlagen, etwas davon in die Vertiefung geben, von der Mitte aus Eimilch und Mehl verrühren, nach und nach die übrige Eimilch dazugeben, darauf achten, daß keine Klumpen entstehen etwas von
3 Eßl. Speiseöl	in einer Stielpfanne erhitzen, eine dünne Teiglage hineingeben, von beiden Seiten goldgelb backen bevor der Pfannkuchen gewendet wird, etwas Speiseöl in die Pfanne geben, den Pfannkuchen erkalten lassen, in feine, kurze Streifen schneiden
	für die Cocktailsoße
6 Eßl. Tomaten-Ketchup	mit
1 Eßl. Chilisoße	
1 Spritzer Tabasco	
2 Eßl. Salatöl	verrühren
1 Möhre	putzen, schrappen, waschen, kleinschneiden, mit
1 Eßl. feingehackter Zitronenmelisse	unter die Soße rühren 4 Portionsschälchen mit
gewaschenen Feldsalatblättern	auslegen, die Cocktailzutaten darauf anrichten, mit der Soße übergießen den Cocktail mit
gestiftelten Möhren	
Feldsalat	garnieren
Kochzeit:	Etwa 25 Minuten.
Beigabe:	Stangenweißbrot, Butter.

Griechischer Bauerncocktail

	Von
½ Kopf Salat	die welken Blätter entfernen, die anderen vom Strunk lösen, die großen Blätter teilen, die Herzblätter ganz lassen den Salat waschen, gut abtropfen lassen oder trockenschleudern
1 Zwiebel	abziehen, in Ringe schneiden
½ Salatgurke	waschen, abtrocknen, in feine Scheiben schneiden, evtl. halbieren
4 Tomaten	waschen, abtrocknen, in Achtel schneiden, die Stengelansätze entfernen
8 Sardellenfilets (aus der Dose)	unter fließendem kaltem Wasser abspülen, trockentupfen
125 g Schafskäse	zerbröckeln
	für die Cocktailsoße
1 Becher (150 g) Crème fraîche	verrühren

1 abgezogene, zerdrückte Knoblauchzehe	
3 – 4 Eßl. feingeschnittenen Schnittlauch	unterrühren, mit
Salz	
Pfeffer	abschmecken
	die Cocktailzutaten in 4 Cocktailgläsern anrichten, mit der Soße übergießen, mit
schwarzen Oliven	garnieren.
Beigabe:	Graubrot.

Spargelcocktail Hawaii

500 g gekochte Spargelstücke	abtropfen lassen
etwa 250 g tiefgekühlte Shrimps	bei Zimmertemperatur auftauen lassen
	beide Zutaten vermengen
	für die Cocktailsoße
5 Eßl. Salatmayonnaise	mit
2 Eßl. Sahne	
1 Eßl. Sherry	verrühren, mit
Zitronensaft	abschmecken
	die Cocktailzutaten mit der Soße vermengen
2 Apfelsinen	halbieren, aushöhlen, die ausgelösten Apfelsinenspalten in kleine Stücke schneiden
	die Apfelsinenstücke mit dem Cocktail vermengen, in den vier ausgehöhlten Apfelsinenhälften anrichten.
Beigabe:	Toast, Butter.

Broccolicocktail

	Von
etwa 250 g Broccoli	die äußeren Blätter entfernen, die Stengel am Strunk schälen, bis kurz vor den Röschen kreuzweise einschneiden, waschen, die Broccoliröschen in
kochendes Salzwasser	geben, zum Kochen bringen, gar kochen, abtropfen und erkalten lassen, kleinschneiden (einige zum Garnieren zurücklassen)
3 Tomaten	kurze Zeit in kochendes Wasser legen, in kaltem Wasser abschrecken, enthäuten, in Würfel schneiden
125 g Camembert	in Würfel schneiden
	für die Cocktailsoße
1 Becher (150 g) Crème fraîche	mit
1 Glas (2 cl) Pernod	verrühren, mit
Salz, Pfeffer	abschmecken, 4 Cocktailgläser mit
gewaschenen Salatblättern	auslegen, die Cocktailzutaten darauf anrichten, mit der Soße übergießen
	den Cocktail mit den restlichen Broccoliröschen,
gehackten Pistazienkernen	garnieren
Kochzeit:	10 – 12 Minuten.
Beigabe:	Stangenweißbrot, Butter.

Cocktail aus Früchten des Meeres

2 Seezungenfilets (etwa 150 g)	unter fließendem kaltem Wasser abspülen, trockentupfen
125 ml (1/8 l) Weißwein	
125 ml (1/8 l) Wasser	
1 Pfefferkorn	
1 Scheibe Zitrone (unbehandelt)	
Salz	
Pfeffer	zum Kochen bringen, die Seezungenfilets hineingeben, zum Kochen bringen, gar ziehen lassen, aus der Fischbrühe nehmen, kalt stellen
etwa 130 g Muschelfleisch (aus dem Glas)	evtl. abspülen, abtropfen lassen
etwa 100 g tiefgekühlte Shrimps	auftauen lassen
etwa 100 g gekochte Spargelstangen	abtropfen lassen, kleinschneiden (die Spitzen zum Garnieren zurücklassen)
100 g gedünstete Champignons	abtropfen lassen, in Scheiben schneiden
	für die Cocktailsoße
2 Eßl. Salatmayonnaise	mit
2 Eßl. Crème fraîche	
1 Eßl. Weinbrand	
2 Eßl. Apfelsinensaft	
1 Teel. geriebenem Meerrettich (aus dem Glas)	
1 Eßl. Tomaten-Ketchup	verrühren, mit
Salz	
Cayennepfeffer	abschmecken
	4 Cocktailgläser mit
gewaschenen Salatblättern	auslegen, die Cocktailzutaten darauf anrichten, mit der Soße übergießen
Garzeit:	10 – 15 Minuten.
Beigabe:	Toast, Butter.

Krebsfleischcocktail

500 ml (1/2 l) Wasser	mit
1 gestrichenen Eßl. Salz	zum Kochen bringen
50 g Langkornreis	hineingeben, zum Kochen bringen, ausquellen lassen, auf ein Sieb geben, mit kaltem Wasser übergießen, abtropfen lassen
etwa 185 g Krebsfleisch (aus der Dose)	abtropfen lassen, in mundgerechte Stücke zerpflücken
125 g blaue und grüne Weintrauben	waschen, halbieren, entkernen, vierteln
1 gehäuften Eßl. Mandarinenspalten (aus der Dose)	abtropfen lassen, halbieren
	für die Cocktailsoße
3 Eßl. steifgeschlagene Sahne	mit
2 gehäuften Eßl. Salatmayonnaise	
1 – 2 Eßl. Mandarinensaft	verrühren, mit
Salz	
Pfeffer	
Zucker	
Zitronensaft	abschmecken die Cocktailzutaten mit der Soße vermengen, durchziehen lassen, mit Salz, Pfeffer, Zucker abschmecken 4 Cocktailgläser mit
gewaschenen Salatblättern	auslegen, den Cocktail darauf anrichten, mit
Zitronenscheiben	
Mandarinenspalten	
Petersilie	garnieren
Kochzeit:	Etwa 20 Minuten.
Beigabe:	Toast, Butter.

Exotischer Fruchtcocktail

4 kleine Netzmelonen im oberen Drittel quer mit einem kleinen Küchenmesser zu einem Stern schneiden, das Fruchtfleisch herauslösen, entkernen, in Würfel schneiden, in eine Schüssel geben

225 g Lychees (aus der Dose)
225 g Mangofrüchte (aus der Dose)
150 g gewürfelte Kumquats (aus dem Glas)

die Zutaten abtropfen lassen, die Mangos in Würfel schneiden, mit den übrigen Früchten vermengen

für die Cocktailsoße
den Saft von
1 Zitrone mit
2 Eßl. Kirschlikör
4 Eßl. Weinbrand
1 – 2 Eßl. gesiebtem Puderzucker
½ Päckchen Vanillin-Zucker verrühren, über die Früchte gießen, zugedeckt mindestens 1 Stunde kalt stellen

Wassereiswürfel (aus dem Gefrierfach) in kleine Stücke zerstoßen, in flache Schalen füllen, darauf die Melonensterne setzen
die Fruchtmischung vorsichtig umrühren, ohne Saft in die Melonen füllen, nach Belieben mit
Lychees
Kumquats
kandierten Kirschen garnieren.
Beigabe: Teegebäck, Löffelbiskuits.

Obstcocktail mit Krabben

1 Apfelsine
1 Banane
1 Apfel
das Obst schälen
den Apfel vierteln, entkernen
alle Zutaten in kleine Würfel schneiden
etwa 300 g entsteinte Sauerkirschen (aus dem Glas) abtropfen lassen
etwa 150 g frische gepulte Krabben mit dem Obst vermengen

für die Cocktailsoße
1 Becher (150 g) Joghurt mit
1 Eßl. Zitronensaft verrühren
30 g abgezogene, gehobelte Mandeln unterrühren, mit
Salz
Zucker abschmecken, mit den Cocktailzutaten vorsichtig vermengen
4 Cocktailgläser mit
gewaschenen Salatblättern auslegen, den Cocktail darauf anrichten, mit
Tomatenröschen garnieren.
Beigabe: Toast, Butter.

Hummercocktail

Etwa 140 g gekochtes Hummerfleisch	in kleine Stücke zerpflücken
3 Eßl. gedünstete Champignonscheiben	
2 – 3 Scheiben Ananas (aus der Dose)	
	beide Zutaten abtropfen lassen die Ananasscheiben in kleine Stücke schneiden
	für die Cocktailsoße
1 Eigelb	mit
1 – 2 Teel. Senf	
1 Eßl. Essig oder Zitronensaft	
Salz	
1 Teel. Zucker	zu einer dicklichen Masse schlagen nach und nach
125 ml (⅛ l) Salatöl	unterschlagen
4 Eßl. Sahne	
1 Eßl. Sherry	unterrühren, mit Salz, Zucker abschmecken die Cocktailzutaten in 4 Cocktailgläsern anrichten, mit der Soße übergießen den Cocktail mit
gewaschenen Salatblättern	
Hummerfleisch	
Petersilie	garnieren.
Beigabe:	Toast, Butter.

Avocado-Krebsfleisch-Cocktail

2 reife Avocados	waschen, abtrocknen, längs halbieren, entsteinen, das Fruchtfleisch herauslösen, ohne die Schale dabei zu verletzen, in Würfel schneiden, mit dem Saft von
½ Zitrone	beträufeln
125 g gedünstete Champignons	abtropfen lassen, in Scheiben schneiden
100 g gekochtes Krebsfleisch	zerpflücken, mit den Champignons zu den Avocados geben
	für die Cocktailsoße
1 Becher (150 g) Crème fraîche	mit
3 Eßl. Tomaten-Ketchup	
1 Eßl. Weinbrand	verrühren
1 Teel. geriebenen Meerrettich (aus dem Glas)	unterrühren, mit
Salz	
grob geschrotetem Pfeffer	
Cayennepfeffer	abschmecken
1 – 2 Eßl. gemischte, gehackte Kräuter	hinzufügen die Cocktailzutaten in die ausgehöhlten Avocadohälften füllen, mit der Soße übergießen den Cocktail mit
Dillzweigen	garnieren.

Frühlingscocktail Favoritin

12 Stangen gekochten Spargel	abtropfen lassen, in etwa 3 cm lange Stücke schneiden (die Spitzen zum Garnieren zurücklassen)
100 g gekochtes Hummerfleisch	in mundgerechte Stücke zerpflücken beide Zutaten mit
Salz	
Zitronensaft	würzen
16 Erdbeeren	waschen, abtropfen lassen, entstielen, halbieren, mit
Zucker	bestreuen, mit Zitronensaft beträufeln
100 g Lachsschinken	in feine Streifen schneiden
	für die Cocktailsoße
2 Eßl. Salat-mayonnaise	mit
2 Eßl. Tomaten-Ketchup	
2 Eßl. Weinbrand	
½ Eßl. Zitronensaft	verrühren, mit Salz,
Pfeffer	abschmecken 4 Cocktailgläser mit
gewaschenen Salatblättern	auslegen, darauf Hummerfleisch, Lachsschinken, Spargelstücke, Erdbeerhälften (einige zum Garnieren zurücklassen) anrichten, mit der Soße übergießen den Cocktail mit den zurückgelassenen Spargelspitzen, Erdbeerhälften,
Kerbel	garnieren.
Beigabe:	Toast, Butter.

Krabbencocktail, indisch

2 Bananen	schälen
2 kleine Äpfel	schälen, vierteln, entkernen beide Zutaten in kleine Würfel schneiden, mit
etwa 200 g frischen gepulten Krabben	vermengen, mit
Zitronensaft	beträufeln
2 Teel. gehackte Haselnußkerne	
4 Messerspitzen Currypulver	
4 Messerspitzen gemahlenen Ingwer	hinzufügen
2 Becher (je 150 g) Crème fraîche	verrühren, mit den Zutaten vermengen den Cocktail mit
Salz	
Zucker	abschmecken, in Cocktailgläsern anrichten, mit
Tomaten-Ketchup	verzieren.
Beigabe:	Toast, Butter.

Staudenselleriecocktail

1 Stange Staudensellerie	putzen, waschen, abtrocknen, in kleine Stücke schneiden
200 g Emmentaler Käse	
100 g gekochter Schinken	beide Zutaten in kleine Würfel schneiden
2 Becher (je 150 g) Crème fraîche	verrühren, mit den Zutaten vermengen den Cocktail mit
Salz	
Cayennepfeffer	
Zitronensaft	
Worcestersoße	abschmecken, in 4 Cocktailschalen anrichten, mit
abgezogenen, gehobelten, gebräunten Mandeln	
Brunnenkresse	garnieren.
Beigabe:	Stangenweißbrot, Butter.

Muschelcocktail Bombay

Etwa 130 g Muschelfleisch (aus dem Glas)	evtl. abspülen
etwa 300 g Mandarinenspalten (aus der Dose)	
	beide Zutaten abtropfen lassen, den Mandarinensaft auffangen
1 säuerlichen Apfel	schälen, vierteln, entkernen, kleinschneiden
	für die Cocktailsoße
2 eingelegte Ingwerknollen (aus dem Glas)	kleinschneiden
1 Becher (150 g) Crème fraîche	mit den Ingwerstücken,
1 Teel. Currypulver	
1 – 2 Eßl. Mandarinensaft	
1 Eßl. Ingwersirup (aus dem Glas)	verrühren
1 Banane	schälen
2 Tomaten	waschen, abtrocknen
	beide Zutaten in Scheiben schneiden (Stengelansätze der Tomaten entfernen)
	4 Cocktailgläser mit
gewaschenen Salatblättern	auslegen, Tomaten- und Bananenscheiben darauf legen, die übrigen Cocktailzutaten darauf anrichten, mit der Soße übergießen
	den Cocktail mit
Dillzweigen	garnieren.
Beigabe:	Toast, Butter.

Thunfischcocktail

Etwa 300 g Thunfisch (aus der Dose)	abtropfen lassen, zerpflücken
3 Schalotten oder 1 kleine Zwiebel	abziehen, fein würfeln
1 Eßl. Kapern (aus dem Glas)	abtropfen lassen, kleinschneiden
	die Zutaten vermengen
	für die Cocktailsoße
1 Becher (150 g) Crème fraîche	mit
evtl. 1 – 2 Eßl. Milch	verrühren
1 Eßl. Senf	
1 Eßl. gehackten Dill	
Worcestersoße	
Zitronensaft	unterrühren, mit
Knoblauchsalz	
Zucker	abschmecken
	4 Cocktailgläser mit
gewaschenen Salatblättern	auslegen, die Cocktailzutaten darauf anrichten, mit der Soße übergießen
	den Cocktail mit
Eierscheiben	
Petersilie	garnieren.
Beigabe:	Weißbrot, Kräuterbutter (S. 122).

Rindfleischcocktail Gutsherrenart

200 g gekochtes Rindfleisch	
100 g roher, magerer Schinken	
	beide Zutaten in kleine Würfel schneiden
1 Zwiebel	abziehen
2 Eßl. Kapern (aus dem Glas)	abtropfen lassen
2 saure Gurken	
	die Zutaten in feine Würfel schneiden
4 hartgekochte Eier	pellen, fein hacken
	alle Zutaten mit
4 Eßl. feingeschnittenem Schnittlauch	in eine Schüssel geben, mit

Salz
Zucker
Worcestersoße würzen

für die Cocktailsoße

125 ml (⅛ l)
saure Sahne mit
4 Eßl. Salat-
mayonnaise
2 Eßl. Senf verrühren
90 g Kaviar
(aus dem Glas) unterrühren (etwas zum Garnieren zurücklassen)
4 Cocktailgläser mit
gewaschenen
Salatblättern auslegen, die Cocktailzutaten darauf anrichten, mit der Cocktailsoße übergießen
den Cocktail mit dem restlichen Kaviar,
Eischeiben garnieren.
Beigabe: Grau- oder Vollkornbrot, Butter.

Champignoncocktail

200 g gedünstete
Champignons abtropfen lassen, in dünne Scheiben schneiden
200 g gekochtes,
enthäutetes
Hühnerfleisch in kleine Stücke schneiden
die Zutaten vermengen (etwas zum Garnieren zurücklassen), mit
Salz
Zucker
Zitronensaft würzen

für die Cocktailsoße

1 Eigelb mit
1 Teel. Senf
1 Teel. Essig oder
Zitronensaft
Salz
1 Teel. Zucker zu einer dicklichen Masse schlagen
nach und nach
125 ml (⅛ l) Salatöl unterschlagen
60 g Doppelrahm-
Frischkäse mit einer Gabel zerdrücken, mit
Selleriesalz
3 Eßl. saurer Sahne unter die Mayonnaise rühren
4 Cocktailgläser mit
gewaschenen
Salatblättern auslegen, die Cocktailzutaten darauf anrichten, mit der Soße übergießen
den Cocktail mit den zurückgelassenen Zutaten garnieren.
Beigabe: Stangenweißbrot, Butter.

Hummercocktail Loren

Etwa 450 g gekochtes
Hummerfleisch in mundgerechte Stücke zerpflücken
2 Tomaten kurze Zeit in kochendes Wasser legen (nicht kochen lassen), in kaltem Wasser abschrecken, enthäuten, die Stengelansätze entfernen, das Innere aushöhlen, die Tomaten in Streifen schneiden
½ Dose (etwa 170 g)
Maiskörner abtropfen lassen
12 spanische Oliven,
mit Paprika gefüllt in Scheiben schneiden

für die Cocktailsoße

1 Becher (150 g)
Joghurt mit
1 Eßl. gemischten,
gehackten Kräutern verrühren, mit
Salz
Pfeffer abschmecken
die Cocktailzutaten in 4 Cocktailgläser schichten, mit der Soße übergießen, mit
Dillzweigen garnieren.
Beigabe: Toast, Butter.

VORSPEISEN

Der Auftakt des Genießens.

(Rezept Seite 288)

Avocados mit Roquefortcreme

2 reife Avocados	waschen, abtrocknen, halbieren, entkernen das Fruchtfleisch bis auf einen etwa ½ cm breiten Rand herauslösen, durch ein Sieb streichen oder mit dem elektrischen Handrührgerät pürieren
1 Becher (150 g) Crème fraîche	hinzufügen, die Masse cremig schlagen
1 kleine Zwiebel	abziehen, reiben, unterrühren die Masse mit
Salz Pfeffer	abschmecken
75 g Roquefort-Käse	mit einer Gabel zerdrücken, mit
2 Eßl. Sahne	verrühren, unter die Avocadocreme heben die Creme in einen Spritzbeutel mit gezackter Tülle füllen, in die Avocadohälften spritzen, mit
schwarzen Oliven gewaschenen Salatblättern	anrichten.

Gefüllte Tomatenkörbchen

4 große Tomaten	waschen, abtrocknen, quer halbieren, aushöhlen
1 grüne Paprikaschote	halbieren, entstielen, entkernen, die weißen Scheidewände entfernen, die Schote waschen, in Streifen schneiden, in
250 ml (¼ l) kochendes Salzwasser	geben, zum Kochen bringen, etwa 5 Minuten kochen, abtropfen und erkalten lassen
250 g gekochtes Schweinefleisch	
75 g gekochter Schinken	beide Zutaten in Streifen schneiden
	für die Salatsoße
2 Eßl. Salatmayonnaise	mit
2 Eßl. Joghurt	
1–2 Eßl. Essig	verrühren, mit
Salz, Pfeffer	
Paprika edelsüß	abschmecken die Salatzutaten mit der Soße vermengen, gut durchziehen lassen, in die Tomatenhälften füllen, auf einer Platte anrichten.

Tomaten mit Mozzarella

(Etwa 6 Portionen)

750 g Tomaten	waschen, abtrocknen, in Scheiben schneiden, die Stengelansätze entfernen
300 g Mozzarella-Käse	in Scheiben schneiden beide Zutaten im Wechsel schuppenförmig auf einer Platte oder auf Portionstellern anrichten
	für die Soße
4 Eßl. Olivenöl	mit
2 Eßl. Weinessig	
Salz	verrühren, Tomaten und Käse damit beträufeln, mit
frisch gemahlenem schwarzem Pfeffer	bestreuen
2 Bund Basilikum	waschen, abtropfen lassen, zerpflükken, über die angerichteten Zutaten geben.
Beigabe:	Stangenweißbrot.

Porreestangen mit sauce vinaigrette

5 mittelgroße Porreestangen (etwa 1 kg)	putzen, längs einschneiden, gründlich waschen, in
1 l kochendes Salzwasser	geben
1 Knoblauchzehe	abziehen, hinzufügen, die Porreestangen zum Kochen bringen, 12 – 15 Minuten kochen, abtropfen und erkalten lassen, auf einer Platte anrichten
	für die sauce vinaigrette
3 Eßl. Salatöl	mit
2 Eßl. Weißweinessig	
1 Teel. Senf	verrühren, mit
Salz	
Pfeffer	abschmecken
2 Eßl. feingeschnittenen Schnittlauch	unterrühren die sauce vinaigrette über die Porreestangen gießen, 1 – 2 Stunden ziehen lassen
1 – 2 hartgekochte Eier	pellen, hacken, kurz vor dem Servieren über die Porreestangen streuen.

Pikantes Muschelgericht

1 Zwiebel	abziehen, in feine Würfel schneiden
50 g Butter	zerlassen, die Zwiebelwürfel darin andünsten
100 g tiefgekühlte Shrimps	hinzufügen, etwa 3 Minuten durchdünsten lassen
1 hartgekochtes Ei	pellen, in Würfel schneiden
200 g spanische Muscheln (aus der Dose)	abtropfen lassen, mit den Eiwürfeln,
1 Bund gehackter Petersilie	zu den Shrimps geben, miterhitzen, mit
Salz	
Pfeffer	
Tabasco	abschmecken, nach Belieben mit
Eischeiben	
gehackter Petersilie	garnieren.
Beigabe:	Stangenweißbrot.

Shrimps auf Artischockenböden

14 – 16 Artischokkenböden (aus der Dose)	abtropfen lassen, auf einer Glasplatte anrichten, mit
Zitronensaft	
Worcestersoße	beträufeln
250 – 300 g tiefgekühlte Shrimps	bei Zimmertemperatur auftauen lassen, auf den Artischockenböden verteilen, auf
gewaschenen Salatblättern	anrichten
	für die Soße
4 – 5 Eßl. Tomaten-Ketchup	mit
3 Eßl. Sahne	
1 Eßl. Weinbrand	verrühren, mit
Salz	
Pfeffer	
Zucker	abschmecken die Soße über die Shrimps geben
spanische Oliven, mit Paprika gefüllt	in Scheiben schneiden, die Artischokkenböden damit garnieren.

Gemüseteller Kristin

1 Zwiebel	abziehen, in Würfel schneiden
1 grüne und 1 rote Paprikaschote	halbieren, entstielen, entkernen, die weißen Scheidewände entfernen, die Schoten waschen, in Streifen schneiden
5 Eßl. Olivenöl	erhitzen, die Zwiebelwürfel darin andünsten, die Paprikastreifen dazugeben, 10 – 15 Minuten mitdünsten lassen
2 – 3 Zucchini (etwa 500 g)	evtl. schälen, waschen, in Scheiben schneiden
3 Tomaten	kurze Zeit in kochendes Wasser legen (nicht kochen lassen), in kaltem Wasser abschrecken, enthäuten, vierteln, die Stengelansätze entfernen Zucchinischeiben, Tomatenviertel zu dem Paprikagemüse geben, mitdünsten lassen das gare Gemüse mit
gerebeltem Majoran	
Salz	
Pfeffer	würzen, kalt stellen
200 g Schweizer Käse	in Würfel schneiden, unter das Gemüse heben, mit Salz, Pfeffer abschmecken, auf einem Teller anrichten
Dünstzeit:	Etwa 25 Minuten.

Staudensellerie mit Roquefort

4 Stengel Staudensellerie (etwa 200 g, ohne Grün)	putzen, waschen, abtrocknen, auf einer Platte anrichten, mit
Salz	bestreuen, mit
Zitronensaft	beträufeln
100 g Roquefort-Käse	mit einer Gabel zerdrücken
2 – 3 Eßl. Sahne	nach und nach unterrühren, so lange rühren, bis eine geschmeidige Masse entstanden ist die Masse auf die Stengel spritzen.

Hummerschnitten

40 g Butter	geschmeidig rühren
10 g Echte Hamburger Krebssuppe (Extrakt)	unterrühren
4 Scheiben Weißbrot (am besten Toastbrot)	nach Belieben toasten, mit der Butter bestreichen
2 hartgekochte Eier	pellen, hacken
1 gehäuften Eßl. Salatmayonnaise	mit
1 gehäuften Eßl. Crème fraîche	und dem Ei verrühren, mit
Salz	
Pfeffer	abschmecken
etwa 150 g Hummerfleisch (aus der Dose)	in Stücke zerpflücken die Eiermayonnaise auf die Toastscheiben geben, das Hummerfleisch darauf verteilen die Hummerschnitten auf
gewaschenen Salatblättern	anrichten, mit
Zitronenscheiben	
Petersilie	garnieren.

Avocados mit Krabben

2 reife Avocados	waschen, abtrocknen, längs halbieren, entkernen, das Fruchtfleisch bis auf einen etwa ½ cm breiten Rand herauslösen, in kleine Stücke schneiden, mit
1 Eßl. Zitronensaft	beträufeln
	für die Salatsoße
1 Eßl. Butter	zerlassen, mit
2 Eßl. Crème fraîche	
1 Eßl. Milch	
1 Teel. feingehacktem Dill	verrühren, mit
Salz	
Pfeffer	
Zucker	
Zitronensaft	
Worcestersoße	abschmecken
	für die Füllung
3 mittelgroße Tomaten	waschen, abtrocknen, halbieren, die Stengelansätze entfernen, die Tomaten entkernen, in kleine Würfel schneiden
100 g frische gepulte Krabben oder Shrimps	mit den Avocado- und Tomatenwürfeln unter die Soße rühren die Füllung etwas durchziehen lassen die Avocadohälften mit
Zwiebelsalz	ausstreuen, mit der Krabbenmasse füllen die Avocadohälften auf
gewaschenen Salatblättern	anrichten, mit
Zitronenscheiben	
Dillzweigen	garnieren.
Beigabe:	Stangenweißbrot oder Toast.
Veränderung:	Die Soße über die Füllung verteilen.

Kaviarschnitten

75 g Butter geschmeidig rühren, von
etwa 50 g Kaviar (aus dem Glas) knapp die Hälfte zerdrücken, unter die Butter rühren
8 sehr kleine Scheiben Stangenweißbrot mit etwas Kaviarbutter bestreichen, die restliche Butter in einen Spritzbeutel mit gezackter Tülle geben, als Kranz auf die Brotscheiben spritzen, in die Mitte den übrigen Kaviar geben
die Kaviarschnitten mit
Limettenscheiben
Zwiebelringen
Dillzweig garnieren.

Krabben im Näpfchen

(6 Portionen)

300 g frische gepulte Nordseekrabben mit der
Schale von 1 Zitrone (unbehandelt)
3 Eßl. Zitronensaft
2 Eßl. feingehacktem Dill
3 Eßl. Sherry medium verrühren, mit
Pfeffer abschmecken
die Krabben zugedeckt etwa 1 Stunde durchziehen lassen, ab und zu umrühren (die Zitronenschale herausnehmen), in 6 kleine flache Förmchen (Durchmesser etwa 8 cm) füllen, etwas festdrücken
200 g Butter zerlassen (darf nicht schäumen), über die Krabben gießen, erkalten lassen
die Portionen mit
Dillzweigen
Zitronenscheiben garnieren.
Beigabe: Heißer Toast.

Melone mit Geflügelsalat
(8 Portionen)

1 Wassermelone waschen, abtrocknen, längs halbieren, jede Hälfte in 4 gleiche Schiffchen schneiden
das Fruchtfleisch mit einem Löffel so aus der Schale lösen, daß ein etwa 1 cm breiter Rand in der Schale bleibt
das ausgelöste Melonenfleisch von den Kernen befreien, in kleine Stücke schneiden, gut abtropfen lassen,
die Melonen-Schiffchen kalt stellen

250 g gekochtes, kaltes Geflügelfleisch in kleine Stücke schneiden

250 g Champignons putzen, waschen, in dünne Scheiben schneiden

1 Eßl. Butter zerlassen, die Champignonscheiben darin etwa 10 Minuten dünsten lassen, mit

Salz
Pfeffer
Zitronensaft würzen, erkalten lassen, mit dem Melonen- und Geflügelfleisch,

2 Eßl. Salatmayonnaise vermengen
den Salat auf den gut gekühlten Melonen-Schiffchen gleichmäßig verteilen, mit

Petersilie garnieren.

Veränderung: Die Salatzutaten mit einigen Tropfen Worcestersoße oder Tabasco würzen, bevor die Mayonnaise untergehoben wird.

Räucherlachs Altona
(10 Portionen)

Für die Füllung

250 ml (¼ l) Sahne steif schlagen, mit

4 – 5 Eßl. geriebenem Meerrettich (aus dem Glas) verrühren, mit

Zitronensaft
Salz
Zucker abschmecken, in einen Spritzbeutel füllen

10 dünne Scheiben echten Räucherlachs evtl. mit etwas Zitronensaft beträufeln, zu Tüten formen, die Meerrettichsahne hineinspritzen
die gefüllten Lachsscheiben auf einer Platte anrichten, mit

Dillzweigen garnieren
die restliche Meerrettichsahne dazureichen.

Fenchel auf italienische Art
(Etwa 8 Portionen)

500 ml (½ l) Salzwasser zum Kochen bringen

4 Fenchelknollen putzen, waschen, halbieren, hineingeben, zum Kochen bringen, gar kochen lassen
die Fenchelknollen auf einer vorgewärmten Platte anrichten, mit

50 g gebräunter Butter übergießen, mit

geriebenem Parmesan-Käse bestreuen, sofort servieren

Kochzeit: 20 – 30 Minuten.

Vorspeisenteller Forellenhof

(1 Portion)

1 Blatt Endiviensalat	
1 Blatt Chicoréesalat	beide Zutaten waschen, abtropfen lassen
1 Apfelsinenscheibe	die drei Zutaten auf einem Dessertteller anrichten
1 geräuchertes Forellenfilet	enthäuten, auf die Salatblätter legen, mit
1 Teel. Zitronensaft	beträufeln
1 Teel. geriebenen Meerrettich (aus dem Glas)	neben das Forellenfilet auf den Salat geben
1 Eßl. Crème fraîche	mit
1 Teel. feingehacktem Dill	verrühren, mit
Zitronensaft	
Salz	
Pfeffer	abschmecken, über das Forellenfilet geben.
Beigabe:	Toast.

Eier Rossini

4 Eiweiß	mit
Salz	steif schlagen den Eierschnee gleichmäßig in eine gefettete Auflaufform geben, 4 kleine Vertiefungen eindrücken, in jede Vertiefung etwas von
50 g geriebenem Schweizer Käse	geben, von
4 Eigelb	jeweils 1 Eigelb in jede Vertiefung setzen, rund um das Eigelb den restlichen Käse streuen
Butter	in Flöckchen darauf setzen, die Form auf dem Rost in den vorgeheizten Backofen schieben
Strom:	175 – 200
Gas:	3 – 4
Backzeit:	Etwa 15 Minuten.

Mailänder Salami mit Weinzwiebeln

250 g kleine Zwiebeln	abziehen
2 Eßl. Olivenöl	erhitzen, die Zwiebeln darin andünsten, mit
Salz	
Pfeffer	würzen, mit
2 Eßl. Zucker	bestreuen, unter ständigem Rühren leicht bräunen lassen
125 ml (⅛ l) Weißwein	
2 Eßl. Zitronensaft	
1 Eßl. Estragonessig	hinzufügen, die Zwiebeln 10 – 15 Minuten schmoren lassen, in der Flüssigkeit erkalten und abtropfen lassen
100 g Mailänder Salami (in hauchdünne Scheiben geschnitten)	mit den Zwiebeln auf 4 Tellern anrichten, mit
Zitronenmelisse	
Tomatenachteln	garnieren.
Beigabe:	Stangenweißbrot.

Vorspeisenplatte Lukull

250 g gekochte Spargelspitzen	abtropfen lassen
250 g Tomaten	waschen, abtrocknen, in Scheiben schneiden, die Stengelansätze entfernen von
1 Kopf Salat	die welken Blätter entfernen, die anderen vom Strunk lösen große Blätter in kleine Stücke zerpflücken, waschen, gut abtropfen lassen oder trockenschleudern
	für die Salatsoße
5 Eßl. Salatöl	mit
2 – 3 Eßl. Essig	verrühren, mit
Salz	
Pfeffer	
Zucker	abschmecken den Kopfsalat mit einem Teil der Salatsoße vermengen, auf einer Glas- oder Porzellanplatte anrichten, die restliche Salatsoße über Spargelspitzen und Tomatenscheiben verteilen, etwas durchziehen lassen
2 – 3 hartgekochte Eier	pellen, in Scheiben schneiden Spargelspitzen, Tomaten- und Eierscheiben auf dem Kopfsalat sternförmig anrichten
125 ml (⅛ l) Sahne	½ Minute schlagen
½ Päckchen Sahnesteif	unter Schlagen einstreuen, die Sahne steif schlagen, mit Salz,
Zitronensaft	abschmecken, in einen Spritzbeutel füllen, auf den Salat spritzen, mit
gehacktem Dill oder gehackter Petersilie	bestreuen.

Griechische Champignons

500 g Champignons	putzen, waschen, in Scheiben schneiden
1 Zwiebel	abziehen, in Würfel schneiden
125 ml (⅛ l) Wasser	mit
4 Eßl. Olivenöl	
1 Lorbeerblatt	
gerebeltem Thymian	zum Kochen bringen, Champignons und Zwiebeln dazugeben, mit
Salz	
Pfeffer	
Zucker	würzen, gar dünsten lassen
125 ml (⅛ l)	
Weißwein	mit
1 – 2 Eßl.	
Tomatenmark	hinzufügen, mit Salz, Pfeffer abschmecken, etwas abkühlen lassen die Champignons mit
1 Eßl. gehackter	
Petersilie	bestreuen
Dünstzeit:	8 – 10 Minuten.
Beigabe:	Stangenweißbrot.

Veroneser Eiertomaten

4 mittelgroße	
Fleischtomaten	waschen, einen Deckel abschneiden, die Tomaten aushöhlen (das Innere für eine Tomatensoße verwenden), die Tomaten umgedreht auf Küchenpapier austropfen lassen, innen mit
Salz	
Pfeffer	
italienischen	
Kräutern	bestreuen
4 kleine Eier	aufschlagen, jeweils 1 Ei in jede Tomate geben von
4 Teel. geriebenem	
Parmesan-Käse	jeweils 1 Teel. auf jedes Ei streuen, mit
Butterflöckchen	belegen die Tomaten in eine mit
Speiseöl	ausgestrichene flache, feuerfeste Form setzen die Tomaten rundherum mit Speiseöl bestreichen, die Form auf dem Rost in den Backofen schieben 3 – 5 Minuten vor Beendigung der Garzeit die Tomatendeckel dazulegen die Tomaten mit
Petersilie	garnieren, warm oder kalt servieren
Strom:	200 – 225 (vorgeheizt)
Gas:	3 – 4
Backzeit:	20 – 30 Minuten.

Matjesfilet Bornholm

1 säuerlichen Apfel	schälen, mit einem Apfelausstecher das Kerngehäuse ausstechen den Apfel in 4 Scheiben schneiden
100 ml Weißwein	erhitzen, die Apfelscheiben darin fast weich dünsten (sie dürfen nicht zerfallen), in dem Weißwein erkalten und abtropfen lassen, auf eine Platte legen
4 Matjesfilets	aufrollen, jeweils hochkant auf einer Apfelscheibe anrichten von
4 Eßl. Preiselbeeren (aus dem Glas)	jeweils 1 Eßl. in jedes Matjesröllchen geben
1 Becher (150 g) Crème fraîche	mit etwas von der Weißweinflüssigkeit verrühren, kurz vor dem Servieren über die Matjesfilets verteilen.
Beigabe:	Graubrot, Butter.

Spargel mit abgeschlagener Soße

Etwa 300 g gekochte Spargelspitzen	abtropfen lassen, warm stellen
50 g Butter oder Margarine	erhitzen
4 Scheiben Weißbrot (am besten Toastbrot)	von beiden Seiten darin braun rösten
	für die abgeschlagene Soße
2 Eigelb	mit
3 Eßl. lauwarmem Wasser	im Wasserbad oder auf der Automatikplatte so lange schlagen, bis die Masse dicklich wird (nicht kochen lassen)
2 Eßl. steifgeschlagene Sahne	unterheben, die Soße mit
Salz Pfeffer Zitronensaft	abschmecken die Toastscheiben auf
gewaschenen Salatblättern	anrichten, den Spargel darauf verteilen, etwas von der Soße darüber geben, die restliche Soße getrennt dazureichen
100 g rohen oder gekochten Schinken	in Streifen schneiden, über die Toastscheiben streuen, mit
gehackter Petersilie	bestreuen.

Weinbergschnecken

	Die Schneckenhäuser von
24 Schnecken (aus der Dose)	in heißem Wasser waschen, abtropfen lassen je ½ Teel. von der Schneckenflüssigkeit in die Schneckenhäuser füllen, die Schnecken hineingeben
60 – 80 g weiche Butter	geschmeidig rühren
½ Zwiebel 1 Knoblauchzehe 2 Schalotten	die drei Zutaten abziehen, fein hacken, mit
1 Eßl. gehackter Petersilie	zu der Butter geben, gut verrühren, mit
Salz Pfeffer	abschmecken die gefüllten Schneckenhäuser mit der Kräuterbutter bestreichen, in flache, feuerfeste Schalen (mit Salz gefüllt) oder in Schneckenpfannen setzen, auf dem Rost in den vorgeheizten Backofen schieben
Strom:	225 – 250
Gas:	5 – 6
Dünstzeit:	10 – 15 Minuten.

Gefüllte, gedünstete Tomaten

8 mittelgroße, feste Tomaten	waschen, abtrocknen, deckel abschneiden, das Innere aushöhlen, durch ein Sieb streichen, mit Wasser auf 500 ml (½ l) auffüllen
	die Tomaten innen mit
Salz	bestreuen
	für die Füllung
250 g Champignons	putzen, waschen, halbieren, in Scheiben schneiden
1 kleine Zwiebel	abziehen, in Würfel schneiden
1 Eßl. Butter oder Margarine	zerlassen, Pilzscheiben und Zwiebelwürfel darin andünsten
1 Ei 40 g Semmelmehl	unterrühren, die Masse mit
Salz Pfeffer	abschmecken
1 Eßl. gehackte Petersilie	unterrühren
	die Füllung in die Tomaten geben, die Deckel wieder darauf legen
60 g Margarine	zerlassen, die Tomaten nebeneinander hineinstellen, gar dünsten lassen
	die Tomaten auf einer vorgewärmten Platte anrichten, warm stellen
35 g Weizenmehl	in dem Fett unter Rühren so lange erhitzen, bis es hellgelb ist, die Tomatenmarkflüssigkeit hinzugießen, mit einem Schneebesen durchschlagen, darauf achten, daß keine Klumpen entstehen, die Soße zum Kochen bringen, etwa 3 Minuten kochen lassen, mit Salz, Pfeffer,
Zucker	abschmecken
1 schwach gehäuften Eßl. Tomatenmark	hinzufügen
	die Tomaten in der Soße servieren
Dünstzeit:	Etwa 20 Minuten.

Marinierte Gemüseplatte mit Avocadocreme

250 g Champignons	putzen, waschen
375 g Broccoli	putzen, die Stengel schälen, den Broccoli waschen
4 – 6 Stangen Staudensellerie	von braunen Stellen befreien, das obere Ende abschneiden, die Stangen waschen, in etwa 5 cm lange Stücke schneiden
2 – 3 mittlere Porreestangen (Lauch)	putzen, halbieren, waschen, in etwa 5 cm lange Stücke schneiden
2 große Möhren	putzen, schrappen, waschen, in etwa 5 cm lange, etwa ½ cm dicke Stifte schneiden
1 – 2 rote Paprikaschoten	halbieren, entstielen, entkernen, die weißen Scheidewände entfernen, die Schoten in etwa ½ cm breite Streifen schneiden
2 – 3 Fenchelknollen	vierteln oder sechsteln, evtl. braune Stellen entfernen, die Fenchelstücke waschen
	das Gemüse nacheinander in
kochendes Salzwasser	geben, zum Kochen bringen, das Wasser zwischendurch einmal erneuern, beim Kochen des Fenchels
2 Eßl. Zitronensaft	in das Wasser geben
	das Gemüse gut abtropfen lassen, in die Fettfangschale legen
	für die Marinade
1 Zwiebel 1 – 2 Knoblauchzehen	
	die Zutaten abziehen, die Zwiebel in feine Würfel schneiden, den Knoblauch zerdrücken, mit
4 Eßl. Salatöl 4 Eßl. Weißwein-Essig	verrühren, mit
Salz Pfeffer Zucker	würzen, über das Gemüse geben
	die Marinade ab und zu in einer Ecke der Fettfangschale zusammenfließen lassen, erneut über das Gemüse verteilen, einige Stunden durchziehen lassen
Kochzeit für die Champignons:	Etwa 1 Minute
für den Broccoli:	Etwa 3 Minuten, dicke Stengel etwa 5 Minuten
für den Staudensellerie:	Etwa 1 Minute
für den Porree:	2 – 3 Minuten
für die Möhren:	3 – 5 Minuten
für die Paprikaschoten:	Etwa 1 Minute
für den Fenchel:	Etwa 7 Minuten

	für die Avocadocreme
1 reife Avocado	schälen, halbieren, entkernen, das Fruchtfleisch mit einem elektrischen Handrührgerät pürieren oder mit einer Gabel zerdrücken, mit
1 Eßl. Zitronensaft	beträufeln
1 Becher (150 g) Crème fraîche	verrühren, mit dem Avocadopüree,
1 Becher (150 g) Joghurt	gut verrühren
1 Knoblauchzehe	abziehen, durchpressen, zu der Avocadocreme geben
1 Eßl. gehackte Petersilie 1 Eßl. gehackten Dill 1 Eßl. feingeschnittenen Schnittlauch	unterrühren die Avocadocreme mit
Zitronensaft Zwiebelsalz Salz Pfeffer Zucker	abschmecken das Gemüse auf einer großen Platte anrichten, mit
Petersilie	garnieren, die Avocadocreme dazureichen.
Beigabe:	Kleine Brötchen oder Stangenweißbrot, Butter.

Sellerietörtchen

8 Selleriescheiben (aus der Dose)	abtropfen lassen, die Scheiben mit einem Ring oder Glas (Durchmesser etwa 8 cm) ausstechen, damit sie noch appetitlicher aussehen die Scheiben auf eine Platte legen, mit
Zitronensaft	beträufeln, mit
Salz	bestreuen
1 hartgekochtes Ei	pellen
1 große Gewürzgurke 100 g gekochter Schinken 100 g Sellerie (Rest aus der Dose)	alle Zutaten in kleine Würfel schneiden
	für die Mayonnaise
1 Eigelb	mit
1 – 2 Teel. Senf 1 Eßl. Essig oder Zitronensaft Salz 1 Teel. Zucker	zu einer dicklichen Masse schlagen
125 ml (⅛ l) Salatöl	nach und nach darunter schlagen die geschnittenen Zutaten mit der Mayonnaise vermengen, den Salat auf den Selleriescheiben verteilen die Törtchen auf
marinierten Salatblättern	anrichten, mit
Petersilie	garnieren.
Veränderung:	Anstelle der Mayonnaise eine Salatsoße verwenden aus: 3 Eßl. Salatöl, 1 – 2 Eßl. Zitronensaft, etwas Salz, etwas Zucker.

SUPPEN

Mal heiß – mal kalt.

(Rezept Seite 288)

Avocadosuppe mit Mandelblättchen

2 reife Avocados (etwa 250 g)	halbieren, entkernen, das Fruchtfleisch aus den Schalen lösen, durch ein Sieb streichen, sofort mit
2 Eßl. Zitronensaft	verrühren
250 ml (¼ l) Instant-Hühnerbrühe	erhitzen
3 Eßl. Weißwein	
100 ml Sahne	hinzufügen, miterhitzen den Avocadobrei unterrühren (nicht kochen lassen), mit
Salz frisch gemahlenem Pfeffer	abschmecken, erkalten lassen die Suppe auf 4 Suppentassen verteilen, mit
abgezogenen, gehobelten, gebräunten Mandeln	bestreuen.

Vichyssoise

1 l Instant-Fleischbrühe	zum Kochen bringen
500 g Kartoffeln	schälen, waschen, in Würfel schneiden
1 – 2 Stangen Porree (Lauch)	putzen, gründlich waschen, in Ringe schneiden, evtl. nochmals waschen beide Zutaten in die Fleischsuppe geben, zum Kochen bringen, in etwa 25 Minuten gar kochen lassen die Suppe mit einem elektrischen Handrührgerät pürieren
125 ml (⅛ l) Sahne	unterrühren die Suppe mit
Pfeffer Speisewürze	abschmecken, kalt servieren.

Russische Suppe

(4 – 6 Portionen)

375 ml (⅜ l) Gurkensaft (frisch gepreßt aus etwa 1 ungeschälten Salatgurke)	mit
3 Bechern (je 150 g) saurer Sahne	verrühren
½ Salatgurke	waschen
½ rote Paprikaschote ½ grüne Paprikaschote	die Paprikaschotenhälften entstielen, entkernen, die weißen Scheidewände entfernen, die Schotenhälften waschen
etwa 200 g Rote Bete (aus dem Glas)	abtropfen lassen die drei Zutaten in kleine Würfel schneiden
2 hartgekochte Eier	pellen, klein hacken
2 Bund Schnittlauch	waschen, trockentupfen, kleinschneiden die Zutaten unter den mit der Sahne verrührten Gurkensaft rühren die Suppe mit
etwa 3 Eßl. Wodka Salz frisch gemahlenem Pfeffer	abschmecken, gut gekühlt servieren.

Kalte Weinsuppe mit Feigen

Etwa 250 g Feigen (aus der Dose)	abtropfen lassen, den Saft mit Wasser auf 500 ml (½ l) auffüllen die Flüssigkeit mit
2 Zitronenscheiben (etwa ½ cm dick, unbehandelt)	
1 Stück Stangenzimt	
etwas gemahlenem Kardamom	
1 – 2 Eßl. Zucker	zum Kochen bringen
30 g Sago	einstreuen, etwa 15 Minuten quellen lassen, die Suppe von der Kochstelle nehmen, Zitronenscheiben und Stangenzimt entfernen
500 ml (½ l) Weißwein	hinzugießen die Feigen in Streifen schneiden, in die Suppe geben, gut gekühlt servieren.

Joghurtsuppe mit Krabben

(6 – 8 Portionen)

1 Salatgurke (300 g)	schälen, längs halbieren, entkernen, die Gurke in dünne Streifen schneiden
3 Becher (je 150 g) Joghurt	mit
1 Becher (150 g) saurer Sahne	
125 ml (⅛ l) Milch	verrühren, Gurkenstreifen,
200 g frische gepulte Krabben	hinzufügen
1 Eßl. gehackte Minze	
1 Teel. gehackten Dill	
1 Teel. gehackte Petersilie	unterrühren die Suppe mit
Knoblauchwürze (flüssig)	
Salz	
frisch gemahlenem Pfeffer	abschmecken.
Beigabe:	In Butter geröstete Weißbrotscheiben.

Erfrischende Melonenkaltschale

1 Honigmelone (etwa 1,2 kg)	quer halbieren, entkernen, das Fruchtfleisch mit einem Eßlöffel aus der Schale lösen, in einem elektrischen Mixer pürieren
250 ml (¼ l) Weißwein 1 – 2 Eßl. Zucker 3 – 4 Eßl. Zitronensaft	hinzugeben
250 g blaue Weintrauben	waschen, halbieren, entkernen, in die Kaltschale geben, gut gekühlt servieren.

Gurkensuppe

1 kleine Salatgurke	schälen, fein hobeln oder in einem elektrischen Mixer pürieren, mit
Salz Pfeffer 1 abgezogenen, zerdrückten Knoblauchzehe	würzen, zum Saftziehen stehenlassen
3 Becher Joghurt (je etwa 150 g)	dazugeben, unterrühren, mit
Speisewürze	abschmecken
feingehackte Petersilie	darüber streuen die Suppe sehr kalt, nach Belieben mit
Wassereiswürfeln (aus dem Gefrierfach)	servieren.

Salzige Bananensuppe

500 ml (½ l) Instant-Fleischbrühe	zum Kochen bringen
2 Bananen	schälen, mit einer Gabel zerdrücken oder in einem elektrischen Mixer pürieren, mit
Zitronensaft	beträufeln, die Fleischbrühe unter Rühren nach und nach hinzugießen, mit
Currypulver	abschmecken, nach Belieben
2 Eßl. Sahne	unterrühren die Suppe mit
abgezogenen, gehobelten, gebräunten Mandeln	bestreuen, sehr kalt servieren.

Knoblauchsuppe mit Trauben und Melone

2 Eßl. abgezogene, gemahlene Mandeln 5 – 6 Eßl. Semmelmehl 2 – 3 abgezogene, zerdrückte oder feingehackte Knoblauchzehen	mit einem elektrischen Handrührgerät verrühren, nach und nach
2 – 3 Eßl. Speiseöl 1 Eßl. Essig	hinzufügen
250 – 375 ml (¼ – ⅜ l) Wasser	hinzugießen, mit den Zutaten gut verrühren, mit
Salz Pfeffer Speisewürze	abschmecken
200 g Weintrauben	waschen, abtrocknen, halbieren, entkernen
etwa 200 g Melone	halbieren, das Fruchtfleisch mit einem Löffel aus der Schale kratzen, in Würfel schneiden beide Zutaten in die Suppe geben, sehr kalt, nach Belieben mit
Wassereiswürfeln (aus dem Gefrierfach)	servieren.

Gazpacho

2 Scheiben Weißbrot	in kaltem Wasser einweichen
1 rote und 1 grüne Paprikaschote	halbieren, entstielen, entkernen, die weißen Scheidewände entfernen, die Schoten waschen
½ Salatgurke	schälen
3 Tomaten	kurze Zeit in kochendes Wasser legen (nicht kochen lassen), in kaltem Wasser abschrecken, enthäuten die drei Zutaten in Stücke schneiden, mit dem gut ausgedrückten Weißbrot,
2 abgezogenen, zerdrückten Knoblauchzehen	im elektrischen Mixer pürieren, mit
Salz, Pfeffer	würzen, nach und nach
3 Eßl. Speiseöl	hinzufügen, gut verrühren die Suppe mit
2 – 3 Eßl. Essig Speisewürze	abschmecken die Gazpacho sehr kalt servieren.

Spanische Bauernsuppe

(6 – 8 Portionen)

250 g Rindfleisch 250 g Hammelfleisch	das Fleisch waschen, abtrocknen, in Würfel schneiden
3 – 4 Eßl. Speiseöl	erhitzen, das Fleisch von allen Seiten darin anbraten
1 Zwiebel	abziehen, in kleine Würfel schneiden, zu dem Fleisch geben, mitschmoren lassen, mit
Salz Pfeffer gerebeltem Thymian gerebeltem Basilikum Knoblauchpulver	würzen
2½ l Instant-Fleischbrühe	hinzugießen, zum Kochen bringen, etwa 30 Minuten kochen lassen
200 g Kartoffeln	schälen, waschen
200 g Möhren	putzen, schrappen, waschen beide Zutaten in Würfel schneiden
2 Stangen Porree (Lauch)	putzen, gründlich waschen, in Ringe schneiden, evtl. nochmals waschen die drei Zutaten in die Suppe geben, zum Kochen bringen, etwa 30 Minuten kochen lassen etwa 10 Minuten vor Beendigung der Kochzeit
300 g tiefgekühlte Erbsen	dazugeben
1 Paar grobe Mettwürstchen (Rauchenden)	in Scheiben schneiden
100 g rohen Schinken	in Streifen schneiden beide Zutaten kurz vor Beendigung der Kochzeit in die Suppe geben, miterhitzen, die Suppe mit
gehackter Petersilie	bestreuen
Garzeit:	Etwa 1¼ Stunden.

Borschtsch

1 kg Rote Bete waschen, schälen, in Würfel schneiden, mit
Salz bestreuen, einige Zeit stehenlassen
2 l Wasser zum Kochen bringen
500 g Rindfleisch waschen, mit
250 g durchwachsenem Speck in das kochende Wasser geben, zum Kochen bringen, etwa 1½ Stunden kochen lassen
100 g Zwiebeln abziehen
250 g Kartoffeln schälen, waschen
250 g Sellerieknolle putzen, schälen, waschen
die drei Zutaten in kleine Würfel schneiden
250 g Wirsing putzen, waschen, in kleine Stücke schneiden
1 Stange Porree (Lauch) putzen, halbieren, gründlich waschen, in Streifen schneiden, evtl. nochmals waschen
nach 1½ Stunden Kochzeit das Fleisch aus der Brühe nehmen, in kleine Würfel schneiden, mit den übrigen Zutaten wieder in die Brühe geben, noch etwa 1 Stunde kochen lassen
die Suppe mit
Salz
Pfeffer
Glutamat
Speisewürze
2 – 3 Eßl. Essig
Worcestersoße abschmecken
1 Becher (150 g) Crème fraîche verrühren, auf die Suppe geben, nach Belieben mit
gehackter Petersilie bestreuen
Kochzeit: Etwa 2½ Stunden.

Französische Zwiebelsuppe

375 g Zwiebeln abziehen, in Scheiben schneiden
75 g Margarine zerlassen, die Zwiebeln darin andünsten
1 l Instant-Fleischbrühe hinzugießen, gar kochen lassen
die Suppe mit
Salz
Pfeffer abschmecken
4 Eßl. Weißwein hinzufügen
Kochzeit: Etwa 20 Minuten.
Veränderung: Die Suppe in feuerfeste Tassen füllen, in Butter gebräunte Weißbrotwürfel darauf geben, mit geriebenem Käse bestreut, überbacken.

Curry-Rahmsuppe

375 g Schweineschnitzel	in Streifen schneiden
375 g Zwiebeln	abziehen, halbieren, in Scheiben schneiden
250 g Äpfel	schälen, vierteln, entkernen, in Stücke schneiden
3 – 4 Eßl. Speiseöl	erhitzen, das Fleisch von allen Seiten gut darin anbraten, mit
1 Eßl. Weizenmehl	bestäuben, Zwiebelscheiben und Äpfelstücke hinzufügen, mit
Salz	
Zucker	
1 Teel. Paprika edelsüß	
2 Teel. Currypulver	würzen
750 ml (¾ l) Instant-Fleischbrühe	hinzufügen, gar kochen lassen
25 g verlesene Rosinen	5 Minuten vor Beendigung der Kochzeit in die Suppe geben
1 Becher (150 g) Crème fraîche	unter die Suppe rühren, mit Salz, Currypulver abschmecken die Suppe mit
abgezogenen, gehobelten, gebräunten Mandeln	bestreuen
Kochzeit:	20 – 25 Minuten.

Forellen-Cremesuppe

(2 – 3 Portionen)

40 g Butter	zerlassen
1 Eßl. Weizenmehl	unter Rühren so lange darin erhitzen, bis es hellgelb ist
500 ml (½ l) Instant-Hühnerbrühe	hinzugießen, mit einem Schneebesen durchschlagen, zum Kochen bringen, etwa 3 Minuten kochen lassen
1 geräuchertes Forellenfilet	enthäuten, in kleine Stücke zerpflükken, in die Suppe geben, mit
Pfeffer	
Zitronensaft	
Worcestersoße	
Weißwein	
Rauchsalz	abschmecken
1 – 2 Eßl. Crème fraîche	
1 Eßl. Butter	unterrühren die Suppe kurz aufkochen lassen, mit
1 Eßl. gehackter Petersilie	bestreuen
Kochzeit:	Etwa 3 Minuten.

Gemüse-Cremesuppe

2 mittelgroße Zwiebeln	abziehen, in Würfel schneiden
40 g Margarine	zerlassen, die Zwiebeln darin andünsten
1 l Instant-Fleischbrühe	
250 ml (¼ l) Milch	hinzugießen, zum Kochen bringen
750 g vorbereitetes Gemüse (z. B. Porree, Möhren, Kohlrabi, Staudensellerie)	hineingeben, mit
Salz	
Pfeffer	
geriebener Muskatnuß	würzen, zum Kochen bringen, 15 – 20 Minuten kochen lassen die Suppe durch ein Sieb streichen oder im Mixer pürieren (evtl. etwas Porree und Staudensellerie zurücklassen), wieder erhitzen
2 Eigelb	mit
4 Eßl. Sherry	verschlagen, die Suppe damit abziehen, kleingeschnittenen Porree und Staudensellerie in die Suppe geben, auf Suppentassen verteilen, auf jede Portion etwas von
1 Becher (150 g) Crème fraîche	geben.

Tomatensuppe

250 g Zwiebeln	abziehen, in Würfel schneiden
40 g Margarine	zerlassen, die Zwiebeln darin andünsten von
1 ½ kg Tomaten	2 Tomaten kurze Zeit in kochendes Wasser legen (nicht kochen lassen), in kaltem Wasser abschrecken, enthäuten die Tomaten halbieren, entkernen, Stengelansätze entfernen, die Tomatenhälften in kleine Stücke schneiden die übrigen Tomaten waschen, achteln, zu den Zwiebeln geben, mitdünsten lassen
250 ml (¼ l) Instant-Fleischbrühe	hinzufügen, gar kochen lassen das Gemüse durch ein Sieb streichen die Suppe mit
Salz Pfeffer Zucker	abschmecken
1 Teel. gerebelten Oregano 2 Eßl. Crème fraîche 125 ml (⅛ l) trockenen Wermut	unterrühren
1 Kästchen Kresse	putzen, waschen, die Suppe mit den zurückgelassenen Tomatenstücken und der Kresse anrichten.
Einlage:	Brühreis.

Consommé royal

2 Eier	mit
4 Eßl. kalter Milch Salz geriebener Muskatnuß	verschlagen, in ein gefettetes Gefäß füllen, mit Alufolie verschließen, in kochendes Wasser stellen, das Wasser wieder zum Kochen bringen, den Topf mit einem Deckel verschließen (das Wasser nicht mehr kochen lassen) die Masse stürzen, wenn sie fest geworden ist, in Würfel schneiden
1 l Instant-Fleischbrühe	zum Kochen bringen
50 g Lachsschinken	in feine Streifen schneiden, mit
100 g gedünsteten Erbsen	und dem Eierstich in die Fleischbrühe geben, miterhitzen die Suppe mit
feingehackter Petersilie	bestreuen
Kochzeit:	Etwa 30 Minuten.

Peking-Suppe Taifun

1 Packung tiefgekühlte Peking-Suppe, sauer scharf	nach der Vorschrift auf der Packung zubereiten
3 Eßl. eingelegten Kürbis	kleinschneiden
2 Eßl. Joghurt	unterrühren, mit
gemahlenem Ingwer Cayennepfeffer	abschmecken die Suppe auf vorgewärmte Suppentassen oder -teller verteilen, je 1 Eßl. der Kürbismischung darauf geben
Kochzeit:	Etwa 15 Minuten.

Mitternachtssuppe

(8 – 10 Portionen)

250 g Rindfleisch	
250 g Schweinefleisch	das Fleisch waschen, abtrocknen, in Würfel schneiden
50 g Schweineschmalz	zerlassen, das Fleisch von allen Seiten gut darin anbraten
250 g Zwiebeln	abziehen, halbieren, zu dem Fleisch geben, kurze Zeit mitschmoren lassen, mit
Salz	
Pfeffer	
Zucker	
Paprika extra scharf	
Tabasco	
Glutamat	
Chilisoße	
Cayennepfeffer	
Madeira	würzen
1 l Instant-Fleischbrühe	hinzugießen, kochen lassen
1 Stange Porree (Lauch)	putzen, waschen, in schmale Ringe schneiden, evtl. nochmals waschen
1 rote Paprikaschote	vierteln, entstielen, entkernen, die weißen Scheidewände entfernen, die Schote waschen
1 Stück Sellerie (etwa 125 g)	putzen, schälen, waschen
2 Möhren	putzen, schrappen, waschen
	die drei Zutaten in Streifen schneiden nach etwa 15 Minuten Kochzeit das Gemüse in die Suppe geben, gar kochen lassen
	5 Minuten vor Beendigung der Kochzeit
425 g Rote Bohnenkerne (aus der Dose)	
425 g Weiße Bohnenkerne (aus der Dose)	mit der Flüssigkeit hinzufügen, kurz miterhitzen die Suppe mit Salz, Pfeffer, Zucker, Tabasco, Chilisoße, Cayennepfeffer abschmecken
Kochzeit:	Etwa 1 Stunde.

Pikante Partysuppe

(4 – 6 Portionen)

250 g Rindfleisch	
250 g Schweinefleisch	das Fleisch waschen, abtrocknen, in Würfel schneiden
3 – 4 Eßl. Speiseöl	erhitzen, das Fleisch von allen Seiten darin anbraten
250 g Schalotten	abziehen, evtl. halbieren, zu dem Fleisch geben, kurze Zeit mitschmoren lassen
2 Eßl. Tomatenmark (aus der Tube)	hinzufügen, mit
Salz, Pfeffer, Zucker	
Glutamat	
Paprika edelsüß	
gerebeltem Oregano	würzen
750 ml (¾ l) Wasser	
250 ml (¼ l) Rotwein	hinzugießen, die Suppe kochen lassen
2 – 3 Tomaten	kurze Zeit in kochendes Wasser legen (nicht kochen lassen), in kaltem Wasser abschrecken, enthäuten, die Stengelansätze entfernen, die Tomaten in Würfel schneiden
1 Stange Porree (Lauch)	putzen, waschen, in schmale Ringe schneiden, evtl. nochmals waschen
etwa 340 g Maiskörner mit der Flüssigkeit (aus der Dose)	die drei Zutaten 15 Minuten vor Beendigung der Kochzeit in die Suppe geben, mitkochen lassen die Suppe mit Salz, Pfeffer, Zucker abschmecken
Kochzeit:	Etwa 1 Stunde.

SALATE

Salate, die begeistern.

(Rezept Seite 288)

Pilzsalat mit Basilikum-Mayonnaise

15 g getrocknete Steinpilze in
125 ml (⅛ l) lauwarmem Wasser einweichen
250 g Champignons oder Pfifferlinge putzen, waschen, gut abtropfen lassen (größere Pilze in Scheiben schneiden oder halbieren)
200 g Hähnchenbrustfilet waschen, trockentupfen
2 Eßl. Speiseöl erhitzen, das Hähnchenbrustfilet von beiden Seiten darin in etwa 5 Minuten goldbraun braten, mit
Salz
Pfeffer würzen, aus der Pfanne nehmen, erkalten lassen, in Streifen schneiden
die Pilze in dem Bratfett anbraten, mit Salz, Pfeffer würzen, die Steinpilze mit dem Einweichwasser hinzufügen, etwa 5 Minuten schmoren, erkalten lassen
1 Bund Frühlings-Zwiebeln putzen, waschen, in dünne Ringe schneiden
die Salatzutaten vermengen, in eine Salatschale geben

für die Basilikum-Mayonnaise
1 Eigelb mit
1 Teel. Senf
1 Eßl. Essig oder Zitronensaft
Salz
1 Teel. Zucker zu einer dicklichen Masse schlagen
nach und nach
125 ml (⅛ l) Salatöl unterschlagen
2 Eßl. Crème fraîche
2 Bund gehacktes oder
1 Eßl. gerebeltes Basilikum unterrühren, mit Salz,
frisch gemahlenem Pfeffer abschmecken
die Mayonnaise über die Salatzutaten geben
den Salat gut durchziehen lassen.

Staudenselleriesalat mit Äpfeln

(4 – 6 Portionen)

½ Kopf krausen Endiviensalat putzen, waschen, gut abtropfen lassen
etwa 500 g Staudensellerie putzen, waschen, in dünne Scheiben schneiden
2 mittelgroße rote Äpfel achteln, entkernen, in dünne Scheiben schneiden

für die Salatsoße
1 Becher (150 g) Sahnejoghurt mit
1 – 2 Eßl. geriebenem Meerrettich (aus dem Glas)
3 – 4 Eßl. Zitronensaft
2 – 3 Teel. Zucker verrühren, mit
Salz abschmecken
125 ml (⅛ l) Sahne steif schlagen, unterheben
100 g Walnußkerne (einige zum Garnieren zurücklassen) grob hacken, unterheben
Staudensellerie und Äpfel mit der Soße vermengen, in eine mit den Endivienblättern ausgelegte Salatschale füllen, mit den zurückgelassenen Walnußkernen garnieren.

Bulgarischer Zucchinisalat

250 g Zucchini	
4 Tomaten	
	beide Zutaten waschen, abtrocknen, in Scheiben schneiden (Stengelansätze der Tomaten entfernen)
2 grüne Paprikaschoten	vierteln, entstielen, entkernen, die weißen Scheidewände entfernen, die Schoten waschen, in Streifen schneiden
1 Zwiebel	abziehen
8 – 10 Oliven	
	beide Zutaten in dünne Scheiben schneiden
	für die Salatsoße
4 Eßl. Salatöl	mit
1 Teel. Essig-Essenz (25%)	
2 Eßl. Wasser	
½ Teel. Senf	verrühren, mit
Salz	
Pfeffer	
Zucker	abschmecken
1 Eßl. feingeschnittener Schnittlauch	
1 Eßl. feingehackter Dill	
	beide Zutaten unterrühren
	die Soße mit den Salatzutaten vermengen
2 hartgekochte Eier	pellen, achteln
150 g bulgarischen Schafskäse	zerbröckeln, die Hälfte des Käses und die Eier vorsichtig mit dem Salat vermengen, den restlichen Käse darüber streuen.
Beigabe:	Sesam-Fladenbrot.

Salatplatte

(4 – 6 Portionen)

	Von
1 kleinen Kopf Salat	die welken Blätter entfernen, die anderen vom Strunk lösen, die großen Blätter teilen, die Herzblätter ganz lassen den Salat waschen, gut abtropfen lassen oder trockenschleudern
1 grüne und 1 rote Paprikaschote	halbieren, entstielen, entkernen, die weißen Scheidewände entfernen, die Schoten waschen, in Streifen schneiden
4 große Tomaten	waschen, abtrocknen, in Scheiben schneiden, die Stengelansätze entfernen
3 – 4 Zwiebeln oder 1 Gemüsezwiebel	abziehen, in Ringe schneiden
½ Salatgurke	waschen, abtrocknen, in dünne Scheiben schneiden
etwa 300 g Maiskörner (aus der Dose)	
etwa 285 g Thunfisch (aus der Dose)	
	beide Zutaten abtropfen lassen
	die Salatzutaten auf einer großen Platte anrichten
	für die Salatsoße
2 Becher (je 150 g) Crème fraîche	mit
2 – 3 Eßl. Tomaten-Ketchup	
2 – 3 Eßl. Milch	verrühren, mit
Salz, Pfeffer, Zucker	abschmecken, über die Salatzutaten verteilen, mit
gehackter Petersilie	
gehacktem Dill	
feingeschnittenem Schnittlauch	bestreuen.

Fisch-Reis-Salat

750 ml (¾ l) Salzwasser	zum Kochen bringen
75 g Langkornreis	hineingeben, zum Kochen bringen, in etwa 20 Minuten ausquellen lassen, auf ein Sieb geben, mit kaltem Wasser übergießen, gut abtropfen lassen
250 g gekochtes Fischfilet	zerpflücken
3 Selleriescheiben (aus der Dose)	abtropfen lassen
1 Apfel	schälen, vierteln, entkernen
1 Zwiebel	abziehen
50 g Gouda-Käse	
	die vier Zutaten in kleine Würfel schneiden
	für die Salatsoße
3 Eßl. Salatöl	mit
5 Eßl. Essig	verrühren, mit
Salz	
Currypulver	abschmecken, mit den Salatzutaten vorsichtig vermengen, gut durchziehen lassen.

Salatschüssel nach Fischer Art mit Dillsahne

200 g Shrimps	in die Mitte einer großen, flachen Schale häufen
3 – 4 hartgekochte Eier	pellen, längs halbieren, das Eiweiß grob hacken, das Eigelb durch ein Sieb streichen, beide Zutaten als Kranz um die Shrimps geben
1 Kästchen geschnittene, gewaschene Kresse	um das Ei streuen.
300 g eingelegte Rote Bete	abtropfen lassen, als Kranz um die Kresse legen
	für die Dillsahne
1 – 1½ Becher (150 – 225 g) Crème fraîche	mit
2 – 3 Eßl. gehacktem Dill	verrühren, mit
Salz	
Pfeffer	
Zucker	abschmecken
	die Dillsahne getrennt dazureichen.
Beigabe:	Vollkornbrot oder Toast, Butter.

Camembert-Salat

1 Rahm-Camembert (125 g)	quer halbieren, von der Schmalseite her in Scheiben schneiden
	für die Salatsoße
2 Eßl. Salatöl	mit
2 Eßl. Essig	
1 Eßl. Wasser	verrühren, mit
Salz, Pfeffer	
Zucker	abschmecken
1 Eßl. gemischte, gehackte Kräuter	unterrühren, mit den Camembertscheiben vermengen, etwa ½ Stunde stehenlassen
1 kleine Fenchelknolle	putzen
etwa 50 g Sellerieknolle	schälen beide Zutaten waschen
1 säuerlichen Apfel	schälen, vierteln, entkernen die drei Zutaten in feine Streifen schneiden, zu dem Camembert geben, gut durchziehen lassen
4 – 5 Kopfsalatblätter	waschen, gut abtropfen lassen, in Streifen schneiden
2 Eßl. saure Sahne	
1 Eßl. gehackte Walnußkerne	
	die drei Zutaten kurz vor dem Servieren mit den übrigen Salatzutaten vermengen, mit Salz, Pfeffer, Zucker,
Zitronensaft	abschmecken den Salat auf
gewaschenen Kopfsalatblättern	anrichten, mit
Fenchelgrün	
Zitronenscheiben	garnieren.

Wanderers Labe

250 g gekochte Makkaroni (nicht zu weich gekocht)	in mundgerechte Stücke schneiden
etwa 100 g Cornichons (aus dem Glas)	
100 g roher Schinken	
100 g Salami	
100 g Emmentaler Käse	
	die vier Zutaten in Streifen schneiden
4 Tomaten	kurze Zeit in kochendes Wasser legen (nicht kochen lassen), in kaltem Wasser abschrecken, enthäuten, die Tomaten halbieren, entkernen, die Stengelansätze entfernen
2 säuerliche Äpfel	schälen, vierteln, entkernen beide Zutaten in Streifen schneiden
	für die Salatsoße
3 – 4 Eßl. Tomaten-Ketchup	mit
2 Eßl. Salatöl	
2 Eßl. Essig	verrühren, mit
Salz	
frisch gemahlenem Pfeffer	abschmecken
1 – 2 Bund gehackte Petersilie	
1 – 2 Bund feingeschnittenen Schnittlauch	unterrühren, mit den Salatzutaten vermengen, gut durchziehen lassen den Salat nach Belieben mit
Kresse	bestreuen.

Bohnensalat

Etwa 465 g Weiße Bohnen (aus der Dose) etwa 430 g Rote Bohnen (aus der Dose) etwa 425 g Grüne Bohnen (aus der Dose) die Bohnen abtropfen lassen, die Bohnenflüssigkeit auffangen
2 – 3 rote Zwiebeln abziehen, in Würfel schneiden

für die Salatsoße
4 – 5 Eßl. Salatöl mit
3 – 4 Eßl. Bohnenflüssigkeit verrühren, mit
Salz
Pfeffer
Zucker abschmecken
2 Eßl. feingeschnittener Schnittlauch
etwas gehacktes Bohnenkraut
etwas gehackter Borretsch die drei Zutaten unterrühren
die Salatzutaten mit der Soße vermengen, gut durchziehen lassen, nochmals abschmecken.

Feiner Champignonsalat

500 g Champignons putzen, waschen, vierteln, in
wenig Wasser gar dünsten lassen, mit
Salz
Pfeffer würzen, erkalten lassen
200 g Roastbeefscheiben (als Aufschnitt) in Streifen schneiden
2 hartgekochte Eier pellen, in Würfel schneiden
beide Zutaten mit den Champignons vermengen

für die Salatsoße
4 Eßl. Salatöl mit
2 Eßl. Kräuteressig
1 – 2 Eßl. Tomaten-Ketchup
4 – 5 Eßl. Sahne
1 Teel. Weinbrand
Paprika edelsüß verrühren, mit
Salz
Pfeffer
Zucker abschmecken
2 Eßl. gehackte Petersilie unterrühren, mit den Salatzutaten vermengen, etwa 20 Minuten im Kühlschrank durchziehen lassen, den Salat mit Salz, Pfeffer, Zucker abschmecken, mit
Eischeiben
Petersilie garnieren
Dünstzeit: Etwa 10 Minuten.

Krautsalat

Von
1 Kopf Weißkohl (etwa 600 g) die welken äußeren Blätter entfernen, den Kopf vierteln, den Strunk herausschneiden, den Kohl in feine Streifen schneiden, waschen, in
kochendes Salzwasser geben, zum Kochen bringen, etwa 5 Minuten kochen, abtropfen lassen

für die Salatsoße
1 Zwiebel abziehen, in Würfel schneiden, mit
1 Eßl. Essig-Essenz
4 Eßl. Wasser
1 Teel. Kümmel
1 Teel. Salz
¼ Teel. Pfeffer
½ Teel. gerebeltem Majoran verrühren, mit dem noch warmen Kohl vermengen, etwa ½ Stunde durchziehen lassen
80 g durchwachsenen Speck in Würfel schneiden, auslassen, über den Krautsalat geben, sofort servieren.

Eisberg-Kiwi-Salat
(4 – 6 Portionen)

	Von
½ Kopf Eisbergsalat	evtl. welke Blätter entfernen, die anderen vom Strunk lösen, in mundgerechte Stücke zerpflücken, waschen, abtropfen lassen
2 – 3 Zucchini	waschen, evtl. schälen
3 Kiwis	schälen
	beide Zutaten in Scheiben schneiden
200 g Staudensellerie	putzen, waschen, in 3 cm dicke Stücke schneiden
125 g Lachsschinken	in Streifen schneiden
	für die Salatsoße
3 Eßl. Salatöl	mit
4 Eßl. Zitronensaft	verrühren, mit
Salz, Pfeffer, Zucker	abschmecken
1 Eßl. gehackten Estragon	unterrühren, mit den Salatzutaten vermengen
30 g Pistazienkerne	über den Salat streuen.

Paprikasalat mit Schafskäse

3 grüne Paprikaschoten (etwa 400 g)	halbieren, entstielen, entkernen, die weißen Scheidewände entfernen, die Schoten waschen, in Streifen schneiden
400 g Tomaten	kurze Zeit in kochendes Wasser legen (nicht kochen lassen), in kaltem Wasser abschrecken, enthäuten, achteln, die Stengelansätze entfernen
2 – 3 Gemüsezwiebeln (etwa 400 g)	abziehen, halbieren, in Scheiben schneiden
	die Zutaten in einer Salatschale anrichten
200 g Schafskäse	zerbröckeln, darüber verteilen
	für die Salatsoße
3 Eßl. Salatöl	mit
1 Teel. Essig-Essenz (25%)	
4 Teel. Wasser	verrühren, mit
Salz, Pfeffer	abschmecken, über die Salatzutaten geben, durchziehen lassen, den Salat vor dem Servieren mit
2 Eßl. feingeschnittenem Schnittlauch	bestreuen.

Italienischer Bauernsalat
(4 – 6 Portionen)

Etwa 250 g Grüne Bohnen (aus der Dose)	
250 g Kichererbsen (aus der Dose)	
250 g Weiße Bohnen (aus der Dose)	
	das Gemüse abtropfen lassen
1 Gemüsezwiebel	abziehen, halbieren, in Scheiben schneiden
200 g Tomaten	waschen, abtrocknen, in Achtel schneiden, die Stengelansätze entfernen
150 g Salamischeiben	in Streifen schneiden
	für die Salatsoße
6 Eßl. Salatöl	mit
3 Eßl. Weinessig	
1 Teel. Senf	verrühren, mit
Salz, Pfeffer, Zucker	abschmecken
½ Teel. gerebelten Estragon	unterrühren, mit den Salatzutaten vermengen, gut durchziehen lassen, den Salat nochmals abschmecken.

Pariser Salat

375 g blaue und grüne Weintrauben	waschen, halbieren, entkernen
175 g gedünstete Champignons	in Scheiben schneiden
250 g gebratenes Hähnchenbrustfilet	in Streifen schneiden
200 g Käse, z. B. Gouda in Scheiben	in kleine Quadrate schneiden
	für die Mayonnaise
1 Eigelb	mit
1 – 2 Teel. Senf	
Salz, Pfeffer	
Zucker	
1 Teel. Essig-Essenz (25%)	
4 Teel. Wasser	zu einer dicklichen Masse schlagen nach und nach
125 ml (⅛ l) Salatöl	unterschlagen
3 Eßl. Joghurt	unterrühren, mit den Salatzutaten vermengen den Salat nach Belieben mit
Weintrauben	
Champignons	
Liebstöckel	garnieren.

Maissalat

250 g Tomaten	kurze Zeit in kochendes Wasser legen (nicht kochen lassen), in kaltem Wasser abschrecken, enthäuten, in Würfel schneiden,
etwa 275 g Maiskörner (aus der Dose)	abtropfen lassen
etwa 250 g frische gepulte Krabben	
	für die Salatsoße
1 Zwiebel	abziehen, in Würfel schneiden, mit
3 Eßl. Salatöl	
1 Teel. Essig-Essenz (25%)	
4 Teel. Wasser	verrühren, mit
Salz	
Pfeffer	
Zucker	abschmecken
1 Bund feingehackte Petersilie	
1 Bund feingeschnittener Schnittlauch	
	beide Zutaten unter die Soße rühren, mit den Salatzutaten vermengen, den Salat evtl. mit Salz, Pfeffer, Zucker abschmecken.

Ananas-Thunfisch-Salat

750 ml (¾ l) Salzwasser	zum Kochen bringen
75 g Langkornreis	hineingeben, zum Kochen bringen, in etwa 20 Minuten ausquellen lassen, auf ein Sieb geben, mit kaltem Wasser übergießen, gut abtropfen lassen
4 Scheiben Ananas (aus der Dose)	abtropfen lassen, in kleine Stücke schneiden
150 g Thunfisch (aus der Dose)	zerpflücken
125 g gedünstete Erbsen	abtropfen lassen die Salatzutaten vermengen, mit
etwa 2 Eßl. Essig	
Salz, Zucker	abschmecken, den Salat mit
Petersilie	anrichten.

Matjessalat

6 Matjesfilets mit
250 ml (¼ l) Mineralwasser übergießen, 3 – 4 Stunden wässern, trockentupfen, in 3 – 4 cm große Stücke schneiden
2 Zwiebeln abziehen
etwa 150 g gedünstete Champignons
2 – 3 Gewürzgurken
die drei Zutaten in Scheiben schneiden
die Zwiebeln in Ringe zerteilen

für die Salatsoße
1 Becher (150 g) Crème fraîche mit
1 – 2 Eßl. Joghurt
2 Teel. geriebenem Meerrettich (aus dem Glas) verrühren, mit den Salatzutaten vermengen, in Portionsschälchen anrichten.

Spargelsalat mit Kräutersoße

500 g geschälten Spargel unter fließendem kaltem Wasser waschen, in 3 – 5 cm lange Stücke schneiden
250 ml (¼ l) Wasser
1 Stückchen Butter
1 gestrichenen Teel. Salz
Zucker zum Kochen bringen, den Spargel hineingeben, zum Kochen bringen, gar kochen, abtropfen, erkalten lassen, auf
gewaschenen Salatblättern anrichten

für die Kräutersoße
6 Eßl. Salatöl mit
3 Eßl. Essig
Salz, Pfeffer
2 kleinen abgezogenen, gewürfelten Zwiebeln verrühren, mit
Zucker abschmecken
3 – 4 Eßl. gemischte gehackte Kräuter unterrühren
einen Teil der Soße über den Spargel gießen, die restliche Soße dazureichen
1 hartgekochtes Ei pellen, halbieren, das Eigelb durch ein Sieb streichen, mit
feingeschnittenem Schnittlauch über den Salat streuen, mit
Feldsalat garnieren
Kochzeit: Etwa 30 Minuten.

Eiersalat Excelsior

(2 – 3 Portionen)

2 hartgekochte Eier pellen, in Scheiben schneiden
75 g gekochte Schinkenscheiben in Streifen schneiden
½ rote Paprikaschote entkernen, die weißen Scheidewände entfernen, die Schote waschen, in feine Streifen schneiden, mit kochendheißem Wasser übergießen, zum Abtropfen auf ein Sieb geben, abkühlen lassen

für die Salatsoße
1 Becher (150 g) Crème fraîche mit
Salz, Pfeffer, Zucker
Zitronensaft
Worcestersoße abschmecken, mit den Salatzutaten vermengen, gut durchziehen lassen
den Salat evtl. mit Salz, Pfeffer, Zucker, Zitronensaft, Worcestersoße abschmecken, mit
feingeschnittenem Schnittlauch bestreuen.

Pikanter Kartoffelsalat
(Etwa 6 Portionen)

750 g Pellkartoffeln noch warm pellen, in Scheiben schneiden
200 g gekochtes Rindfleisch in Würfel schneiden
1 Stange Porree putzen, längs halbieren, waschen, in schmale Streifen schneiden
150 g Pfifferlinge (aus der Dose) abtropfen lassen, evtl. halbieren
3 – 4 Tomaten kurze Zeit in kochendes Wasser legen (nicht kochen lassen), in kaltem Wasser abschrecken, enthäuten, die Stengelansätze entfernen, die Tomaten in Würfel schneiden

für die Salatsoße
1 große Zwiebel abziehen, in Würfel schneiden, mit
6 Eßl. Salatöl
1 Eßl. Essig-Essenz (25%)
5 Eßl. Wasser
1 Teel. Senf verrühren, mit
Salz
frisch gemahlenem schwarzem Pfeffer abschmecken, mit den Salatzutaten vermengen
den Salat etwa 1 Stunde durchziehen lassen.

Nudelsalat Torcello
(6 – 8 Portionen)

250 g Spaghetti in kleine Stücke brechen, in
2 l kochendes Salzwasser geben, zum Kochen bringen, kurz umrühren, gar kochen lassen
die Nudeln auf ein Sieb geben, mit kaltem Wasser übergießen, gut abtropfen lassen
etwa 150 g Thunfisch (aus der Dose) abtropfen lassen, zerpflücken
200 g gare gepökelte Rinderzunge (als Aufschnitt) in Streifen schneiden
2 Eßl. Kapern (aus dem Glas)

für die Mayonnaise
1 Eigelb mit
1 Teel. Senf
1 Teel. Anchovis-Paste
1 Eßl. Zitronensaft
Salz
Pfeffer
1 Teel. Zucker zu einer dicklichen Masse schlagen
nach und nach
125 ml (⅛ l) Salatöl unterschlagen
1 Eßl. gemischte, gehackte Kräuter unterrühren, mit den Salatzutaten vermengen, gut durchziehen lassen
den Salat mit Salz, Pfeffer, Zucker abschmecken.

Muschelsalat Patricia

(2 – 3 Portionen)

150 g Muschelfleisch (aus dem Glas oder der Dose) evtl. abspülen, abtropfen lassen
100 g Senfgurken in Würfel schneiden
10 Oliven, mit Paprika gefüllt
10 Silberzwiebeln (aus dem Glas)
beide Zutaten halbieren
2 Tomaten kurze Zeit in kochendes Wasser legen (nicht kochen lassen), in kaltem Wasser abschrecken, enthäuten, die Tomaten halbieren, entkernen, die Stengelansätze entfernen, das Tomatenfleisch in Würfel schneiden.

für die Salatsoße
3 Eßl. Salatmayonnaise mit
2 Eßl. Joghurt
1 Teel. Senf verrühren, mit den Salatzutaten vermengen, mit
Apfelsinenschale garnieren.

Feinschmeckersalat

Etwa 100 g gedünstete, halbierte Champignons
etwa 180 g gekochte Spargelstücke
beide Zutaten abtropfen lassen
1 Apfelsine schälen
250 g gekochtes Hühnerfleisch enthäuten
1 kleine Essiggurke
Apfelsine und Hühnerfleisch in Stücke schneiden, Essiggurke in Streifen schneiden
100 g frische gepulte Krabben
1 Eßl. abgezogene Mandelstifte

Salat Schöne Gärtnerin

(Etwa 6 Portionen)

1 l Salzwasser	zum Kochen bringen
100 g Langkornreis	hineingeben, zum Kochen bringen, in etwa 20 Minuten ausquellen lassen, auf ein Sieb geben, mit kaltem Wasser übergießen, gut abtropfen lassen
3 Tomaten	kurze Zeit in kochendes Wasser legen (nicht kochen lassen), in kaltem Wasser abschrecken, enthäuten, vierteln, die Stengelansätze entfernen, die Tomaten entkernen, in Streifen schneiden
2 Avocados	halbieren, entkernen, schälen, in Würfel schneiden
2 hartgekochte Eier	pellen, in Würfel schneiden
100 g Champignons	putzen, waschen, in dünne Scheiben schneiden
150 g gekochten Schinken	in Streifen schneiden
	eine große Salatschale mit
1 abgezogenen Knoblauchzehe	ausreiben
	für die Salatsoße
3 Eßl. Salatöl	mit
1 Eßl. Kräuter-Essig-Essenz (25%)	
4 Eßl. Weißwein	
3 Eßl. Sahne	verrühren, mit
Salz	
frisch gemahlenem weißem Pfeffer	
Currypulver	abschmecken, mit den Salatzutaten vermengen, etwa 30 Minuten durchziehen lassen, in die Salatschale füllen, den Salat mit
Tomatenröschen	
Basilikum	garnieren.

Salat Fiesole

250 g kleine Nudeln (z. B. dreifarbige Hütchen-Nudeln)	in
2 l kochendes Salzwasser	geben, zum Kochen bringen, kurz umrühren, gar kochen lassen
	die Nudeln auf ein Sieb geben, mit kaltem Wasser übergießen, gut abtropfen lassen
2 – 3 Eßl. Speiseöl	erhitzen
4 Scheiben (400 g) Schweinefleisch (aus der Keule)	von beiden Seiten (je Seite 5 – 10 Minuten) darin braten, mit
Salz	
Pfeffer	
gerebeltem Salbei	würzen, aus der Pfanne nehmen, erkalten lassen, in feine Streifen schneiden
40 g Kapern (aus dem Glas)	abtropfen lassen, die Flüssigkeit auffangen
100 g Pinienkerne	
	für die Mayonnaise
1 Eigelb	mit
1 – 2 Teel. Senf	
1 Eßl. Essig	
Salz	
1 Teel. Zucker	zu einer dicklichen Masse schlagen
125 ml (⅛ l) Salatöl	nach und nach unterschlagen
3 Eßl. Kapernflüssigkeit	
½ Teel. gerebelten Salbei	unterrühren, mit den Salatzutaten vermengen, gut durchziehen lassen
	den Salat mit Salz, Pfeffer abschmekken, eine Salatschale mit
gewaschenen Kopfsalatblättern	auslegen, den Salat darin anrichten.

Wildsalat

300 g gebratenes Wildfleisch	in Streifen oder Würfel schneiden
etwa 200 g gedünstete Pfifferlinge	abtropfen lassen, evtl. halbieren
2 Zwiebeln	abziehen, in hauchdünne Ringe schneiden, in
kochendes Salzwasser	geben, zum Kochen bringen, etwa 5 Minuten kochen, abtropfen lassen
	für die Salatsoße
3 Eßl. Salatöl	mit
1 Teel. Essig-Essenz (25%)	
2 – 3 Eßl. Sahne	
2 Eßl. Preiselbeeren (aus dem Glas)	verrühren, mit
Salz	
frisch gemahlenem schwarzem Pfeffer	
Zucker	abschmecken, mit den Salatzutaten vermengen, gut durchziehen lassen, den Salat evtl. mit Salz, Pfeffer abschmekken.

Hexensalat

375 g Fleischwurst (im Stück)	enthäuten, längs halbieren, in Scheiben schneiden
2 Zwiebeln	abziehen, in Ringe schneiden
2 Gewürzgurken	in dünne Scheiben schneiden
2 Tomaten	waschen, abtrocknen, die Stengelansätze entfernen, die Tomaten in dünne Scheiben schneiden
1 gehäufter Teel. Kapern	
	für die Salatsoße
2 – 3 Eßl. Salatöl	mit
1 Teel. Essig-Essenz (25%)	
4 Teel. Wasser	
1 – 2 Teel. Senf	verrühren, mit
Salz	
Pfeffer	
Zucker	abschmecken
2 – 3 Eßl. gehackte Petersilie	unterrühren, mit den Salatzutaten vermengen, durchziehen lassen, den Salat evtl. mit Salz, Pfeffer, Zucker abschmecken.

PASTETEN, TERRINEN, MOUSSES

Die feine Art, zu genießen.
(Rezept Seite 289)

Geflügelleberpastete

Für die Füllung

1 große Zwiebel abziehen, in feine Würfel schneiden

2 Eßl. Speiseöl erhitzen, die Zwiebelwürfel darin andünsten

500 g Geflügelleber waschen, trockentupfen, zu den Zwiebelwürfeln geben, gut anbraten

5 Eßl. Weinbrand oder Sherry dry
½ Teel. frisch gemahlenen Pfeffer
2 Messerspitzen gemahlene Nelken
2 Messerspitzen geriebene Muskatnuß
1 Messerspitze gerebeltes Basilikum
1 Messerspitze Selleriesalz
1 Messerspitze gemahlenen Koriander
1 Teel. grünen Pfeffer
10 zerdrückte Wacholderbeeren hinzufügen, verrühren, die Leber etwa 1 Minute braten, erkalten lassen
die Leber fein hacken, mit dem Bratensatz,

1 kg feiner Bratwurstmasse (ungebrüht) zu einer geschmeidigen Masse verrühren, mit

Salz abschmecken
die Masse in eine Pastetenform geben, fest andrücken, damit keine Luftlöcher entstehen (die Form darf nur zu ¾ gefüllt sein)
die Form auf dem Rost in den vorgeheizten Backofen schieben

Strom: 150 – 175
Gas: 2 – 3
Backzeit: 30 – 40 Minuten

für den Teig

1 Packung (370 g) Brotmischung mit

250 ml (¼ l) lauwarmem Wasser nach der Vorschrift auf der Packung zubereiten
den gegangenen Teig mit

Weizenmehl bestäuben, aus der Schüssel nehmen, kurz durchkneten, auf der mit Mehl bestäubten Tischplatte etwa 1 cm dick ausrollen
eine Platte in Größe der Pastetenform daraus schneiden, auf die vorgebackene Pastete legen (die Teigplatte nach Belieben mit einem Teil des restlichen Teiges garnieren, aus dem übrigen Teig Brötchen formen, mitbacken lassen)
aus der Teigplatte einige etwa pfennig-große Löcher ausstechen (nicht drücken)
den Teig mit Wasser bestreichen
die Pastetenform auf dem Rost in den vorgeheizten Backofen schieben

Strom: 200 – 225
Gas: 3 – 4
Backzeit: 30 – 35 Minuten.

Feine Forellenpastete

2 küchenfertige Forellen filetieren, enthäuten, unter fließendem kaltem Wasser abspülen, trockentupfen

1 Zwiebel abziehen, in Ringe schneiden, mit den Forellenfilets,

1 Eßl. feingeschnittenem Schnittlauch in eine Schüssel schichten

100 ml (⅒ l) Weißwein mit

5 Eßl. Speiseöl verrühren, über die Filets gießen, zugedeckt 4 – 5 Stunden oder über Nacht kühl stellen

300 g Weizenmehl auf die Tischplatte sieben, in die Mitte eine Vertiefung eindrücken

1 Ei	
½ Eigelb	
½ Eiweiß	
1 Eßl. kaltes Wasser	
½ Teel. Salz	hineingeben, mit einem Teil des Mehls zu einem dicken Brei verarbeiten
100 g kaltes Schweineschmalz	in Stücke schneiden, auf den Brei geben, mit Mehl bedecken, von der Mitte aus alle Zutaten schnell zu einem glatten Teig verkneten den Knetteig ebenfalls 4 – 5 Stunden oder über Nacht kalt stellen
500 g tiefgekühlte Schollenfilets	bei Zimmertemperatur auftauen lassen, durch die feine Scheibe des Fleischwolfs drehen
2 Eier	mit
1 gehäuften Eßl. gehacktem Dill	
2 Eßl. Semmelmehl	
abgeriebener Schale von 1 Zitrone (unbehandelt)	
1 Becher (150 g) Crème fraîche	
50 g zerlassener Butter	verrühren, mit
Salz	
Pfeffer	kräftig würzen den Knetteig nochmals durchkneten ⅔ des Teiges ausrollen, Platten entsprechend der Größe einer Kastenform (30 x 11 cm) für den Boden und die Seitenwände ausschneiden die Kastenform mit
weicher Margarine	ausstreichen, die Boden-Teigplatte hineinlegen, die Ränder mit etwas von
½ verschlagenen Eiweiß	bestreichen, die Ränder der Teigplatten für die Seitenwände ebenfalls mit Eiweiß bestreichen, in die Form geben, an den Nahtstellen gut festdrücken, die Hälfte der Fischmasse hineingeben die Forellenfilets aus der Marinade nehmen, trockentupfen, auf die Fischmasse legen, mit der restlichen Fischmasse bedecken, leicht andrücken den Teig an den Seitenwänden der Kastenform etwa 1 cm über der Fischmasse abschneiden den restlichen Teig ausrollen, eine Platte in der Größe der Kastenform-Oberfläche ausschneiden, mit einem runden Ausstechförmchen 2 – 3 Löcher (Durchmesser 2 – 3 cm) ausstechen, die Decke auf die Fischmasse legen die Teigreste ausrollen, kleine Figuren (Schuppen) ausstechen, auf der Unterseite mit Eiweiß bestreichen, auf der Pasteten-Oberfläche anordnen
	die Form auf dem Rost in den vorgeheizten Backofen schieben
½ Eigelb	mit
½ Eßl. Milch	verschlagen, die Pastete nach etwa 30 Minuten Backzeit damit bestreichen
Strom:	175 – 200
Gas:	3 – 4
Backzeit:	Etwa 1¼ Stunden die Pastete nach dem Backen vorsichtig vom Rand der Form lösen, etwas abkühlen lassen, erst dann aus der Form nehmen, völlig erkalten lassen, nach Belieben mit
Weinaspik (S. 158)	ausgießen, in Alufolie verpackt 1 – 2 Tage in den Kühlschrank stellen, durchziehen lassen.
Beigabe:	Remouladensoße (S. 116), Grüner Salat.

Hirschpastete

	Für die Füllung
1 kg Hirschgulasch	evtl. waschen, trockentupfen
3 Teel. Nußöl	mit
3 Teel. Butter	erhitzen, das Fleisch in 2 Portionen kurz darin anbraten
2 Zwiebeln	abziehen, in feine Würfel schneiden
1 Eßl. Butter	zerlassen, die Zwiebelwürfel darin glasig dünsten lassen
250 g durchwachsenen Speck	in Stücke schneiden, mit dem Wildfleisch, den Zwiebelwürfeln durch die feine Scheibe des Fleischwolfs drehen, mit
4 Eiern	verkneten, mit
Salz	
Pfeffer	
gerebeltem Thymian	abschmecken
4 Eßl. Madeira	
50 g gehackte Pistazienkerne	unterrühren
500 g Schweinefilet	waschen, trockentupfen, mit Salz, Pfeffer einreiben
Speiseöl	erhitzen, das Schweinefilet von allen Seiten darin anbraten, erkalten lassen
	für den Teig
500 g Weizenmehl	auf die Tischplatte sieben, in die Mitte eine Vertiefung eindrücken
1 Teel. Salz	
7 – 8 Eßl. eiskaltes Wasser	
1 Eigelb	hineingeben, mit einem Teil des Mehls zu einem dicken Brei verarbeiten
125 g Butter	in Stücke schneiden, mit
125 g Schmalz	auf den Brei geben, mit Mehl bedecken von der Mitte aus alle Zutaten schnell zu einem glatten Teig verkneten den Teig 1 – 2 Stunden kalt stellen ⅔ des Teiges ausrollen, eine Kastenform (30 x 11 cm) damit auslegen, die Hälfte der Fleischmasse in die Form geben das Schweinefilet mit
125 g frischen, fetten Speckscheiben (dünn geschnitten)	umwickeln, auf die Fleischmasse legen, die restliche Fleischmasse darauf geben, glattstreichen den überstehenden Teig über die Füllung schlagen, die Teigränder mit
verschlagenem Eiweiß	bestreichen aus dem restlichen Teig einen Deckel in Größe der Kastenform-Oberfläche ausrollen, auf die Füllung legen, fest andrücken aus den Teigresten Figuren (Motive) schneiden, mit verschlagenem Eiweiß bestreichen, die Pastetenoberfläche damit garnieren in der Mitte der Pastetenoberfläche ein Loch ausstechen, damit der Dampf entweichen kann
1 Eigelb	verschlagen, die Pastete damit bestreichen die Form auf dem Rost in den vorgeheizten Backofen schieben
Strom:	Etwa 200
Gas:	3 – 4
Backzeit:	Etwa 1 Stunde die gare Pastete in der Form erkalten lassen.
Beigabe:	Cumberlandsoße.

Pastetchen mit Erbsen-Schinken-Ragout

	Für die Füllung
2 kleine Zwiebeln	abziehen, in feine Würfel schneiden
1 Eßl. Butter	zerlassen, Zwiebelwürfel,
1 gehäuften Eßl. Weizenmehl	unter Rühren so lange darin erhitzen, bis das Mehl hellgelb ist
250 ml (¼ l) Sahne	hinzugießen, mit einem Schneebesen durchschlagen, darauf achten, daß keine Klumpen entstehen, die Soße zum Kochen bringen
etwa 300 g tiefgekühlte Erbsen	hinzufügen, etwa 6 Minuten darin garen lassen
200 g gekochten Schinken	in Streifen schneiden, hinzufügen, miterhitzen
2 Eigelb	mit
3 Eßl. Weißwein	verschlagen, das Ragout damit abziehen, mit
Salz frisch gemahlenem Pfeffer	abschmecken
2 Eßl. gehackte Petersilie	unterrühren von
8 Blätterteigpasteten (fertig gekauft)	Hülsen und Deckel auf ein Backblech legen, im vorgeheizten Backofen aufwärmen
Strom:	200 – 225
Gas:	3 – 4
Zeit zum Aufwärmen:	Etwa 5 Minuten die Füllung heiß in die Pasteten geben die Deckel lose auf die Füllung legen die Pasteten mit
Petersilie	garnieren, nach Belieben eine
Kräuter-Sahne-Mayonnaise	dazureichen.

Tip: Beschweren von Terrinen. Eine Terrine läßt sich am besten beschweren, indem man auf die Masse eine doppelte Lage Alufolie legt und darauf ein Gefäß mit Wasser stellt (etwa in der Größe der Terrinenform).

Tip: Nach Belieben die erkalteten Pasteten mit Aspik (S. 158) ausgießen.

Gurkenmousse

1 Salatgurke	schälen, raspeln, mit
Salz	bestreuen, etwas ziehen lassen, in einem Küchenhandtuch ausdrücken
2 Teel. Gelatine gemahlen, weiß	mit
3 Eßl. kaltem Wasser	anrühren, 10 Minuten zum Quellen stehenlassen, unter Rühren erwärmen, bis sie gelöst ist
50 g Butter	geschmeidig rühren, mit
50 g Joghurt	
2 Eßl. Essig	gut verrühren, Gurkenraspel, Gelatine unterrühren
150 ml Sahne	steif schlagen, unterheben
2 Eßl. gehackte Kräuter	unterrühren die Masse in eine mit Wasser ausgespülte Form füllen, im Kühlschrank erstarren lassen das Gurkenmousse mit einem Messer vorsichtig vom Rand der Form lösen, auf eine Platte stürzen, mit
Dillzweigen Petersilie	garnieren.
Beigabe:	Schwarzbrot.

Leberterrine

1 kg Schweineleber	waschen, tropfentupfen, mit
500 g frischem Speck oder fettem Bauchfleisch	durch die feine Scheibe des Fleischwolfs drehen
1 Zwiebel	abziehen, in feine Würfel schneiden
1 Eßl. Butter	zerlassen, die Zwiebelwürfel darin andünsten
etwa 170 g gedünstete Champignons	grob hacken, zu den Zwiebelwürfeln geben, durchdünsten und etwas abkühlen lassen
1 Eßl. gehackte Petersilie	hinzufügen, die Fleischmasse mit den Champignons vermengen, mit
gerebeltem Majoran Salz Pfeffer geriebener Muskatnuß	kräftig würzen, eine Kastenform (30 x 11 cm) mit
etwa 200 g frischen, fetten Speckscheiben	auslegen (einige Scheiben zurücklassen), die Lebermasse hineingeben, glattstreichen, mit den zurückgelassenen Speckscheiben belegen die Form auf dem Rost in den vorgeheizten Backofen schieben
Strom:	175 – 200
Gas:	3 – 4
Garzeit:	Etwa 1¼ Stunden. die gare Leberpastete mindestens 1 Tag kalt stellen, erst dann aus der Form nehmen
Weinaspik (S. 158)	zubereiten, die Terrine damit überziehen, mit
gedünsteten Champignons Feldsalat	garnieren.

Schweinefleischterrine

1 Eßl. Pflanzenfett	erhitzen
375 g mageres Schweinefleisch (Keule) im Stück	waschen, trockentupfen, mit
Salz Pfeffer	bestreuen, etwa 10 Minuten in dem Fett von allen Seiten anbraten, mit
Paprika edelsüß	bestreuen, erkalten lassen
375 g Schweinekamm 100 g fetter Speck	die drei Zutaten in Würfel schneiden, durch die feine Scheibe des Fleischwolfs drehen, mit
250 g Hackfleisch (Schwein)	verrühren
150 g Pökelzunge	in Würfel schneiden
125 g Champignons	putzen, waschen, in Scheiben schneiden
1 Zwiebel	abziehen, in feine Würfel schneiden
75 g Pistazienkerne	fein hacken
2 Eßl. gehackte Petersilie	die Zutaten mit der Schweinefleischmasse,
2 Eiern knapp 125 ml (⅛ l) Madeira knapp 125 ml (⅛ l) Sahne	verrühren, mit Salz,
frisch gemahlenem weißem Pfeffer gerebeltem Salbei gerebeltem Thymian	würzen

eine Rehrücken- oder Kastenform (etwa 30 cm Länge) mit
150 g frischen, fetten Speckscheiben (dünn geschnitten) auslegen, die Hälfte der Fleischmasse hineingeben, leicht andrücken, die Zungenwürfel darauf legen, die restliche Fleischmasse darauf geben, fest andrücken
die überhängenden Speckscheiben über der Fleischmasse zusammenklappen
die Form mit Alufolie abdecken, in die Rostbratpfanne stellen, in den vorgeheizten Backofen schieben
1 l warmes Wasser in die Rostbratpfanne gießen
nach der Hälfte der Garzeit nochmals
etwa 750 ml (¾ l) warmes Wasser hinzugießen
Strom: 200 – 225
Gas: 3 – 4
Garzeit: Etwa 1½ Stunden
von der garen Terrine das flüssige Fett abgießen
die Terrine beschweren, mindestens 1 Tag kalt stellen
die Terrine erst kurz vor dem Servieren stürzen.

Quarkterrine

(Abb. S. 67)

250 g Grüne Bohnen evtl. abfädeln, waschen
250 g Möhren putzen, schrappen, waschen, der Länge nach in Stifte schneiden
300 g Broccoli putzen, waschen, in Röschen teilen, die Stiele in sehr feine Würfel schneiden
1 Stange Porree (Lauch, etwa 125 g) putzen, längs halbieren, gründlich waschen
das Gemüse nacheinander in
kochende Instant-Fleischbrühe geben, zum Kochen bringen, Bohnen 12 – 15 Minuten, Möhren etwa 8 Minuten, Broccoli etwa 3 Minuten, Porree etwa 15 Minuten kochen lassen
das Gemüse getrennt abtropfen lassen
100 g durchwachsenen Speck in sehr feine Streifen schneiden
4 Scheiben Toastbrot entrinden, in feine Würfel schneiden
2 Zwiebeln abziehen, in feine Würfel schneiden
den Speck etwas ausbraten lassen, die Zwiebelwürfel darin andünsten, die Toastwürfel darin leicht rösten, abkühlen lassen
1¼ kg Magerquark gut abtropfen lassen, mit den Speck-Zwiebel-Brotwürfeln,
4 Eiern vermengen, mit
Salz
Pfeffer würzen
eine Kastenform (30 x 11 cm) mit
Speiseöl ausstreichen, mit den Porreestreifen auslegen
abwechselnd ¼ der Quarkmasse, Möhrenstifte, ¼ der Quarkmasse, Broccoli, ¼ der Quarkmasse, Bohnen, restliche Quarkmasse einschichten, glattstreichen
die einzelnen Schichten gut andrücken, damit keine Luftlöcher entstehen
die Form mit Alufolie verschließen
in die Mitte der Alufolie ein Loch einschneiden, damit der Dampf entweichen kann
die Form in die Rostbratpfanne stellen, in den vorgeheizten Backofen schieben
1 l warmes Wasser in die Rostbratpfanne gießen
nach der Hälfte der Garzeit nochmals
etwa 750 ml (¾ l) warmes Wasser hinzugießen
Strom: 200 – 225
Gas: 3 – 4
Garzeit: Etwa 1¾ Stunden
die gare Terrine beschweren, kalt stellen
die Terrine auf eine Platte stürzen, nach Belieben mit
Broccoli-Röschen
Möhrenstreifen
Grünen Bohnen garnieren.

Zandermousse mit Garnelen

400 g Zander	unter fließendem kaltem Wasser abspülen, trockentupfen
750 ml (¾ l) Wasser	mit
1 gestrichenen Teel. Salz	
1 Messerspitze Pfeffer	
4 Zitronenscheiben (je etwa ½ cm dick, unbehandelt)	
6 Pfefferkörnern	zum Kochen bringen, den Zander hineingeben, zum Kochen bringen, gar ziehen lassen (nicht kochen lassen) den Zander aus der Brühe nehmen, die Fischbrühe durch ein Tuch gießen, erkalten lassen, 125 ml (⅛ l) davon abmessen den Fisch enthäuten, entgräten, in kleine Stücke teilen, zweimal durch die feine Scheibe des Fleischwolfs drehen, durch ein feines Sieb streichen oder mit einem elektrischen Handrührgerät pürieren, mit
2 Bechern (je 150 g) Crème fraîche	verrühren
1 Päckchen Gelatine gemahlen, weiß	mit
5 Eßl. kaltem Wasser	anrühren, 10 Minuten zum Quellen stehenlassen
125 ml (⅛ l) Fischbrühe	erhitzen, von der Kochstelle nehmen, die Gelatine hineingeben, so lange rühren, bis sie gelöst ist, etwas abkühlen lassen, unter den Fischbrei rühren, mit Salz, Pfeffer,
Zitronensaft	würzen 4 Förmchen (z. B. Kaffeetassen, Weingläser) mit Wasser ausspülen, die Fischmasse hineinfüllen, glattstreichen, im Kühlschrank fest werden lassen
Weinaspik (S. 158)	zubereiten, abkühlen lassen das erstarrte Zandermoussee auf einen Gitterrost stürzen, einen Teller darunter setzen, jede Portion mit je einer von
4 halbierten Riesengarnelen	belegen, mit fast erkaltetem Weinaspik übergießen, kühl stellen, diesen Vorgang mehrmals wiederholen, bis die Portionen völlig mit Aspik bedeckt sind (abgeflossene Aspikflüssigkeit evtl. nochmals leicht erwärmen) das Zandermousse auf Glastellern anrichten, mit
Zitronenscheiben	
Thymian	
Tomatenecken	garnieren
Garzeit:	Etwa 15 Minuten.
Beigabe:	Toast, Brötchen, Butter.

Schinkenmousse

500 g gekochten Schinken	durch die feine Scheibe des Fleischwolfs drehen
125 g Butter	geschmeidig rühren, den Schinken,
125 ml (⅛ l) Sahne 2 gestrichene Eßl. Tomatenmark (aus der Tube)	unterrühren, die Masse mit
Salz, Pfeffer	abschmecken
1 Päckchen Gelatine gemahlen, weiß	mit
5 Eßl. kaltem Wasser	anrühren, 10 Minuten zum Quellen stehenlassen
375 ml (⅜ l) Instant-Fleischbrühe	erhitzen, von der Kochstelle nehmen, die Gelatine hineingeben, so lange rühren, bis sie gelöst ist
3 Eßl. Portwein	hinzufügen, mit Salz, Pfeffer würzen, etwas abkühlen lassen, 6 Eßl. von der Flüssigkeit unter die Schinkenmasse rühren, in eine mit Wasser ausgespülte Kastenform (30 x 11 cm) so viel von der übrigen Aspikflüssigkeit gießen, daß der Boden etwa 1 cm hoch bedeckt ist, im Kühlschrank erstarren lassen die Aspikschicht mit
halbierten, schwarzen Oliven Petersilie	garnieren, vorsichtig einige Eßl. von der Aspikflüssigkeit darüber gießen, erstarren lassen die Schinkenmasse in der Größe der Kastenform formen, auf die erstarrte Aspikschicht geben, vorsichtig mit einem in kaltes Wasser getauchten Messer glattstreichen, kalt stellen die restliche Aspikflüssigkeit auf einen flachen Teller gießen, erstarren lassen, in Würfel schneiden, die Schinkenmasse stürzen, mit den Aspikwürfeln anrichten.

Mett-Terrine

(Etwa 10 Portionen)

200 g fetten geräucherten Speck	in Würfel schneiden, durch die feine Scheibe des Fleischwolfs drehen
2 Zwiebeln	abziehen, in Würfel schneiden
1 rote, 1 gelbe und 1 grüne Paprikaschote	halbieren, entstielen, entkernen, die weißen Scheidewände entfernen, die Schoten waschen je ⅓ rote, gelbe und grüne Paprikaschote in Würfel schneiden den durchgedrehten Speck auslassen, Zwiebel- und Paprikawürfel etwa 3 Minuten darin dünsten, erkalten lassen die restlichen Paprikaschotenstücke längs in Streifen schneiden, in
kochendes Salzwasser	geben, zum Kochen bringen, etwa 3 Minuten kochen, abtropfen lassen
500 g Thüringer Mett	mit der Speck-Gemüse-Masse durch die feine Scheibe des Fleischwolfs drehen, mit
1 Eßl. Kümmel	verrühren, mit
Salz, Pfeffer	abschmecken
2 Eier	mit
4 Eßl. Sahne	verschlagen, unter die Fleischmasse rühren eine Kastenform (30 x 11 cm) mit
Speiseöl	ausstreichen, abwechselnd mit den roten, gelben und grünen Paprikastreifen auslegen die Hälfte der Fleischmasse in die Form geben
4 hartgekochte Eier	pellen, der Länge nach auf die Mitte der Fleischmasse legen, die restliche Fleischmasse darauf geben, glattstreichen die Form mit Alufolie verschließen, in die Mitte der Alufolie ein Loch einschneiden, damit der Dampf entweichen kann, die Form in die Rostbratpfanne stellen, in den vorgeheizten Backofen schieben
1 l warmes Wasser	in die Rostbratpfanne gießen, nach der Hälfte der Garzeit nochmals
etwa 750 ml (¾ l) warmes Wasser	hinzugießen
Strom:	200 – 225
Gas:	3 – 4
Garzeit:	Etwa 1 Stunde von der garen Terrine das flüssige Fett abgießen, die Terrine beschweren, mindestens 1 Tag kalt stellen die Terrine auf eine Platte stürzen.

Quarkterrine (S. 65), Mett-Terrine

Wildterrine

1 kg Wildgulasch	evtl. waschen, trockentupfen
etwa 2 Eßl. Kokosfett	erhitzen, das Gulasch gut darin anbraten, mit
2 Eßl. Weinbrand	beträufeln, anzünden, mit
Salz, Pfeffer	würzen, erkalten lassen, durch die feine Scheibe des Fleischwolfs drehen
375 g frischen, fetten Speck	in Streifen schneiden, zweimal durch den Fleischwolf drehen, mit einem elektrischen Handrührgerät mit Rührbesen geschmeidig rühren, nach und nach das Wildfleisch hinzufügen von
etwa 230 g gedünsteten Champignons	⅔ in Scheiben schneiden (die restlichen zum Garnieren zurücklassen), ⅔ von
25 g Pistazienkernen	hacken (die restlichen zum Garnieren zurücklassen), mit den Champignons,
4 Eßl. Rotwein, 3 Eßl. Sherry, 200 ml (⅕ l) Sahne	zu der Wildmasse geben, kräftig mit Salz, Pfeffer,
Kräutern der Provence	würzen
250 g Geflügelleber	waschen, trockentupfen, evtl. Hautreste entfernen
1 Eßl. Butter	erhitzen, die Leber von allen Seiten darin anbraten, mit Salz, Pfeffer würzen, etwas abkühlen lassen in eine Terrinenform (mit Deckel, Inhalt 1½ l) die Hälfte der Wildmasse geben, leicht andrücken, die Leber darauf geben, mit der restlichen Wildmasse bedecken, andrücken, die Form mit dem Deckel verschließen, in die Rostbratpfanne stellen, in den vorgeheizten Backofen schieben
1 l warmes Wasser	in die Rostbratpfanne gießen nach der Hälfte der Garzeit nochmals
etwa 750 ml (¾ l) warmes Wasser	hinzugießen
Strom:	200 – 225
Gas:	3 – 4
Garzeit:	Etwa 2 Stunden die gare Terrine mit den zurückgelassenen Pistazienkernen, Champignons,
2 Lorbeerblättern	garnieren, mit
Sherryaspik (S. 158)	überziehen.
Beigabe:	Toast, Chicoréesalat, Cumberlandsoße (S. 116).

Getrüffelte Fasanenterrine

1 küchenfertigen Fasan (etwa 1,2 kg)	waschen, abtrocknen, entbeinen, die Brustfilets in eine kleine Schüssel legen
3 Eßl. Weinbrand	darüber geben, zugedeckt 1 – 2 Stunden durchziehen lassen
200 g frischen, fetten Speck	durch die feine Scheibe des Fleischwolfs drehen, mit dem elektrischen Handrührgerät geschmeidig rühren
400 g schieres Schweinefleisch	waschen, abtrocknen
1 kleine Zwiebel, 1 Knoblauchzehe	beide Zutaten abziehen, mit dem Fasanenfleisch, dem Schweinefleisch durch die feine Scheibe des Fleischwolfs drehen, die Brustfilets aus der Weinbrand-Marinade nehmen, trockentupfen die Marinade mit dem durchgedrehten Fleisch zu dem geschmeidig gerührten Speck geben, mit
3 Eßl. Portwein, 1 Ei, 1 Becher (150 g) Crème fraîche, 1 Teel. Pastetengewürz	verrühren, mit
Salz, Pfeffer	abschmecken, von
25 g (3 Stück) Trüffeln (aus dem Glas)	2 in sehr kleine Würfel schneiden, unter die Fleischmasse rühren eine Terrinenform (mit Deckel, etwa 1¾ l Inhalt) mit
250 – 300 g frischen, fetten Speckscheiben	auslegen (einige zurücklassen) die Hälfte der Fleischmasse hineingeben, die Brustfilets darauf legen, festdrücken, die restliche Fleischmasse darauf geben, glattstreichen, mit den zurückgelassenen Speckscheiben belegen, mit dem Deckel verschließen

die Terrine in die Rostbratpfanne stellen, in den vorgeheizten Backofen schieben

1 l warmes Wasser in die Rostbratpfanne gießen, nach der Hälfte der Garzeit nochmals

etwa 750 ml (¾ l) warmes Wasser hinzugießen

Strom: 200 – 225

Gas: 3 – 4

Garzeit: Etwa 1¾ Stunden

von der garen Terrine das flüssige Fett abgießen, die Terrine beschweren, mindestens 1 Tag kalt stellen

für das Portwein-Aspik

1 schwach gehäuften Teel. Gelatine gemahlen, weiß mit

1 Eßl. kaltem Wasser anrühren, 10 Minuten zum Quellen stehenlassen

100 ml Trüffel-Kraftbrühe (aus der Dose) mit

Portwein auf 125 ml (⅛ l) auffüllen, zum Kochen bringen, von der Kochstelle nehmen, die Gelatine unter Rühren hineingeben, so lange rühren, bis sie gelöst ist

die zurückgelassene Trüffel in dünne Scheiben schneiden

die Terrine mit

Pistazienkernen und den Trüffelscheiben garnieren, mit der abgekühlten Aspikflüssigkeit übergießen, erstarren lassen.

Hähnchenbrustterrine

2 Hähnchenbrustfilets waschen, trockentupfen

1 – 2 Eßl. Margarine erhitzen, die Hähnchenbrustfilets von beiden Seiten darin anbraten, mit

Salz, Pfeffer
Paprika edelsüß bestreuen, aus dem Bratfett nehmen, erkalten lassen

400 g Hühnerleber
350 g Schweinenacken beide Zutaten waschen, trockentupfen

300 g frischer, fetter Speck
40 g Weißbrot die vier Zutaten in etwa 1 cm große Würfel schneiden

2 Zwiebeln abziehen, grob zerkleinern, in dem Bratfett glasig dünsten lassen, zu den gewürfelten Zutaten geben, mit

4 Eßl. Sahne, 1 Ei
2 Eßl. Weinbrand
1 Teel. gerebeltem Thymian
½ Teel. gerebeltem Rosmarin
2 Teel. Paprika edelsüß
1 Teel. weißem Pfeffer
etwa 2 Teel. Salz gut verrühren, im Eisfach des Kühlschranks sehr kalt werden lassen

die Masse 2mal durch die feine Scheibe des Fleischwolfs drehen

eine Terrinenform (mit Deckel, 1½ l Inhalt) mit

Speiseöl ausstreichen, die Hälfte der Lebermasse hineingeben, leicht andrücken, die Hähnchenbrustfilets darauf legen, mit der restlichen Lebermasse bedecken, glattstreichen, die Form mit dem Deckel verschließen, in die Rostbratpfanne stellen, in den vorgeheizten Backofen schieben

1 l warmes Wasser in die Rostbratpfanne gießen nach der Hälfte der Garzeit nochmals

etwa 750 ml (¾ l) warmes Wasser hinzugießen

Strom: 200 – 225

Gas: 3 – 4

Garzeit: Etwa 1¼ Stunden

die Terrine erkalten lassen, mit

Petersilie garnieren.

FISCHE, KRUSTEN- UND SCHALENTIERE

Feines aus Fluß und Meer.

(Rezept Seite 290)

Meeresfrüchte-Platte

1 kg Miesmuscheln in reichlich kaltes Wasser geben, sie einige Stunden darin liegenlassen, das Wasser ab und zu erneuern, die Muscheln anschließend gründlich bürsten, Bartbüschel entfernen, die Muscheln so lange abspülen, bis das Wasser vollkommen klar bleibt
Muscheln, die sich beim Wässern und anschließenden Bürsten öffnen, sind ungenießbar, nur Muscheln, die geschlossen bleiben, sind verwendbar

1 Zwiebel abziehen, halbieren, eine Hälfte klein hacken, die andere Hälfte in Scheiben schneiden, die Muscheln in einen Topf geben, die kleingehackte Zwiebel,

1 Bund gehackte Petersilie hinzufügen

125 ml (⅛ l) trockenen Weißwein hinzugießen, mit

frisch gemahlenem weißem Pfeffer würzen, zum Kochen bringen, in etwa 15 Minuten garen lassen (Muscheln, die sich nach dem Garen nicht öffnen, sind ungenießbar), die Muscheln in dem Sud erkalten lassen

1 Packung (150 g) tiefgekühlte Tintenfische

1 Packung (150 g) tiefgekühlte Scampi beide Zutaten nach der Vorschrift auf der Packung auftauen und abtropfen lassen

100 g spanische Oliven, mit Paprika gefüllt in Scheiben schneiden

8 Ölsardinen (aus der Dose) abtropfen lassen, in Stücke schneiden

für die Marinade

2 Eßl. Sherryessig mit

5 Eßl. Olivenöl verrühren, mit

Salz

Pfeffer würzen, nach Belieben einige Tropfen vom Muschelsud unterrühren

1 Knoblauchzehe abziehen, zerdrücken, mit den Zwiebelscheiben, der Hälfte von

1 Bund gehacktem Dill in die Marinade geben
ausgelöstes Muschelfleisch, Tintenfische, Scampi, Oliven, Ölsardinen mit der Marinade vermengen, etwa 10 Minuten ziehen lassen, mit Salz, Pfeffer abschmecken, von

100 g Feldsalat die Wurzelenden abschneiden, welke Blätter entfernen, größere Blätter evtl. einmal durchschneiden
den Salat gründlich waschen, gut ab-

tropfen lassen oder trockenschleudern, zerpflücken, auf eine Platte geben, die Meeresfrüchte aus der Marinade nehmen, darauf anrichten

4 Teel. Crème fraîche darauf geben

2 Teel. Kaviar (aus dem Glas) darauf verteilen, mit

Dillzweigen garnieren.

Beigabe: Toast, Stangenweißbrot, Butter.

Dorsch, russisch

1 küchenfertigen Dorsch (etwa 900 g ohne Kopf) unter fließendem kaltem Wasser abspülen, trockentupfen, mit dem

Saft von ½ Zitrone beträufeln, etwa 15 Minuten stehenlassen

2 Zwiebeln abziehen, in Ringe schneiden

1 Möhre putzen, schrappen, waschen, in Scheiben schneiden

beide Zutaten in

1½ l Salzwasser geben

2 Lorbeerblätter
1 Teel. weiße Pfefferkörner
2 Gewürznelken hinzufügen, zum Kochen bringen, etwa 20 Minuten kochen lassen

den Dorsch hineingeben, zum Kochen bringen, gar ziehen lassen, im Sud erkalten lassen, herausnehmen

250 ml (¼ l) Weinaspik (S. 158) zubereiten, erkalten lassen, den Fisch mit etwas von der Aspikflüssigkeit übergießen

den Fischrücken mit

Tomatenscheiben
gegarten Shrimps (etwa 50 g)
in Scheiben geschnittenen, mit Paprika gefüllten spanischen Oliven
Petersiliensträußchen garnieren, mit der restlichen Aspikflüssigkeit übergießen, diesen Vorgang mehrmals wiederholen, bis der Dorsch völlig mit Aspik bedeckt ist, im Kühlschrank erstarren lassen

eine Platte mit

gewaschenen Salatblättern belegen

den Dorsch darauf anrichten, mit

Tomatenachteln
Zitronenscheiben garnieren

Garzeit: 25 – 30 Minuten.

Beigabe: Toast, Butter.

Gebeizte Forelle mit Dillsoße

(4 – 5 Portionen)

1 küchenfertige Forelle (etwa 1 kg) unter fließendem kaltem Wasser abspülen, trockentupfen, in zwei Längshälften teilen, das Rückgrat entfernen, die Forelle entgräten

die eine Hälfte der Forelle mit der Haut nach unten in eine Schale legen

2 Bund grob gehackten Dill darauf verteilen

1 Eßl. Salz mit

1 Eßl. Zucker
2 Eßl. frisch gemahlenem weißem Pfeffer vermischen, über den Fisch streuen, nach Belieben mit

½ Teel. Weinbrand beträufeln, die andere Fischhälfte mit der Haut nach oben darauf legen, mit Alufolie bedecken, darauf ein Brett (größer als der Fisch) legen, mit z. B. 2 – 3 geschlossenen, gefüllten Konservendosen gleichmäßig beschweren

die Forelle an einem kühlen Ort (Kühlschrank) 2 – 3 Tage stehenlassen, ab und zu mit der sich sammelnden Beize begießen

die Forelle aus der Beize nehmen, trockentupfen, enthäuten, die Forellenfilets auf einer Platte anrichten

für die Dillsoße

4 Eßl. scharfen Senf mit

1 Teel. Senfpulver
3 Eßl. Zucker
2 Eßl. Weinessig verrühren, nach und nach

5 Eßl. Salatöl unterschlagen

3 Eßl. gehackten Dill unterrühren

die Soße zu dem Fisch reichen.

Beigabe: Toast, Vollkorn- oder Knäckebrot.

Lachs mit Tatarensoße

4 Scheiben Lachs (Salm, je 200 – 250 g)	unter fließendem kaltem Wasser abspülen, trockentupfen, mit
Zitronensaft	beträufeln, etwa 15 Minuten stehenlassen, mit
Salz	
Pfeffer	würzen, 4 Stück Alufolie mit
Butter	bestreichen, je 1 Fischscheibe darin einwickeln, die Folie locker, aber dicht verschließen, auf ein Backblech legen, in den vorgeheizten Backofen schieben
Strom:	225 – 250
Gas:	6 – 7
Dünstzeit:	25 – 30 Minuten die Folienpäckchen aus dem Backofen nehmen, den garen Fisch erkalten lassen
	für die Tatarensoße
3 gehäufte Eßl. Salatmayonnaise	mit
3 gehäuften Eßl. saurer Sahne	verrühren
2 hartgekochte Eier	pellen, fein hacken, mit
1 Eßl. feingeschnittenem Schnittlauch	
1 gehäuften Teel. gehackter Petersilie	
1 Teel. gehacktem Dill	unter die Mayonnaise rühren, mit Salz, Pfeffer abschmecken die Lachsscheiben dünn mit
Speiseöl	bestreichen, auf
gewaschenen Salatblättern	anrichten, mit
Petersilie	garnieren, die Soße dazureichen.
Beigabe:	Toast.

Lachsröllchen Gourmet

4 Eier	mit
2 Eßl. Milch	
Salz	
Pfeffer	
1 Bund feingeschnittenem Schnittlauch	verschlagen
1 Eßl. Butter oder Margarine	in einer Stielpfanne zerlassen, die Eiermilch hineingeben, sobald die Masse zu stocken beginnt, sie mit einem Löffel strichweise vom Boden der Pfanne losrühren, so lange weiter erhitzen, bis keine Flüssigkeit mehr vorhanden ist, aus der Pfanne nehmen, erkalten lassen das Rührei gleichmäßig auf
8 Scheiben Räucherlachs	verteilen, aufrollen, auf
gewaschenen Salatblättern	anrichten die Lachsröllchen mit
gekochten Spargelspitzen	
in Scheiben geschnittenen, mit Paprika gefüllten Oliven	
Kresse	garnieren.
Beigabe:	Toast, Butter.

Gefüllter Hecht nach gräflicher Art

1 küchenfertigen Hecht (etwa 1 kg) unter fließendem kaltem Wasser abspülen, trockentupfen, innen und außen mit
Zitronensaft beträufeln, etwa 15 Minuten stehenlassen, trockentupfen, innen und außen nach Belieben mit
Salz
Pfeffer würzen

für die Füllung
1 Brötchen in kaltem Wasser einweichen, gut ausdrücken
1 kleine Zwiebel abziehen, in Würfel schneiden
60 g gedünstete Champignonstücke abtropfen lassen, die Flüssigkeit auffangen
die Zutaten mit
250 g gehacktem Rindfleisch
1 Ei
1 Eßl. gehackter Petersilie
1 Teel. Senf vermengen, mit Salz, Pfeffer abschmekken, den Fisch damit füllen
ein großes Stück Alufolie extra-stark in der Mitte mit
100 g durchwachsenen Speckscheiben belegen, den Fisch mit der Bauchseite nach unten darauf setzen, die Folie lokker, aber dicht verschließen, auf ein Backblech legen, in den vorgeheizten Backofen schieben
die Folie nach etwa 50 Minuten Dünstzeit öffnen, die Flüssigkeit auffangen, den Hecht noch weitere 10 Minuten braten lassen
die Flüssigkeit durch ein Tuch gießen, erkalten lassen, entfetten, mit der Champignonflüssigkeit auf 250 ml (¼ l) auffüllen
Strom: 225 – 250
Gas: 6 – 7
Garzeit: Etwa 1 Stunde
den Hecht erkalten lassen, aus der Folie nehmen, mit der Bauchseite nach unten auf einen Gitterrost setzen, einen Teller darunter stellen, im Kühlschrank völlig erkalten lassen

für die Aspiksoße
2 Päckchen Gelatine gemahlen, weiß mit
8 – 10 Eßl. kaltem Wasser anrühren, 10 Minuten zum Quellen stehenlassen
den Fischsud zum Kochen bringen, von der Kochstelle nehmen, die Gelatine hineingeben, so lange rühren, bis sie gelöst ist, etwas abkühlen lassen
2 Becher (je 150 g) Crème fraîche unterrühren, fast erkalten lassen
den Hecht mit der Aspiksoße übergießen, erstarren lassen, diesen Vorgang mehrmals wiederholen, bis der Hecht völlig bedeckt ist (abgeflossene Aspiksoße auffangen, evtl. nochmals leicht erwärmen), mit
gegarten Möhrenscheiben
Schnittlauch
Tomatenscheiben garnieren
den Hecht auf
gewaschenen Feldsalatblättern anrichten.
Beigabe: Gemischtes Brot, Butter
Senf-Rahm mit Dill (S. 119)

Schollenfilets im Knuspermantel

100 g Weizenmehl 1 Teel. Trockenhefe ½ Teel. Zucker Salz, 1 Ei 125 ml (⅛ l) lauwarmes Wasser	in eine Schüssel sieben, mit sorgfältig vermischen hinzufügen, alles mit einem elektrischen Handrührgerät mit Rührbesen zuerst auf der niedrigsten, dann auf der höchsten Stufe in etwa 5 Minuten zu einem Teig verarbeiten
100 g durchwachsenen Speck 2 Eßl. abgezogene, in Stifte geschnittene Mandeln	in feine Streifen schneiden
	beide Zutaten unter den Teig rühren den Teig an einem warmen Ort so lange gehen lassen, bis er etwa doppelt so hoch ist, ihn dann auf der höchsten Stufe nochmals gut durchrühren
4 Schollenfilets (etwa 300 g)	unter fließendem kaltem Wasser abspülen, trockentupfen, mit
Zitronensaft	beträufeln, etwa 15 Minuten stehenlassen, trockentupfen, mit Salz,
Pfeffer	würzen, in den Teig tauchen, in siedendem
Ausbackfett	in etwa 3 – 5 Minuten hellbraun backen, auf einem Kuchenrost abtropfen und erkalten lassen
Remouladensoße (S. 116)	zubereiten, auf eine Platte geben, die Schollenfilets mit
Zitronenscheiben Salatblättern	darauf anrichten, nach Belieben mit
gebräunten, in Stifte geschnittenen Mandeln kroß gebratenen Speckstreifen	bestreuen.

Salzheringe in Sahnesoße Harzer Art

4 Salzheringe	ausnehmen, etwa 24 Stunden wässern, das Wasser ab und zu erneuern die Heringe unter fließendem kaltem Wasser abspülen, damit sich die Schuppen lösen, Kiemen und Kiemendeckel entfernen, die Köpfe abschneiden, die innere schwarze Haut abziehen, die Heringe noch einmal waschen, danach an der Rückseite der Länge nach aufschneiden, entgräten, nach Belieben enthäuten
	für die Sahnesoße
4 – 5 Zwiebeln	abziehen
2 mittelgroße Gewürzgurken	
	beide Zutaten in Scheiben schneiden
375 ml (⅜ l) Sahne 1 – 2 Eßl. Essig-Essenz (25 %) einigen Senfkörnern einigen Pfefferkörnern	mit verrühren, Gurken- und Zwiebelscheiben mit
1 Lorbeerblatt	hinzufügen die Heringe in die Sahnesoße legen, etwa 24 Stunden darin liegenlassen die Sahneheringe mit
Petersilie	garnieren.
Beigabe:	Pellkartoffeln, Toast oder Weißbrot.

Meeraal, mariniert

800 g küchenfertigen, enthäuteten Meeraal	unter fließendem kaltem Wasser abspülen, trockentupfen, in Portionsstücke schneiden, mit dem Saft von
½ Zitrone	beträufeln, etwa 15 Minuten stehenlassen
4 Zwiebeln	abziehen, in Ringe schneiden
2 Möhren	putzen, schrappen, waschen, in Scheiben schneiden
½ Stange Porree (Lauch)	putzen, waschen, in Ringe schneiden (evtl. nochmals waschen)
1 Bund gehackte Petersilie	
250 ml (¼ l) Essig	mit
500 ml (½ l) herbem Weißwein	
250 ml (¼ l) Wasser	in einen Topf geben, das Gemüse,
1 Teel. weiße Pfefferkörner	
2 Gewürznelken	
1 Teel. Senfkörner	
5 getrocknete Chilischoten	
1½ Teel. Salz	hinzufügen, zum Kochen bringen, etwa 20 Minuten kochen lassen, den Meeraal hineingeben, zum Kochen bringen, gar ziehen lassen, in dem Sud erkalten lassen, nach Belieben mit Salz,
Essig	abschmecken
2 Eßl. Olivenöl	hinzufügen, 1 – 2 Tage kühl stellen
Garzeit:	20 – 25 Minuten.
Beigabe:	Stangenweißbrot, Butter.

Forellen mit Kräuter-Joghurt-Sahne

4 küchenfertige Forellen (je 150 – 200 g)	unter fließendem kaltem Wasser abspülen, rund binden (einen starken Faden mit einer Nadel durch Kopf und Schwanz ziehen, die Fadenenden verknoten)
2 Eßl. Essig-Essenz (25 %)	mit
250 ml (¼ l) Wasser	erhitzen, die Forellen damit übergießen, etwa 5 Minuten der Zugluft aussetzen, bis sich die Forellen blau gefärbt haben
1 l Wasser	mit
3 gehäuften Teel. Salz	
1 gehäuften Messerspitze Pfeffer	
1 Lorbeerblatt	
10 Gewürzkörnern	
1 Eßl. Kräuter-Essig-Essenz (25 %)	zum Kochen bringen, die Forellen mit dem Kopf zuerst hineingeben (Forellen müssen mit Flüssigkeit bedeckt sein), zum Kochen bringen, den Topf von der Kochstelle nehmen, die Forellen in etwa 15 Minuten gar ziehen lassen, auf einer Platte anrichten, kalt stellen
4 große Tomaten	waschen, halbieren, aushöhlen (das Tomateninnere evtl. für eine Tomatensoße verwenden), die Tomaten umdrehen, damit sie gut austropfen
	für die Kräuter-Joghurt-Sahne
125 ml (⅛ l) Sahne	½ Minute schlagen
1 Päckchen Sahnesteif	einstreuen, die Sahne steif schlagen
2 gehäufte Eßl. Joghurt	unterheben
1 Eßl. feingeschnittenen Schnittlauch	
1 Eßl. gehackte Petersilie	
1 Messerspitze Sardellenpaste	unter die Joghurt-Sahne rühren, mit
Pfeffer	
Salz	
Zucker	
Zitronensaft	abschmecken die Kräuter-Joghurt-Sahne in die Tomaten füllen, um die Forellen stellen
Aspik (S. 158)	zubereiten, in kleine Würfel schneiden, mit auf der Forellenplatte anrichten, mit
Zitronenscheiben	
Dillzweigen	garnieren.
Beigabe:	Toast.

Sherry-Sardinen

600 g küchenfertige frische Sardinen	unter fließendem kaltem Wasser abspülen, trockentupfen, mit dem
Saft von 1 Zitrone	beträufeln, etwa 15 Minuten stehenlassen, trockentupfen, mit
Salz weißem Pfeffer	würzen, in
2 Eßl. Weizenmehl	wenden
50 g Butter	in einer Stielpfanne zerlassen
2 Eßl. Speiseöl	hinzufügen, die Sardinen darin in 3 – 5 Minuten von beiden Seiten knusprig braun braten, herausnehmen, trockentupfen, erkalten lassen
	für die Marinade
250 ml (¼ l) Wasser	mit
3 Eßl. Sherryessig	in einen Topf geben
2 Zwiebeln	abziehen, in Ringe schneiden
1 Möhre	putzen, schrappen, waschen
1 kleine Stange Porree (Lauch)	putzen, waschen beide Zutaten in feine Scheiben schneiden (Porree evtl. nochmals waschen), mit den Zwiebeln, Salz,
1 Teel. Senfkörnern ½ Teel. Pfefferkörnern 1 Messerspitze gemahlenem Ingwer Zucker	in den Topf geben, zum Kochen bringen, etwa 15 Minuten kochen lassen
500 ml (½ l) Sherry 1 – 2 getrocknete Chilischoten	hinzufügen, kurz miterhitzen, die Sardinen in einer Schale anrichten, die Marinade darüber gießen, abkühlen lassen die Sherry-Sardinen etwa 2 Tage an einem kühlen Ort stehenlassen.
Beigabe:	Bratkartoffeln oder kräftiges Brot.

Gebeizter Lachs mit süß-saurer Senfsoße

1 kg küchenfertigen Lachs im Stück (Mittel- oder Schwanzstück)	schuppen, unter fließendem kaltem Wasser abspülen, trockentupfen, längs halbieren die Mittelgräte und die Seitengräten entfernen, die kleineren Gräten im Fischfleisch mit einer Pinzette herausziehen
3 Bund Dill	waschen, abtrocknen, grob hacken (Stiele mitverwenden)
1 Eßl. Zucker	mit
2 Eßl. Salz 1 Eßl. zerdrückten weißen Pfefferkörnern 1 Eßl. zerdrückten Wacholderbeeren	vermengen, die Fischstücke damit einreiben, ein Fischstück mit der Hautseite nach unten in eine Porzellanschüssel legen, mit dem Dill bestreuen, das andere Stück mit der Innenseite darauf legen, mit Alufolie bedecken einen Teller oder ein Holzbrett darauf legen, mit einem Stein oder einer geschlossenen, gefüllten Konservendose beschweren den Fisch an einem kühlen Ort (Kühlschrank) 24 – 36 Stunden stehenlassen, ab und zu mit der sich sammelnden Beize begießen den Fisch aus der Beize nehmen, trockentupfen, mit einem sehr scharfen Messer (Lachsmesser) in sehr dünne Scheiben schneiden, auf einer Platte anrichten
	für die Senfsoße
5 Eßl. Salatmayonnaise	mit
4 Eßl. Sahne 1 Eßl. scharfem Senf 1 Bund feingehacktem Dill	verrühren
2 Teel. Weinessig-Essenz (25 %)	mit
2 Eßl. Zucker	zum Kochen bringen, etwas einkochen lassen, unter die Senf-Mayonnaise rühren die Soße zu dem Lachs reichen.
Beigabe:	Toast, Butter.

Karpfen mit sauce vinaigrette

1 küchenfertigen Karpfen (1½ – 2 kg) unter fließendem kaltem Wasser abspülen, trockentupfen, innen und außen mit
Salz
Pfeffer würzen
ein Stück Alufolie extra-stark mit
Speiseöl bestreichen, den Fisch darin einwickeln, die Folie locker, aber dicht verschließen, auf ein Backblech legen, in den vorgeheizten Backofen schieben
Strom: 225 – 250
Gas: 6 – 7
Dünstzeit: 50 – 60 Minuten
den garen Fisch auf einer Platte anrichten, erkalten lassen

für die sauce vinaigrette
10 Eßl. Salatöl mit
1 Teel. Essig-Essenz (25 %)
4 Teel. Wasser gut verschlagen
2 hartgekochte Eier pellen, fein hacken, mit
1 gehäuften Eßl. gehackter Petersilie
1 Teel. feingeschnittenem Schnittlauch
1 Messerspitze gerebeltem Basilikum
1 Messerspitze gerebeltem Kerbel dazugeben, die Soße mit Salz, Pfeffer abschmecken
den Karpfen mit
Petersilie
Tomatenachteln
Eierscheiben
Zitronenscheiben garnieren, die sauce vinaigrette dazureichen.
Beigabe: Weißbrot, Toast oder kleine Pellkartoffeln.

Taschenkrebse mit Senfsoße

4 – 6 große Taschenkrebse	gründlich unter fließendem kaltem Wasser bürsten
1 Bund Suppengrün	putzen, waschen, kleinschneiden
1 Zwiebel	abziehen, vierteln
1½ l Wasser	mit dem Suppengrün, den Zwiebelvierteln,
2 Teel. Salz	zum Kochen bringen, die Taschen-Krebse hineingeben (dabei färben sich die Krebse rot), in etwa 25 Minuten gar kochen, in dem Sud erkalten lassen die Taschenkrebse auf einer Platte anrichten, mit
Zitronenachteln	
Dillzweigen	garnieren
	für die Senfsoße
4 Eßl. Salatmayonnaise	mit
1 Eßl. scharfem Senf	verrühren, mit
Salz	
Pfeffer	
Zucker	abschmecken die Senfsoße zu den Taschenkrebsen reichen.
Beigabe:	Stangenweißbrot, Toast, Butter.

Gemischte Fischplatte

3 Matjesfilets	1 – 2 Stunden wässern, gut abtropfen lassen, evtl. trockentupfen, aufrollen, mit
3 Eßl. Meerrettichsahne (S. 116)	füllen
4 geräucherte Forellenfilets	enthäuten
250 g Räucheraal	enthäuten, entgräten, filetieren von
450 g geräuchertem Bückling	den Kopf abschneiden
250 g Schillerlocken	
	alle Zutaten in mundgerechte Stücke schneiden
200 g in Scheiben geschnittener Räucherlachs	
250 g Kieler Sprotten	
200 g frische gepulte Nordseekrabben	
	eine große Platte mit
gewaschenen Salatblättern	belegen, die Krabben in die Mitte legen, die anderen Fischsorten mit auf der Platte anrichten, mit
Zitronenscheiben	
Dillzweigen	garnieren.

Kaviar, geschichtet

50 g Keta-Kaviar (Lachskaviar, aus dem Glas)	auf ein Sieb geben, mit
Mineralwasser	so lange übergießen, bis sich die Körner voneinander trennen, gut abtropfen lassen
1 kleine Zwiebel	abziehen
1 hartgekochtes Ei	pellen beide Zutaten in feine Würfel schneiden
50 g Forellenkaviar (ungefärbt, gelb, aus dem Glas)	
50 g Forellenkaviar (gefärbt, schwarz, aus dem Glas)	
	alle Zutaten lagenweise in 4 Gläser schichten, gut gekühlt servieren.

Klassisches Krebsessen

2 kg Krebse (etwa 20 Krebse)	gründlich unter fließendem kaltem Wasser bürsten
5 l Wasser	mit
6 Eßl. Salz	
½ Teel. Kümmel	
2 Eßl. getrockneten Dillspitzen	zum Kochen bringen, etwa 5 Minuten kochen lassen, 2 Krebse mit dem Kopf zuerst hineingeben, zum Kochen bringen (dabei färben sich die Krebse rot) paarweise nach und nach die anderen Krebse hinzufügen, bei jeder Partie das Wasser immer wieder zum Kochen bringen, den Vorgang so lange wiederholen, bis alle Krebse im Sud sind, etwa 10 Minuten kochen lassen eine große Schüssel mit
2 Bund gewaschenem Dill	auslegen, die noch heißen Krebse darauf legen den Sud durch ein Sieb geben, über die Krebse geben, erkalten lassen, mit Alufolie abdecken, 10 – 12 Stunden kalt stellen die Krebse vor dem Anrichten nochmals kurz in dem Sud erwärmen, herausnehmen, mit
Dillzweigen	garniert servieren.
Beigabe:	Stangenweißbrot, Toast, Butter.

Austernplatte Imperiales

	Austern müssen beim Einkauf geschlossen sein, offene Austern sind zu entfernen, da sie nicht mehr genießbar sind
12 Austern	gründlich waschen, mit einem Austernbrecher öffnen, die Austern dazu in die linke Hand nehmen (stark gewölbte Schale nach unten), den Austernbrecher zwischen die Schalen stecken, leicht auf und ab bewegen, bis sich die obere Schale löst, die geöffnete, noch nicht gelöste Auster in leicht
gesalzenem Wasser	abspülen, damit die beim Öffnen unvermeidlichen Austernsplitter entfernt werden, die Austern anschließend auf eine mit
kleinen Wassereisstücken	belegte Platte setzen, mit
Zitronen	garnieren die Austern aus der Schale lösen, mit
Zitronensaft	beträufeln, mit
frisch gemahlenem Pfeffer	würzen.
Beigabe:	Mit Butter bestrichenes Schwarzbrot.

Hummer Royal

1 gekochten Hummer (750 – 1000 g) im Sud erkalten lassen, herausnehmen, mit dem Rücken auf eine Arbeitsplatte legen, mit einer Schere den Panzer (Schwanzteil) links und rechts aufschneiden, die Bauchkruste abziehen, das Fleich vorsichtig, ohne den Rückenpanzer zu zerstören, auslösen, in Scheiben schneiden, mit

Eierscheiben auf dem Hummerrücken anrichten, mit

Kresse garnieren

6 Artischockenböden (aus der Dose) abtropfen lassen

Hummerfleischreste und die cremige Substanz des Hummers mit

2 Eßl. Salatmayonnaise verrühren, in die Artischockenböden füllen, mit

gekochten Spargelspitzen belegen, mit

Paprikastreifen garnieren

die Artischockenböden um den Hummer herum setzen.

Beigabe: Cocktailsoße (S. 118), Toast, Butter.

Tip: Wenn Sie Hummer, Langusten oder Krebse gekocht und aus der Schale gelöst haben, heben Sie die roten Panzer auf, denn sie geben zerkleinert eine gute Würzung für Suppen oder Soßen, wenn sie im Gemüsesud mitgekocht werden.

Hummer

Der Hummer ist ein Seekrebs, lebend sieht er graubraun bis grünschwarz und gekocht rot aus.
Lebender Hummer ist sehr empfindlich und muß vor Kälte und Hitze geschützt werden.
Beim Einkauf sind die Scheren zusammengebunden, damit sich die Tiere nicht gegenseitig verletzen.
Der Schwanz des lebenden Hummers muß eingezogen und elastisch sein.
Auf dem Transport gestorbene Tiere nicht mehr verarbeiten.

1 Hummer (etwa 2 kg) am Rücken festhalten, gründlich in kaltem Wasser abbürsten

1 – 2 Bund Suppengrün putzen, waschen, kleinschneiden

2 mittelgroße Zwiebeln abziehen, vierteln

4 – 5 l Wasser mit dem Suppengrün, den Zwiebelvierteln,

3 schwach gehäuften Eßl. Salz zum Kochen bringen

damit der Hummer möglichst schnell getötet wird, ihn mit dem Kopf zuerst in

	das kochende Wasser geben, zum Kochen bringen, gar kochen lassen
	den Hummer im Kochwasser abkühlen lassen, herausnehmen, aufschneiden, das Fleisch herauslösen, auf einer Platte anrichten, warm oder kalt servieren
Kochzeit:	Etwa 20 Minuten.
Beigabe:	Toast, Mayonnaise, Butter, Zitronenachtel.

Langostinos mit Sahne-Mayonnaise

500 g frische Langostinos mit Schale oder 340 g tiefgekühlte Langostinos ohne Schale	bei Zimmertemperatur in etwa 1 Stunde auftauen lassen
	für die Sahne-Mayonnaise
125 ml (⅛ l) Sahne	½ Minute schlagen
1 gehäuften Teel. Sahnesteif	einstreuen, die Sahne steif schlagen
2 gehäufte Eßl. Salatmayonnaise	
3 Eßl. Sherry	vorsichtig unterschlagen, mit
Salz Pfeffer Zucker Zitronensaft	abschmecken
	das Fleisch der Langostinos auslösen, unter fließendem kaltem Wasser abspülen, trockentupfen
	einen Grillrost mit Alufolie belegen, die Langostinos darauf legen, mit der Hälfte von
30 g zerlassener Butter	bestreichen, unter den vorgeheizten Grill schieben
	die Langostinos nach etwa 2½ Minuten der Grillzeit mit der restlichen Butter bestreichen
Grillzeit	
Strom:	Etwa 7½ Minuten
Gas:	Etwa 5 Minuten
	die Langostinos mit der Sahne-Mayonnaise servieren.

Garnelen in Pernodrahm

12 große Garnelen (etwa 1¼ kg)	unter fließendem kaltem Wasser abspülen
750 ml (¾ l) Wasser	mit
1 gestrichenen Teel. Salz 1 Messerspitze Pfeffer 1 Eßl. Anissamen	zum Kochen bringen, die Garnelen hineingeben, zum Kochen bringen, in etwa 10 Minuten gar ziehen und abtropfen lassen, noch warm aus den Schalen lösen
	für die Soße
1 Becher (150 g) Crème fraîche	mit
1 Glas (etwa 2 cl) Pernod 1 Messerspitze gemahlenem Ingwer	verrühren, mit
Salz	abschmecken
	die Garnelen auf
gewaschenen Feldsalatblättern	anrichten
	die Soße mit
gehackten Pistazienkernen	bestreuen, dazureichen.
Beigabe:	Weißbrotscheiben in Butter geröstet.

FLEISCH

Raffiniert garniert – köstlich serviert.
(Rezept Seite 290)

Roulade grand chef

4 große Rinderrouladen (etwa 750 g)	so nebeneinanderlegen, daß die Breitseiten schuppenförmig übereinanderliegen und eine große Fleischplatte entsteht das Fleisch dünn mit
Dijon-Senf	bestreichen, mit
Salz	
Pfeffer	würzen
300 – 350 g Porree (Lauch)	putzen, längs halbieren oder vierteln, waschen, in
kochendes Salzwasser	geben, zum Kochen bringen, 2 – 3 Minuten kochen lassen, auf ein Sieb geben, mit kaltem Wasser übergießen, gut abtropfen lassen, nebeneinander auf die Fleischplatte legen
125 g Schinkenspeckscheiben	auf dem Gemüse verteilen
1 Scheibe Toastbrot	in kaltem Wasser einweichen, gut ausdrücken, mit
375 g Bratwurstmasse	
1 Ei	
2 Eßl. gehackter Petersilie	
2 Teel. grünem Pfeffer	vermengen, mit Salz, Pfeffer abschmecken die Masse auf dem Schinkenspeck verteilen
125 g feingewürfelte, gedünstete Champignons	darüber geben, die Fleischplatte aufrollen, mit Küchengarn umwickeln, die Roulade mit Salz, Pfeffer bestreuen
3 Eßl. Speiseöl	erhitzen, die Roulade von allen Seiten darin anbraten
250 ml (¼ l) Rotwein	hinzugießen, den Topf mit einem Deckel verschließen, auf dem Rost in den vorgeheizten Backofen schieben, schmoren lassen die Roulade ab und zu wenden, verdampfte Flüssigkeit nach und nach durch
250 ml (¼ l) Rotwein	ersetzen
Strom:	175 – 200
Gas:	3 – 4
Schmorzeit:	Etwa 1 Stunde die gare Roulade auf eine Platte legen, mit Alufolie abdecken, erkalten lassen, Küchengarn entfernen, das Fleisch in Scheiben schneiden, mit
Kresse	
Radieschen	garnieren die Schmorflüssigkeit durch ein Sieb gießen, erkalten lassen, entfetten
1 Becher (150 g) Crème fraîche	mit so viel Schmorflüssigkeit verrühren, daß eine cremige Soße entsteht, die Soße evtl. mit Salz, Pfeffer,
Zucker	abschmecken, zu dem Fleisch reichen.
Beigabe:	Stangenweißbrot, gemischter Salat.

Filet Gisela

750 g Schweinefilet	waschen, abtrocknen, Haut und Sehnen entfernen, mit
Salz	
Pfeffer	
gerebeltem Majoran	würzen
250 g durchwachsenen Speck	in Scheiben schneiden, das Fleisch damit umwickeln, in eine feuerfeste Form legen

die Form auf dem Rost in den vorgeheizten Backofen schieben
Strom: Etwa 225
Gas: 5 – 6
Bratzeit: 30 – 35 Minuten
das gare Schweinefilet erkalten lassen, in Scheiben schneiden, auf einer Platte anrichten, mit
Petersilie
Tomatenachteln garnieren

für die Soße
1 Eigelb mit
1 Teel. Senf
1 Teel. Essig
1 gestrichenen Teel. Salz
Pfeffer zu einer dicklichen Masse schlagen
nach und nach
125 ml (⅛ l) Salatöl unterschlagen
2 Eßl. Joghurt unterrühren
2 mittelgroße Tomaten waschen, abtrocknen, halbieren, entkernen, die Stengelansätze entfernen
1 – 2 hartgekochte Eier pellen
1 Gewürzgurke
die drei Zutaten in Würfel schneiden, mit
1 Eßl. gemischten, gehackten Kräutern unter die Soße rühren, mit Salz, Pfeffer abschmecken.
Beigabe: Toast, Grüner Salat.

Schweinekotelett, paniert

4 Schweinekoteletts (jeweils etwa 200 g) waschen, abtrocknen, leicht klopfen, mit
Salz
Pfeffer bestreuen
die Koteletts zunächst in
1 – 2 Eßl. Weizenmehl dann in
1 verschlagenen Ei zuletzt in
40 g Semmelmehl wenden
50 g Pflanzenfett erhitzen, das Fleisch von beiden Seiten unter mehrmaligem Wenden etwa 15 Minuten darin braten, auf einer Platte anrichten, warm oder kalt servieren.
Beigabe: Kartoffelsalat.

Rindfleisch mit Gemüse

1 kg schieres Rindfleisch waschen, abtrocknen
2 Eßl. Olivenöl erhitzen, das Fleisch von allen Seiten gut darin anbraten, mit
Salz würzen
1 Bund Suppengrün putzen, waschen
3 Zwiebeln
1 Knoblauchzehe
beide Zutaten abziehen, halbieren, mit dem Suppengrün zu dem Fleisch geben, durchdünsten lassen
250 ml (¼ l) Rotwein
1½ l Fleischbrühe
1 – 2 Lorbeerblätter
gerebelten Thymian hinzufügen, zum Kochen bringen, in etwa 1½ Stunden gar kochen lassen
das Fleisch aus der Brühe nehmen, erkalten lassen
die Brühe durch ein Sieb gießen

für das Gemüse
von
1 Kopf Wirsing die welken Blätter entfernen, den Wirsing halbieren oder vierteln
250 g Möhren putzen, schrappen
250 g Grüne Bohnen abfädeln
250 g Zucchini
das Gemüse waschen, die Zucchini in Scheiben schneiden, die Bohnen in die kochende Fleischbrühe geben, zum Kochen bringen, 15 – 20 Minuten kochen, abtropfen lassen
das übrige Gemüse in die Brühe geben, zum Kochen bringen, 10 – 15 Minuten kochen, abtropfen lassen
das Fleisch in Scheiben schneiden, mit dem Gemüse auf einer Platte anrichten
das Gemüse mit
gehackter Petersilie bestreuen.
Beigabe: Kräutersoße, Bauernbrot.

Schinken mit pikanter Honigkruste

(15 – 20 Portionen)

Etwa 3½ kg gepökelter Schinken (Ober- und Unterschale mit Schwarte, rund gebunden)

den Schinken etwa 1 Woche vor der Zubereitung beim Schlachter bestellen
die Schinkenschwarte vom Schlachter in Quadrate schneiden lassen
den Schinken waschen, abtrocknen mit

1½ l Wasser
1 Flasche (¾ l) trockenem Weißwein

zum Kochen bringen

1 Zwiebel
1 Knoblauchzehe

beide Zutaten abziehen, mit dem Schinken,

5 Gewürznelken
2 – 3 Lorbeerblättern
Pfefferkörnern
Korianderkörnern

in die Flüssigkeit geben, zum Kochen bringen, bei schwacher Hitze in etwa 2 Stunden gar ziehen lassen
den Schinken während des Kochens ab und zu wenden
den garen Schinken in die Rostbratpfanne legen, in den vorgeheizten Backofen schieben
die Brühe durch ein Sieb gießen
sobald der Bratensatz zu bräunen beginnt, etwas von der Brühe hinzugießen

2 Eßl. Heide- oder Tannenhonig

mit

2 Eßl. Rôtisseur-Senf
1 Messerspitze gemahlenen Nelken

1 Messerspitze gemahlenem Koriander verrühren, den Schinken etwa 30 Minuten vor Beendigung der Bratzeit damit bestreichen, braten lassen
den Schinken nach weiteren 7 – 10 Minuten mit der restlichen Honig-Senf-Mischung bestreichen
Strom: 225 – 250
Gas: 5 – 6
Backzeit: 1¾ – 2 Stunden
den garen Schinken erkalten lassen, mit
Rosmarinzweigen garnieren, auf einer Platte anrichten
1 Bund Frühlingszwiebeln putzen, längs halbieren, waschen
den Bratensatz in einen Topf geben, mit
250 ml (¼ l) Rotwein auffüllen, zum Kochen bringen
die Frühlingszwiebeln hineinlegen, so lange darin dünsten lassen, bis die Flüssigkeit etwas eingekocht ist
7 frische blaue Feigen waschen, halbieren, mit den abgetropften Frühlingszwiebeln auf der Schinkenplatte anrichten
die Flüssigkeit über den Schinken gießen oder dazureichen

für das Apfel-Aprikosen-Chutney
250 g Äpfel schälen, vierteln, entkernen, in kleine Würfel schneiden, mit
250 g getrockneten Aprikosen
50 g Weinbeeren
75 g Rohzucker
4 Eßl. Weißweinessig
gemahlenen Nelken
gemahlenem Koriander in
125 ml (⅛ l) kochendes Wasser geben, zum Kochen bringen, etwa 10 Minuten dünsten, erkalten lassen, zu dem Schinken reichen.

Schweinebraten

2 kg Schweinefleisch mit Schwarte (aus dem Schinken) waschen, abtrocknen, die Schwarte rautenförmig einschneiden
2 – 3 Knoblauchzehen abziehen, zerdrücken, mit
4 Eßl. Dijon-Senf vermengen
3 – 4 Bund Basilikum
3 – 4 Bund Petersilie
die Kräuter waschen, hacken, mit dem Knoblauchsenf verrühren, mit
frisch gemahlenem Pfeffer
gerebeltem Thymian
gerebeltem Majoran
gemahlenem Rosmarin abschmecken
das Fleisch gleichmäßig mit der Masse bestreichen, aufrollen, mit Küchengarn fest umwickeln
das Fleisch in die Rostbratpfanne legen, in den vorgeheizten Backofen schieben
nach etwa 2 Stunden Bratzeit den Braten mit
Salzwasser bestreichen, weitere 15 Minuten braten lassen
Strom: Etwa 200
Gas: Etwa 3
Bratzeit: Etwa 2¼ Stunden
den garen Braten auf eine Platte geben, mit Alufolie abdecken, etwa 10 Minuten ruhen lassen, erst dann in nicht zu dünne Scheiben schneiden (Küchengarn entfernen).
Beigabe: Gemischter Salat, Bauernbrot.

Kalbs- und Schweinshaxen

(In der Bratfolie)

3 Kalbshaxen (etwa 4½ kg)	
3 Schweinshaxen (etwa 4 kg)	
	die Haxen waschen, abtrocknen
3 Knoblauchzehen	abziehen, durchpressen, die Haxen mit Knoblauchsaft,
Salz, Pfeffer	einreiben
1 Bund Thymian	
1 Bund Estragon	
1 Bund Rosmarin	
	die Kräuter waschen, sehr fein hacken, einen Teil über die Haxen streuen die restlichen Kräuter auf 6 genügend große Stücke Bratfolie streuen jeweils 1 Haxe darauf geben, die Folie verschließen, auf dem Rost in den vorgeheizten Backofen schieben (evtl. in 2 – 3 Partien) nach etwa 1½ Stunden Bratzeit die Haxen aus den Folien nehmen, auf den Bratrost mit untergeschobener Rostbratpfanne legen, mit
Bier	bestreichen, in den Backofen schieben, noch etwa 30 Minuten braten lassen, bis sie knusprig sind
Strom:	200
Gas:	Etwa 3½
Bratzeit:	Etwa 2 Stunden.
Beigabe:	Radieschen, Senfsoße, Gurkensalat.

Rippe mit Backobst

(In der Bratfolie – 8 bis 10 Portionen)

250 ml (¼ l) Wasser	mit
125 ml (⅛ l) Madeira	
1 Stange Zimt	
3 Gewürznelken	zum Kochen bringen
500 g gemischtes Backobst	hinzufügen, zum Kochen bringen, etwa 10 Minuten kochen, in der Flüssigkeit erkalten und abtropfen lassen
1 Schweine- oder Kasseler Rippe (mit eingeschnittener Tasche, 1¾ – 2 kg)	waschen, abtrocknen, mit
Salz	
Pfeffer	
Paprika edelsüß	einreiben, mit dem Backobst füllen, die Rippe zunähen, auf ein genügend großes Stück Bratfolie legen, die Folie verschließen, auf dem Rost in den vorgeheizten Backofen schieben
Strom:	200
Gas:	Etwa 3½
Bratzeit:	Etwa 1¾ Stunden das gare Fleisch aus dem Backofen nehmen, kurze Zeit ruhen lassen, erst dann die Bratfolie öffnen, das Fleisch erkalten lassen, in Scheiben schneiden, auf einer Platte anrichten, nach Belieben mit übriggebliebenem Backobst garnieren.
Beigabe:	Bauernbrot, Butter.

Schweinefiletzöpfe mit Madagaskarsoße

4 lange Schweinefilets (je 225 – 250 g)	waschen, abtrocknen, evtl. Haut und Sehnen entfernen jedes Filet vom dickeren Ende beginnend zweimal längs durchschneiden, dabei am dickeren Ende einen 1 – 2 cm breiten Rand stehenlassen die Filets zu Zöpfen flechten, an den Enden mit Holzstäbchen feststecken, mit
Salz **Pfeffer** **Paprika edelsüß**	würzen
2 Eßl. Butterschmalz	erhitzen, die Filetzöpfe von allen Seiten etwa 30 Minuten darin braten, erkalten lassen, auf einer Platte anrichten, mit
Tomatenachteln **Petersilie**	garnieren

für die Madagaskarsoße

1 Becher (150 g) Crème fraîche	mit
3 Eßl. Tomaten-Ketchup **1 Teel. zerdrücktem grünem Pfeffer**	verrühren, mit Salz,
Chilipulver	abschmecken.
Beigabe:	Chicorée-Orangen-Salat, Bauernbrot, Butter.

Mariniertes Lammfleisch, türkisch

1¾ kg Lammfleisch (aus der Keule, ohne Knochen) waschen, abtrocknen, von Fett und Haut befreien, in knapp ½ cm dicke Scheiben schneiden

für die Marinade

3 Zwiebeln abziehen, in feine Würfel schneiden
3 Knoblauchzehen abziehen, durchpressen
beide Zutaten mit
8 Eßl. Olivenöl
3 Eßl. Zitronensaft
2 Teel. gerebeltem Thymian verrühren, mit
Salz, Pfeffer abschmecken, die Fleischscheiben mit der Marinade bestreichen, in eine Schüssel schichten, mit Alufolie abdekken, über Nacht durchziehen lassen
das Fleisch aus der Marinade nehmen, die Zwiebelmasse etwas abstreichen
Speiseöl in einer Bratpfanne erhitzen
einen Teil der Fleischscheiben nebeneinander hineinlegen, von beiden Seiten 5 – 6 Minuten braten lassen, in eine Schüssel geben, mit Pfeffer bestreuen
das restliche Fleisch auf die gleiche Weise zubereiten
Marinade, Zwiebelmasse,
4 Eßl. Wasser
4 Eßl. Weißwein zu dem Bratensatz geben, durchdünsten lassen, mit
Zucker abschmecken, über die Fleischscheiben geben, erkalten lassen
die Fleischscheiben ab und zu mit der Flüssigkeit begießen
1 kg Fleischtomaten waschen, abtrocknen, halbieren, entkernen, die Stengelansätze entfernen, die Tomaten in Würfel schneiden
2 – 3 Knoblauchzehen abziehen, durchpressen, über die Tomatenwürfel geben
2 – 3 Eßl. Olivenöl
2 – 3 Eßl. Zitronensaft unterrühren, mit Salz, Pfeffer,
gerebeltem Estragon abschmecken, durchziehen lassen, evtl. nochmals mit den Gewürzen abschmekken, evtl. etwas von der Flüssigkeit abgießen
die Fleischscheiben aus der Marinade nehmen, auf einer tiefen Platte anrichten, etwas von der Marinade darüber geben
die Tomatenwürfel als Kranz um das Fleisch geben

für die Soße

1 Becher (150 g) Crème fraîche mit
1 Becher (150 g) Joghurt verrühren, mit Salz, Pfeffer, Zucker abschmecken, zu dem Fleisch reichen.

Kalbsbraten mit Chaudfroid überzogen

(In der Bratfolie – etwa 8 Portionen)

1¾ – 2 kg schieres Kalbfleisch (aus der Keule) waschen, abtrocknen, mit
Salz
Pfeffer
gemahlenem Rosmarin würzen, auf ein genügend großes Stück Bratfolie legen, mit
2 – 3 Eßl. Speiseöl beträufeln, die Folie verschließen, auf dem Rost in den vorgeheizten Backofen schieben
Strom: 200
Gas: Etwa 3½
Bratzeit: Etwa 2 Stunden
das gare Fleisch aus dem Backofen nehmen, kurze Zeit ruhen lassen, erst dann die Bratfolie öffnen, das Fleisch erkalten lassen

	für die Füllung
300 g Champignons	putzen, waschen, abtropfen lassen
2 Zwiebeln **2 – 3 Knoblauchzehen**	beide Zutaten abziehen die drei Zutaten in sehr feine Würfel schneiden
1 – 2 Eßl. Butter	zerlassen, Zwiebel- und Knoblauchwürfel darin glasig dünsten, die Champignonwürfel hinzufügen, dünsten lassen, bis keine Flüssigkeit mehr vorhanden ist, mit Salz, Pfeffer würzen
3 Eßl. gehackte Petersilie	unterrühren, erkalten lassen, mit
200 g Kalbsleberwurst	verrühren den Kalbsbraten in 8 – 10 Scheiben schneiden, mit der Füllung bestreichen, die Scheiben wieder zu einem Bratenstück zusammensetzen
	für die Chaudfroid
2 Päckchen Gelatine gemahlen, weiß	mit
6 Eßl. kaltem Wasser	anrühren, 10 Minuten zum Quellen stehenlassen
1 l Kalbfleischbrühe (s. Fleischbrühe für Aspik S. 158	auf 750 ml (¾ l) einkochen lassen
375 ml (⅜ l) Sahne	auf 250 ml (¼ l) einkochen lassen, durch ein Sieb streichen, zu der Fleischbrühe geben, verrühren, zum Kochen bringen
30 g Speisestärke	mit
2 – 3 Eßl. Weißwein	anrühren, die Sahne-Brühe damit binden, mit
1 verschlagenen Eigelb	abziehen, von der Kochstelle nehmen, die Gelatine hineingeben, so lange rühren, bis sie gelöst ist, mit Salz, Pfeffer abschmecken, evtl. durch ein Sieb streichen die Chaudfroid erkalten lassen, dabei ab und zu umrühren sobald die Masse dicklich wird, den zusammengesetzten Braten auf einen Rost mit untergeschobener Rostbratpfanne legen, den Braten mehrmals mit der Soße begießen
1 große gekochte Möhre	in Scheiben schneiden, die Möhrenscheiben mit einem kleinen, gezackten Ausstechförmchen ausstechen, mit
gewaschenen Petersilienstengeln von glatter Petersilie	zu Blüten auf dem Braten anordnen den Braten auf einer Platte anrichten, kalt stellen, in Scheiben schneiden.
Beigabe:	Stangenweißbrot, Salat.
Tip:	Die restliche Chaudfroid kann für eine Cremesuppe verwendet werden.

Kalbsfilet mit Walnußsahne

1 Kalbsfilet (etwa 600 g) waschen, abtrocknen, Haut und Sehnen entfernen, das Filet mit
Salz
Pfeffer würzen, mit
etwa 1 Eßl. Weizenmehl bestäuben
1 Ei verschlagen, das Filet damit bestreichen
100 g Walnußkerne hacken, das Fleisch darin wenden, etwas andrücken
50 g Butterschmalz erhitzen, das Fleisch von allen Seiten darin anbraten, dabei das Fleisch vorsichtig mit zwei Gabeln wenden
das Fleisch zugedeckt 15 – 20 Minuten braten lassen
das gare Fleisch erkalten lassen, in Scheiben schneiden, auf einer Platte anrichten

für die Walnußsahne

1 kleine Knoblauchzehe abziehen, durchpressen, mit
1 Becher (150 g) Crème fraîche verrühren, mit Salz, Pfeffer abschmecken
50 g Walnußkerne hacken, unterrühren
die Walnußsahne zu dem Fleisch reichen.
Beigabe: Broccolisalat, Stangenweißbrot.

Gefülltes Kräuterfilet mit Gorgonzolacreme

(Etwa 6 Portionen)

1 kg Rinderfilet (aus der Mitte geschnitten) waschen, abtrocknen, enthäuten
50 g Pinienkerne in einer Pfanne ohne Fett hellbraun rösten, abkühlen lassen, mahlen
1 Zwiebel
1 Knoblauchzehe
beide Zutaten abziehen, in feine Würfel schneiden
1 Eßl. Speiseöl erhitzen, Zwiebel- und Knoblauchwürfel darin glasig dünsten lassen, mit den gemahlenen Pinienkernen,
1 Eßl. Kräutern der Provence
2 Eßl. gemischten, gehackten Kräutern
1 gehäuften Eßl. Crème fraîche verrühren, mit
Salz
Pfeffer abschmecken
das Filet längs einschneiden, mit der Kräutermasse füllen, mit Küchengarn umwickeln, in eine längliche, feuerfeste Form legen
1 Knoblauchzehe abziehen, durchpressen, mit
1 Eßl. Kräutern der Provence
2 Eßl. gemischten, gehackten Kräutern
3 Eßl. Speiseöl verrühren, mit
Salz
Pfeffer würzen
das Filet von allen Seiten mit der Masse bestreichen, zugedeckt etwa 2 Stunden stehenlassen
die Form ohne Deckel auf dem Rost in den vorgeheizten Backofen schieben
das Fleisch während des Bratens 2 – 3-mal wenden
Strom: 225 – 250
Gas: 6 – 7
Bratzeit: Etwa 40 Minuten
das gare Filet erkalten lassen, das Küchengarn entfernen, das Filet in Scheiben schneiden, auf einer Platte anrichten, mit
kleinen Tomaten
Kräutersträußchen garnieren

für die Gorgonzolacreme

1 Becher (150 g) Crème fraîche anschlagen
125 g Gorgonzola-Käse durch ein Sieb streichen, mit der Crème fraîche verrühren
wenn eine sehr glatte Creme gewünscht wird, kann die Masse nochmals kurz mit dem elektrischen Handrührgerät verrührt werden.
Beigabe: Toast oder Stangenweißbrot.

Fruchtig gefüllte Koteletts

4 Koteletts mit eingeschnittener Tasche (je etwa 250 g) waschen, abtrocknen
4 kleine Scheiben Ananas (aus der Dose) abtropfen lassen, mit
4 Scheiben rohem Schinken umlegen
in jede Kotelett-Tasche eine Schinken-Ananasscheibe geben, mit Holzstäbchen feststecken
1 – 2 Eßl. Butterschmalz erhitzen, die Koteletts von beiden Seiten 15 – 18 Minuten darin braten
die garen Koteletts auf einer Platte anrichten, mit
Petersilie garnieren, warm oder kalt servieren.

Filetsteaks Feinschmecker

Um
4 Filetsteaks (je etwa 150 g) je 1 Scheibe von
4 Scheiben durchwachsenem Speck legen, mit Küchengarn umwickeln
3 Eßl. Speiseöl mit
1 Teel. Paprika edelsüß
schwarzem Pfeffer verrühren, die Steaks damit bestreichen, etwa 30 Minuten zugedeckt stehenlassen
2 Eßl. Speiseöl erhitzen, die Steaks von beiden Seiten 5 – 6 Minuten braten
das Küchengarn entfernen, die Steaks mit
Salz bestreuen
auf
4 getoasteten Weißbrotscheiben jeweils ein Steak legen
3 – 4 Eßl. Senffrüchte über die Steaks geben
die Filetsteaks auf einer Platte oder Tellern anrichten, warm oder kalt servieren.

Italienischer Braten

(In der Bratfolie)

	Von
1½ kg magerem Schweinebauch mit eingeschnittener Tasche	die Schwarte rhombenartig einschneiden, das Fleisch waschen, abtrocknen
1 Packung (300 g) tiefgekühlten Broccoli	in
125 ml (⅛ l) kochendes Salzwasser	geben, zum Kochen bringen, in 10 – 15 Minuten garen, abtropfen lassen den Broccoli mit einem elektrischen Handrührgerät pürieren oder durch ein Sieb streichen
75 g Schinkenspeck	in Würfel schneiden, mit
2 Eßl. Semmelmehl	unterrühren, die Füllung mit
Salz Pfeffer geriebener Muskatnuß	abschmecken das Fleisch innen und außen mit Salz, Pfeffer,
gerebeltem Thymian	einreiben die Füllung in die Tasche geben, zunähen das Fleisch auf ein genügend großes Stück Bratfolie legen, die Folie verschließen, auf dem Rost in den vorgeheizten Backofen schieben
Strom:	200
Gas:	Etwa 3½
Bratzeit:	2¼ – 2½ Stunden das gare Fleisch aus dem Backofen nehmen, kurze Zeit ruhen lassen, erst dann die Bratfolie öffnen, das Fleisch erkalten lassen, in Scheiben schneiden, auf einer Platte anrichten, mit
Rosmarin	garnieren.
Beigabe:	Bauernbrot, gemischter Salat.

Beefsteak Tatar

2 Zwiebeln	abziehen, in feine Würfel schneiden, mit
500 – 750 g Tatar	
1 Eßl. Salatöl	
1 – 2 Teel. Senf	
1 Teel. zerdrücktem grünem Pfeffer	verrühren, mit
Salz	
Paprika edelsüß	
Essig	abschmecken das Tatar in Portionen auf einer Platte oder in einer Schüssel anrichten in jede Portion eine Vertiefung eindrükken jeweils 1 – 2 Eigelb von
6 – 8 Eigelb	hineingeben in kleinen Schüsseln
Zwiebelringe	
geschroteten Pfeffer	
Gewürzgurken	
feingeschnittenen Schnittlauch	
Paprika edelsüß	
Sadellenfilets	
Kapern	
gehackte Petersilie	dazureichen.
Beigabe:	Bauernbrot.

Gepfefferter Schweinerücken

(In der Bratfolie)

1½ kg Kotelettstück vom Schwein	waschen, abtrocknen
3 Eßl. Speiseöl	mit
1 Teel. scharfem Senf	
2 Teel. grünem Pfeffer	
1 gestrichenen Teel. Salz	
1 Teel. Paprika edelsüß	verrühren, das Fleisch damit bestreichen, auf ein genügend großes Stück Bratfolie legen, die Folie verschließen, etwa 2 Stunden stehenlassen, erst dann auf dem Rost in den vorgeheizten Backofen schieben
Strom:	200
Gas:	Etwa 3½
Bratzeit:	Etwa 1¼ Stunden das gare Fleisch aus dem Backofen nehmen, kurze Zeit ruhen lassen, erst dann die Bratfolie öffnen, das Fleisch erkalten lassen, vom Knochen lösen, in Scheiben schneiden, auf einer Platte anrichten, mit
Radieschen	
Kräutern	garnieren.
Beigabe:	Kartoffel-, Nudel- oder Reissalat.

Frühlingsplatte mit Avocadocreme

(In der Bratfolie – 4 bis 6 Portionen)

1 kg Schweinefleisch (Oberschale)	waschen, abtrocknen, evtl. Haut und Fett entfernen, mit
Salz	
Pfeffer	würzen, auf ein genügend großes Stück Bratfolie legen, die Folie verschließen, auf dem Rost in den vorgeheizten Backofen schieben
Strom:	200
Gas:	Etwa 3½
Bratzeit:	Etwa 1½ Stunden
4 Stangen Staudensellerie	putzen, waschen, in etwa 5 cm lange Stücke schneiden
2 mittelgroße Stangen Porree	putzen, längs halbieren, in etwa 5 cm lange Stücke schneiden, waschen von
2 Fenchelknollen	die schlechten Stellen abschneiden die Knollen waschen, vierteln oder achteln
2 große Möhren	putzen, schrappen, waschen, in etwa 5 cm lange (½ cm dicke) Stifte schneiden das Gemüse nacheinander in
kochendes Salzwasser	geben, zum Kochen bringen Staudensellerie 1 – 2 Minuten kochen lassen, Porree 2 – 3 Minuten, Fenchel etwa 8 Minuten, Möhren etwa 5 Minuten, zuletzt
4 – 6 kleine Tomaten	kurze Zeit hineingeben, in kaltem Wasser abschrecken, enthäuten, die Stengelansätze entfernen das Gemüse gut abtropfen lassen, in eine große, flache Schüssel legen

für die Marinade

3 Eßl. Salatöl	mit
3 Eßl. Kräuteressig	
Salz	
Pfeffer	
Zucker	verrühren, über das Gemüse verteilen von Zeit zu Zeit die Marinade in einer Ecke der Schüssel zusammenfließen lassen, erneut über das Gemüse geben, 2 – 3 Stunden durchziehen und abtropfen lassen das gare Fleisch erkalten lassen, in dünne Scheiben schneiden, mit dem Gemüse auf einer großen Platte anrichten, mit
Petersilie	garnieren

für die Avocadocreme

1 reife Avocado	halbieren, entsteinen, dünn schälen, das Fruchtfleisch mit einem elektrischen Handrührgerät pürieren oder mit einer Gabel zerdrücken

1 Eßl. Zitronensaft unterrühren
1 Knoblauchzehe abziehen, durchpressen, hinzufügen
125 ml (⅛ l) Speiseöl eßlöffelweise unterrühren, mit Pfeffer,
Zwiebelsalz
Zitronensaft abschmecken, in die ausgehöhlten Avocadohälften spritzen, mit
Petersilie garnieren, mit auf der Platte anrichten.
Beigabe: Bauernbrot.
Tip: Avocadocreme möglichst erst kurz vor dem Servieren zubereiten, da sich bei längerem Stehen das Öl evtl. von der Avocadomasse trennt.

Kräuter-Roastbeef

2 kg Roastbeef waschen, abtrocknen, die Haut (Fett) leicht einritzen, das Fleisch mit
Salz
Pfeffer einreiben
2 Knoblauchzehen abziehen, zerdrücken
das Fleisch mit
2 Eßl. Senf und den zerdrückten Knoblauchzehen einreiben, reichlich mit
Kräutern der Provence bestreuen, auf den Rost auf eine mit Wasser ausgespülte Rostbratpfanne legen, in den vorgeheizten Backofen schieben
das Roastbeef ab und zu wenden
Strom: 225 – 250
Gas: 6 – 7
Bratzeit: 35 – 40 Minuten
das gare Fleisch erkalten lassen, in Scheiben schneiden, auf einer Platte anrichten.
Beigabe: Remouladensoße (S. 116), Stangenweißbrot.

Fleischklößchen auf syrische Art

750 g Lammfleisch waschen, abtrocknen, Fett entfernen, mit
250 g gekochten Möhren durch die feine Scheibe des Fleischwolfs drehen
1 – 2 Knoblauchzehen abziehen, zerdrücken, mit
150 g gekochtem Reis (50 g Rohware)
2 Eiern zu der Fleischmasse geben, gut vermengen, mit
Salz
Pfeffer
Currypulver abschmecken
aus dem Fleischteig etwa 50 walnußgroße Klößchen formen, die Hälfte in
etwa 10 Eßl. Sesam wälzen, die Klößchen in siedendem
Ausbackfett portionsweise jeweils etwa 5 Minuten ausbacken, auf Haushaltspapier abtropfen lassen, heiß oder kalt servieren

für die Soße

1 Becher (150 g) Crème fraîche mit
1 Becher (150 g) Joghurt verrühren, mit Salz, Pfeffer abschmekken, dazureichen.

Zwiebelkoteletts mit Senfcreme

4 Schweinekoteletts (je 175 – 200 g)	waschen, abtrocknen, mit
Salz Pfeffer	bestreuen, dünn mit
Dijon-Senf	bestreichen
4 Zwiebeln 2 Knoblauchzehen	beide Zutaten abziehen, in kleine Würfel schneiden, auf den Koteletts verteilen, etwas andrücken, auf ein mit
4 Eßl. Speiseöl	bestrichenes Backblech legen, in den vorgeheizten Backofen schieben
Strom:	225 – 250
Gas:	4 – 5
Bratzeit:	30 – 35 Minuten
	die garen Koteletts auf einer Platte anrichten, mit
Petersilie	garnieren, warm oder kalt servieren
	für die Senfcreme
1 Becher (150 g) Crème fraîche	mit
1½ – 2 Teel. Dijon-Senf	verrühren, mit Salz,
Currypulver	abschmecken, zu den Koteletts reichen.
Tip:	Koteletts im Backofen zu braten ist besonders bei großen Mengen empfehlenswert.

Kalbsnuß auf provencalische Art

(In der Bratfolie – 8 bis 10 Portionen)

1 Kalbsnuß (2 – 2½ kg)	waschen, abtrocknen, evtl. Fett entfernen, mit
Salz Pfeffer Kräutern der Provence	würzen
2 Knoblauchzehen	abziehen, durchpressen, das Fleisch damit bestreichen
	ein genügend großes Stück Bratfolie mit knapp der Hälfte von
125 g durchwachsenen Speckscheiben (sehr dünn geschnitten)	belegen, das Fleisch darauf legen, mit dem restlichen Speck bedecken, die Folie verschließen, auf dem Rost in den vorgeheizten Backofen schieben
Strom:	200
Gas:	Etwa 3½
Bratzeit:	Etwa 2¼ Stunden
	das gare Fleisch aus dem Backofen nehmen, kurze Zeit ruhen lassen, erst dann die Bratfolie öffnen, das Fleisch erkalten lassen, in Scheiben schneiden, auf

	einer Platte anrichten, nach Belieben mit dem Bratensatz glasieren (s. Rezept Brühe für Aspik S. 158)
	für die Spinathäufchen
1 kg Spinat	verlesen, die harten Stengel entfernen, den Spinat gründlich waschen, tropfnaß in einen Topf geben, zum Kochen bringen, zugedeckt 3 – 4 Minuten dünsten, abtropfen lassen, grob hacken
1 – 2 Knoblauchzehen	abziehen, durchpressen, mit
3 Eßl. Olivenöl	verrühren, mit
Zitronensaft Salz Pfeffer Zucker	abschmecken, mit dem Spinat vermengen, gut durchziehen lassen die Masse auf 8 – 10 kleine Tassen oder Förmchen verteilen, fest andrücken
4 – 5 große Fleischtomaten (etwa 1 kg)	waschen, abtrocknen, quer halbieren, die Stengelansätze entfernen, die Tomaten in eine flache gefettete Auflaufform setzen, mit Salz, Pfeffer bestreuen
2 Knoblauchzehen	abziehen, durchpressen, die Tomatenhälften damit beträufeln
3 Eßl. gehackte Petersilie	darüber verteilen, mit
2 – 3 Eßl. Pinienkernen	bestreuen, mit
1 Eßl. Olivenöl	beträufeln die Form auf dem Rost in den vorgeheizten Backofen schieben
Strom:	200 – 225
Gas:	Etwa 4
Dünstzeit:	25 – 30 Minuten einen Teil der erkalteten Tomatenhälften abwechselnd mit einem Teil der gestürzten Spinathäufchen auf der Fleischplatte anrichten, mit
Kräutern	garnieren.

Mandelmedaillons

(4 – 5 Portionen)

800 g Schweinefilet	waschen, abtrocknen, Haut und Sehnen entfernen, das Filet in 1½ – 2 cm dicke Scheiben schneiden, mit
Salz Pfeffer	würzen die Filetscheiben zunächst in
1 verschlagenen Ei	dann in
75 – 100 g abgezogenen, gehobelten Mandeln	wenden, die Mandeln gut andrücken
40 g Butterschmalz	erhitzen, die Filetscheiben darin von beiden Seiten 5 – 7 Minuten braten die Medaillons erkalten lassen, auf einer Platte anrichten, mit
Brunnenkresse	garnieren
	für die Soße
3 Eßl. Salatmayonnaise	mit
2 Eßl. Crème fraîche 2 Eßl. Joghurt	verrühren
2 enthäutete Tomaten 1 Gewürzgurke	beide Zutaten in Würfel schneiden (Stengelansätze der Tomaten entfernen)
1 Teel. zerdrückter grüner Pfeffer 1 Eßl. gehackter Dill	die vier Zutaten unterrühren, die Soße mit Pfeffer abschmecken, zu den Medaillons reichen.
Beigabe:	Toast.

WILD UND GEFLÜGEL

Ganz wild auf Wild und Gans.
(Rezept Seite 291)

Wildschwein- oder Frischlingskoteletts auf italienische Art

4 Wildschwein- oder Frischlingskoteletts (etwa 600 g)	waschen, abtrocknen, mit
Salz	
Pfeffer	
gemahlenem Rosmarin	
8 zerdrückten Wacholderbeeren	einreiben
2 Eßl. Olivenöl	erhitzen, das Fleisch von beiden Seiten etwa 5 Minuten darin braten (Fleisch soll innen rosa bleiben), erkalten lassen
2 Zwiebeln	abziehen, in Scheiben schneiden, in dem Bratensatz glasig dünsten lassen
250 g Zucchini	waschen, in Scheiben schneiden, zu den Zwiebeln geben, mitdünsten lassen
2 Fleischtomaten	kurze Zeit in kochendes Wasser legen (nicht kochen lassen), in kaltem Wasser abschrecken, enthäuten, die Stengelansätze entfernen, die Tomaten in Würfel schneiden, zu dem Gemüse geben, kurz miterhitzen (Gemüse soll noch knackig sein), mit
1 Eßl. gehacktem Basilikum	
1 Messerspitze gerebeltem Oregano	würzen, von der Kochstelle nehmen, mit Salz, Pfeffer,
1 – 2 Eßl. Weinessig	abschmecken
Dünstzeit:	6 – 7 Minuten
	die erkaltete Gemüsemischung auf einem Teller anrichten, die Koteletts darauf legen, mit
Tomatenröschen	
Kräutern	garnieren.
Beigabe:	Knoblauchbrot.

Hasenfilets in Blätterteighülle

	Für die Füllung von
1 Hasenrücken (etwa 600 g)	das Rückenfleisch und die Filets auslösen, sorgfältig enthäuten, waschen, trockentupfen, in eine Schüssel legen, mit
½ Teel. gerebeltem Thymian	
½ Teel. gerebeltem Rosmarin	bestreuen, mit
1 Eßl. Zitronensaft	
2 Eßl. Speiseöl	beträufeln, zugedeckt etwa 24 Stunden an einem kühlen Ort stehenlassen, das Fleisch ab und zu wenden
	das Fleisch aus der Marinade nehmen, abtropfen lassen, mit
Salz	
Pfeffer	würzen

30 g Butterschmalz erhitzen, das Fleisch von allen Seiten kurz darin anbraten, erkalten lassen

10 entsteinte Backpflaumen waschen, abtropfen lassen, in feine Würfel schneiden

10 Champignons putzen, waschen, fein hacken (6 Stück zurücklassen)

beide Zutaten mit

250 g feiner Bratwurstmasse
2 Eßl. Weinbrand
1 Eßl. gehackten Pistazienkernen vermengen

für den Teig

1 Packung (300 g) tiefgekühlten Blätterteig nach der Vorschrift auf der Packung auftauen lassen, zu einer länglichen Platte in der dreifachen Größe des Fleisches ausrollen (nach Belieben etwas Teig zum Garnieren zurücklassen), die Hälfte der gemischten Bratwurstmasse in der Länge der großen Fleischstücke in die Mitte des Teiges geben, zunächst die großen und darauf die kleinen Fleischstücke legen, zwischen die Filets als „Rückgratknochen" die zurückgelassenen Champignonköpfe setzen, mit der restlichen Bratwurstmasse bedecken den Teig um das Fleisch schlagen, auf ein mit Wasser abgespültes Backblech legen (glatte Teigseite nach oben), mit dem zurückgelassenen Teig garnieren über die Teigoberseite verteilt 2 – 3 etwa pfenniggroße Löcher ausstechen

½ Eigelb mit
1 Teel. Milch verschlagen, die Teigoberfläche damit bestreichen, das Backblech in den vorgeheizten Backofen schieben

Strom: 200 – 225
Gas: 3 – 4
Backzeit: Etwa 35 Minuten

das gare Fleisch aus dem Backofen nehmen, erkalten lassen, in nicht zu dünne Scheiben schneiden, auf einer Platte anrichten, nach Belieben mit

Backpflaumen
Pistazienkernen garnieren.

Beigabe: Fenchelsalat.

Gespickte Hirschkeule

(4 – 6 Portionen)

2 kg Hirschkeule	waschen, abtrocknen, enthäuten
150 g fetten Speck	in Streifen schneiden, eine Zeitlang kalt stellen, anschließend in
Pfeffer	wenden, die Hirschkeule damit spicken das Fleisch mit Pfeffer,
Salz	
gerebeltem Salbei	einreiben
100 g fette Speckscheiben	in eine mit Wasser ausgespülte Rostbratpfanne legen, die Hirschkeule darauf legen
1 Bund Suppengrün	putzen, waschen, zu dem Fleisch geben, die Rostbratpfanne in den vorgeheizten Backofen schieben sobald der Bratensatz bräunt, je nach Bedarf
heißes Wasser	hinzugießen
Strom:	200 – 225
Gas:	3 – 4
Bratzeit:	50 – 60 Minuten (Fleisch soll innen rosa sein) die gare Hirschkeule erkalten lassen, in Scheiben schneiden, auf einer Platte anrichten, mit
Preiselbeeren (aus dem Glas)	
Minze	garnieren.
Beigabe:	Toast, Butter, Cumberlandsoße (S. 116.)
Tip:	Fleisch von jungen Hirschen braucht vor dem Braten nicht gebeizt zu werden, nach Belieben kann es aber für 2 Tage in Milch eingelegt oder in ein Essigtuch eingewickelt werden.

Rehrücken garniert, mit Apfelsinensoße

1 Rehrücken (etwa 1½ kg)	waschen, abtrocknen, enthäuten, mit
Salz	einreiben, mit
40 g weicher Butter oder Margarine	bestreichen
100 g fetten Speck	in Scheiben schneiden, die Hälfte davon in eine mit Wasser ausgespülte Rostbratpfanne legen, das Fleisch darauf legen, mit den übrigen Speckscheiben bedecken, die Rostbratpfanne in den vorgeheizten Backofen schieben sobald der Bratensatz bräunt
2 zerdrückte Wacholderbeeren	
1 abgezogene, geviertelte Zwiebel	dazugeben, kurz in dem Fett erhitzen

	etwas
heißes Wasser	hinzugießen, das Fleisch ab und zu mit dem Bratensatz begießen, verdampfte Flüssigkeit nach und nach ersetzen
Strom:	225 – 250
Gas:	3 – 4
Bratzeit:	35 – 50 Minuten
	das gare Fleisch noch warm von den Knochen lösen, erkalten lassen, in Stükke schneiden, wieder auf das Knochengerüst (evtl. mit feiner Leberwurst bestreichen) legen
6 Birnen	schälen, halbieren, entkernen, in
250 ml (¼ l) Weißwein	mit
1 Stückchen Stangenzimt	
Zucker	in etwa 5 Minuten weich dünsten (dürfen nicht zerfallen), in der Flüssigkeit erkalten lassen
1 Päckchen Gelatine gemahlen, weiß	mit
3 Eßl. Weißwein	anrühren, 10 Minuten zum Quellen stehenlassen, unter Rühren erwärmen, bis sie gelöst ist
	die Birnen abtropfen lassen, die Flüssigkeit mit der Gelatine verrühren, kalt stellen
	den Rehrücken auf einem Rost auf ein Backblech stellen, mit
etwa 200 g Mandarinenspalten (aus der Dose)	
Sauerkirschen (aus dem Glas)	garnieren
	sobald die Gelatinelösung anfängt dicklich zu werden, die Schnittflächen der Birnen und den Rehrücken damit bestreichen
	den Rehrücken kalt stellen
	für die Apfelsinensoße
1 schwach gehäuften Eßl. Speisestärke	mit
250 ml (¼ l) Saft (Mandarinensaft und ausgepreßter Apfelsinensaft)	anrühren, unter Rühren zum Kochen bringen, erkalten lassen
2 – 3 Eßl. Preiselbeeren (aus dem Glas)	durch ein Sieb streichen, unter die Apfelsinensoße rühren, mit
abgeriebener Apfelsinenschale (unbehandelt)	
Senf	
Salz	
Pfeffer	
Zitronensaft	
evtl. Zucker	abschmecken
	den Rehrücken auf eine große Platte legen, zu beiden Seiten
gehackte Petersilie	streuen
Preiselbeeren (aus dem Glas)	in die Birnenhälften füllen
Apfelsinenscheiben	halbieren
	das Obst mit auf die Platte legen, mit
Petersiliensträußchen	garnieren
	den Rehrücken mit der Apfelsinensoße servieren.
Beigabe:	Stangenweißbrot, Feldsalat.

Putenrollbraten, gegrillt

1 Putenrollbraten (etwa 1 kg)	waschen, abtrocknen, auf den Drehspieß schieben oder in einen Grillkorb geben
1 Eßl. Speiseöl	mit
Salz	
Paprika edelsüß	verrühren, nach Belieben
mittelscharfen Senf	hinzufügen, das Fleisch damit bestreichen
	während des Grillens den Braten ab und zu mit dem herabgetropften Fett aus der Grillpfanne bestreichen
Grillzeit	
Strom:	Je nach Dicke des Bratens 45 – 60 Minuten
Gas:	Je nach Dicke des Bratens etwa 50 Minuten
	den garen Putenrollbraten erkalten lassen, in Scheiben schneiden.
Beigabe:	Stangenweißbrot, Butter, Staudenselleriesalat mit Äpfeln (S. 46).

Poularde mit Pistazienfüllung

(4 – 6 Portionen)

1 küchenfertige Poularde (etwa 1½ kg)	waschen, abtrocknen
	für die Füllung
2 Scheiben Toastbrot	in kleine Würfel schneiden, mit
3 Eßl. Portwein	beträufeln
150 g Geflügelleber	waschen, trockentupfen, mit einem elektrischen Handrührgerät pürieren
75 g abgezogene, gemahlene Pistazien	die Zutaten mit
75 g Rinderhackfleisch	
2 kleinen Eiern	vermengen, mit
Salz, Pfeffer	abschmecken die Poularde mit der Masse füllen, die Öffnung mit Holzspießchen zustecken oder mit Küchengarn zunähen
2 Eßl. Speiseöl	mit Salz, Pfeffer,
½ Teel. Paprika edelsüß	
1 Messerspitze Currypulver	verrühren, die Poularde damit bestreichen, in eine mit Wasser ausgespülte Rostbratpfanne legen, in den vorgeheizten Backofen schieben sobald der Bratensatz bräunt, etwas von
125 ml (⅛ l) heißer Instant-Hühnerbrühe	hinzugießen, verdampfte Flüssigkeit nach und nach ersetzen
Strom:	200 – 225
Gas:	3 – 4
Bratzeit:	Etwa 50 Minuten die gare Poularde erkalten lassen, Holzspießchen (Küchengarn) entfernen, die Poularde in Portionsstücke schneiden, auf einer Platte anrichten, mit
Pistazienkernen	garnieren.

Enteconfit

1 küchenfertige Ente (etwa 1½ kg)	waschen, abtrocknen, innen kräftig mit
gerebeltem Majoran	einreiben, mit dem Rücken nach unten auf den Rost auf eine mit Wasser ausgespülte Rostbratpfanne legen, auf die untere Schiene in den vorgeheizten Backofen schieben während des Bratens ab und zu unterhalb der Flügel und Keulen in die Ente stechen, damit das Fett besser ausbraten kann nach etwa 30 Minuten Bratzeit das sich angesammelte Fett abschöpfen sobald der Bratensatz bräunt, etwas
heißes Wasser	hinzugießen, die Ente ab und zu mit dem Bratensatz begießen, verdampfte Flüssigkeit nach und nach ersetzen 10 Minuten vor Beendigung der Bratzeit die Ente mit
kaltem Salzwasser	bestreichen, die Hitze auf stark stellen, damit die Haut schön kroß wird
Strom:	200 – 225
Gas:	3 – 4
Bratzeit:	Etwa 1¾ Stunden die gare Ente in Portionsstücke schneiden, Knochen evtl. entfernen, das Fleisch erkalten lassen den Bratensatz durch ein Sieb gießen, etwas entfetten
3 Lorbeerblätter	
3 Gewürznelken	
15 Wacholderbeeren	
5 Pimentkörner (Nelkenpfeffer)	
1 Teel. Pfefferkörner	in den Bratensatz geben, zum Kochen bringen, etwa 5 Minuten kochen lassen
1 Päckchen Gelatine gemahlen, weiß	mit
3 Eßl. kaltem Wasser	anrühren, 10 Minuten zum Quellen stehenlassen, in den von der Kochstelle genommenen Bratensatz geben, so lange rühren, bis sie gelöst ist das Entenfleisch in eine Schüssel legen, den Gewürz-Bratensatz darüber gießen, erkalten lassen das Entenconfit in der Schüssel servieren.
Beigabe:	Grau- oder Vollkornbrot, Butter.

Ente mit Feigen

1 küchenfertige Ente (etwa 1½ kg)	waschen, abtrocknen, innen mit
Salz	einreiben, mit dem Rücken nach unten auf den Rost auf eine mit Wasser ausgespülte Rostbratpfanne legen, auf die untere Schiene in den vorgeheizten Backofen schieben
	während des Bratens ab und zu unterhalb der Flügel und Keulen in die Ente stechen, damit das Fett besser ausbraten kann
	nach etwa 30 Minuten Bratzeit das sich angesammelte Fett abschöpfen
	sobald der Bratensatz bräunt, etwas
heißes Wasser	hinzugießen, die Ente ab und zu mit dem Bratensatz begießen, verdampfte Flüssigkeit nach und nach ersetzen
	10 Minuten vor Beendigung der Bratzeit die Ente mit
kaltem Salzwasser	bestreichen, die Hitze auf stark stellen, damit die Haut schön kroß wird
Strom:	200 – 225
Gas:	3 – 4
Bratzeit:	Etwa 1¾ Stunden
	die gare Ente erkalten lassen
	den Bratensatz durch ein Sieb gießen, entfetten

1 Teel. Gelatine gemahlen, weiß	mit
1 Eßl. kaltem Wasser	anrühren, 10 Minuten zum Quellen stehenlassen, unter den noch heißen Bratensatz rühren, so lange rühren, bis sie gelöst ist
	den Bratensatz mit Salz,
Pfeffer	abschmecken
1 Eßl. Portwein	unterrühren, kalt stellen
	das Brustfleisch der Ente vom Knochen lösen, in Scheiben schneiden, wieder auf das Knochengerüst legen, auf einer Platte anrichten, mit
Zitronenmelisse	garnieren
4 – 6 frische Feigen	waschen, abtropfen lassen, kreuzweise einschneiden, etwas auseinanderbiegen, so daß sie wie Blüten aussehen, sie um die Ente herumsetzen
	den erkalteten, festgewordenen Bratensatz in Würfel schneiden, mit auf die Platte geben, mit
Zitronenmelisse	garnieren.
Beigabe:	Toast, Butter, Salate.

Truthahnröllchen, französisch

750 g küchenfertige Truthahnbrust im Stück (ohne Knochen)	waschen, abtrocknen, in 16 dünne Scheiben schneiden, mit
gerebeltem Oregano gerebeltem Thymian Pfeffer	würzen
75 g durchwachsene Speckscheiben	
	jeweils ½ Speckscheibe auf jede Geflügelfleischscheibe legen, aufrollen, mit einem Holzspießchen feststecken oder mit Küchengarn umwickeln
3 Eßl. Olivenöl	erhitzen, die Fleischrollen von allen Seiten etwa 5 Minuten darin goldbraun braten, mit
Salz	würzen, herausnehmen, Holzspießchen (Küchengarn) entfernen, kalt stellen den Bratensatz zurücklassen
250 g Auberginen	waschen, abtrocknen, in Würfel schneiden, mit Salz bestreuen, etwa 10 Minuten ziehen lassen, trockentupfen
2 – 3 Zwiebeln	abziehen, in Würfel schneiden
250 g rote Paprikaschoten	halbieren, entstielen, entkernen, die weißen Scheidewände entfernen, die Schoten waschen, in kleine Stücke schneiden
250 g Tomaten	kurze Zeit in kochendes Wasser legen (nicht kochen lassen), in kaltem Wasser abschrecken, enthäuten, halbieren, die Stengelansätze entfernen, die Tomaten entkernen, kleinschneiden die Zwiebeln in dem erhitzten Bratensatz glasig dünsten, Auberginen, Paprika hinzufügen, dünsten lassen, evtl. etwas Wasser hinzugießen nach 10 – 15 Minuten Dünstzeit Tomaten,
1 abgezogene, zerdrückte Knoblauchzehe 1 Eßl. gehacktes Basilikum	dazugeben, nach etwa 10 Minuten mitdünsten lassen, mit Salz, Pfeffer abschmecken, erkalten lassen, in einer flachen Schüssel anrichten die Truthahnröllchen darauf legen, mit
Zitronenachteln	garnieren, das Fleisch nach Belieben mit
Zitronensaft	beträufeln
Dünstzeit:	Etwa 25 Minuten.
Beigabe:	Toast oder Stangenweißbrot, Butter.

Hähnchenbrüstchen in Limettensoße

4 Hähnchenbrustfilets (etwa 600 g)	waschen, trockentupfen, mit
Salz Pfeffer	würzen die Hähnchenbrustfilets zunächst in
Weizenmehl	dann in
1 verschlagenen Ei	zuletzt in
125 g abgezogenen, gehackten Mandeln	wenden
40 g Butterschmalz oder Margarine	erhitzen, das Fleisch von beiden Seiten etwa 8 Minuten darin braten, erkalten lassen
	für die Soße
2 Limetten (unbehandelt)	mit heißem Wasser abwaschen, etwas von der Schale abreiben, die Limetten halbieren, den Saft auspressen, 4 Eßl.

	von dem Saft mit der abgeriebenen Schale,
2 Bechern (je 150 g) Crème fraîche	
2 Eßl. feingehackter Zitronenmelisse	
2 Eßl. trockenem Wermut	verrühren, mit Salz abschmecken die Hähnchenbrustfilets auf
gewaschenen, feinge-schnittenen Salat-blättern	anrichten, mit der Hälfte der Soße über-gießen
2 Eßl. grünen Pfeffer	darüber streuen, mit
Zitronenmelisse Limettenscheiben	garnieren die restliche Soße dazureichen.
Beigabe:	Toast, Butter.

Gänsebrust, gefüllt

750 g Gänsebrust (ohne Knochen)	waschen, abtrocknen, die Innenseite mit
Salz Pfeffer	einreiben, mit
1 Teel. scharfem Senf	bestreichen
	für die Füllung
1 Zwiebel	abziehen, in feine Würfel schneiden
125 g Kalbsleber	evtl. enthäuten, waschen, abtrocknen, fein hacken
1 – 2 Eßl. Butter oder Margarine	erhitzen beide Zutaten etwa 2 Minuten darin braten lassen, mit
2 Eßl. Weinbrand	übergießen, erkalten lassen, mit
1 Eßl. gehackten Pistazienkernen	
100 g feiner Bratwurstmasse	vermengen die Masse auf die eine Hälfte der Gänse-brust geben, die andere Hälfte darüber klappen, die Seiten mit einem Holz-spießchen zustecken die Gänsebrust auf den Rost auf die mit Wasser ausgespülte Rostbratpfanne legen, auf die mittlere Schiene in den vorgeheizten Backofen schieben sobald der Bratensatz bräunt, etwas
heißes Wasser	hinzugießen, die Gänsebrust ab und zu mit dem Bratensatz begießen, ver-dampfte Flüssigkeit nach und nach er-setzen 10 Minuten vor Beendigung der Bratzeit die Gänsebrust mit
kaltem Salzwasser	bestreichen, die Hitze auf stark stellen, damit die Haut schön kroß wird
Strom:	200 – 225
Gas:	4 – 5
Bratzeit:	2 – 2½ Stunden (je nach Alter des Tieres) die gare Gänsebrust erkalten lassen, Holzspießchen entfernen, das erkaltete Fleisch in dünne Scheiben schneiden, auf einer Platte anrichten, mit
Apfelsinenscheiben Petersilie	garnieren.
Beigabe:	Brot, Butter.

Putenkeule mit Schnittlauchsoße

1 tiefgekühlte Putenoberkeule mit Knochen (etwa 1 kg)	bei Zimmertemperatur auftauen lassen, waschen
1¼ – 1½ l Salzwasser	zum Kochen bringen
1 Bund Petersilie	waschen, mit der Putenkeule,
6 Pfefferkörnern	in das Wasser geben, zum Kochen bringen, kochen lassen
300 g Möhren	putzen, schrappen, waschen, längs halbieren, vierteln, mit einem Buntmesser in etwa 3 cm lange Stücke schneiden
2 – 3 Stengel Staudensellerie	putzen (Blätter an den Stengeln lassen), waschen, in etwa 4 cm lange Stücke schneiden das Gemüse nach etwa 50 Minuten Kochzeit zu der Putenkeule geben, mitkochen lassen
2 mittelgroße Porreestangen (Lauch)	putzen, halbieren, gründlich waschen, in 4 cm lange Stücke schneiden (evtl. nochmals waschen)
1 Kopf Blumenkohl (etwa 500 g)	in Röschen teilen, gründlich waschen das Gemüse nach weiteren 10 Minuten Kochzeit zu dem Fleisch geben, in etwa 15 Minuten gar kochen lassen, in der Brühe erkalten lassen
	für die Soße
2 hartgekochte Eier	pellen, durch ein Sieb streichen, mit
2 Teel. scharfem Senf	verrühren
etwa 125 ml (⅛ l) Salatöl	nach und nach unterrühren (Soße muß dicklich sein), mit
Essig **Salz** **Pfeffer**	abschmecken
2 Bund feingeschnittenen Schnittlauch	unter die Soße rühren die Putenkeule und das Gemüse aus der Brühe nehmen, gut abtropfen lassen das Gemüse auf eine Platte geben, die Soße darüber verteilen, die Putenkeule in Scheiben schneiden, auf dem Gemüse anrichten, mit
Schnittlauch	garnieren.
Beigabe:	Stangenweißbrot.

Perlhuhn in Thunfischsoße

1 küchenfertiges Perlhuhn (etwa 1½ kg)	waschen, in einen Kochtopf geben (Topf soll so groß sein, daß das Huhn genau hineinpaßt)
Salzwasser	hinzugießen, zum Kochen bringen, abschäumen
1 Bund Suppengrün	putzen
1 Bund Petersilie	
½ Bund Basilikum	
	die drei Zutaten waschen, zu dem Huhn geben, zum Kochen bringen, in 45-60 Minuten (je nach Alter des Tieres) gar kochen, das gare Huhn in der Brühe erkalten lassen, aus der Brühe nehmen, in Portionsstücke teilen, die Haut entfernen, die Fleischstücke auf einer Platte anrichten
½ Bund Basilikum	waschen, die Blättchen abzupfen, auf das Fleisch legen
	für die Soße
1 Eigelb	mit
1 Teel. Senf	
2 Teel. Essig	
Salz, Pfeffer	zu einer dicklichen Masse schlagen
150 g Thunfisch (aus der Dose)	abtropfen lassen, das Öl nach und nach mit
100 ml Olivenöl	unterschlagen
2 hartgekochte Eier	pellen, zusammen mit dem Thunfisch,
1 Eßl. Kapern	sehr fein hacken, unter die Mayonnaise rühren, mit
Zitronensaft	abschmecken, nach Belieben
Weißwein	unterrühren die Soße über das Geflügelfleisch geben, mit
Tomatenachteln	
Zitronenscheiben	garnieren.
Beigabe:	Stangenweißbrot.
Tip:	Möglichst wenig Wasser zum Garen des Huhnes verwenden, damit das Geflügelfleisch saftig bleibt.

Hähnchenkeulen, garniert

4 Hähnchenkeulen (je etwa 250 g)	waschen, abtrocknen
2 Eßl. Speiseöl	
½ Teel. Paprika edelsüß	
1 Messerspitze Currypulver	
Salz, Pfeffer	verrühren, die Hähnchenkeulen rundherum damit bestreichen, auf den Rost auf eine mit Wasser ausgespülte Rostbratpfanne legen, auf die mittlere Schiene in den vorgeheizten Backofen schieben, sobald der Bratensatz bräunt, etwas von
125 ml (⅛ l) heißem Wasser	hinzugießen, die Hähnchenkeulen ab und zu mit dem Bratensatz begießen, verdampfte Flüssigkeit nach und nach ersetzen
Strom:	200 – 225
Gas:	4 – 5
Bratzeit:	25 – 30 Minuten die garen Hähnchenkeulen erkalten lassen, auf ein Gitterrost legen, auf ein Backblech stellen, nach Belieben mit
abgetropften halbierten Ananasscheiben (aus der Dose)	
abgetropften Mandarinenspalten (aus der Dose)	
abgetropften Pfirsichscheiben (aus der Dose)	
Kirschen	garnieren, abgetropften Fruchtsaft evtl. mit Wasser auf 250 ml (¼ l) auffüllen
1 Päckchen Gelatine gemahlen, weiß	mit
3 Eßl. Weißwein	anrühren, 10 Minuten zum Quellen stehenlassen, unter Rühren erwärmen, bis sie gelöst ist, den Fruchtsaft erwärmen, mit der Gelatine verrühren, kalt stellen sobald die Gelatinelösung anfängt dicklich zu werden, die Hähnchenkeulen damit bestreichen, den Vorgang so oft wiederholen, bis die Hähnchenkeulen völlig mit Aspik überzogen sind die restliche Flüssigkeit erstarren lassen, in Würfel schneiden die Hähnchenkeulen auf einer Platte anrichten, mit den Aspikwürfeln,
Salatherzen	garnieren.

SOSSEN, DIPS, BUTTER-MISCHUNGEN, BROTAUFSTRICHE

Leicht und locker – frisch aufs Brot.
(Rezept Seite 291)

Kräuter-Dressing

1 Becher (150 g) Crème fraîche	mit
2 Eßl. gemischten, gehackten Kräutern	
3 Eßl. Tomaten-Ketchup	verrühren, mit
Salz	
Pfeffer	
Zucker	
Paprika edelsüß	abschmecken. Diese Soße zu Kopf-, Chicorée- und Gemüsesalaten, zu Salatgurken oder als Dip zu Fleisch-Fondue reichen.

Remouladensoße, Kräuter-Dressing, Meerrettichsahne

Remouladensoße

2 hartgekochte Eier	pellen, das Eigelb durch ein Sieb streichen (Eiweiß zurücklassen), mit
1 rohen Eigelb	
Salz	
1 Teel. Zucker	verrühren, dann tropfenweise unter Schlagen die Hälfte von
125 ml (⅛ l) Salatöl	hinzufügen, ist die Masse steif genug,
2 Eßl. Essig oder Zitronensaft	
1 Teel. Senf	hinzufügen, dann erst den Rest des Öls hinzugeben
½ – 1 Eßl. Kapern (aus dem Glas)	fein hacken
2 kleine Gewürzgurken	in feine Würfel schneiden nach Belieben
1 – 2 gewässerte Sardellen	fein hacken
1 Teel. grünen Pfeffer	mit einer Messerspitze zerdrücken
2 Eßl. gemischte, gehackte Kräuter	
	die Zutaten zu der Mayonnaise geben das hartgekochte Eiweiß in kleine Würfel schneiden, mit in die Soße geben. Remouladensoße zu gekochtem Fleisch und Fisch reichen.

Meerrettichsahne

250 ml (¼ l) Sahne	steif schlagen, mit
2 – 3 Eßl. geriebenem Meerrettich (aus dem Glas)	verrühren, mit
Salz, Zucker	
Zitronensaft	abschmecken. Meerrettichsahne zu Schinken, heißen Würstchen oder gekochtem Rindfleisch reichen.

Cumberlandsoße

Schale von 1 Apfelsine (unbehandelt)	von der weißen Haut befreien, in sehr feine Streifen schneiden, in etwa 10 Minuten in
3 Eßl. Rotwein	weich kochen lassen, kalt stellen
250 g Johannisbeergelee	mit
1 – 2 Teel. Senf	gut verrühren, die erkalteten Apfelsinenstreifen mit dem Rotwein hinzufügen, die Soße mit
Salz	
Zitronensaft	abschmecken. Diese Soße zu Wildbraten, Pasteten oder kaltem Bratenfleisch reichen.

Aioli

4 – 5 Knoblauchzehen	abziehen, sehr fein zerdrücken, mit
125 g Salatmayonnaise	verrühren, mit
Salz	
Pfeffer	
Cayennepfeffer	
Zitronensaft	abschmecken. Diese Soße zu gegrilltem Fleisch reichen.

Walnußsoße

(Etwa 8 Portionen)

1 Becher (150 g) Crème fraîche	mit
125 ml (⅛ l) Sahne	verrühren, mit
Salz	
frisch gemahlenem Pfeffer	würzen
50 g Walnußkerne	grob hacken
1 Apfelsine (unbehandelt)	mit heißem Wasser abwaschen, abtrocknen, hauchdünn etwas von der Schale abschälen, die Schale in sehr feine Streifen schneiden, die restliche Schale fein abreiben, die Apfelsine auspressen Walnußkerne, Apfelsinensaft und -schale,
1 Eßl. Zitronensaft	unter die Soße rühren, kalt stellen, vor dem Servieren noch einmal durchrühren, mit den Gewürzen abschmecken. Diese Soße zu gegrilltem Fleisch reichen.

Pikante Senfsoße

(Etwa 8 Portionen)

2 Eigelb	mit
2 Eßl. Dijon-Senf	
Salz	
frisch gemahlenem Pfeffer	
1 Eßl. Zitronensaft	verschlagen
125 ml (⅛ l) Speiseöl	unter ständigem Schlagen zuerst tropfenweise hinzufügen, dann den Rest in größeren Mengen dazugeben
4 Eßl. Sahne	unterrühren die Soße mit den Gewürzen abschmecken
2 Bund gehackte Petersilie	unterrühren. Diese Soße zu gegrilltem Fleisch reichen.

Basilikumsoße

(Etwa 8 Portionen)

4 Tomaten (etwa 250 g)	kurze Zeit in kochendes Wasser legen (nicht kochen lassen), in kaltem Wasser abschrecken, enthäuten, vierteln, entkernen, pürieren
2 Gläser (je 200 g) Joghurt-Salatcreme	
3 Bund gehacktes Basilikum	mit Tomatenpüree,
125 ml (⅛ l) Sahne	verrühren, mit
frisch gemahlenem Pfeffer	würzen die Soße in einer Schüssel anrichten, mit
Basilikum	garnieren. Diese Soße zu gegrilltem Fleisch reichen.

Basilikumsoße, Walnußsoße, Pikante Senfsoße

Vinaigrette, pikant

3 Eßl. Salatöl	mit
2 – 3 Eßl. Weinessig	
1 Teel. mittelscharfem Senf	
1 kleinen abgezogenen, gewürfelten Zwiebel	
2 hartgekochten, gehackten Eiern	
4 feingewürfelten Cornichons	
1 – 2 Bund gehackter Petersilie	
einigen gehackten Kapern	verrühren, mit
Salz	
Pfeffer	abschmecken.

Cocktailsoße

1 Becher (150 g) Crème fraîche	mit
3 Eßl. Tomaten-Ketchup	
2 Eßl. Weißwein	
1 Eßl. Weinbrand	
1 Teel. geriebenem Meerrettich (aus dem Glas)	
gemischten, gehackten Kräutern	verrühren, mit
Salz	
frisch gemahlenem Pfeffer	
Cayennepfeffer	abschmecken.

Diese Soße zu Fisch-, Gemüse- und Eisbergsalat, allen exotischen Salaten oder als Dip zu Fleisch-Fondue reichen.

Aprikosen-Soße mit Curry

100 g Aprikosenmarmelade	glattrühren, mit
100 g Salatmayonnaise	
1 – 2 Teel. Currypulver	verrühren.

Senf-Rahm mit Dill

1 – 2 Eßl. Senf	mit
1 Becher (150 g) saurer Sahne	
4 Eßl. feingehacktem Dill	verrühren, mit
Salz	
Pfeffer	abschmecken
1 Teel. Korn oder Gin	unterrühren.

Himbeer-Essig-Soße

3 Eßl. Himbeer-Konfitüre	mit
5 Eßl. Tomatensaft	
2 Eßl. Kräuteressig	verrühren. Diese Soße zu kaltem Schweinebraten reichen.

Ingwer-Curry-Dressing

1 Becher (150 g) Joghurt	zum Abtropfen auf ein Sieb geben
15 g frische Ingwerwurzel	schälen, reiben, mit
1 Teel. Currypulver	
½ Teel. gemahlenem Koriander	
1 Teel. Honig	
1 Teel. Dijon-Senf	
1 Eßl. Ingwer-konfitüre	
gemahlenem Zimt	
Salz	verrühren, das Joghurt unterrühren. Diese Soße zu Salaten, gegrilltem Fleisch und Fondue reichen.
Veränderung:	Anstelle von frischem Ingwer 2 Teel. Ingwerpulver verwenden.

Mandel-Joghurt-Dressing

(6 – 8 Portionen)

3 Becher (je 150 g) Joghurt	zum Abtropfen auf ein Sieb geben
3 hartgekochte Eier	pellen, fein hacken
60 g abgezogene, gemahlene, leicht geröstete Mandeln	
	das Joghurt mit
2 Teel. Dijon-Senf	verrühren, Eier, Mandeln,
2 Eßl. Olivenöl	unterrühren, mit
Salz	
frisch gemahlenem Pfeffer	
Zucker	abschmecken.

Kräuter-Joghurt-Dressing

(4 – 6 Portionen)

2 Becher (je 150 g) Joghurt	zum Abtropfen auf ein Sieb geben
2 große Schalotten oder Zwiebeln (etwa 50 g)	abziehen, in sehr feine Würfel schneiden
1 mittelgroße Knoblauchzehe	abziehen, sehr fein zerdrücken
1 Bund gehackter Dill	
1 Bund gehackte glatte Petersilie	
1 Bund gehacktes Basilikum	
	die Kräuter mit
3 Eßl. Zitronensaft	
3 Eßl. Olivenöl	
Salz	
frisch gemahlenem Pfeffer	
Zucker	verrühren, nach und nach alle Zutaten unterrühren. Diese Soße zu Salaten, gegrilltem Fleisch und Fondue reichen.

Mandel-Joghurt-Dressing, Kräuter-Joghurt-Dressing, Ingwer-Curry-Dressing

Mayonnaise

1 Eigelb	mit
2 schwach gehäuften Teel. Senf	
1 Eßl. Essig oder Zitronensaft	
Salz	
1 gestrichenen Teel. Zucker	in einer Rührschüssel mit einem Schneebesen oder mit einem elektrischen Handrührgerät mit Rührbesen zu einer dicklichen Masse schlagen, darunter
125 ml (⅛ l) Salatöl	schlagen (bei dieser Zubereitung ist es nicht notwendig, das Öl tropfenweise zuzusetzen, es wird in Mengen von 1 – 2 Eßl. untergeschlagen, die an das Eigelb gegebenen Gewürze verhindern eine Gerinnung).
Veränderung:	Unter die Mayonnaise Joghurt nach Geschmack rühren.

Grüne Soße

1 Bund Petersilie	
1 Bund Schnittlauch	
1 Bund Kerbel	
1 Bund Dill	
1 Bund Borretsch	
1 Bund Estragon	
1 Bund Basilikum	
½ Kästchen Kresse	die Kräuter waschen
1 kleine Zwiebel	abziehen alle Zutaten grob zerkleinern, mit
1 Becher (150 g) Crème fraîche	
125 g Magerquark	in einem elektrischen Mixbecher 1 – 2 Minuten schlagen lassen die Soße mit
Salz	
Pfeffer	
Zucker	abschmecken. Diese Soße zu gekochten Eiern oder zu gekochtem Rindfleisch reichen.

Roquefort-Sahne-Soße

30 g Edelpilzkäse, z. B. Roquefort	mit einer Gabel zerdrücken, nach und nach mit einem elektrischen Handrührgerät mit Rührbesen
125 ml (⅛ l) Sahne	unterrühren, mit
Salz	
frisch gemahlenem Pfeffer	
etwa 1 Eßl. Zitronensaft	abschmecken. Diese Soße zu allen herben Blattsalaten, wie Radicchio, Feldsalat, Spinat oder Endivien reichen.

Senf-Sahne-Soße

125 ml (⅛ l) Sahne	½ Minute schlagen
2 Teel. Senf	unterrühren, mit
Salz	
Pfeffer	abschmecken
1 Eßl. Zitronensaft	unter Rühren hinzufügen. Die Soße zu grünem Salat, Feld-, Radicchio- und Endiviensalat oder zu Rohkost-Salaten mit Fleisch reichen.

Sherry-Sahne-Soße

1 Eigelb	mit
1 schwach gehäuften Eßl. Zucker	cremig rühren
2 Eßl. trockenen Sherry	
1 Eßl. Zitronensaft	hinzufügen
2 Eßl. steifgeschlagene Sahne	unterheben
1 Eßl. abgezogene, gehobelte, gebräunte Mandeln	vor dem Servieren über die Soße streuen. Die Soße erst kurz vor dem Servieren zubereiten, zu allen Obstsalaten aus säuerlichen Früchten reichen.

Senf-Sahne-Soße, Roquefort-Sahne-Soße, Sherry-Sahne-Soße

Quark-Dip mit Preiselbeeren, Bunter Quark-Dip, Quark-Dip mit Schinken

Quark-Dip mit Preiselbeeren

200 g Magerquark mit
5 Eßl. Milch verrühren
2 Eßl. Preiselbeeren (aus dem Glas)
2 Teel. Senf
beide Zutaten unter den Quark rühren, mit
Salz
Zucker abschmecken.
Diesen Dip zu kaltem Rindfleisch oder Geflügel reichen.

Quark-Dip mit Schinken

100 g Magerquark mit
4 Eßl. Buttermilch verrühren
100 g Lachsschinken in kleine Stücke schneiden
1 Eßl. gemischte, gehackte Kräuter
beide Zutaten unter den Quark rühren, mit
frisch gemahlenem Pfeffer
Knoblauchsalz abschmecken.

Bunter Quark-Dip

150 g Magerquark mit
4 Eßl. Buttermilch verrühren
1 kleine Tomate kurze Zeit in kochendes Wasser legen, in kaltem Wasser abschrecken, enthäuten, halbieren, entkernen
1 Sardelle
2 Oliven
die drei Zutaten sehr fein schneiden, mit
2 Teel. Zwiebelwürfeln vermengen, unter den Quark rühren, mit
Salz
frisch gemahlenem Pfeffer
Thymian abschmecken.

Dip Bombay

1 mittelgroßen Apfel schälen, vierteln, entkernen, in kleine Würfel schneiden, mit
1 Becher (150 g) Crème fraîche
2 Eßl. Milch
1 Teel. Currypulver verrühren, mit
Salz
Pfeffer abschmecken.

Dip Milano

1 mittelgroße Zwiebel	abziehen
5 Scheiben (etwa 50 g) Salami	
	beide Zutaten in feine Würfel schneiden, mit
1 Becher (150 g) Crème fraîche	verrühren, mit
Salz	
Paprika edelsüß	abschmecken.

Dip Gourmet

1 Becher (150 g) Crème fraîche	mit
1 Eßl. Tomaten-Ketchup	
1 Eßl. feingeschnittenem Schnittlauch	verrühren
½ Camembert (etwa 100 g)	in feine Würfel schneiden, unterrühren, mit
Salz	
Pfeffer	abschmecken.

Kräuter-Dip

3 – 4 Eßl. gemischte, gehackte Kräuter	
3 Sardellenfilets	
1 Eßl. Kapern (aus dem Glas)	
10 spanische Oliven, mit Paprika gefüllt	
	die Zutaten sehr fein hacken, mit
3 Eigelb	
1 Teel. scharfem Senf	
1 – 2 Eßl. Obstessig	verrühren, mit
Salz	
frisch gemahlenem Pfeffer	abschmecken
5 Eßl. Salatöl	unterrühren
2 enthäutete Tomaten	halbieren, entkernen, die Stengelansätze entfernen, die Tomaten in Würfel schneiden, mit den gehackten Zutaten,
3 – 4 Eßl. gemischten, gehackten Kräutern	unter die Eigelbmasse rühren. Diesen Dip auf in Alufolie gegarte Kartoffeln füllen.

Kräuterbutter

125 g Butter	geschmeidig rühren
2 Teel. feingehackte Petersilie	
1 Teel. feingehackte Zwiebelwürfel	
4 feingehackte Estragonblätter	
1 abgezogene, zerdrückte Knoblauchzehe	
1 Teel. Zitronensaft	
Weißwein	
4 Spritzer Worcestersoße	hinzufügen, mit der Butter verrühren, mit
Salz	abschmecken die Butter in die Mitte eines Stücks Pergamentpapier legen, eine Hälfte des Papiers überschlagen, das untere Papier festhalten, mit einem Messer das obere Papier der Länge nach gegen die Butter streichen und drücken, bis eine Rolle entstanden ist, kalt stellen die hartgewordene Butterrolle aus dem Papier lösen, mit einem in heißes Wasser getauchten Messer in bleistiftdicke Scheiben schneiden. Diese Butter zu allen Grillgerichten, Käsebroten oder Weinbergschnecken reichen.

Currybutter, Paprikabutter

Currybutter

125 g Butter geschmeidig rühren
1 Eßl. Currypulver hinzufügen, mit der Butter verrühren, mit
Salz abschmecken.

Paprikabutter

125 g Butter geschmeidig rühren
1 Eßl. Paprika edelsüß hinzufügen, mit der Butter verrühren, mit
Salz abschmecken.

Eigelbbutter

125 g Butter geschmeidig rühren
4 hartgekochte Eier pellen, das Eigelb durch ein Sieb streichen
1 kleine Zwiebel abziehen, in feine Würfel schneiden
gehackte Petersilie
die Zutaten zu der Butter geben, verrühren, mit
Salz abschmecken.
Diese Butter eignet sich als Brotaufstrich (ohne Beilage).

Zitronenbutter

125 g Butter geschmeidig rühren
1 – 2 Zitronen (unbehandelt) mit heißem Wasser abwaschen, abtrocknen, dünn schälen, die Schale in sehr kleine Würfel schneiden, hinzufügen, mit der Butter verrühren.
Zitronenbutter zu Broten mit Frischkäse, Honig und Konfitüren reichen.

Senfbutter

125 g Butter geschmeidig rühren
2 Teel. Senf
Saft von ½ Zitrone hinzufügen, mit der Butter verrühren, mit
Salz abschmecken.

Dillbutter

125 g Butter geschmeidig rühren
6 Eßl. gehackten Dill hinzufügen, mit der Butter verrühren, mit
Salz
weißem Pfeffer
Thymian abschmecken.

Anchovis- oder Sardellenbutter

125 g Butter	geschmeidig rühren
5 kleingehackte Sardellenfilets	
10 g Sardellenpaste (aus der Tube)	
2 Teel. Zwiebelwürfel	hinzufügen, mit der Butter verrühren.

Schnittlauchbutter

125 g Butter	geschmeidig rühren
6 Eßl. feingeschnittenen Schnittlauch	hinzufügen, mit der Butter verrühren, mit
Salz	
weißem Pfeffer	abschmecken.

Meerrettichbutter

125 g Butter	geschmeidig rühren
3 Eßl. geriebenen Meerrettich (aus dem Glas)	hinzufügen, mit der Butter verrühren, mit
Salz	abschmecken.

Zwiebelbutter

125 g Butter	geschmeidig rühren
4 Eßl. rote Zwiebelwürfel	hinzufügen, mit der Butter verrühren, mit
Salz	
weißem Pfeffer	abschmecken.

Grieben- und Apfelschmalz

	Für das Griebenschmalz
750 g fetten Speck (möglichst eine flache Speckseite verwenden, da sie besser durchgeräuchert ist)	in kleine Würfel schneiden, in einer großen Bratpfanne oder im Bratentopf auslassen
3 Zwiebeln	abziehen, in feine Würfel schneiden, zu dem Speck geben, braten lassen, bis die Grieben kroß sind das Schmalz in kleine Steinguttöpfe füllen, bei Zimmertemperatur erkalten lassen (nicht in den Kühlschrank stellen, da das Schmalz dann leicht krümelig wird)
	für das Apfelschmalz
250 – 275 g säuerliche Äpfel	schälen, vierteln, entkernen, in kleine Würfel schneiden, mit den Zwiebelwürfeln (s. Griebenschmalz) zu dem Speck geben bevor das Schmalz (Zubereitung wie Griebenschmalz) in Töpfchen gefüllt wird,
1 – 2 Teel. gerebelten Majoran	unterrühren.

Feiner Quark

1 mittelgroße Zwiebel	abziehen, in feine Würfel schneiden, mit
125 g Magerquark	
1 – 2 Eßl. Crème fraîche	
1 – 2 Eßl. Milch	
1 – 2 Eßl. gemischten, gehackten Kräutern	
Paprika edelsüß	verrühren, mit
Salz	
Pfeffer	abschmecken
1 hartgekochtes Ei	pellen, in Scheiben schneiden den Quark auf
gewaschenen Salatblättern	anrichten, mit Eischeiben,
Radieschenscheiben	garnieren.
Beigabe:	Brot, Butter.

Pikante Hühnercreme

100 g durchwachsenen Speck	in Würfel schneiden, ausbraten die Speckwürfel (Grieben) aus dem Fett nehmen das Fett mit
200 g streichfähiger Leberpastete (aus der Dose)	verrühren
200 g gekochtes Hühnerfleisch	enthäuten, durch den Fleischwolf geben oder sehr fein hacken
1 – 2 Knoblauchzehen	abziehen, zerdrücken, mit dem zerkleinerten Hühnerfleisch, den Speckwürfeln,
1 Eßl. gehackter Petersilie	zu der Leberpastete geben, gut verrühren, mit
Salz	
Pfeffer	würzen, die Masse in eine kleine Terrine füllen, kalt stellen.
Beigabe:	Toastbrot.

SCHNITTCHEN, SANDWICHES, CANAPÉS

Die Schlemmer-Happen zum Verwöhnen.
(Rezept Seite 291)

Bierbrote

60 g weiche Butter	mit
1 Eßl. Senf	
1 Eßl. geriebenem Meerrettich (aus dem Glas)	verrühren, auf
2 Scheiben Bauernbrot	streichen
1 Zwiebel	abziehen, in feine Würfel schneiden, mit
125 g Thüringer Mett	
2 Eßl. hellem Bier	vermengen, mit
Salz	
Pfeffer	
einigen Tropfen Zwiebelwürze	abschmecken aus der Masse mit nassen Händen 2 Bällchen formen, jeweils 1 Bällchen auf jede Brotscheibe legen
2 große Scheiben Knochenschinken	auf den Brotscheiben anrichten
2 Gewürzgurken	fächerartig einschneiden
4 Radieschen	putzen, waschen
1 Zwiebel	abziehen, in Ringe schneiden
einige Perlzwiebeln (aus dem Glas)	
2 Maiskölbchen (aus dem Glas)	
2 eingelegte rote Pfefferschoten (aus dem Glas)	die drei Zutaten abtropfen lassen
2 kleine Rettiche	schälen, mit einem Rettichschneider Spiralen schneiden, die Spiralen etwas auseinanderziehen die Brote mit den Gewürzgurken, Radieschen, Zwiebelringen, Perlzwiebeln, Maiskölbchen, Pfefferschoten, Rettichspiralen,
Petersilie	garnieren.

Börsenhäppchen

4 Scheiben Weißbrot	toasten, mit
etwas Weinbrand	beträufeln, mit
Knoblauchpulver	bestreuen
8 Salatblätter	waschen, trockentupfen, jeweils 2 Salatblätter auf jede Brotscheibe legen, mit
Salz	bestreuen
4 kleine Tomaten	waschen, abtrocknen, Stengelansätze entfernen, die Tomaten in sehr dünne Scheiben schneiden, mit Salz bestreuen
2 Scheiben Ananas (aus der Dose)	abtropfen lassen, halbieren jede halbierte Ananasscheibe mit einer von
4 Scheiben durchwachsenem Speck	umwickeln, mit Holzstäbchen feststekken
Butter	zerlassen, die umwickelten Ananasscheiben darin von beiden Seiten etwas anbraten auf jede Brotscheibe 1 Speck-Ananasscheibe legen, jeweils mit 1 Eßl. von
4 Eßl. Weinbrand	beträufeln auf die Enden der Holzstäbchen
spanische Oliven, mit Paprika gefüllt	stecken.

Frühlingsbrot

Quarkbrot mit Radieschen

2 – 3 Möhren (etwa 200 g) putzen, schrappen, waschen
1 kleinen Apfel schälen, vierteln, entkernen
beide Zutaten grob raspeln, miteinander vermengen, mit
Zitronensaft
Apfelsaft abschmecken
1 Scheibe Brot mit
Butter bestreichen
100 g Hüttenkäse darauf verteilen
den Möhren-Apfelsalat darauf anrichten
das Brot mit
1 Zitronenscheibe
Kresse garnieren.

Buntes Brot

(Abb. s. oben)

1 Scheibe Brot mit
Butter bestreichen, mit
gewaschenen, trockengetupften Salatblättern bedecken
1 Scheibe gekochten Schinken darauf legen
1 hartgekochtes Ei pellen
1 Tomate waschen, abtrocknen
3 Radieschen putzen, waschen
die drei Zutaten in Scheiben schneiden (Stengelansatz der Tomate entfernen), mit
4 Gurkenscheiben auf dem Schinken anrichten
das Brot mit
Dill
Schnittlauch garnieren.

1 Bund Radieschen putzen, waschen
die eine Hälfte fein hacken, die andere in dünne Scheiben schneiden
125 g Sahnequark mit
1 Eßl. Dosenmilch
1 Eßl. feingeschnittenem Schnittlauch verrühren, mit
Salz
Pfeffer abschmecken
die gehackten Radieschen und ⅔ der Radieschenscheiben unterheben
1 Scheibe Brot mit
Butter bestreichen
den Radieschen-Quark darauf verteilen
das Brot mit den restlichen Radieschen,
feingeschnittenem Schnittlauch garnieren.

Berliner Roastbeefschnitten

4 große Zwiebeln abziehen, in Ringe schneiden
4 Eßl. Speiseöl erhitzen, die Zwiebeln darin goldgelb braten, auf Küchenpapier geben
4 Scheiben Landbrot mit
Butter bestreichen
200 – 250 g Roastbeef (als Aufschnitt) darauf verteilen
4 Eßl. grob geraspelten Meerrettich darüber streuen, die Zwiebelringe darauf verteilen
die Roastbeefschnitten mit
Tomatenachteln
Petersilie garnieren.

Krabbenbrote Husum

300 g frische gepulte Nordseekrabben	mit
1 Eßl. Zitronensaft	vermengen, mit
Salz	
Pfeffer	würzen, etwa 30 Minuten durchziehen lassen
4 Scheiben Vollkornbrot	mit
Butter	bestreichen
½ Salatgurke	waschen
1 Bund Radieschen	putzen, waschen beide Zutaten in Scheiben schneiden jeweils auf 2 gegenüberliegenden Ecken einer Brotscheibe Gurken- und Radieschenscheiben schuppenförmig anrichten die Mitte jeder Brotscheibe mit Krabben ausfüllen die Brote jeweils mit einer von
4 Zitronenscheiben	
Dillzweigen	garnieren.

Gepfefferte Schwedenhappen

2 Scheiben Vollkornbrot	mit
Butter	bestreichen, in
1 – 2 Bund feingeschnittenen Schnittlauch	drücken, vierteln
etwa 125 g Schwedenhappen	abtropfen lassen, auf den Brotstücken anrichten
2 Zwiebeln	abziehen, in Ringe schneiden, die Schwedenhappen damit garnieren, mit
frisch gemahlenem grünem Pfeffer	bestreuen.

Finkenwerder Schlemmerbrote
(8 Portionen)

8 Scheiben Graubrot	mit
Butter	bestreichen
8 Eier	mit
8 Eßl. Milch	
Salz	verschlagen
Butter oder Margarine	in einer Stielpfanne erhitzen, die Eiermilch hineingeben sobald die Masse zu stocken beginnt, sie mit einem Löffel strichweise vom Boden der Pfanne losrühren, so lange weiter erhitzen, bis keine Flüssigkeit mehr vorhanden ist das Rührei erkalten lassen, auf die Brotscheiben verteilen
1 geräucherten Aal	enthäuten, filetieren, in 16 Stücke (4 – 5 cm) schneiden von
8 Scheiben Räucherlachs	jeweils 1 Scheibe auf jeder Brotscheibe anrichten, rechts und links daneben jeweils 1 Stück Aal legen
2 – 3 Zwiebeln	abziehen, in Ringe schneiden auf jede Brotscheibe 3 Zwiebelringe legen jeweils die mittleren Zwiebelringe mit
30 g Keta-Kaviar (Lachskaviar, aus dem Glas)	

	die beiden äußeren Zwiebelringe mit
50 g Kaviar (aus der Dose)	ausfüllen
	die Brote mit
Kerbel	garnieren.

Spanische Thunfischcremebrote

Etwa 150 g Thunfisch (aus der Dose)	abtropfen lassen, 8 Stückchen zum Garnieren zurücklassen
	den restlichen Thunfisch mit
100 g Doppelrahm-Frischkäse	
50 g weicher Butter	mit einem elektrischen Handrührgerät mit Rührbesen zu einer einheitlichen Masse verrühren
etwas abgeriebene Zitronenschale (unbehandelt)	
1 Eßl. Zitronensaft	
etwa 4 Eßl. Sahne	unterrühren, mit
Salz	
Pfeffer	abschmecken
6 Scheiben Weißbrot	toasten, die Thunfischcreme darauf verteilen
1 – 2 Eßl. Pinienkerne	in einer Pfanne ohne Fett unter häufigem Umrühren bräunen lassen, die Brote damit bestreuen, mit den zurückgelassenen Thunfischstücken,
Zitronenscheiben	
Petersilie	garnieren.

Feinschmeckerbrote

4 Scheiben Weißbrot	toasten, die Brotränder abschneiden
4 Salatblätter	waschen, trockentupfen, jeweils 1 Salatblatt auf jede Brotscheibe legen
125 ml (⅛ l) Sahne	steif schlagen, mit
3 – 4 Eßl. geriebenem Meerrettich (aus dem Glas)	
Zitronensaft	
Salz	abschmecken, dick auf
8 Scheiben Räucherlachs	verteilen, aufrollen
	auf jede Brotscheibe 2 Lachsröllchen legen
100 g Palmenherzen (aus der Dose)	abtropfen lassen, in 8 Scheiben schneiden
4 Artischockenböden (aus der Dose)	abtropfen lassen
	auf jeder Brotscheibe 2 Palmenherzen-Scheiben und 1 Artischockenboden anrichten
etwas Keta-Kaviar (Lachskaviar, aus dem Glas)	auf die Artischockenböden geben
	die Brote jeweils mit einer von
4 Zitronenscheiben	
spanischen Olivenscheiben, mit Paprika gefüllt	
Kresse	garnieren
	die restliche Meerrettich-Sahne dazureichen.

Krabbenbrote mit Dill, würzige Roastbeefbrote
Harzer Brote mit Gurkensalat
Schinken-Kiwi-Brote, Kaviarbrote mit Eigelb
Tomatenbrote mit Rührei

Krabbenbrote mit Dill

4 Scheiben	
Vollkornbrot	mit
Butter	bestreichen
4 Salatblätter	waschen, trockentupfen in die Mitte jeder Brotscheibe 1 Salatblatt legen
200 g frische gepulte	
Nordseekrabben	auf den Salatblättern verteilen
½ Salatgurke	waschen, in Scheiben schneiden
4 Radieschen	putzen, waschen, in Scheiben schneiden Gurken- und Radieschenscheiben rechts und links neben jeder Krabbenportion im Wechsel schuppenförmig anrichten die Krabben mit
gehacktem Dill	bestreuen.

Würzige Roastbeefbrote

4 Scheiben	
Vollkornbrot	mit
Butter	bestreichen
4 Salatblätter	waschen, trockentupfen, jeweils 1 Salatblatt auf jede Brotscheibe legen
200 g Roastbeef	
(als Aufschnitt)	auf den Salatblättern anrichten
1 Stück Salatgurke	waschen, in Scheiben schneiden jede Brotscheibe mit jeweils 3 Gurkenscheiben garnieren
1 kleinen	
weißen Rettich	schälen, waschen, in feine Streifen schneiden
2 Teel. Röstzwiebeln	
	die Brote damit garnieren.

Harzer Brote mit Gurkensalat

4 Scheiben	
Vollkornbrot	mit
Butter	bestreichen
4 Salatblätter	waschen, trockentupfen, jeweils 1 Salatblatt auf jede Brotscheibe legen
	für den Gurkensalat
1 kleine Salatgurke	waschen, abtrocknen, in dünne Scheiben schneiden
2 Eßl. Salatöl	mit
3 Eßl. Zitronensaft	
Salz	
Pfeffer	verrühren
1 Bund	
gehackten Dill	unterrühren, mit den Gurkenscheiben vermengen den Gurkensalat auf den Salatblättern verteilen
200 g Harzer Käse	in 16 Scheiben schneiden, auf jeder Brotscheibe jeweils 4 Scheiben Käse anrichten
4 Radieschen	waschen, putzen, mehrmals kreuzweise einschneiden jede Brotscheibe mit 1 Radieschen garnieren.

Schinken-Kiwi-Brote

4 Scheiben	
Vollkornbrot	mit
Butter	bestreichen
4 Salatblätter	waschen, trockentupfen jeweils 1 Salatblatt auf jede Brotscheibe legen
2 Kiwis	schälen, in Scheiben schneiden
200 g Lachsschinken	
(als Aufschnitt,	
ohne Fettrand)	
	Kiwi- und Lachsschinkenscheiben auf den Salatblättern anrichten.

Kaviarbrote mit Eigelb

4 Scheiben Vollkornbrot mit
Butter bestreichen
etwa 80 g Feldsalat waschen, gut abtropfen lassen, auf den Brotscheiben verteilen
etwa 100 g Kaviar (aus dem Glas) auf den Salatblättern anrichten von
4 Eigelb jeweils 1 Eigelb in einer halben Eischale auf jede Kaviarportion setzen
1 rote Zwiebel abziehen, achteln, auf den Kaviarbroten anrichten.

Tomatenbrote mit Rührei

4 Scheiben Vollkornbrot mit
Butter bestreichen
4 Salatblätter waschen, trockentupfen, jeweils 1 Salatblatt auf jede Brotscheibe legen
4 Tomaten waschen, abtrocknen, in Achtel schneiden, die Stengelansätze entfernen, die Tomatenachtel auf den Salatblättern anrichten
4 Eier mit
4 Eßl. Milch
Salz verschlagen
Butter oder Margarine in einer Stielpfanne erhitzen, die Eiermilch hineingeben
sobald die Masse zu stocken beginnt, sie mit einem Löffel strichweise vom Boden der Pfanne losrühren, so lange weiter erhitzen, bis keine Flüssigkeit mehr vorhanden ist
das Rührei auf den Brotscheiben verteilen, mit
feingeschnittenem Schnittlauch bestreuen.

Fischerschnitten

4 Scheiben Toastbrot toasten, abkühlen lassen, mit
Butter bestreichen
180 g Ölsardinen (aus 2 Dosen) abtropfen lassen, auf den Toastscheiben verteilen, mit
Zitronensaft beträufeln, mit
frisch gemahlenem schwarzem Pfeffer würzen
2 hartgekochte Eier pellen, in Scheiben schneiden, auf die Ölsardinen legen
die Schnitten nach Belieben mit
Zwiebelringen
Tomaten-Ketchup
oder
Sardellenfilets
oder
Petersilie garnieren.

Pikante Avocadobrote

1 reife Avocado halbieren, schälen, entsteinen, in kleine Stücke schneiden
80 g Roquefort-Käse
80 g weiche Butter hinzufügen, mit einem elektrischen Mixer pürieren, mit
Zitronensaft
weißem Pfeffer abschmecken
4 Scheiben Vollkornbrot mit etwas von der Avocadocreme bestreichen
1 Kästchen Kresse putzen, waschen, rundherum auf dem Rand der Brote anordnen
4 – 6 Tomaten waschen, abtrocknen, die Stengelansätze entfernen, die Tomaten in Scheiben schneiden, innerhalb des Kressekranzes schuppenförmig auf die Brote legen
die restliche Avocadocreme in einen Spritzbeutel mit gezackter Tülle füllen, auf die Tomatenscheiben spritzen
die Brote nach Belieben mit
Zitronenscheiben garnieren.

Aalhäppchen

3 Scheiben Vollkornbrot	mit
Butter	bestreichen, vierteln
1 mittelgroßen geräucherten Aal	enthäuten, filetieren, in 12 Stücke schneiden auf jedes Brotviertel 1 Stück Aal legen die Aalhäppchen mit
Zitronenstücken Petersilie	garnieren.

Roastbeefhäppchen

4 Scheiben Graubrot	mit
Butter	bestreichen, vierteln
8 Scheiben Roastbeef (als Aufschnitt)	halbieren, etwas zusammenfalten, die Brotstücke damit belegen, mit
Kapern	garnieren.

Apfelsinen-Käse-Häppchen

1 – 2 große Apfelsinen	schälen, in dünne Scheiben schneiden
8 kleine Scheiben Vollkornbrot	in der Größe der Apfelsinenscheiben schneiden, mit
Butter	bestreichen, jeweils mit 1 Apfelsinenscheibe belegen, mit jeweils einem von
8 Stück Roquefort-Käse	bedecken
1 Apfelsine (unbehandelt)	dünn schälen, die Schale in feine Streifen schneiden die Apfelsinen-Käse-Häppchen damit garnieren.

Kaviar-Ei-Häppchen

2 Scheiben Vollkornbrot	mit
Butter	bestreichen, vierteln
2 hartgekochte Eier	pellen, in Scheiben schneiden auf jedes Brotviertel eine Eischeibe legen
1 Zwiebel	abziehen, in Ringe schneiden auf jede Eischeibe einen Zwiebelring legen, mit
feingehacktem Dill	bestreuen die Zwiebelringe mit
Keta-Kaviar (Lachskaviar, aus dem Glas)	ausfüllen.

Garnierte Kräckers

250 g Speisequark	evtl. abtropfen lassen, mit
1 Becher (150 g) Crème fraîche	verrühren, mit
Salz Paprika edelsüß	abschmecken
2 Teel. gemischte, gehackte Kräuter	unterrühren
	die Creme in einen Spritzbeutel mit gezackter Tülle füllen, auf
etwa 25 Kräckers	spritzen, nach Belieben mit
halbierten gefüllten Oliven Kapern Radieschenstücken Zwiebelringen (in Paprika gewendet) Gurkenscheiben Petersilie Kresse Dillspitzen Piri-Piri (aus dem Glas)	garnieren.
Tip:	Sollte die Käsecreme zu weich sein, etwa 2 Teel. Sahnesteif unterrühren.

Delikatesshäppchen

2 Scheiben Vollkornbrot	mit
Butter	bestreichen, vierteln
1 Stück Salatgurke	waschen, abtrocknen, in 8 Scheiben schneiden
	auf jedes Brotstück jeweils 1 Gurkenscheibe legen, mit
feingehacktem Dill	bestreuen
etwa 150 g Shrimps oder Scampi	auf den Gurkenscheiben anrichten, mit
Dillzweigen	garnieren.

Schmalzschnitten

2 große Zwiebeln abziehen, in Ringe schneiden
1 Eßl. Gänse- oder Griebenschmalz zerlassen, die Zwiebelringe darin goldgelb braten, erkalten lassen
4 Scheiben Vollkornbrot mit
40 g Gänse- oder Griebenschmalz bestreichen, die erkalteten Zwiebelringe darauf verteilen
300 g Harzer Käse in dicke Scheiben schneiden, auf den Zwiebelringen anrichten
die Schnitten mit
Petersilie garnieren.

Englisches Sandwich

2 Scheiben Kastenweißbrot mit
Butter bestreichen
2 große Salatblätter waschen, trockentupfen, davon jeweils 1 Blatt auf jede Weißbrotscheibe legen
3 Scheiben Roastbeef (als Aufschnitt) mit
3 Teel. Kräutermayonnaise bestreichen, mit
Gewürzgurkenstückchen
Tomatenachteln
Zwiebelringen belegen, aufrollen, auf die mit dem Salatblatt belegte Weißbrotscheibe legen, mit dem zweiten Salatblatt bedecken
¼ vorbereitete rote Paprikaschote
1 Scheibe gekochter Schinken
beide Zutaten in feine Würfel schneiden, auf dem Salatblatt verteilen, mit der übrigen Weißbrotscheibe bedecken
den Sandwich so halbieren, daß Dreiecke entstehen.

Sandwich mit Putenschnitzel

8 Scheiben Mohnbrot mit
Butter bestreichen
Salatblätter waschen, trockentupfen, 4 Brotscheiben damit belegen
2 Putenbrustfilets waschen, trockentupfen, in 4 Scheiben schneiden, mit
Salz
frisch gemahlenem Pfeffer
Paprika edelsüß würzen
3 Eßl. Speiseöl erhitzen, die Putenbrustfilets von beiden Seiten 2 – 3 Minuten darin braten, herausnehmen

4 Scheiben Ananas (aus der Dose)	abtropfen lassen, in dem Bratfett von beiden Seiten leicht bräunen
	auf jeder Brotscheibe jeweils 1 Scheibe Putenbrustfilet und 1 Scheibe Ananas anrichten, mit den übrigen Brotscheiben bedecken, sofort servieren.

Riesensandwich

1 Brötchen	halbieren, die Schnittflächen mit
Butter	bestreichen
1 Salatblatt	waschen, trockentupfen, auf die untere Brötchenhälfte legen
1 gestrichenen Eßl. Salatmayonnaise	darauf verteilen
3 Scheiben Bierschinken	aufrollen, darauf legen
3 Radieschen	putzen, waschen, in dünne Scheiben schneiden, schuppenförmig auf die Wurstscheiben legen, mit
Salz, Pfeffer	
2 Eßl. gehackten Kräutern	bestreuen, mit
1 Scheibe Emmentaler Käse	bedecken
1 hartgekochtes Ei	pellen, in Scheiben schneiden, darauf legen, mit der oberen Brötchenhälfte bedecken.

Sandwich Berliner Art

4 Scheiben Steinmetzbrot	mit
Butter	bestreichen
4 Salatblätter	waschen, trockentupfen, jeweils 1 Salatblatt auf jede Brotscheibe legen, mit
4 Scheiben Räucherlachs	belegen, mit
3 Eßl. geriebenem Meerrettich (aus dem Glas)	bestreichen
4 runde geschälte, entkernte Apfelscheiben	mit
Zitronensaft	beträufeln, jeweils 1 Scheibe auf jede Brotscheibe legen, nach Belieben mit
Dillzweigen	garnieren
4 Scheiben Weißbrot	mit Butter bestreichen, auf die Apfelscheiben legen
	das Sandwich so halbieren, daß Dreiecke entstehen.

Canapés mit Camembert

200 g Camembert	in Scheiben schneiden, zunächst in
1 Eßl. Weizenmehl	dann in
1 verschlagenen Ei	zuletzt in
75 g abgezogenen, gehobelten Mandeln	wenden
40 g Butter	in einer Pfanne zerlassen, die Camembertscheiben kurz darin anbraten, herausnehmen, kalt stellen
8 Scheiben Stangenweißbrot	mit
Butter	bestreichen, die erkalteten Camembertscheiben auf den Weißbrotscheiben anrichten, nach Belieben mit
Ananasstücken Mandarinenspalten Kiwischeiben	garnieren.

Canapés mit Lachs

	Aus
Weizenmischbrotscheiben	mit einer runden Ausstechform (Durchmesser etwa 4 cm) 10 Taler ausstechen
1 Eßl. Butter	mit
½ – 1 Eßl. Zitronensaft	geschmeidig rühren, mit
abgeriebener Zitronenschale (unbehandelt) Salz Pfeffer	abschmecken, die Brottaler damit bestreichen, kühl stellen
5 dünne Scheiben Räucherlachs	längs halbieren, in der Größe der Brottaler zu Röllchen formen, auf die Brottaler verteilen, darauf jeweils
etwas geriebenen Meerrettich (aus dem Glas)	geben die Canapés auf
gewaschenen Salatblättern	anrichten, mit
halbierten Zitronenscheiben Dill	garnieren.

Apfel-Lebercreme-Törtchen

2 kleine säuerliche Äpfel	schälen, das Kerngehäuse mit einem Apfelausstecher ausstechen, die Äpfel in etwa 1 cm dicke Scheiben schneiden mit
Saft von 1 Zitrone 2 – 3 Eßl. kaltem Wasser	verrühren, die Apfelscheiben kurz in das Zitronenwasser tauchen, trockentupfen, dick mit
etwa 175 g Leberpastete	bestreichen die bestrichenen Apfelscheiben mit einem runden, gezackten Förmchen (in Größe der Apfelscheiben) ausstechen, mit
spanischen Oliven, mit Mandeln gefüllt Petersilie	garnieren.

Canapés mit Käse

100 g Edamer Käse	in sehr feine Würfel schneiden
25 g feingehackte Erdnußkerne 10 g feingehackte Walnußkerne	die drei Zutaten mit
1 – 2 Eßl. Salatmayonnaise 1 Eßl. Crème fraîche	verrühren die Käsemasse auf
10 Pumpernickel-Taler (Cocktailbrot)	spritzen die Canapés mit
halbierten Cocktailkirschen halbierten Walnußkernen Petersilie	garnieren, auf
gewaschenen Salatblättern	anrichten.

Canapés mit Bündner Fleisch

	Aus
Weizenmischbrotscheiben	mit einer runden Ausstechform (Durchmesser etwa 4 cm) 10 Taler ausstechen
Butter	in einer Pfanne zerlassen, die Brottaler von beiden Seiten darin goldbraun braten, auf Küchenpapier geben, abkühlen lassen
10 Scheiben Bündner Fleisch	etwas zusammenfalten, die Brottaler damit belegen
1 hartgekochtes Ei	pellen, halbieren, das Eigelb herauslösen, durch eine Knoblauchpresse auf die belegten Canapés drücken.

Canapés mit Parmaschinken und Melonenkugeln

	Aus
Weizenmischbrotscheiben	mit einer runden Ausstechform (Durchmesser etwa 4 cm) 10 Taler ausstechen
Butter	in einer Pfanne zerlassen, die Brottaler von beiden Seiten darin goldbraun braten, auf Küchenpapier geben, abkühlen lassen
5 dünne Scheiben Parmaschinken	längs halbieren, die Scheiben etwas zusammenfalten, die Brottaler damit belegen
½ kleine Ogenmelone	entkernen, 10 Kugeln aus dem Fruchtfleisch stechen, jeweils 1 Melonenkugel auf jede Schinkenscheibe legen, mit
frisch gemahlenem Pfeffer	bestreuen.

Canapés mit Käsecreme und Kiwis

	Aus
Weizenmischbrotscheiben	mit einer runden Ausstechform (Durchmesser etwa 4 cm) 10 Taler ausstechen
Butter	in einer Pfanne zerlassen, die Brottaler von beiden Seiten darin goldbraun braten, auf Küchenpapier geben, abkühlen lassen
150 g Doppelrahm-Frischkäse	mit
1 Eßl. Sahne	geschmeidig rühren, mit
abgeriebener Zitronenschale (unbehandelt)	abschmecken, die Masse kalt stellen, in einen Spritzbeutel mit Lochtülle füllen, auf die Brottaler spritzen
1 Kiwi	dünn schälen, längs halbieren, die Hälften in Scheiben schneiden, je eine halbe Scheibe in die Käsecreme drücken.

Canapés mit Wildpastete und Preiselbeeren

	Aus
Weizenmischbrot-scheiben	mit einer runden Ausstechform (Durchmesser etwa 4 cm) 10 Taler ausstechen
Butter	in einer Pfanne zerlassen, die Brottaler von beiden Seiten darin goldbraun braten, auf Küchenpapier geben, abkühlen lassen
etwa 80 g Wild-pastete (aus der Dose)	mit
1 Teel. Weinbrand	gut verrühren, die Masse kalt stellen, in einen Spritzbeutel mit gezackter Tülle füllen, auf die Brottaler spritzen die Canapés mit
1 Eßl. Preiselbeeren (aus dem Glas)	garnieren.

Canapés mit Leberpastete und Trüffelstreifen

	Aus
Weizenmischbrot-scheiben	mit einer runden Ausstechform (Durchmesser etwa 4 cm) 10 Taler ausstechen
Butter	in einer Pfanne zerlassen, die Brottaler von beiden Seiten darin goldbraun braten, auf Küchenpapier geben, abkühlen lassen
etwa 80 g getrüffelte Leberpastete (aus der Dose)	gut verrühren, kalt stellen, in einen Spritzbeutel mit gezackter Tülle füllen
10 sehr kleine Salatblätter	waschen, trockentupfen, auf die Brottaler legen, die Leberpastete darauf spritzen
1 schwarze Trüffel (aus der Dose)	in sehr feine Streifen schneiden die Canapés damit garnieren.

Canapés mit Hähnchenbrust und Meerrettich-Mayonnaise

	Aus
Weizenmischbrot-scheiben	mit einer runden Ausstechform (Durchmesser etwa 4 cm) 10 Taler ausstechen
Butter	in einer Pfanne zerlassen, die Brottaler von beiden Seiten darin goldbraun braten, auf Küchenpapier geben, abkühlen lassen
125 g Hähnchen-brustfilet	waschen, trockentupfen, mit
Salz	
frisch gemahlenem Pfeffer	bestreuen
1 Eßl. Speiseöl	erhitzen, das Filet von beiden Seiten darin goldbraun braten, auf Küchenpapier geben, erkalten lassen, in kleine Scheiben schneiden
1 Eßl. Salatmayonnaise	mit
frisch geriebenem Meerrettich (oder Meerrettich aus dem Glas)	abschmecken
	aus Pergamentpapier eine Tüte formen, die Spitze so abschneiden, daß eine sehr kleine Öffnung entsteht
	die Mayonnaise in die Tüte füllen, etwas auf die Brottaler spritzen, mit einer Scheibe Filet belegen, etwas Mayonnaise auf das Fleisch spritzen, eine zweite Scheibe Fleisch darauf geben
	die Canapés mit Mayonnaise verzieren, mit
etwa 20 Pistazienkernen	garnieren.

Canapés mit Quarkcreme und Radieschen

	Aus
Weizenmischbrot-scheiben	mit einer runden Ausstechform (Durchmesser etwa 4 cm) 10 Taler ausstechen
Butter	in einer Pfanne zerlassen, die Brottaler von beiden Seiten darin goldbraun braten, auf Küchenpapier geben, abkühlen lassen
150 g Speisequark	mit
2 Eßl. Sahne	verrühren
1 Schalotte	abziehen, in sehr feine Würfel schneiden, unter den Sahnequark rühren, mit
Salz	
frisch gemahlenem Pfeffer	abschmecken, kurze Zeit kalt stellen die Quarkcreme in einen Spritzbeutel mit Lochtülle füllen, auf die Brottaler spritzen
6 kleine Radieschen	putzen, waschen, in Scheiben schneiden, diese halbieren jeweils 4 halbe Scheiben in die Quarkcreme drücken die Canapés mit
Zitronenmelisse	garnieren.

KLEINE SCHLEMMEREIEN

. . . die ganz groß ankommen.
(Rezept Seite 291)

Gebackene Käseeier

Für den Teig

125 ml (⅛ l) Milch mit
1 Eßl. Butter
Salz am besten in einem Stieltopf zum Kochen bringen
50 g Weizenmehl sieben, auf einmal in die von der Kochstelle genommene Milch schütten, zu einem glatten Kloß rühren, unter Rühren etwa 1 Minute erhitzen, den heißen Kloß sofort in eine Rührschüssel geben, nach und nach
2 Eier unterrühren
50 g geriebenen Käse
geriebene Muskatnuß hinzufügen, gut verrühren
5 hartgekochte Eier pellen, zuerst in dem Käseteig, dann in
3 – 4 Eßl. Semmelmehl wenden
die Käseeier in siedendem
Ausbackfett goldbraun backen, auf Haushaltspapier abtropfen lassen, quer halbieren, mit
gewaschener Kresse auf einer großen Platte anrichten.
Beigabe: Joghurt-Dressing (S. 119).

Marinierte Schafskäseröllchen

Für die Füllung

375 g Schafskäse zerbröckeln, mit
1 Becher (150 g) Crème fraîche verrühren
1 Knoblauchzehe abziehen, durchpressen
1 Eßl. grünen Pfeffer zerdrücken
einige frische gewaschene Basilikumblättchen oder 1 Teel. gerebeltes Basilikum
die drei Zutaten mit der Käsecreme verrühren
15 große Mangoldblätter (etwa 500 g) waschen, in
kochendes Salzwasser geben, zum Kochen bringen, etwa 2 Minuten kochen lassen, auf ein Sieb geben, mit kaltem Wasser übergießen, gut abtropfen lassen
auf jedes Mangoldblatt etwa 1 Eßl. von der Käsecreme geben, die Mangoldblätter aufrollen, nebeneinander in eine flache Auflaufform legen

für die Soße

125 ml (⅛ l) Olivenöl mit
125 ml (⅛ l) Weißwein
1 Eßl. Zitronensaft verrühren, mit
Salz
Pfeffer
Zucker würzen, die Soße über die Röllchen gießen, über Nacht durchziehen lassen
500 – 750 g reife Tomaten in
kochendes Salzwasser legen (nicht kochen lassen), in kaltem

	Wasser abschrecken, enthäuten, halbieren, entkernen, Stengelansätze entfernen, das Tomatenfleisch in Würfel schneiden, mit Salz, Pfeffer, Zucker,
gerebeltem Basilikum	würzen
1 Knoblauchzehe	abziehen, zerdrücken, mit
1 – 2 Eßl. Olivenöl	unterrühren, kurz durchziehen lassen, in eine Schüssel geben, die Schafskäseröllchen auf einer Platte anrichten, mit
Basilikumblättchen	garnieren, die Tomatenwürfel dazureichen.
Beigabe:	Fladenbrot oder Stangenweißbrot.

Gefüllte Avocados

2 reife Avocados (etwa 500 g)	waschen, abtrocknen, längs halbieren, entsteinen, einen Teil des Fruchtfleisches herauslösen, ohne die Schale dabei zu verletzen, in Würfel schneiden, mit dem
Saft von ½ Zitrone	beträufeln
250 g Erdbeeren	waschen, gut abtropfen lassen, entstielen, große Früchte halbieren
1 Kiwi	schälen, halbieren, in Scheiben schneiden, die Früchte mit den Avocadowürfeln vermengen, nach Belieben mit
Zucker	bestreuen, in die Avocadohälften füllen
	für die Grenadinesoße
1 Becher (150 g) Crème fraîche	mit
2 – 3 Eßl. Grenadine-Sirup	verrühren die Avocadohälften auf
Wasser-Eiswürfeln	anrichten, mit der Soße übergießen.

Gefüllte Torteletts

(12 Stück)

300 g Champignons	putzen, waschen, in dünne Scheiben schneiden, mit
3 Eßl. Zitronensaft	beträufeln, mit
Salz, Pfeffer italienischen Kräutern	würzen, mehrere Stunden stehenlassen
2 Eßl. Crème fraîche	unterrühren, mit Salz, Pfeffer abschmecken
6 Scheiben Mortadella	mit einem Ausstecher ausstechen (Durchmesser 8 – 9 cm) die Wurstscheiben einmal bis zur Mitte einschneiden, jeweils zu einer Tüte formen, in 6 von
12 Torteletts für salzige Füllungen (Durchmesser etwa 6 cm, fertig gekauft)	legen
6 Scheiben Salami	ebenfalls einmal bis zur Mitte einschneiden, zu Tüten formen, in die restlichen 6 Torteletts legen kurz vor dem Servieren die Champignons in die Wurst-Tüten füllen, die Torteletts mit
Basilikum Rosmarin	garnieren.

Gemüsering Gärtnerin

	Für den Teig
125 ml (⅛ l) Wasser	mit
30 g Butter oder Margarine	am besten in einem Stieltopf zum Kochen bringen
75 g Weizenmehl	mit
20 g Speisestärke	mischen, sieben, auf einmal in die von der Kochstelle genommene Flüssigkeit schütten, zu einem glatten Kloß rühren, unter Rühren etwa 1 Minute erhitzen, den heißen Kloß sofort in eine Rührschüssel geben, nach und nach
2 – 3 Eier	unterrühren, weitere Eizugabe erübrigt sich, wenn der Teig stark glänzt und so vom Löffel abreißt, daß lange Spitzen hängenbleiben
1½ g (½ gestrichener Teel.) Backpulver Backin	in den erkalteten Teig rühren den Teig in einen Spritzbeutel mit großer Sterntülle füllen auf ein gefettetes, mit Mehl bestäubtes Backblech einen Ring (Durchmesser etwa 20 cm) spritzen, in den vorgeheizten Backofen schieben
Strom:	200 – 225
Gas:	4 – 5
Backzeit:	Etwa 30 Minuten
	während der ersten 15 Minuten Backzeit die Backofentür nicht öffnen, da das Gebäck sonst zusammenfällt sofort nach dem Backen den Ring einmal waagerecht durchschneiden
	für die Füllung
1 Packung (300 g) tiefgekühltes Sommergemüse	nach der Vorschrift auf der Packung zubereiten, abtropfen und erkalten lassen
125 g Fleischwurst	enthäuten, in Würfel schneiden, mit dem Gemüse,
2 gehäuften Eßl. Salatmayonnaise	vermengen, mit
Salz	
Pfeffer	würzen, gut durchziehen lassen, evtl. nochmals mit Salz, Pfeffer abschmecken einen Teil der Füllung in den Ring geben, den Rest in die Mitte des Ringes füllen den Deckel auf den Ring legen, in die Mitte zurückgelassenes Gemüse,
Kräuter	geben.

Hähnchentoast Alexandra

2 Hähnchenbrüste	in 4 Filets schneiden, Knorpel und Fett entfernen, die Hähnchenbrustfilets waschen, trockentupfen, mit
Salz, Pfeffer	würzen
1 Eßl. Butterschmalz	erhitzen, die Hähnchenbrustfilets von beiden Seiten etwa 10 Minuten darin braten etwa 3 Minuten vor Beendigung der Bratzeit
8 dünne Scheiben durchwachsenen Speck	hinzufügen, mitbraten lassen
4 Scheiben Toastbrot	toasten, mit
Butter	bestreichen
4 Salatblätter	waschen, auf Küchenpapier abtropfen lassen, auf die Toastscheiben legen
4 Tomaten	waschen, abtrocknen, Stengelansätze entfernen, die Tomaten in Scheiben schneiden, schuppenförmig auf den Salatblättern anrichten, mit Salz, Pfeffer,
1 gehäuften Eßl. feingeschnittenem Schnittlauch	bestreuen
	die Hähnchenbrustfilets mit dem Speck darauf anrichten
4 gehäufte Teel. Crème fraîche	mit Salz, Pfeffer,
Zitronensaft	abschmecken, jeweils 1 Teel. Crème fraîche auf jede Portion geben, mit Paprika edelsüß bestreuen, mit
Petersilie	garnieren, sofort servieren.
Tip:	Der Hähnchentoast Alexandra kann auch kalt serviert werden. Dafür die gebratenen Hähnchenbrustfilets mit dem durchwachsenen Speck auf Küchenpapier abtropfen lassen, auf einem Teller erkalten lassen. Kurz vor dem Servieren das Toastbrot toasten und mit den angegebenen Zutaten in der angegebenen Reihenfolge belegen.

Estragon-Gurken mit Krabben und Dillcreme

1 Schmorgurke (etwa 750 g)	schälen, längs halbieren, die Kerne mit einem Löffel auskratzen
	die Gurkenhälften quer in dünne Scheiben schneiden, mit
125 ml ($\frac{1}{8}$ l) Wasser	
4 Eßl. Estragonessig	
1 – 2 Eßl. Zucker	
Salz	
frisch gemahlenem Pfeffer	zum Kochen bringen, zugedeckt in 10 – 15 Minuten glasig kochen lassen
	die Gurkenscheiben in der Flüssigkeit erkalten und abtropfen lassen, mit
2 Teel. Speiseöl	vermengen
	die Gurkenscheiben mit
250 g frischen gepulten Nordsee-Krabben oder Shrimps	auf einer Platte oder auf 4 Tellern anrichten
	für die Dillcreme
1 Becher (150 g) Crème fraîche	mit
1 – 2 Teel. Zitronensaft	verrühren, mit Salz, Pfeffer abschmecken
2 Bund Dill	putzen, waschen, fein hacken, unterrühren
	die Dillcreme über die Estragon-Gurken und Krabben geben, nach Belieben mit
Nordsee-Krabben oder Shrimps Dillzweigen	garnieren.

Estragon-Eier auf Toast

6 Eier	etwa 7 Minuten kochen, kurz unter kaltem Wasser abschrecken
125 ml (⅛ l) Wasser	zum Kochen bringen, 125 ml (⅛ l) von
200 ml Sahne	hinzugießen, zum Kochen bringen
2 Pakete helle Instant-Soße (für 500 ml – ½ l Soße)	unterrühren, aufkochen lassen
4 Eigelb	mit der restlichen Sahne verschlagen die Soße von der Kochstelle nehmen, die Eigelb-Sahne,
1 Teel. gerebelten Estragon	unterrühren, die Soße mit
Salz	
weißem Pfeffer	abschmecken
4 Scheiben Toastbrot	toasten, dünn mit
Butter	bestreichen die gekochten Eier pellen, längs halbieren, je 3 Hälften mit der Schnittfläche nach unten auf eine Toastscheibe legen, die Estragonsoße darüber gießen, die Toastscheiben 2 – 3 Minuten unter den vorgeheizten Grill schieben, bis die Soße leicht gebräunt ist die Portionen auf 4 Tellern anrichten, mit
gewaschenem Feldsalat	garnieren.

Gebratenes Schweinefilet, chinesisch

2 Schweinefilets (je etwa 250 g)	waschen, abtrocknen, evtl. Haut und Sehnen entfernen
80 g Frühlingszwiebeln	putzen, waschen
1 Knoblauchzehe	abziehen beide Zutaten in feine Würfel schneiden, mit
6 Eßl. Sojasoße	
2 Eßl. Sherry medium	
gemahlenem Ingwer	
Salz	verrühren das Fleisch in eine kleine Schüssel legen, die Marinade darüber gießen, mit Alufolie bedecken, über Nacht durchziehen lassen
2 Eßl. Honig	mit
2 Eßl. braunem Zucker	unter Rühren erwärmen, bis der Zucker gelöst ist das Fleisch aus der Marinade nehmen, trockentupfen, mit der Honigflüssigkeit bestreichen
2 Eßl. Speiseöl	in einem Bratentopf erhitzen, die Filets von allen Seiten kurz darin anbraten, die Marinade über das Fleisch gießen, den Bratentopf auf dem Rost in den vorgeheizten Backofen schieben während des Bratens evtl.
3 – 4 Eßl. Wasser	zu dem Fleisch geben
Strom:	225 – 250
Gas:	Etwa 5
Bratzeit:	Etwa 20 Minuten das gare Fleisch aus dem Backofen nehmen, den Bratensatz mit
2 – 3 Eßl. Sherry medium	loskochen, über das Fleisch geben, das Fleisch erkalten lassen, in sehr dünne Scheiben schneiden, auf einer Platte anrichten, mit dem Bratensatz übergießen, mit
Kräutern	garnieren.
Beigabe:	Stangenweißbrot, Feldsalat.

Bunter Fleischteller

375 g Grüne Bohnen evtl. abfädeln, waschen, abtropfen lassen, in Stücke schneiden, in
250 ml (¼ l) kochendes Salzwasser geben, zum Kochen bringen, 10 – 15 Minuten kochen und abtropfen lassen
375 g Tomaten waschen, abtrocknen, halbieren, entkernen, die Stengelansätze entfernen, die Tomaten in Würfel schneiden

für die Salatsoße
1 Zwiebel abziehen, in feine Würfel schneiden
1 Knoblauchzehe abziehen, zerdrücken
beide Zutaten mit
2 Eßl. Olivenöl
2 Eßl. Zitronensaft verrühren, mit
Salz
Pfeffer
Zucker abschmecken, mit den Bohnen vermengen, gut durchziehen lassen, die Tomatenwürfel unterheben, den Salat mit Salz, Pfeffer abschmecken, auf einem großen Teller anrichten

8 große Scheiben Rindersaftschinken-Aufschnitt (etwa 300 g) die Scheiben aufrollen, auf dem Salat anrichten.
Beigabe: Roggenbrötchen, Butter.

Schinken-Porree-Rollen

8 Stangen Porree (etwa 750 g) putzen, auf gleiche Länge schneiden, längs einschneiden, waschen, in
kochendes Salzwasser geben, zum Kochen bringen, etwa 7 Minuten kochen, abtropfen und erkalten lassen
je 2 Porreestangen in eine von
4 Scheiben gekochten Schinken wickeln, auf einer Platte anrichten
1 Becher (150 g) Crème fraîche anschlagen, mit
Salz
Pfeffer
Paprika edelsüß
Zitronensaft abschmecken, über die Schinken-Porree-Rollen verteilen
2 Tomaten waschen, abtrocknen, halbieren, entkernen, Stengelansätze entfernen, das Tomatenfleisch in Würfel schneiden
1 hartgekochtes Ei pellen, in Würfel schneiden
beide Zutaten über die Schinken-Porree-Rollen verteilen, mit
1 Eßl. gehackter Petersilie bestreuen.
Beigabe: Bauernbrot, Butter.

Pochierte Eier, garniert

1 l Wasser	mit
2 Eßl. Essig	zum Kochen bringen
4 Eier	nacheinander aufschlagen, einzeln in eine Kelle gleiten lassen, vorsichtig in das kochende Wasser geben (bei Gas die Flamme klein stellen – bei Strom die Kochplatte auf 0) die Eier mit einem Schaumlöffel nach etwa 5 Minuten herausnehmen, kurz in kaltes Wasser halten, erkalten lassen
4 Tomaten	waschen, abtrocknen, die Stengelansätze entfernen, die Tomaten in Scheiben schneiden
300 g Salatgurke	schälen, in Scheiben schneiden von
1 kleinen Fenchelknolle (etwa 175 g)	evtl. braune Stellen entfernen, die Knolle waschen, vierteln, in Scheiben schneiden
100 g Champignons	putzen, waschen, in Scheiben schneiden, mit
1 Eßl. Zitronensaft	beträufeln, mit
Salz, Pfeffer	bestreuen, etwa 10 Minuten ziehen lassen das Gemüse kranzförmig auf 4 Tellern anrichten, mit
1 – 2 Eßl. Zitronensaft	beträufeln, mit
Salz	
Pfeffer	
2 Eßl. feingeschnittenem Schnittlauch	bestreuen
4 Scheiben gekochter Schinken	
	in jede Schinkenscheibe 1 Ei geben, den Schinken darüber zusammenschlagen, zu dem Gemüsekranz legen von
125 g Gorgonzola-Käse	die Rinde abschneiden, den Käse durch ein Sieb streichen
1 Becher (150 g) Crème fraîche	anschlagen, Gorgonzola-Käse,
2 Eßl. gemischte, gehackte Kräuter	unterrühren die Gorgonzolacreme auf dem Schinken verteilen.
Beigabe:	Bauernbrot, Butter.

Schinkenrollen mit Quark-Meerrettich

	Für den Quark-Meerrettich
1 Teel. Gelatine gemahlen, weiß	mit
2 Eßl. kaltem Wasser	in einem kleinen Topf anrühren, 10 Minuten zum Quellen stehenlassen, unter Rühren anwärmen, bis sie gelöst ist
250 g Magerquark	mit
2 – 4 Eßl. geriebenem Meerrettich (aus dem Glas)	
1 Eßl. Zitronensaft	verrühren, mit
Salz	
Zucker	abschmecken
250 ml (¼ l) Sahne	fast steif schlagen, die lauwarme Gelatinelösung hinzufügen, die Sahne vollkommen steif schlagen, vorsichtig unter den Quark heben, evtl. nochmals abschmecken, auf
8 großen Scheiben gekochtem Schinken	verteilen, aufrollen die Schinkenrollen auf einer Platte mit
Tomatenvierteln	
Petersilie	anrichten.
Beigabe:	Toast.

Gefüllte Eier, französisch

8 Eier	vorsichtig waschen, die Eierspitze so weit abschneiden, daß jeweils ⅔ von dem Unterteil der Eier erhalten bleibt
	für die Kerbel-Eier
	den Inhalt von 4 Eiern in eine Schüssel geben, mit
2 Eßl. gehacktem Kerbel Salz	
Pfeffer	verschlagen
1 Eßl. Butter	in einem kleinen Topf zerlassen die verschlagene Eiermasse hineingeben, das Gefäß in kochendes Wasser stellen, das Wasser wieder zum Kochen bringen, die Eiermasse unter Rühren langsam stocken lassen, noch warm in die 4 leeren Eierschalen füllen, erkalten lassen, mit
schwarzen Olivenstreifen	
Liebstöckelblättern	garnieren
	für die Paprika-Eier
	den Inhalt der restlichen 4 Eier in eine Schüssel geben, mit Salz, Pfeffer,
2 Eßl. sehr fein geschnittenen roten Paprikastreifen	verschlagen
1 Eßl. Butter	in einem kleinen Topf zerlassen, die verschlagene Eiermasse hineingeben, das Gefäß in kochendes Wasser stellen, das Wasser wieder zum Kochen bringen die Eiermasse unter Rühren langsam stocken lassen, noch warm in die restlichen 4 Eierschalen füllen, erkalten lassen, mit
geviertelten Limettenscheiben (unbehandelt) Olivenscheiben Keta-Kaviar (Lachskaviar aus dem Glas)	garnieren
	die gefüllten 8 Eier nach Belieben auf
grobem Meersalz	anrichten
Garzeit	
für Kerbel-Eier:	5 – 6 Minuten
für Paprika-Eier:	5 – 6 Minuten.
Beigabe:	Toast oder Graubrot, Butter.

Mariniertes Kräuterfleisch

375 g Schweinefilet	waschen, abtrocknen, evtl. enthäuten, in etwa 3 mm dicke Scheiben schneiden
375 g Roastbeef	waschen, abtrocknen, evtl. entfetten, längs zur Faser in 3 Stücke schneiden, diese quer zur Faser in 3 mm dicke Scheiben schneiden
5 Eßl. Speiseöl	erhitzen, die Fleischscheiben portionsweise von beiden Seiten etwa 3 Minuten darin braten, mit dem Bratensatz in eine Schüssel geben, mit
Salz	
Pfeffer	bestreuen
	für die Marinade
4 Eßl. Salatöl	mit
3 – 4 Eßl. Rotweinessig	
1 Teel. Dijon-Senf	
2 Teel. rosa Pfeffer	verrühren, mit Salz, Pfeffer würzen
2 Eßl. gehackte Petersilie	
1 – 2 Eßl. gehackten Dill	
1 – 2 Eßl. gehackten Kerbel	
2 Eßl. feingeschnittenen Schnittlauch	hinzufügen, die Marinade mit dem Fleisch vermengen, gut durchziehen lassen, ab und zu wenden, das Kräuterfleisch evtl. nochmals mit Salz, Pfeffer,
Rotweinessig	abschmecken, mit der Marinade auf einer Platte anrichten, mit
Kräutersträußchen	garnieren.
Beigabe:	Stangenweißbrot oder Röstkartoffeln, Salat.

Scampi Americane

(Etwa 2 Portionen)

1 Zwiebel	abziehen, in feine Würfel schneiden
1 Knoblauchzehe	abziehen, zerdrücken
4 Tomaten	kurze Zeit in kochendes Wasser legen (nicht kochen lassen), in kaltem Wasser abschrecken, enthäuten, halbieren, entkernen, die Stengelansätze entfernen, das Tomatenfleisch in Würfel schneiden
1 Eßl. Butter	zerlassen, Zwiebelwürfel, Knoblauch, Tomatenwürfel darin andünsten, mit
1 Teel. Weizenmehl	bestäuben
100 ml Weißwein	hinzugießen, unter Rühren zum Kochen bringen, etwa 10 Minuten kochen lassen
1 Becher (150 g) Crème fraîche	
200 g möglichst große Scampi	unterrühren, aufkochen lassen, mit
Salz	
Pfeffer	
Cayennepfeffer	
Speisewürze	abschmecken
	die Scampi Americane in eine Schüssel geben, nach Belieben mit
Dill	garnieren
Garzeit:	25 – 30 Minuten.
Beigabe:	Stangenweißbrot.

Kalbsmedaillons auf Toast mit sauce hollandaise

	Aus
4 Scheiben Toastbrot	runde Platten (Durchmesser etwa 8 cm) ausstechen, in einer Grillpfanne
Butter	erhitzen, die Toastbrotplatten darin von beiden Seiten rösten
4 Scheiben Kalbsfilet	etwas flach drücken
Margarine	erhitzen, die Filetscheiben von jeder Seite darin etwa 5 Minuten grillen, dabei ab und zu mit dem Bratensatz begießen, damit sie saftig bleiben die Medaillons mit
Salz	
Pfeffer	bestreuen, auf den Toastscheiben anrichten, mit
Kräutern	garnieren
	für die sauce hollandaise
100 g Butter	zerlassen, etwas abkühlen lassen
2 Eigelb	mit
1 Teel. Estragonessig	
2 Eßl. Wasser	im Wasserbad so lange schlagen, bis die Masse dicklich ist die Butter unterschlagen, die Soße mit
Salz	
Pfeffer	
Zucker	
Zitronensaft	abschmecken, bis zum Verzehr im Wasserbad warm halten, damit sie nicht gerinnt die Medaillons warm oder kalt mit der Soße servieren
Erhitzungszeit:	Etwa 6 Minuten.
Beigabe:	Grüner Salat.

Bratenröllchen

500 – 600 g Schinkenbraten	
350 g gekochter Schinken	beide Zutaten in sehr dünne, möglichst gleich große Scheiben schneiden
150 g feine Leberwurst	mit
1 Gläschen Weinbrand	verrühren, mit
frisch gemahlenem Pfeffer	abschmecken jede Bratenscheibe dünn mit der Leberwurstmasse bestreichen, jeweils 1 Scheibe Schinken darauf legen, aufrollen, die Rollen halbieren, mit Holzstäbchen feststecken
	für die Marinade
1 – 2 Knoblauchzehen	abziehen, zerdrücken, mit
5 Eßl. Weinessig	
1 Teel. Salz	
1 Eßl. gerebeltem Thymian	
etwa 125 ml (⅛ l) Speiseöl	vermengen die Bratenröllchen in eine tiefe Schüssel schichten, die Marinade darüber gießen, die Bratenröllchen zugedeckt über Nacht darin ziehen lassen kurz vor dem Servieren die Bratenröllchen aus der Marinade nehmen, abtropfen lassen, in einer Schale mit
gewaschenen Salatblättern	anrichten.
Beigabe:	Stangenweißbrot, gemischter Salat.

Spargel kaiserliche Art

1 kg Spargel	von oben nach unten schälen, darauf achten, daß Schalen und holzige Stellen völlig entfernt, die Köpfe aber nicht verletzt werden, den Spargel in
etwa 1 l kochendes Salzwasser	geben
1 Eßl. Butter Zucker	hinzufügen, den Spargel zum Kochen bringen, in etwa 25 Minuten gar kochen, abtropfen und erkalten lassen
125 ml (⅛ l) Weißwein	mit
2 Eigelb 1 gestrichenen Teel. Speisestärke, z. B. Gustin Salz Zucker	in einem Topf unter ständigem Schlagen erhitzen, bis eine Kochblase aufsteigt, von der Kochstelle nehmen, unter Rühren erkalten lassen
1 Becher (150 g) Crème fraîche	anschlagen, die Weincreme unterheben, mit Salz,
Pfeffer	abschmecken den Spargel auf 4 Teller verteilen, mit
1 Eßl. gehackter Petersilie	bestreuen je 2 Scheiben von
8 Scheiben Parmaschinken (etwa 175 g)	neben jeder Spargelportion anrichten einen Teil der Soße über den Spargel geben, die restliche Soße getrennt dazureichen die Portionen mit
Petersilie	garnieren.
Beigabe:	Stangenweißbrot.

Apfelhälften mit Speckriemchen

4 mittelgroße Äpfel	schälen, halbieren, entkernen, ein Grillblech mit
Speiseöl	bestreichen, die Apfelhälften mit der Öffnung nach unten darauf legen, im vorgeheizten Grill etwa 4 Minuten grillen, die Apfelhälften herausnehmen, umdrehen, in jede Apfelöffnung 1 Eßl. von
8 Eßl. Sherry	geben, darauf jeweils 1 Scheibe von
8 dünnen Scheiben durchwachsenem Speck	legen, mit je 1 Scheibe von
8 Scheiben Gouda-Käse	bedecken, im vorgeheizten Grill etwa 5 Minuten überbacken, bis der Käse zu schmelzen beginnt die Apfelhälften nach Belieben auf
gewaschenen Salatblättern	anrichten, mit
Paprika edelsüß	bestreuen, mit
Petersilie	garnieren.

Räucherlachs auf Zitronen-Bohnen mit Dillcreme

500 g Prinzeßbohnen	evtl. abfädeln, waschen, in
250 – 500 ml (¼ – ½ l) kochendes Salzwasser	geben, zum Kochen bringen, etwa 15 Minuten kochen, abtropfen lassen
	für die Salatsoße
1 kleine Zwiebel	abziehen, in Würfel schneiden, mit
2 Eßl. Salatöl	
2 Eßl. Zitronensaft	verrühren, mit
Salz	
Pfeffer	
Zucker	abschmecken, mit den Bohnen vermengen, gut durchziehen lassen den Salat mit Salz, Pfeffer, Zucker,
Zitronensaft	abschmecken die Bohnen auf 4 Teller verteilen auf jede Portion ¼ von
200 g Räucherlachsscheiben	anrichten, mit
Zitronenscheiben (unbehandelt)	garnieren
1 Becher (150 g) Crème fraîche	anschlagen
abgeriebene Schale von ½ Zitrone (unbehandelt)	
1 Eßl. gehackten Dill	unterrühren, mit Salz, Pfeffer abschmecken die Masse in einen Spritzbeutel mit Lochtülle füllen, auf die Zitronenscheiben spritzen, die Portionen mit
Dill	garnieren.
Beigabe:	Toast.

Hühnerfilet mit Austernpilzen

2 Hühnerbrüste	in 4 Filets schneiden, Knorpel und Fett entfernen, die Hühnerbrüste waschen, trockentupfen, mit
Salz	
Pfeffer	
Paprika edelsüß	würzen
1 Eßl. Butterschmalz	erhitzen, die Hühnerbrustfilets von beiden Seiten etwa 10 Minuten darin braten, warm stellen
500 g Austernpilze	putzen, die Stielenden abschneiden, die Pilze waschen, in Streifen schneiden
1 Zwiebel	abziehen, in feine Würfel schneiden
1 – 2 Eßl. Butterschmalz	zerlassen, die Zwiebelwürfel darin andünsten, die Pilze hinzufügen, mit Salz, Pfeffer würzen, zugedeckt etwa 5 Minuten dünsten lassen
1 Becher (150 g) Crème fraîche	unterrühren, weitere 5 Minuten dünsten lassen die Austernpilze mit Salz, Pfeffer,
Pilz-Sojasoße (aus dem Reformhaus)	abschmecken
2 Eßl. gehackte Petersilie	unterrühren die Hühnerbrustfilets mit den Pilzstreifen auf 4 Teller verteilen, mit
Tomatenachteln	
Kresse oder Petersilie	garnieren, sofort servieren.
Beigabe:	Toast, gemischter Salat.

SÜLZEN, ASPIK

Weil's einfach geht und köstlich schmeckt.
(Rezept Seite 292)

Gelee (Aspik)

Regeln

1. Zum Gelieren von 500 ml (½ l) Flüssigkeit 1 Päckchen Gelatine gemahlen, weiß oder 6 Blatt weiße Gelatine verwenden.

2. Gemahlene Gelatine mit kaltem Wasser anrühren, 10 Minuten zum Quellen stehenlassen und – wenn im Rezept nicht anders angegeben – unter Rühren erwärmen, bis sie gelöst ist, evtl. kühl stellen, unter die zu steifende Speise rühren.
Blatt-Gelatine in kaltem Wasser einweichen, in heißer Flüssigkeit auflösen.

3. Flüssigkeit mit gelöster Gelatine wird erst dann fest, wenn sie genügend abgekühlt ist und lange genug gestanden hat. Falls die Zimmertemperatur über 23° C beträgt, erstarrt gelöste Gelatine nicht mehr. Daraus ergibt sich folgendes: Gelatine-Speisen einige Stunden vor dem Verzehr – am besten am Abend vorher – zubereiten und kalt stellen.

4. Sollen Gelatine-Speisen gestürzt werden, sie in Formen füllen, die mit kaltem Wasser ausgespült sind. Damit sich die Speisen gut stürzen lassen, die Form einen Augenblick in heißes Wasser halten, die Speise mit einem Messer vom Rand lösen.

5. Um eine klare Brühe zu erhalten, sie folgendermaßen „klären“:
Die erkaltete Brühe entfetten, 1 Eierschale zerdrücken, mit 1 Eiweiß, 3 Eßl. kaltem Wasser verschlagen, in die Brühe geben, unter ständigem Schlagen bis kurz vor dem Kochen erhitzen, dabei gerinnt das Eiweiß und bindet die in der Brühe enthaltenen Bestandteile. Die Brühe kalt stellen, so lange ruhig stehenlassen, bis sie klar ist, abschäumen, durch ein sauberes Tuch gießen.

Brühe für Aspik

500 g zerkleinerte Rindfleisch- oder Kalbsknochen
250 g Rindfleisch (Beinscheibe)
oder
500 g zerkleinerte Geflügelknochen
500 g Hühnerklein
oder
500 g zerkleinerte Wildknochen
250 g Wildfleisch
oder
500 g Fischgräten
250 g Fischfleisch – die Zutaten waschen, in

1½ l kaltes Salzwasser – geben, zum Kochen bringen, abschäumen

1 Bund Suppengrün – putzen, waschen, kleinschneiden, mit
1 kleinen Lorbeerblatt
einigen Gewürzkörnern – in die Brühe geben, zum Kochen bringen, kochen lassen
Knochen (Gräten) und Fleisch aus der Brühe nehmen
die Brühe durch ein Sieb gießen, erkalten lassen, entfetten

Kochzeit
für Fleischbrühe: 2 – 2½ Stunden
für Geflügelbrühe: Etwa 1½ Stunden
für Wildbrühe: 2 – 2½ Stunden
für Fischbrühe: 1 – 1½ Stunden.

Veränderung: Für eine pikant-würzige Fleischbrühe 1 mittelgroße abgezogene, geröstete Zwiebel, einige Speckschwarten oder Kasseler Knochen mitkochen lassen
für eine dunkle Wildbrühe Knochen, Fleisch, 1 abgezogene Zwiebel in Butter anbraten, dann erst mit Salzwasser auffüllen.

Madeira-, Wein- oder Sherryaspik

1 Päckchen Gelatine gemahlen, weiß – mit
5 Eßl. kaltem Wasser – anrühren, 10 Minuten zum Quellen stehenlassen

375 ml (⅜ l) Brühe für Aspik – abmessen, zum Kochen bringen, von der Kochstelle nehmen, die Gelatine hineingeben, so lange rühren, bis sie gelöst ist

4 – 8 Eßl. Madeira
oder
4 – 8 Eßl. Weißwein
oder
4 – 8 Eßl. Sherry dry – unterrühren, erkalten lassen
das Aspik kann zum Ausgießen von Pasteten, zum Übergießen von Terrinen und zum Glasieren von Aufschnitt, Braten, Geflügel oder Fisch verwendet werden.

Schinken in Kräutergelee

(6 – 8 Portionen)

1½ kg gepökelten Schinken (Unterschale, beim Schlachter vorbestellen)	waschen
750 ml (¾ l) Wasser	mit
250 ml (¼ l) trockenem Weißwein	zum Kochen bringen
1 Möhre	putzen, schrappen, waschen, kleinschneiden
1 Zwiebel	abziehen, mit
2 Gewürznelken	spicken
1 Knoblauchzehe	abziehen
	die Zutaten mit
4 Korianderkörnern	
4 Pimentkörnern (Nelkenpfeffer)	
1 Lorbeerblatt	
3 Stengeln Petersilie	
einigen Rosmarinnadeln	
2 Salbeiblättchen	
1 Stengel Thymian	in die Flüssigkeit geben, den Schinken hinzufügen, zum Kochen bringen, ab und zu wenden, in etwa 1¾ Stunden gar kochen lassen, in der Brühe erkalten lassen, herausnehmen, in Würfel schneiden
	die Brühe durch ein Tuch gießen, erkalten lassen, entfetten, 750 ml (¾ l) davon abmessen
2 Päckchen Gelatine gemahlen, weiß	mit 6 Eßl. von der Brühe anrühren, 10 Minuten zum Quellen stehenlassen
	die Brühe zum Kochen bringen, von der Kochstelle nehmen, die Gelatine hineingeben, so lange rühren, bis sie gelöst ist
2 Eßl. Weinbrand	
5 Eßl. Portwein	unterrühren, mit
Salz	
Pfeffer	abschmecken
	eine Terrine (etwa 1 l Inhalt) mit kaltem Wasser ausspülen
6 – 7 Eßl. gehackte Petersilie	mit
2 Eßl. gehacktem Kerbel	vermengen, abwechselnd mit den Schinkenwürfeln in die Terrine schichten, die Brühe darüber gießen, im Kühlschrank erstarren lassen
Beigabe:	Bratkartoffeln, Remouladensoße (S. 116) oder Bauernbrot und Butter.

Bulgarische Sülze mit Joghurtcreme

2 Päckchen (je 300 g) tiefgekühltes Balkangemüse (Erbsen, Paprikaschoten, Mais)	in
125 ml (⅛ l) kochendes Salzwasser	geben, zum Kochen bringen, etwa 5 Minuten kochen, abtropfen und erkalten lassen
2 Päckchen Gelatine gemahlen, weiß	mit
6 Eßl. kaltem Wasser	anrühren, 10 Minuten zum Quellen stehenlassen
500 ml (½ l) entfettete, kräftige Fleischbrühe	zum Kochen bringen, von der Kochstelle nehmen, die Gelatine hineingeben, so lange rühren, bis sie gelöst ist
250 ml (¼ l) Weißwein	
6 Eßl. Weißweinessig	unterrühren, mit
Salz	
Pfeffer	
Worcestersoße	abschmecken eine Kastenform (30 cm lang) mit kaltem Wasser ausspülen so viel von der Brühe hineingeben, daß der Boden bedeckt ist, im Kühlschrank erstarren lassen

300 g bulgarischen Schafskäse	mit
50 g weicher Butter	
3 Eßl. Sahne	
1 Eßl. grünem Pfeffer	verrühren
gerebeltes Basilikum	unterrühren aus der Masse mit nassen Händen auf einem mit kaltem Wasser abgespülten Brett eine Rolle in der Länge der Kastenform formen
10 – 12 große eingelegte Weinblätter	schuppenförmig in der Länge der Kastenform übereinanderlegen die Käserolle darin einwickeln von
6 Scheiben gekochtem Schinken	jeweils 3 Scheiben schuppenförmig nebeneinanderlegen die Weinblätter-Käserolle in die Schinkenscheiben wickeln, in die Mitte des Aspikspiegels legen, das Gemüse ringsherum verteilen, die restliche Brühe darüber gießen, im Kühlschrank erstarren lassen vor dem Servieren die Form kurz in heißes Wasser halten, die Sülze mit einem Messer vorsichtig vom Rand der Form lösen, auf eine Platte stürzen

3 – 4 geviertelte Zitronenscheiben (unbehandelt) schuppenförmig auf der Sülze anrichten, mit
Petersilie garnieren

für die Joghurtcreme

1 Becher (150 g) Joghurt mit
1 Becher (150 g) Crème fraîche
3 Eßl. gemischten, gehackten Kräutern
1 Teel. scharfem Senf verrühren, mit
Salz
Pfeffer abschmecken.
Beigabe: Roggenbrötchen oder Roggenbrot, Butter.

Pikante Orangensülze

1 küchenfertiges Hähnchen (etwa 1 kg) waschen, in
2 l kochendes Salzwasser geben, zum Kochen bringen, abschäumen
1 Bund Suppengrün putzen, waschen, hinzufügen, das Hähnchen in etwa 45 Minuten gar kochen, aus der Brühe nehmen, das Fleisch von den Knochen lösen, die Haut entfernen, das Fleisch in Würfel schneiden
die Brühe durch ein Tuch gießen, erkalten lassen, entfetten, 500 ml (½ l) davon abmessen
1 Päckchen und 1 Teel. Gelatine gemahlen, weiß mit
5 Eßl. kaltem Wasser anrühren, 10 Minuten zum Quellen stehenlassen
die abgemessene Brühe zum Kochen bringen, von der Kochstelle nehmen, die Gelatine hineingeben, so lange rühren, bis sie gelöst ist
200 ml (⅕ l) Orangensaft (von 3 – 4 Orangen) hinzugießen, mit
Salz
Pfeffer
Zucker kräftig würzen
eine Form (etwa 1¼ l Inhalt) mit kaltem Wasser ausspülen
so viel von der Brühe hineingeben, daß der Boden bedeckt ist, im Kühlschrank erstarren lassen

200 g gekochte Spargelstücke abtropfen lassen
2 hartgekochte Eier pellen, in Scheiben schneiden, den Aspikspiegel mit Spargelstücken und Eierscheiben garnieren
darauf abwechselnd Fleischwürfel, Spargelstücke und Eierscheiben verteilen, die restliche Brühe darüber gießen, im Kühlschrank erstarren lassen
vor dem Servieren die Form kurz in heißes Wasser halten, die Sülze mit einem Messer vorsichtig vom Rand der Form lösen, auf eine Platte stürzen, mit
halbierten Orangenscheiben
Petersilie garnieren.

Eier in Estragongelee

(6 Portionen)

1 Zwiebel	abziehen
2 – 3 Stiele Estragon	waschen
	beide Zutaten mit
250 ml (¼ l) entfetteter, kräftiger Fleischbrühe	zum Kochen bringen
1 kleine Möhre	putzen, schrappen, waschen, hinzufügen, zum Kochen bringen, 7 – 10 Minuten kochen lassen
	die Brühe durch ein Tuch gießen
	die Möhre mit einem Buntmesser in Scheiben schneiden
2 Päckchen Gelatine gemahlen, weiß	mit
6 Eßl. kaltem Wasser	anrühren, 10 Minuten zum Quellen stehenlassen
	die Brühe zum Kochen bringen, von der Kochstelle nehmen, die Gelatine hineingeben, so lange rühren, bis sie gelöst ist
500 ml (½ l) entfettete, kräftige Fleischbrühe	
125 ml (⅛ l) Sherry dry	hinzugießen, mit
Salz	
Pfeffer	
Sherry	abschmecken
	6 hohe Förmchen (etwa 200 ml – ⅕ l Inhalt) mit kaltem Wasser ausspülen
	so viel von der Brühe hineingeben, daß der Boden bedeckt ist, im Kühlschrank erstarren lassen
	den Aspikspiegel mit Möhrenscheiben,
grünen Olivenscheiben, mit Paprika gefüllt	
Kerbelblättchen	garnieren, etwas von der Brühe darüber gießen, im Kühlschrank erstarren lassen
3 Scheiben gekochten Schinken	halbieren, in jede Schinkenhälfte eins von
6 weichgekochten, gepellten Eiern	wickeln, die Schinkenröllchen in die Förmchen legen, die restliche Brühe darüber gießen, im Kühlschrank erstarren lassen
	vor dem Servieren die Förmchen kurz in heißes Wasser halten
	das Gelee mit einem Messer vorsichtig vom Rand der Förmchen lösen
	6 Dessertteller mit
gewaschenen Salatblättern	belegen, das Gelee darauf stürzen, mit
Tomatenspalten	garnieren.
Beigabe:	Toast, Butter.

Gefüllte Schinkenröllchen in Aspik

2 Päckchen Gelatine gemahlen, weiß	mit 6 Eßl. von
750 ml (¾ l) entfetteter, kräftiger Fleischbrühe	anrühren, 10 Minuten zum Quellen stehenlassen, die restliche Brühe zum Kochen bringen, von der Kochstelle nehmen, die Gelatine hineingeben, so lange rühren, bis sie gelöst ist, mit
2 – 3 Eßl. Weißweinessig	
Worcestersoße	
Salz	
Pfeffer	abschmecken

	5 leere Quarktöpfchen mit kaltem Wasser ausspülen
	so viel von der Brühe hineingeben, daß der Boden bedeckt ist, im Kühlschrank erstarren lassen
250 g Fleischsalat (fertig gekauft)	auf
5 Scheiben gekochten Schinken	verteilen, den Schinken aufrollen, an den Enden gerade schneiden
2 hartgekochte Eier	pellen, in Scheiben schneiden
	jeweils 2 Scheiben mit
etwas Petersilie	auf jedem Aspikspiegel anordnen, darauf die Schinkenrollen legen
1 Gewürzgurke	längs halbieren, in Scheiben schneiden, seitlich entlang der Schinkenrollen legen, etwas von der Brühe darüber gießen, im Kühlschrank erstarren lassen
	die restliche Brühe auf die Töpfchen verteilen, im Kühlschrank erstarren lassen
	vor dem Servieren die Töpfchen kurz in heißes Wasser halten, das Aspik mit einem Messer vorsichtig vom Rand der Töpfchen lösen, auf mit
gewaschenen Salatblättern	ausgelegte Glasteller stürzen, mit
Tomatenachteln Petersilie	garnieren.
Beigabe:	Toast oder Bauernbrot, Butter.

Bunte Sülze

2 Päckchen Gelatine gemahlen, weiß	mit
6 Eßl. kaltem Wasser	anrühren, 10 Minuten zum Quellen stehenlassen
1 l entfettete, kräftige Fleischbrühe	zum Kochen bringen, von der Kochstelle nehmen, die Gelatine hineingeben, so lange rühren, bis sie gelöst ist
8 Eßl. Essig	unterrühren, die Brühe mit
Salz	abschmecken
	eine Kastenform (30 cm lang) mit kaltem Wasser ausspülen
	so viel von der Brühe hineingeben, daß der Boden bedeckt ist, im Kühlschrank erstarren lassen
250 g Fleischwurst (im Stück)	enthäuten
4 mittelgroße Tomaten	waschen
	beide Zutaten in Würfel schneiden (Stengelansätze der Tomaten entfernen)
4 mittelgroße Gewürzgurken	fein hacken
6 hartgekochte Eier	pellen, 4 Eier fein hacken (2 Eier in Scheiben schneiden, zum Garnieren zurücklassen)
5 Eßl. grobgehackte Petersilie	
	die Eierscheiben auf dem Aspikspiegel anrichten, die Hälfte der Fleischwurstwürfel darüber verteilen, etwa 125 ml (⅛ l) Brühe darüber gießen, im Kühlschrank erstarren lassen
	nun im Wechsel einschichten: die Hälfte der gehackten Gewürzgurken
	etwa 125 ml (⅛ l) Brühe darüber gießen, erstarren lassen
	die Hälfte der Tomatenwürfel, mit der Hälfte der gehackten Petersilie bestreuen
	etwa 125 ml (⅛ l) Brühe darüber gießen, erstarren lassen
	die feingehackten Eier
	etwa 125 ml (⅛ l) Brühe darüber gießen, erstarren lassen
	die restlichen Tomaten, mit der restlichen Petersilie bestreut
	etwa 125 ml (⅛ l) Brühe darüber gießen, erstarren lassen
	die restlichen gehackten Gewürzgurken
	etwa 125 ml (⅛ l) Brühe darüber gießen, erstarren lassen
	die restlichen Fleischwurstwürfel
	die restliche Brühe darüber gießen, erstarren lassen
	vor dem Servieren die Form kurz in heißes Wasser halten, die Sülze mit einem Messer vorsichtig vom Rand der Form lösen, auf eine Platte stürzen.
Beigabe:	Graubrot und Butter oder Bratkartoffeln.

Tomatensülze

1 Päckchen und 1 gestrichenen Teel. Gelatine gemahlen, weiß	mit
6 Eßl. kaltem Wasser	anrühren, 10 Minuten zum Quellen stehenlassen
500 ml (½ l) Tomatensaft	zum Kochen bringen, von der Kochstelle nehmen, die Gelatine hineingeben, so lange rühren, bis sie gelöst ist
2–3 Eßl. Zitronensaft	
6 Eßl. Wodka	unterrühren die Tomatenflüssigkeit mit
Tabasco	
Selleriesalz	
Knoblauchsalz	
Salz, Pfeffer	abschmecken, eine Weile stehenlassen
2 Tomaten	kurze Zeit in kochendes Wasser legen (nicht kochen lassen), in kaltem Wasser abschrecken, enthäuten, halbieren, entkernen, die Stengelansätze entfernen, das Tomatenfleisch in Würfel schneiden
1 kleine Zwiebel	abziehen, in feine Würfel schneiden, mit den Tomatenwürfeln,
2 Eßl. feingeschnittenem Schnittlauch	unter die Tomatenflüssigkeit rühren eine runde Form mit kaltem Wasser ausspülen, die Tomatenflüssigkeit hineingeben, im Kühlschrank erstarren lassen vor dem Servieren die Form kurz in heißes Wasser halten, die Sülze mit einem Messer vorsichtig vom Rand der Form lösen, auf eine Platte stürzen, mit
Eierscheiben	
Kresse	garnieren Tomatensülze als Beilage zu kaltem Fleisch reichen.

Forellenfiletsülzchen mit Meerrettichsoße (6 Portionen)

1 Päckchen und 1 gestrichenen Teel. Gelatine gemahlen, weiß	mit
4 Eßl. kaltem Wasser	anrühren, 10 Minuten zum Quellen stehenlassen
375 ml (⅜ l) entfettete, kräftige Fleischbrühe	mit
4 Wacholderbeeren	
1 kleinen abgezogenen Zwiebel	
einigen Pfefferkörnern	
1 Briefchen Safranfäden	zum Kochen bringen, etwa 5 Minuten kochen lassen, durch ein Tuch gießen, die Brühe wieder zum Kochen bringen, von der Kochstelle nehmen, die Gelatine hineingeben, so lange rühren, bis sie gelöst ist
250 ml (¼ l) Weißwein	
1 Eßl. Weißweinessig	unterrühren, mit
Salz	
Pfeffer	
Tabasco	abschmecken
150 g gekochte Spargelspitzen	abtropfen lassen

2 hartgekochte Eier pellen, in Scheiben schneiden
2 Tomaten waschen, abtrocknen, die Stengelansätze entfernen, die Tomaten in Scheiben schneiden
6 geräucherte Forellenfilets enthäuten
die Zutaten auf 6 Tellern anrichten, mit
Dillzweigen garnieren
die Brühe auf die 6 Teller verteilen, im Kühlschrank erstarren lassen

für die Meerrettichsoße

1 Becher (150 g) Crème fraîche mit
1–2 Eßl. geriebenem Meerrettich (aus dem Glas) verrühren, mit
Zitronensaft
Salz abschmecken.
Beigabe: Toast.

Fisch in Gelee

1 Bund Suppengrün putzen, waschen
1 Zwiebel abziehen
beide Zutaten mit
500 ml (½ l) Salzwasser
1 Lorbeerblatt
2–3 Gewürzkörnern zum Kochen bringen, etwa 15 Minuten kochen lassen
500 g küchenfertigen Fisch (Schellfisch, Kabeljau, grüne Heringe) unter fließendem kaltem Wasser abspülen, zu dem Suppengrün geben, zum Kochen bringen, in 10–15 Minuten gar ziehen lassen, aus der Brühe nehmen, enthäuten, entgräten, erkalten lassen
die Brühe durch ein Tuch gießen, erkalten lassen, entfetten, auf 375 ml (⅜ l) Flüssigkeit evtl. mit Wasser auffüllen
knapp 125 ml (⅛ l) Essig unterrühren, mit
Salz abschmecken
1 Päckchen Gelatine gemahlen, weiß mit
5 Eßl. kaltem Wasser anrühren, 10 Minuten zum Quellen stehenlassen
die Brühe zum Kochen bringen, von der Kochstelle nehmen, die Gelatine hineingeben, so lange rühren, bis sie gelöst ist
eine Form mit kaltem Wasser ausspülen, so viel von der Brühe hineingeben, daß der Boden bedeckt ist, im Kühlschrank erstarren lassen
den Aspikspiegel mit
Gurkenstückchen
Eierscheiben
Tomatenscheiben garnieren, einige Eßl. Brühe darüber geben, wieder im Kühlschrank erstarren lassen
den erkalteten Fisch in Würfel schneiden, auf die erstarrte Brühe geben, die restliche Brühe darüber gießen, im Kühlschrank erstarren lassen
vor dem Servieren die Form kurz in heißes Wasser halten, die Sülze mit einem Messer vorsichtig vom Rand der Form lösen, auf eine Platte stürzen, mit
Zitronenspalten
Petersilie garnieren.

Huhn in Sherryaspik

1 küchenfertige Poularde (etwa 1¼ kg) waschen, in
1½ l kochendes Salzwasser geben, zum Kochen bringen, abschäumen, in etwa 45 Minuten gar kochen lassen
1 Bund Suppengrün putzen, waschen, kleinschneiden, hinzufügen
etwa 20 Minuten vor Beendigung der Garzeit
2 mittelgroße Möhren putzen, schrappen, waschen, hinzufügen
die gare Poularde aus der Brühe nehmen, erkalten lassen, von Haut und Knochen befreien, das Fleisch in Würfel schneiden
die Möhren mit einem Buntmesser in Scheiben schneiden
die Brühe durch ein Tuch gießen, erkalten lassen, entfetten, 750 ml (¾ l) davon abmessen
2 Päckchen Gelatine gemahlen, weiß mit
6 Eßl. kaltem Wasser anrühren, 10 Minuten zum Quellen stehenlassen
die abgemessene Brühe zum Kochen bringen, von der Kochstelle nehmen, die Gelatine hineingeben, so lange rühren, bis sie gelöst ist
100 ml Sherry dry
3 Eßl. Zitronensaft unterrühren, mit
Salz
Pfeffer
Worcestersoße abschmecken
eine Form oder Schüssel (etwa 1½ l Inhalt) mit kaltem Wasser ausspülen
so viel von der Sherry-Brühe hineingeben, daß der Boden bedeckt ist, im Kühlschrank erstarren lassen
2 Stangen Staudensellerie (etwa 150 g) putzen, waschen, quer in Streifen schneiden, in
kochendes Salzwasser geben, zum Kochen bringen, etwa 1 Minute kochen, kalt abspülen, abtropfen lassen
125 g Champignons putzen, waschen, in das kochende Salzwasser geben, zum Kochen bringen, etwa 1 Minute kochen lassen, kalt abspülen, abtropfen lassen, vierteln
den Aspikspiegel mit Möhrenscheiben,
Petersiliensträußchen belegen, darauf abwechselnd etwas von dem Fleisch, den Möhren, dem Staudensellerie, den Champignons verteilen, so oft einschichten, bis alle Zutaten verbraucht sind, mit der restlichen Sherry-Brühe übergießen, im Kühlschrank erstarren lassen
vor dem Servieren die Form kurz in heißes Wasser halten, die Sülze mit einem Messer vorsichtig vom Rand der Form lösen, auf eine Platte stürzen, mit
Petersilie
Möhren
Staudensellerie garnieren.

Eisbeinsülze nach Bauernart

1 kg Eisbein, Schweineschwänzchen und Schweinepfoten waschen, mit
3 Lorbeerblättern
1 Teel. Pimentkörnern (Nelkenpfeffer)
1 Teel. Wacholderbeeren
2 abgezogenen, geviertelten Zwiebeln
1 Teel. Salz in einen hohen Kochtopf geben, mit so viel Wasser auffüllen, daß das Fleisch bedeckt ist
die Hälfte von
250 ml (¼ l) Weißweinessig hinzugießen, zum Kochen bringen, abschäumen, kochen lassen
das gare Fleisch von den Knochen lösen, Schwarten und Fett abschneiden, zusammen mit den Knochen nochmals in die Brühe geben, aufkochen lassen, durch ein Tuch gießen, mit dem restlichen Essig,
Salz kräftig abschmecken

	das Fleisch in Würfel schneiden
4 Essiggurken	in Würfel schneiden, mit den Fleischwürfeln,
2 Eßl. Perlzwiebeln (aus dem Glas)	
2 Eßl. gehackter Petersilie	vermengen, in eine Schüssel geben oder auf Portionsteller verteilen, die Brühe darüber gießen, im Kühlschrank erstarren lassen
Kochzeit:	Etwa 2 Stunden.
Beigabe:	Bratkartoffeln, Kräuter-Joghurt-Dressing (S. 119).

Putensülze

750 g Putenfleisch (ohne Knochen)	waschen, in
1½ l kochendes Salzwasser	geben, zum Kochen bringen, abschäumen
1 Bund Suppengrün	putzen, waschen, kleinschneiden, mit
½ Teel. gerebeltem Thymian	
1 Teel. gerebeltem Dill	hinzufügen, in etwa 1 Stunde gar kochen lassen das gare Putenfleisch aus der Brühe nehmen, erkalten lassen, in Streifen schneiden die Brühe durch ein Tuch gießen, erkalten lassen, entfetten, 500 ml (½ l) davon abmessen
1 Päckchen Gelatine gemahlen, weiß	mit
3 Eßl. kaltem Wasser	anrühren, 10 Minuten zum Quellen stehenlassen die abgemessene Brühe zum Kochen bringen, von der Kochstelle nehmen, die Gelatine hineingeben, so lange rühren, bis sie gelöst ist, mit
Zitronensaft	
Salz	
Pfeffer	abschmecken eine Form oder Schüssel (etwa 1½ l Inhalt) mit kaltem Wasser ausspülen so viel von der Brühe hineingeben, daß der Boden bedeckt ist, im Kühlschrank erstarren lassen
1 rote Paprikaschote	halbieren, entstielen, entkernen, die weißen Scheidewände entfernen, die Schote waschen, in Streifen schneiden, 125 ml (⅛ l) von der restlichen Putenbrühe zum Kochen bringen die Paprikastreifen 2 Minuten darin kochen, herausnehmen, kalt abspülen, abtropfen lassen
1 Bund Dill	waschen, abtrocknen, fein hacken (1 Zweig zum Garnieren zurücklassen) Fleisch- und Paprikastreifen auf den erstarrten Aspikspiegel schichten, den Dill darüber streuen, die restliche Brühe darüber gießen, im Kühlschrank erstarren lassen vor dem Servieren die Form kurz in heißes Wasser halten, die Sülze mit einem Messer vorsichtig vom Rand der Form lösen, auf eine Platte stürzen, mit dem Dillzweig,
Eierviertelｎ	garnieren.
Beigabe:	Kräuter-Sahne-Soße (S. 119), Stangenweißbrot.

DESSERTS

Feine Desserts und Eis zum Zaubern.

(Rezept Seite 292)

Weintraubengelee

500 g grüne oder blaue Weintrauben waschen, halbieren, entkernen, auf 4 Dessertgläser verteilen
aus

1 Päckchen Götterspeise Waldmeister-Geschmack
500 ml (½ l) Cidre, süß (französischer Apfelwein)
1 schwach gehäuften Eßl. Zucker nach der Vorschrift auf dem Päckchen (aber mit den hier angegebenen Zutaten) ein Speise zubereiten, über die Weintrauben geben, kalt stellen

für die Paradies-Soße

100 ml kalte Milch
1 Päckchen Paradies-Soße Vanille-Geschmack nach der Vorschrift auf dem Päckchen (aber nur mit 100 ml Milch) zubereiten

½ Becher (75 g) Crème fraîche unterschlagen
die Soße zu dem Gelee reichen.

Beerensalat, pikant

750 g Beerenobst (z. B. Erdbeeren, Johannisbeeren, Stachelbeeren, Himbeeren, Brombeeren, Heidelbeeren, Weintrauben) waschen (Himbeeren nur verlesen), gut abtropfen lassen, entstielen, Weintrauben evtl. halbieren, entkernen
das Obst vermengen, in eine Schale geben, mit

etwas Puderzucker bestäuben

für die Salatsoße

1 Becher (150 g) saure Sahne mit
1 – 2 Eßl. Senf
etwa 1 Eßl. Zitronensaft
1 – 2 Eßl. Zucker
Salz
Pfeffer abschmecken, über das Obst verteilen.

Wiener Beerenkaltschale

(4 – 6 Portionen)

750 g Beerenobst (z. B. Erdbeeren, Johannisbeeren, Himbeeren, Heidelbeeren, Brombeeren) waschen (Himbeeren nur verlesen), gut abtropfen lassen, entstielen
das Obst vorsichtig mit

150 g gesiebtem Puderzucker
2 Eßl. Zitronensaft
1 Eßl. Grand Marnier
1 Messerspitze gemahlenem Zimt vermengen, zugedeckt 30 Minuten durchziehen lassen

1 l Dickmilch unterrühren, die Kaltschale in Dessertgläser geben, mit

Vanilleeis anrichten.

Pikanter Obstsalat

1 Gemüsezwiebel (etwa 150 g) abziehen, in Scheiben schneiden
250 g Pflaumen entsteinen
2 Bananen schälen, in Scheiben schneiden
175 g Mandarinenspalten

für die Salatsoße
4 Eßl. Salatöl mit
3 Eßl. Zitronensaft verrühren, mit
Salz
Pfeffer
Zucker
Currypulver abschmecken, mit den Salatzutaten vermengen
1 Kästchen Kresse putzen, waschen, abtropfen lassen, über den Salat streuen.

Melonensalat

1 Honigmelone (etwa 500 g) vierteln, entkernen, schälen
2 Äpfel (etwa 150 g) schälen, vierteln, entkernen
beide Zutaten in feine Streifen schneiden
2 Bananen (etwa 150 g) schälen, in Scheiben schneiden
etwa 150 g Mandarinenspalten
das Obst miteinander vermengen
2 – 3 Eßl. Zitronensaft
2 Eßl. Honig unterrühren, in eine Glasschale geben, mit
gehackten Haselnußkernen bestreuen.

Maçedoine des fruits

2 Äpfel schälen, vierteln, entkernen
2 Apfelsinen
1 Kiwi
1 Banane
die drei Zutaten schälen
das Obst in kleine Stücke schneiden
100 g Erdbeeren waschen, abtropfen lassen, entstielen
200 g Weintrauben waschen, halbieren, entkernen
das Obst mit
2 gut gehäuften Eßl. Zucker mischen, in Dessertgläser füllen

für die Soße
1 Becher (150 g) Crème fraîche mit
2 Eßl. Orangenlikör verrühren, über das Obst geben
20 g Haselnußkerne in Scheiben schneiden, die Portionen damit bestreuen.

Kleine Sherry-Charlotte

2 gehäufte Teel. Gelatine gemahlen, weiß mit
3 Eßl. kaltem Wasser in einem kleinen Topf anrühren, 10 Minuten zum Quellen stehenlassen, unter Rühren erwärmen, bis sie gelöst ist
16 Löffelbiskuits auf einen Teller legen, mit
4 Eßl. Cream Sherry beträufeln, zugedeckt stehenlassen
3 Eigelb mit
125 g (5 gut gehäufte Eßl.) Zucker
1 Päckchen Vanillin-Zucker
1 Eßl. Apfelsinensaft in eine Schüssel geben, über Wasserdampf schaumig schlagen, die Schüssel aus dem Wasserbad nehmen, die Masse kalt schlagen
375 ml (3/8 l) Sahne steif schlagen (etwas zum Verzieren zurücklassen), mit
4 Eßl. Cream Sherry und der lauwarmen Gelatinelösung unter die Eigelbmasse rühren, kalt stellen
in 4 Dessertgläser jeweils 4 Löffelbiskuits stellen, die Creme hineinfüllen, mit der zurückgelassenen Schlagsahne verzieren
4 Maraschino-Kirschen
die Portionen mit je 1 Kirsche garnieren.

Heidelbeer-Bavarois

(Etwa 6 Portionen)

1 Päckchen Gelatine gemahlen, weiß
1 Päckchen Gelatine gemahlen, rot mit
8 Eßl. kaltem Wasser in einem kleinen Topf anrühren,
10 Minuten zum Quellen stehenlassen
750 g Heidelbeeren verlesen, waschen, gut abtropfen lassen
gut die Hälfte der Heidelbeeren mit der Hälfte von
200 g Puderzucker und
etwas Zitronensaft im Mixer pürieren
die gequollene Gelatine unter Rühren bei schwacher Hitze erwärmen, bis sie gelöst ist, lauwarm unter die Heidelbeerpülpe rühren
6 Eigelb mit
2 Eßl. lauwarmem Wasser schaumig schlagen, den restlichen Puderzucker nach und nach unterschlagen, unter die Heidelbeerpülpe rühren
500 ml (½ l) Sahne steif schlagen
sobald die Heidelbeerpülpe anfängt dicklich zu werden, die Schlagsahne unterheben
die Speise in eine kalt ausgespülte Puddingform füllen, kalt stellen
die vollkommen steife Speise auf eine Platte stürzen, nach Belieben mit
Schlagsahne verzieren, mit den zurückgelassenen Heidelbeeren garnieren.

Mousse au chocolat

150 g zartbittere Schokolade in kleine Stücke brechen, in einem kleinen Topf im Wasserbad zu einer geschmeidigen Masse verrühren
3 Eigelb mit
1 Ei
50 g (2 gut gehäufte Eßl.) Zucker
2 Eßl. Kaffeelikör
1 Teel. Instant-Kaffeepulver in eine Schüssel geben, mit einem elektrischen Handrührgerät mit Rührbesen über Wasserdampf in 5 – 7 Minuten schaumig schlagen
die Schüssel aus dem Wasserbad nehmen, die Masse in etwa 5 Minuten kalt schlagen
3 Eiweiß steif schlagen, mit der flüssigen Schokolade,
1 Becher (150 g) Crème fraîche unter die Eigelbmasse rühren
die Speise in Dessertgläser füllen, gut gekühlt servieren.

Birnen-Charlotte

1 Päckchen Gelatine gemahlen, weiß	mit
3 Eßl. kaltem Wasser	anrühren, 10 Minuten zum Quellen stehenlassen
1 Päckchen Gala Pudding-Pulver für Schokoladenpudding	mit
75 g (3 gut gehäufte Eßl.) Zucker	mischen, mit 6 Eßl. von
500 ml (½ l) kalter Milch	anrühren, die übrige Milch zum Kochen bringen, von der Kochstelle nehmen, das Pudding-Pulver unter Rühren hineingeben, kurz aufkochen lassen die gequollene Gelatine hinzufügen, so lange rühren, bis sie gelöst ist den Pudding kalt stellen, ab und zu durchrühren einen Springformrand (Durchmesser etwa 24 cm) innen einfetten, mit einem
Streifen Pergamentpapier	auslegen, auf eine Tortenplatte stellen
16 Löffelbiskuits	halbieren, mit der Zuckerseite zum Rand und mit der Wölbung nach oben an den Springformrand stellen
200 g Birnenhälften (aus der Dose)	abtropfen lassen, in Spalten schneiden
250 ml (¼ l) Sahne	steif schlagen wenn die Speise anfängt dicklich zu werden, die Sahne unterziehen die Creme in den Springformrand füllen, die Birnenspalten so hineindrükken, daß sie nicht mehr zu sehen sind die Speise kalt stellen sobald die Creme fest ist, den Springformrand vorsichtig lösen, das Pergamentpapier abziehen die Birnen-Charlotte mit
25 g geschabter Vollmilch-Schokolade	bestreuen.

Walnuß-Apfelsinen-Creme

1 Päckchen Gelatine gemahlen, weiß	in einem kleinen Topf mit
4 Eßl. kaltem Wasser	anrühren, 10 Minuten zum Quellen stehenlassen, unter Rühren erwärmen, bis sie gelöst ist
2 Eigelb	mit
2 Eßl. warmem Wasser	schaumig schlagen, nach und nach
75 g (3 gut gehäufte Eßl.) Zucker	dazugeben, so lange schlagen, bis eine cremeartige Masse entstanden ist darunter
250 ml (¼ l) Orangensaft	
125 ml (⅛ l) Milch	
2 Eßl. Orangenlikör	und die lauwarme Gelatinelösung schlagen, kalt stellen
2 Eiweiß	steif schlagen
250 ml (¼ l) Sahne	steif schlagen sobald die Speise anfängt dicklich zu werden, Eierschnee und Schlagsahne (von der Schlagsahne etwas zum Verzieren zurücklassen) unterheben
75 g Walnußkerne	sehr klein hacken (einige ganze Kerne zum Garnieren zurücklassen), unter die Creme rühren, nach Belieben mit
Orangenlikör	abschmecken die Creme in eine Glasschale oder in Dessertschälchen füllen, kalt stellen die Creme mit der zurückgelassenen Schlagsahne verzieren, mit den Walnußkernen garnieren.

Erdbeer-Quark-Speise

175 – 250 g Erdbeeren	waschen, gut abtropfen lassen, entstielen, mit einem elektrischen Handrührgerät oder im Mixer pürieren
500 g Speisequark	mit
200 ml (⅕ l) Milch	
50 g (2 gut gehäufte Eßl.) Zucker	unterschlagen die Speise in Dessertgläser füllen.
Veränderung:	Anstelle von Erdbeeren 2 Eßl. Erdbeersirup verwenden.

Krokantring

	Für den Krokant
1½ Eßl. Butter	mit
60 g (3 schwach gehäufte Eßl.) Zucker	unter Rühren so lange erhitzen, bis der Zucker schwach gebräunt ist
100 g abgezogene, gehackte Mandeln	unterrühren, unter ständigem Rühren erhitzen, bis der Krokant genug gebräunt ist, die Masse auf eine geölte Platte geben, erkalten lassen, evtl. in kleine Stücke stoßen
2 Päckchen Pudding-Pulver Vanille-Geschmack	mit
80 g (4 schwach gehäufte Eßl.) Zucker	
gut 125 ml (⅛ l) kalter Milch	anrühren, mit
1 l kalter Milch	nach der Vorschrift auf den Päckchen einen Pudding zubereiten, in eine mit kaltem Wasser ausgespülte Kranzform füllen, kalt stellen den festgewordenen Pudding auf einen Teller stürzen, mit dem Krokant bestreuen
etwa 240 g Aprikosen (aus der Dose)	abtropfen lassen, den Saft auffangen, 250 ml (¼ l) davon abmessen, die Aprikosen in die Mitte des Krokantringes geben, mit
Schlagsahne	verzieren
	für die Aprikosensoße
½ Apfelsine (unbehandelt)	waschen, abtrocknen, dünn schälen, die Schale in sehr feine Streifen schneiden, mit dem abgemessenen Aprikosensaft kurz aufkochen lassen
1–2 Eßl. Orangenlikör	unterrühren, die Soße erkalten lassen, zu dem Krokantring reichen.

Apfelsinencreme

2 große Apfelsinen	halbieren, den Saft auspressen, 10 Eßl. davon abmessen, die Apfelsinenkörbchen (evtl. innen etwas säubern) in das Gefrierfach stellen
1 Päckchen Gelatine gemahlen, weiß	mit
6 Eßl. kaltem Wasser	in einem kleinen Topf anrühren, 10 Minuten zum Quellen stehenlassen, unter Rühren erwärmen, bis sie gelöst ist
3 Eigelb	mit
4 Eßl. warmem Wasser	schaumig schlagen, nach und nach ⅔ von
100 g Zucker	hinzufügen, so lange schlagen, bis eine cremeartige Masse entstanden ist den abgemessenen Apfelsinensaft,
1 Eßl. Zitronensaft	und die lauwarme Gelatinelösung unterschlagen, kalt stellen

3 Eiweiß	steif schlagen, unter ständigem Schlagen den restlichen Zucker hinzufügen
125 ml (⅛ l) Sahne	steif schlagen beide Zutaten unter die dickliche Eigelbcreme heben, in einen Spritzbeutel mit Lochtülle füllen, in die Apfelsinenkörbchen spritzen, mit
Mandelstiften (nach Belieben in flüssige Schokolade getaucht)	garnieren die restliche Creme dazureichen.

Rotweincreme

250 ml (¼ l) Wasser	zum Kochen bringen
1 Päckchen Rote Grütze Himbeer-Geschmack	mit
100 g (4 gut gehäufte Eßl.) Zucker	mischen, mit
250 ml (¼ l) Rotwein	anrühren, unter Rühren in das von der Kochstelle genommene Wasser geben, kurz aufkochen lassen, kalt stellen, ab und zu durchrühren
250 ml (¼ l) Sahne	steif schlagen, unter die abgekühlte Speise heben (etwas zum Verzieren zurücklassen) die Rotweincreme in eine Glasschale oder in Dessertschälchen füllen, mit der zurückgelassenen Schlagsahne verzieren.

Schwarzwälder Kirschcreme

2 schwach gehäufte Teel. Gelatine gemahlen, weiß	mit
4 Eßl. kaltem Wasser	anrühren, 10 Minuten zum Quellen stehenlassen
750 ml (¾ l) Milch	zum Kochen bringen
1 Päckchen Pudding-Pulver Vanille-Geschmack	
75 g (3 gut gehäufte Eßl.) Zucker	mischen, mit
6 Eßl. kalter Milch	anrühren, unter Rühren in die von der Kochstelle genommene Milch geben, kurz aufkochen lassen die gequollene Gelatine hinzufügen, so lange rühren, bis sie gelöst ist den Pudding kalt stellen, ab und zu durchrühren unter den erkalteten, aber noch nicht vollkommen fest gewordenen Pudding
etwa 2 Eßl. Kirschwasser	rühren
250 ml (¼ l) Sahne	mit
1 Päckchen Vanillin-Zucker	verrühren, steif schlagen, unter den Pudding heben (etwas zum Verzieren zurücklassen)
375 g entsteinte Sauerkirschen (aus dem Glas)	gut abtropfen lassen (einige zum Garnieren zurücklassen), mit der Sahnecreme abwechselnd in Dessertschälchen schichten, die oberste Schicht muß aus Sahnecreme bestehen die Schwarzwälder Kirschcreme mit der zurückgelassenen Schlagsahne verzieren, mit den restlichen Kirschen,
geraspelter Schokolade	garnieren.

Obstsalat

750 g vorbereitetes Obst (z. B. Mango, Erdbeeren, Bananen, Weintrauben, Johannisbeeren, Apfelsinen)	in Stücke schneiden, mit
etwas Zucker	bestreuen, mit
etwas Zitronensaft	beträufeln, in Dessertgläsern anrichten.

Geeiste Weintrauben

250 g grüne Weintrauben	
250 g blaue Weintrauben	waschen, halbieren, entkernen, in eine Schüssel geben
75 g (3 gut gehäufte Eßl.) Zucker	mit
1 Päckchen Vanillin-Zucker	mischen, über die Weintrauben streuen
Wassereis (aus dem Gefrierfach)	in sehr kleine Stücke zerstoßen, 4 Sektschalen zur Hälfte damit füllen die Weintrauben darauf geben, je 2 Eßl. von
8 Eßl. Himbeergeist	darüber verteilen, sofort servieren.

Westfälische Erdbeeren

(2 – 3 Portionen)

250 g Erdbeeren	waschen, gut abtropfen lassen, entstielen, in eine Glasschale geben, kühl stellen
1 Scheibe Pumpernickel	fein reiben (Semmelreibe) oder zerbröckeln, in einer Pfanne rösten, erkalten lassen
	für die Soße
1 Becher (150 g) Crème fraîche	mit
2 Eßl. Milch	
1 Eßl. klarem Korn	
1 Eßl. Honig	verrühren, über die Erdbeeren geben, mit den Brotbröseln bestreuen.

Rote Grütze mit Himbeeren

1 Packung (300 g) tiefgekühlte Himbeeren	bei Zimmertemperatur auftauen lassen aus
1 Päckchen Rote Grütze Himbeer-Geschmack	
100 g (4 gut gehäufte Eßl.) Zucker	
500 ml (½ l) Wasser	nach der Vorschrift auf dem Päckchen eine Grütze zubereiten, die Himbeeren unterheben die Speise in Dessertschälchen füllen, erkalten lassen die Rote Grütze gekühlt servieren.
Beigabe:	Angeschlagene Crème fraîche.

Flambierte Kiwis Astoria

6 – 8 Kiwis	schälen, in nicht zu dünne Scheiben schneiden
30 – 40 g Butter	zerlassen
2 Eßl. abgezogene, gehobelte Mandeln	darin goldbraun rösten, mit
2 gut gehäuften Eßl. Zucker	bestreuen, etwas karamelisieren lassen, mit
2 Eßl. Apfelsinensaft	ablöschen, mit
gemahlenem Zimt	würzen die Kiwischeiben hinzufügen, so lange darin erhitzen, bis der Apfelsinensaft fast verkocht ist
4 Eßl. Calvados oder Weinbrand	in einem kleinen Topf erhitzen, über die Kiwischeiben gießen, anzünden
1 Packung Eis-Krönung Eierlikör-Nuß	in Würfel schneiden auf 4 Dessertteller geben, die heißen Kiwischeiben mit der Soße darüber verteilen.
Beigabe:	Eisgebäck.

Melonensalat spezial

(Etwa 6 Portionen)

1 Honigmelone	waschen, abtrocknen, halbieren, aushöhlen, das Melonenfleisch in Würfel schneiden
4 Eßl. Himbeergeist	mit
1 – 2 Eßl. Zitronensaft Zucker	verrühren, über das Melonenfleisch geben, gut durchziehen lassen
1 – 2 Birnen	schälen, halbieren, entkernen, in Würfel schneiden
etwa 350 g Ananasstücke (aus der Dose)	
2 Eßl. Preiselbeeren (aus dem Glas)	beide Zutaten abtropfen lassen
1 Packung (300 g) tiefgekühlte Himbeeren	bei Zimmertemperatur auftauen lassen die 4 Zutaten mit dem Melonenfleisch vermengen, mit Zucker abschmecken
3 – 4 Eßl. Weißwein	darüber geben mit einem spitzen Messer die Melonenränder zackenförmig ausschneiden, den Melonensalat hineinfüllen, eisgekühlt servieren.

Herbstlicher Obstsalat

50 g Preiselbeeren	verlesen, waschen
200 g rotes Johannisbeergelee	zum Kochen bringen, die Preiselbeeren hinzufügen, in etwa 2 Minuten darin garen, mit dem Schaumlöffel herausnehmen, kalt stellen das Gelee sirupartig einkochen lassen, etwas abkühlen lassen
2 Eßl. Slibowitz	hinzufügen, kalt stellen
500 g Zwetschen	waschen, halbieren, entsteinen
500 g Weintrauben	waschen, halbieren, entkernen das Obst mit
2 Eßl.gesiebtem Puderzucker	vermengen, mit
gemahlenem Zimt	würzen
2 Eßl. Slibowitz	unterrühren, kalt stellen
	für die Salatsoße
2 Eigelb	mit
100 g gesiebtem Puderzucker	schaumig schlagen
1 Becher Sahnejoghurt	unterrühren
125 ml (⅛ l) Sahne	steif schlagen, unterziehen die Preiselbeeren mit dem Salat vermengen, mit
halbierten Walnußkernen	garnieren Soße und Johannisbeersirup dazureichen.

Eisbecher Helena

1 Packung Eiscreme Das Feine Pistazie
das Eis mit einem Eisportionierer zu Kugeln formen, auf einem gekühlten Glasteller anrichten

etwa 500 g Aprikosenhälften (aus der Dose)
abtropfen lassen, jeweils eine Aprikosenhälfte auf eine Eiskugel legen

Erdbeer-Soße für Eis und Pudding
darüber verteilen, mit

Schlagsahne
verzieren, mit

gebräunten Mandelstiften Waffelröllchen
garnieren.

Eisbecher Waldeslust

375 – 500 g Brombeeren
verlesen, waschen, gut abtropfen lassen, mit

75 g Zucker
mischen, zum Saftziehen stehenlassen, in 4 gut gekühlte Dessertgläser füllen aus

2 Packungen Eis-Krönung Vanille-Geschmack
mit einem Eisportionierer 16 Eiskugeln formen, auf die Gläser verteilen, mit

Schlagsahne
verzieren, mit

Brombeeren
garnieren.

Veränderung:
Anstelle von frischen Brombeeren Brombeeren aus dem Glas verwenden.

Eis-Fondue

Eisrollen Zartes zum Zaubern Erdbeer, Vanille, Haselnuß, Schokolade (je 1 – 2 Rollen)
die Eisrollen in Stücke schneiden, auf einer gekühlten Platte anrichten, bis zum Verzehr in das Gefrierfach stellen die Platte mit dem Eis vor dem Servieren auf eine Schale mit

Wassereis (aus dem Gefrierfach)
stellen

Krokant
Schokoladenstreusel
Soßen für Eis und Pudding
Eierlikör

Schlagsahne
Schokoladenraspel
Zuckerstreusel jeweils in ein Schälchen geben, um das Eis herum anrichten.

Eisbecher Süße Lust

1 Packung Eiskreme Das Feine Mandel-Caramel
1 Packung Eiskreme Das Feine Walnuß
1 Packung Das Feine Cassis-Sorbet
mit einem Eisportionierer von jeder Sorte 8 Eiskugeln formen, in 4 gekühlten Dessertgläsern anrichten

2 Kiwis schälen, halbieren, auf dem Eis verteilen, mit
Honig überziehen
die Eisbecher mit
Schlagsahne verzieren, mit
Schokoladenwaffeln garnieren.

Eisbecher Erdbeer spezial

375 – 500 g Erdbeeren waschen, gut abtropfen lassen, entstielen, evtl. halbieren, mit
2 – 3 gut gehäuften Eßl. Zucker bestreuen, mit
3 – 4 Eßl. Grand Marnier beträufeln, zum Saftziehen stehenlassen, in 4 gekühlte Dessertgläser füllen aus
1 Packung Eiskrönung Erdbeer-Sorbet mit einem Eisportionierer 12 Eiskugeln formen, auf die Gläser verteilen, mit
Schlagsahne verzieren, mit
halbierten Erdbeeren
Pistazienkernen
Waffelröllchen garnieren.

Eiskonfekt Petits Fours

(Etwa 6 Portionen)

100 – 150 g zartbittere Schokolade in kleine Stücke brechen, mit
50 g Kokosfett in einem kleinen Topf im Wasserbad bei schwacher Hitze zu einer geschmeidigen Masse verrühren

1 Packung Zartes zum Zaubern Schokolade (6 Eisrollen)

die Eisrollen in unterschiedlich dicke Stücke schneiden, in den Schokoladenguß tauchen (am besten mit einem Holzstäbchen), in Förmchen oder Glasschälchen setzen, bis zum Verzehr in das Gefrierfach stellen
das Eiskonfekt kurz vor dem Servieren mit

Schlagsahne verzieren, nach Belieben mit
Brombeeren
Walnußkernen
Pistazienkernen
Kaffeebohnen
Kakaopulver
Maraschinokirschen
Haselnußkernen
Johannisbeertrauben garnieren.

Birne Helene, einmal anders

Für die Schokoladensoße

100 g zartbittere Schokolade in kleine Stücke brechen, in einem kleinen Topf im Wasserbad zu einer geschmeidigen Masse verrühren, etwas abkühlen lassen
250 ml (¼ l) Sahne dickflüssig schlagen, die Schokolade unterrühren
die Soße mit
Rum
gehacktem Ingwer (aus dem Glas) abschmecken
1 Packung Familien-Dessert Eis-Paradies

das Eis in Würfel schneiden, auf 4 gekühlte Glasteller verteilen

4 gedünstete Birnenhälften darauf legen, die Soße darüber gießen
die Portionen nach Belieben mit
Schlagsahne verzieren, mit
geraspelter Schokolade garnieren.

Bananeneis mit Ingwerstreifen

3 Bananen	schälen, mit einer Gabel gut zerdrücken, mit
2 Eigelb	
2 Eßl. Honig	
5 – 6 Eßl. Zitronensaft	schaumig schlagen
5 eingelegte Ingwerfrüchte	in Streifen schneiden, unterrühren
250 ml (¼ l) Sahne	steif schlagen, unter den Bananenschaum heben die Masse in 2 Eisschalen füllen, gefrieren lassen das Eis in Würfel schneiden, in gekühlte Dessertgläser füllen, sofort servieren.
Beigabe:	Schokoladensoße.

Pfirsich Kardinals Art

	Aus
1 Packung Eiscreme Das Feine Mandel-Caramel	mit einem Eisportionierer 12 Kugeln formen oder schaben, in 4 gekühlten Dessertgläsern anrichten, mit
Schlagsahne	verzieren
4 Pfirsichhälften (aus der Dose)	abtropfen lassen, darauf legen
Himbeer-Soße für Eis und Pudding	darüber verteilen, mit
gebräunten Mandelstiften	
Eiswaffeln	garnieren.

Aladins Zauberlampe

(6 Portionen)

1 Packung Zartes zum Zaubern Erdbeer (6 Eisrollen)	
	die Eisrollen auf 6 kleinen Tellern in das Gefrierfach stellen, damit sie anfrieren
	für die Weinschaumcreme
1 Ei	mit
1 gut gehäuften Eßl. Zucker	
1 gestrichenen Teel. Speisestärke, z. B. Gustin	
125 ml (⅛ l) Weißwein	in eine Schüssel geben, im Wasserbad mit einem elektrischen Handrührgerät mit Rührbesen so lange schlagen, bis eine dicke Kochblase aufsteigt (nicht kochen lassen) die Eisrollen aus dem Gefrierfach nehmen, mit der Weinschaumcreme übergießen, mit
halbierten Erdbeeren	garnieren.

Eisbecher Sweet Cherry

	Aus
1 Packung Eiscreme Das Feine Kirsch	mit einem Eisportionierer Kugeln formen, auf 4 gekühlte Dessertgläser verteilen, mit
Schlagsahne	verzieren, mit
Orangenscheiben	
Kirschen	
Pistazienkernen	garnieren.

Eisschale Sommertraum

1 Packung Das Feine Cassis-Sorbet	
	das Eis auf einen ovalen Glasteller stürzen
250 ml (¼ l) Sahne	½ Minute schlagen
1 Päckchen Vanillin-Zucker	mit
1 Päckchen Sahnesteif	mischen, einstreuen, die Sahne steif schlagen die Schlagsahne als Kranz um das Eis spritzen das Eis mit
schwarzen Johannisbeeren	garnieren die restliche Schlagsahne dazureichen.

Eisbecher Alberto

1 Mango	schälen, entkernen, das Fruchtfleisch in Stücke schneiden aus
1 Packung Eiscreme Das Feine Mandel-Caramel	
1 Packung Das Feine Zitronen-Sorbet	mit einem Eisportionierer von jeder Sorte 8 Eiskugeln formen, mit den Mangostücken in 4 Dessertgläser schichten, mit
2 – 3 Eßl. Rum	beträufeln, mit
abgezogenen, gehobelten, gebräunten Mandeln	bestreuen, mit
Waffelröllchen	anrichten.

Nuß mit kühlem Kuß

Schoko-Soße für Eis und Pudding	
Haselnußkerne	auf 4 Glasschälchen verteilen
1 Packung Eis-Paradies Vanille-Nuß	in 8 Scheiben schneiden, jeweils 2 Scheiben darauf legen die Portionen mit
Schlagsahne	verzieren, mit
Zitronenmelisse	
Kirschen	
Haselnußkernen	
Mandarinenspalten	garnieren.

Exotischer Zauber
(6 Portionen)

6 Kiwis	schälen, in Scheiben schneiden
1 Packung Zartes zum Zaubern Haselnuß (6 Eisrollen)	
	die Eisrollen in dickere Scheiben schneiden, mit den Kiwischeiben auf 6 gekühlten Glastellern anrichten
125 ml (⅛ l) Sahne	½ Minute schlagen
1 Päckchen Vanillin-Zucker	mit
1 Päckchen Sahnesteif	mischen, einstreuen, die Sahne steif schlagen die Portionen damit verzieren, mit
gerösteten Kokosraspeln	garnieren.

Eistraum Aphrodite

1 Mango	waschen, abtrocknen, halbieren, entkernen, das Fruchtfleisch aus der Schale lösen, evtl. zerkleinern, mit
2 Eßl. Grand Marnier	beträufeln
knapp ½ Packung Eiscreme Das Feine Pistazie	
	das Eis in kleine Würfel schneiden, in die Mangoschalen geben, das Fruchtfleisch darum verteilen, mit
Schlagsahne	verzieren.

Eisschale Alexandra

1 Packung Eiscreme Das Feine Walnuß	das Eis mit einem Eisportionierer zu Kugeln formen, in einer gekühlten Glasschale anrichten
4 – 6 Eßl. Eierlikör	als Kranz darauf geben, das Eis mit
Schlagsahne	verzieren, mit
halbierten Walnußkernen gehackten Pistazienkernen	garnieren.

Eisbecher Olympic

	Aus
1 Packung Eiscreme Das Feine Pistazie	mit einem Eisportionierer 12 Kugeln formen, jeweils 3 Kugeln auf 4 gekühlte Dessertgläser verteilen von
12 gedünsteten Aprikosenhälften	jeweils 1 Hälfte auf jede Eiskugel legen, mit
Erdbeer-Soße für Eis und Pudding	überziehen die Portionen mit
Schlagsahne	verzieren, mit
abgezogenen, gehobelten, gebräunten Mandeln Waffelröllchen	garnieren.

Eisbecher Hawaii

4 Scheiben Ananas (aus der Dose)	auf 4 gekühlte Dessertgläser verteilen
½ Packung Das Feine Zitronen-Sorbet	
	das Eis mit einem Eisportionierer zu Kugeln formen, auf den Ananasscheiben anrichten, mit
Schlagsahne	verzieren, mit
Eiswaffeln	garnieren.

Eisbecher Chateau Royal

6 – 8 Eßl. Schokosoße für Eis und Pudding	mit
1 – 2 Eßl. Weinbrand 2 Eßl. Sahne 1 – 2 Eßl. gehacktem Ingwer	verrühren, in 4 gekühlte Dessertgläser geben aus
1 Packung Eis-Krönung Eierlikör-Nuß	mit einem Eisportionierer Kugeln formen, auf die Gläser verteilen, mit Schlagsahne verzieren, mit
gehackten Pistazienkernen Bananenscheiben Mandarinenspalten Kirschen Kleingebäck	garnieren.

Crêpes de Coco Rum

(6 Portionen)

75 g Weizenmehl	mit
1 gehäuften Eßl. Zucker	mischen, nach und nach mit
2 Eiern	
125 ml (⅛ l) Milch	verrühren
1 Eßl. Butter	zerlassen, unterrühren eine kleine Stielpfanne mit
Butter	ausstreichen, eine dünne Teiglage hineingeben, von beiden Seiten goldgelb backen (aus dem restlichen Teig dünne Crêpes auf die gleiche Weise zubereiten) die Crêpes warm stellen
1 Packung Zartes zum Zaubern Vanille (6 Eisrollen)	die Crêpes mit
Kokosraspeln	bestreuen, je 1 Eisrolle darin einschlagen, mit
125 ml (⅛ l) Rum	flambieren, sofort servieren.

Bananenschmaus

2 – 3 Bananen	abziehen, in Scheiben schneiden, auf 4 Dessertteller verteilen, mit
Zitronensaft	beträufeln
1 Packung Eis-Paradies Schoko-Malaga	in 8 Scheiben schneiden, jeweils 2 Scheiben darauf legen die Portionen mit
Schlagsahne	verzieren, mit
geraspelter Schokolade	
Kirschen	
Zitronenmelisse	
Litschis (nach Belieben)	garnieren.

Caprice

4 Eßl. Schoko-Soße für Eis und Pudding	auf 4 gekühlte Dessertgläser verteilen aus
1 Packung Eiscreme Das Feine Mandel-Caramel	mit einem Eisportionierer 12 Kugeln formen, jeweils 3 Kugeln auf die Gläser verteilen, mit
Schlagsahne	verzieren, mit
Mandeln	
Waffelröllchen	garnieren.

Träumerei

1 Packung Eis-Paradies Pfirsich-Florida	das Eis in 8 Scheiben schneiden, jeweils 1 Scheibe auf 4 Dessertteller verteilen
4 – 6 Kiwis	schälen, in Scheiben schneiden, darauf legen, mit
Honig	beträufeln, mit
Krokant	
gehackten Haselnußkernen	bestreuen, mit je 1 Eisscheibe bedecken die Portionen mit
Schlagsahne	verzieren, mit
Waffelröllchen	garnieren.

Eisbecher Mona Lisa

1 Packung Eiscreme Das Feine Mandel-Caramel	
	das Eis mit einem Eisportionierer zu 12 Kugeln formen, auf 4 gekühlte Dessertschälchen verteilen
Schoko-Soße für Eis und Pudding	um das Eis geben, mit
Schlagsahne	verzieren, mit
Borkenschokolade	garnieren.

Schwarzwald-Paradies

4 Scheiben Marmorkuchen	auf 4 Dessertteller verteilen
1 Packung Eis-Paradies Schwarzwälder Kirsch	in 8 Scheiben schneiden, jeweils 2 Scheiben darauf legen die Portionen mit
Schlagsahne	verzieren, mit

karamelisierten Mandelstiften
Kirschen garnieren.
Beilage: Sauerkirschkompott, gebunden mit Speisestärke, mit Amaretto-Likör angerührt.

Eisbecher Rheingold

375 – 500 g blaue Weintrauben waschen, halbieren, entkernen
½ Packung Eis-Paradies Schoko-Malaga
½ Packung Eiscreme Schokolade
das Eis in Würfel schneiden, mit den Weintrauben in 4 gekühlten Dessertgläsern anrichten, mit
Schlagsahne verzieren, mit
gehackten Haselnußkernen
Eiswaffeln garnieren.

Reise ins Paradies

6 – 8 Eßl. Erdbeer-Soße für Eis und Pudding auf 4 gekühlte Dessertteller verteilen
1 Packung Eis-Paradies Fürst Pückler
das Eis in Stücke schneiden, darauf legen, mit
Fruchtspießchen (z. B. Kirschen, Mandarinenspalten, Bananenscheiben, Melonenstücke) garnieren.

Eisbecher Früchtegarten

(1 Portion)

Aus
1 Packung Das Feine Zitronen-Sorbet
1 Packung Eiscreme Das Feine Kirsch
1 Packung Das Feine Cassis-Sorbet
1 Packung Eis-Paradies Vanille mit einem Eisportionierer jeweils 1 Kugel ausstechen, in 1 gekühltes Dessertglas geben, mit
Schlagsahne verzieren, mit
geraspelter Schokolade
Waffelröllchen
Früchten (z. B. Ananas, Kiwis, Kirschen, Mandarinen) garnieren.

KÄSE-ZUBEREITUNGEN

Mal überbacken, mal als Happen.
(Rezept Seite 292)

Schafskäse, eingelegt

300 g bulgarischen Schafskäse	in große Würfel schneiden
2 rote Zwiebeln	
2 gelbe Zwiebeln	die Zwiebeln abziehen, in Ringe schneiden
1 Knoblauchzehe	abziehen
100 g schwarze Oliven	
2 Lorbeerblätter	
3 Chilischoten	
1 Teel. gerebelter Oregano	
Salz	
Pfeffer	
Glutamat	alle Zutaten in ein Gefäß geben
250 ml (¼ l) Olivenöl	darüber verteilen, zugedeckt etwa 7 Tage kühl stellen.

Bunte Käseecken

100 g Butter	geschmeidig rühren, mit
300 g Doppelrahm-Frischkäse	
3 Eßl. Sahne	verrühren, mit
Salz	
Pfeffer	abschmecken unter ein Drittel der Käsecreme
2–3 Eßl. gemischte, gehackte Kräuter	rühren unter die Hälfte der restlichen Creme
1–2 Eßl. Tomatenmark (aus der Tube)	rühren, mit
Paprika edelsüß	abschmecken die restliche Creme nochmals mit Salz, Pfeffer abschmecken
12 Scheiben Schwarzbrot	so mit Creme bestreichen und zusammensetzen, daß jeweils 1 grüne, 1 rote, 1 weiße Schicht entsteht die Schwarzbrotschnitten beschweren, kalt stellen (am besten über Nacht), in Ecken schneiden.

Schnittlauchbällchen

200 g Doppelrahm-Frischkäse	mit
250 g französischem Frischrahmkäse (70 %)	verrühren, mit
Salz	
Pfeffer	abschmecken aus der Masse etwa 12 Bällchen formen (am besten mit Hilfe eines Eisportionierers), in
2 Bund feingeschnittenem Schnittlauch	wenden die Schnittlauchbällchen auf einer Glasplatte anrichten, bis zum Verzehr kalt stellen.

Roquefortkugeln

50 g Butter	geschmeidig rühren
100 g Roquefort-Käse	mit einer Gabel zerdrücken, unter die Butter rühren
1 Teel. gewiegte Kapern	
1 Teel. Weinbrand	hinzufügen, mit
Pfeffer	abschmecken, kalt stellen mit nassen Händen aus der Masse kleine Kugeln formen, zunächst in
feingeriebenem Schwarzbrot	dann in
gehackter Petersilie	wenden die Kugeln bis zum Verzehr kalt stellen.

Harzer Käse, eingelegt

Etwa 500 g Harzer Käse	in dickere Scheiben schneiden, schuppenförmig in einem flachen Gefäß anordnen
2 – 3 Zwiebeln	abziehen, in Ringe schneiden, darüber verteilen
	für die Soße
3 Eßl. Salatöl	mit
3 Eßl. Essig	
etwas Senf	verrühren, mit
Salz	
Pfeffer	
Zucker	abschmecken, über den Käse gießen
1 Bund feingeschnittenen Schnittlauch	darüber verteilen, zugedeckt etwa 1 Tag im Kühlschrank stehenlassen.

Käsesalat in Tomaten

1 Apfel	schälen, vierteln, entkernen
300 g Emmentaler Käse (in 3 mm dicke Scheiben geschnitten)	
	beide Zutaten in Streifen schneiden
50 – 75g abgezogene, gestiftelte Mandeln	
	für die Mayonnaise
1 Eigelb	mit
1 – 2 Teel. Senf	
1 Eßl. Essig oder Zitronensaft	
Salz	
1 Teel. Zucker	zu einer dicklichen Masse schlagen nach und nach
125 ml (⅛ l) Salatöl	unterschlagen
2 Eßl. Joghurt	
40 g abgezogene, gehackte Mandeln	
	beide Zutaten unterrühren die Mayonnaise mit
Weißwein	abschmecken, mit den Salatzutaten vermengen
8 – 10 Tomaten	waschen, abtrocknen, Deckel abschneiden, die Tomaten aushöhlen (das Innere zu Tomatensuppe oder -soße verwenden) die Tomaten mit dem Salat füllen, die Deckel darauf setzen den restlichen Salat mit den Tomaten auf einer Platte, nach Belieben auf
gewaschenen Salatblättern	anrichten.

Käse-Obst-Spieße

200 g Gouda-Käse (im Stück)	in 1 cm große Würfel schneiden
4 Scheiben Ananas (aus der Dose)	abtropfen lassen, in kleine Stücke schneiden, Käsewürfel und Ananasstücke abwechselnd mit
2 – 3 Eßl. Mandarinenspalten oder Sauerkirschen (aus der Dose)	auf 4 Grillspieße schieben, mit
etwas Eiweiß	bestreichen einen Grillrost mit Alufolie belegen, die Spieße darauf legen, unter den vorgeheizten Grill schieben, zunächst von der einen, dann von der anderen Seite grillen
Grillzeit	
Strom:	Jede Seite etwa 2½ Minuten
Gas:	Jede Seite etwa 2 Minuten.

Camembert, gebacken

1 Packung Camembert (2 Hälften, nicht zu reif, gut gekühlt)	vierteln oder achteln, in
1 verschlagenen Ei	wenden, fest in
Semmelmehl	drücken, nochmals in dem restlichen Ei wenden, in das restliche Semmelmehl drücken die Käsestücke mit Hilfe eines Holzstäbchens in siedendes
Ausbackfett	geben, goldgelb backen (Käse darf nicht auslaufen).
Beilage:	Folienkartoffeln, Äpfel, Preiselbeeren.

Überbackene Käse-Kartoffel-Pfanne

1 kg mittelgroße Kartoffeln	schälen, waschen, in
Salzwasser	zum Kochen bringen, etwa 10 Minuten kochen lassen, abgießen, noch warm in Scheiben schneiden die Kartoffelscheiben schuppenförmig in eine flache Auflaufform geben, mit
Salz	
Pfeffer	
20 g Semmelmehl	bestreuen
50 g Butter	in Flöckchen darauf setzen
75 g geriebenen Emmentaler Käse	darüber verteilen die Form auf dem Rost in den Backofen schieben
Strom:	200 – 225 (vorgeheizt)
Gas:	4 – 5
Backzeit:	Etwa 20 Minuten.

Pikante Blätterteig-Käse-Torte

	Für den Teig
	die 3 Teigplatten aus
1 Packung (300 g) tiefgekühlten Blätterteig	nebeneinanderlegen, mit einem Küchenhandtuch abgedeckt auftauen lassen
	jede Platte einzeln ausrollen, Böden (Durchmesser etwa 22 cm) ausschneiden
	die Teigreste ausrollen, einen vierten Boden (Durchmesser etwa 22 cm) ausschneiden
	jeweils 2 Böden auf ein kalt abgespültes Backblech legen, mehrmals mit einer Gabel einstechen, etwa 15 Minuten stehenlassen, erst dann in den vorgeheizten Backofen schieben
Strom:	200 – 225
Gas:	4 – 5
Backzeit:	Etwa 10 Minuten
	die Böden sofort nach dem Backen mit einem Messer vorsichtig vom Backblech lösen, erkalten lassen
	für die Füllung
400 g Doppelrahm-Frischkäse	mit
2 Eigelb	verrühren, mit
Salz	
1 gestrichenen Teel. mexikanischem Pfeffer (gewürzter Pfeffer)	würzen
125 ml (⅛ l) Sahne	steif schlagen, unterheben
	gut ¼ der Käsecreme in einen Spritzbeutel mit gezackter Tülle füllen
	unter ⅓ der restlichen Creme
2 hartgekochte, kleingeschnittene Eier	rühren
	unter die Hälfte der restlichen Creme
2 Eßl. gehackte Kräuter	rühren
	unter die restliche Creme
75 g gekochten, feingewürfelten Schinken	rühren
	die drei Füllungen mit
Salz, Pfeffer	abschmecken
	den unteren Blätterteigboden mit der Schinkenkäsecreme bestreichen, mit dem zweiten Boden bedecken, vorsichtig andrücken, mit der Kräutercreme bestreichen, mit dem dritten Boden bedecken, mit der Eiercreme bestreichen, mit dem vierten Boden bedecken
	die Torte mit der Creme aus dem Spritzbeutel verzieren, mit
Kräutern	garnieren.

Käsecreme auf Kräckers

100 g Speisequark	mit
100 g Doppelrahm-Frischkäse	
½ Teel. Salz	
Selleriesalz	
1 Teel. Zitronensaft	
3 Tropfen Tabasco	verrühren
1 hartgekochtes Ei	pellen, halbieren, das Eigelb durch ein Sieb streichen, unter die Quark-Käse-Masse rühren
evtl. 1 Eßl. Milch	unterrühren
	die Masse in einen Spritzbeutel mit gezackter Tülle füllen, auf
etwa 15 Kräckers	spritzen, mit
Möhrenscheiben	
Petersilie	
Oliven	
Kaviar	
Trüffelstreifen	
Cornichons (aus dem Glas)	
Cornichons (aus dem Glas)	
Piri-Piri (aus dem Glas)	
kleingehackten Paprikaschoten (rot und grün)	garnieren.

Basilikumkäse

(Etwa 6 Portionen)

200 g bulgarischen Schafskäse	durch ein Sieb streichen, mit
150 g weicher Butter	
25 g geriebenem Parmesan-Käse	
125 ml (⅛ l) Sahne	zu einer geschmeidigen Masse verrühren
2 Bund Basilikum	waschen, trockentupfen, die Blätter von den Stielen zupfen, grob hacken
25 g gemahlene Pinienkerne	
	beide Zutaten unter die Käsemasse rühren, in eine mit kaltem Wasser ausgespülte Schüssel drücken, glattstreichen, 3 – 4 Stunden in den Kühlschrank stellen den Basilikumkäse auf einen Teller stürzen (Form evtl. kurz in heißes Wasser stellen)
50 g Pinienkerne	in einer Pfanne goldgelb rösten, abkühlen lassen, den Basilikumkäse damit bestreuen.
Beigabe:	Bauernbrot, Schwarzbrot.

Tomatenquark

250 g Speisequark	mit
4 Eßl. Milch	
2 schwach gehäuften Eßl. Tomatenmark (aus der Tube)	verrühren, mit
Salz	
Zucker	abschmecken, schaumig rühren
1 kleine Zwiebel	abziehen, in sehr feine Würfel schneiden, unterrühren.
Veränderung:	2 Eßl. gehackte Kräuter (Petersilie, Schnittlauch, Pimpinelle, Estragon, Kresse, Zitronenmelisse) unterrühren.

Kräuterquark

250 g Speisequark	mit
2 Eßl. Milch	
3 schwach gehäuften Eßl. Crème fraîche	verrühren, mit
Salz	abschmecken, geschmeidig rühren
2 Eßl. feingeschnittenen Schnittlauch oder 2 Eßl. gemischte, gehackte Kräuter	unterrühren.

Kümmelquark

250 g Speisequark	mit
4 Eßl. Sahne	
1 gehäuften Teel. Kümmel	verrühren, mit
Salz	abschmecken, geschmeidig rühren.
Veränderung:	Anstelle von Kümmel nach Geschmack geriebene Zwiebel, geriebene Rote Bete, gehackte Krabben, feingewiegten Räucherfisch oder feingehackte Schinkenreste verwenden.

Tomatenquark, Kräuterquark, Kümmelquark

Käse-Paprika-Scheiben

2 – 4 grüne und gelbe Paprikaschoten (je nach Größe)	waschen, trockentupfen, den oberen Teil mit dem Stielansatz abschneiden Kerne und weiße Scheidewände mit einem Löffel herauskratzen (Schoten dürfen nicht beschädigt werden)
	für die Füllung
3 hartgekochte Eier	pellen, durch ein Sieb streichen
100 g Butter	geschmeidig rühren, mit
200 g Doppelrahm-Frischkäse	verrühren, die Eier,
1 Becher (150 g) Crème fraîche	unterrühren, mit
Salz Pfeffer Paprika edelsüß Senf	abschmecken die Füllung in die Paprikaschoten geben, kalt stellen (am besten über Nacht) die Paprikaschoten kurz vor dem Verzehr in etwa 1 cm dicke Scheiben schneiden.
Beigabe:	Schwarzbrot.

Camembert, pikant

30 g Butter	geschmeidig rühren
1 Ecke (60 – 70 g) Camembert	mit einer Gabel zerdrücken, unter die Butter rühren
einige Kapern	wiegen
1 – 2 kleine Essiggurken	in kleine Würfel schneiden
½ Teel. gehackter Kümmel	
	die Zutaten unter die Butter-Käsemasse rühren, mit
Salz Pfeffer Currypulver	abschmecken, auf
etwa 12 runde Scheiben Schwarzbrot (Cocktailbrot)	kegelförmig streichen, mit
gehackter Petersilie	bestreuen.

Sahnequark mit Beilagen

750 g Magerquark	evtl. abtropfen lassen, gut verrühren
250 ml (¼ l) Sahne	steif schlagen, vorsichtig unter den Quark heben, in eine Schüssel füllen
25 g Walnußkerne **25 g Haselnußkerne** **25 g Paranußkerne** **25 g Pinienkerne**	die vier Zutaten grob hacken, mit
25 g verlesenen Rosinen	vermengen
Honig **Orangen-Konfitüre** **Kirsch-Konfitüre** **Kümmel** **abgezogene, feingehackte Zwiebeln** **feingewürfelte Gewürzgurken** **feingewürfelte grüne Paprikaschote** **feingewürfelte Salatgurke** **feingeschnittener Schnittlauch** **in Stifte geschnittene Radieschen** **Kapern**	die Zutaten in Schälchen füllen, mit dem Sahnequark anrichten.

Satziki

100 g Speisequark	mit
1 Becher (150 g) Crème fraîche	verrühren
1 – 4 Knoblauchzehen (nach Belieben)	abziehen, zerdrücken
1 Stück Salatgurke (etwa 200 g)	schälen, in sehr kleine Würfel schneiden
	beide Zutaten unter den Quark rühren, mit
Salz, Pfeffer	abschmecken, kalt stellen
	die Speise auf
gewaschenen Salatblättern	anrichten, mit
schwarzen Oliven	garnieren, mit
Oliven- oder Salatöl	beträufeln.

Käsekranz

1 Ring (etwa 750 g) Brie-Käse	waagerecht einmal durchschneiden die untere Hälfte mit
2 – 3 Eßl. Preiselbeeren (aus dem Glas)	bestreichen
200 g Doppelrahm-Frischkäse	verrühren
125 ml (⅛ l) Sahne	steif schlagen, unterheben, mit
Salz	
Pfeffer	abschmecken ⅔ der Creme in einen Spritzbeutel mit gezackter Tülle füllen, die restliche Creme auf das Preiselbeerkompott streichen, mit
50 g Walnußkernhälften	belegen (sollen am Rand zu sehen sein), mit der oberen Käsehälfte bedecken, gut andrücken den Käsekranz mit der Käsecreme aus dem Spritzbeutel verzieren, mit
Preiselbeeren (aus dem Glas)	garnieren.

Obatzter

75 g weiche Butter	geschmeidig rühren
250 g reifen Camembert	mit einer Gabel zerdrücken, unter die Butter rühren
1 kleine Zwiebel	abziehen, in kleine Würfel schneiden
etwa 1 Teel. Senf	
	beide Zutaten unter die Camembertmasse rühren, mit
Salz	
Pfeffer	
Paprika edelsüß	abschmecken.

Papayas mit Hüttenkäse

2 kleine Papayas	waschen, abtrocknen, halbieren, entsteinen das Fruchtfleisch bis auf einen etwa ½ cm breiten Rand herauslösen, in kleine Würfel schneiden, mit
Zitronensaft	beträufeln
etwa 350 g Hüttenkäse	mit einer Gabel auflockern, mit Zitronensaft,
Salz, Pfeffer	abschmecken, mit den Papayawürfeln vermengen die Masse in die Papayahälften füllen, auf
gewaschenen Salatblättern	anrichten.
Beigabe:	Stangenweißbrot.

Pfirsiche mit Käsecreme

(6 Portionen)

6 gedünstete Pfirsichhälften	abtropfen lassen
100 g Doppelrahm-Frischkäse	verrühren
125 ml (⅛ l) Sahne	steif schlagen, unterheben, mit
Salz, Pfeffer	
Zucker	und evtl. mit
Pfirsichsaft	abschmecken die Creme in einen Spritzbeutel mit gezackter Tülle füllen, auf die Pfirsichhälften spritzen von
6 Teel. Himbeer-Soße	jeweils 1 Teel. über die Käsecreme verteilen.

BROT-SPEZIALITÄTEN

Mal herrlich kroß, mal pikant gefüllt.
(Rezept Seite 292)

Roggen-Schrotbrot

250 g Weizenmehl (Type 550) **125 g Weizen-Vollkornschrot (Type 1700)** **200 g Roggen-Backschrot (Type 1800)**	in eine Rührschüssel geben, mit
1 Päckchen Trockenhefe	sorgfältig vermischen
1 Teel. Zucker **1 – 2 Teel. Salz** **300 ml lauwarmes Wasser**	hinzufügen die Zutaten mit einem elektrischen Handrührgerät mit Knethaken zunächst auf der niedrigsten, dann auf der höchsten Stufe verrühren
200 g Sauerteig (vom Bäcker)	hinzufügen, alles in etwa 5 Minuten zu einem glatten Teig verarbeiten, an einem warmen Ort so lange gehen lassen, bis er sich sichtbar vergrößert hat, aus der Schüssel nehmen, **gut** durchkneten aus dem Teig ein ovales Brot formen, auf ein gefettetes Backblech legen, nochmals an einem warmen Ort gehen lassen, mit Wasser bestreichen, in den vorgeheizten Backofen schieben den Teig während des Backens ab und zu mit Wasser bestreichen, um eine schöne Kruste zu erzielen
Strom:	Etwa 200
Gas:	3 – 4
Backzeit:	50 – 60 Minuten.

Sauerkrautrolle

	Für die Füllung
1 Eßl. Margarine	zerlassen
500 g Sauerkraut	lockerzupfen, darin andünsten
1 Zwiebel	abziehen, mit
1 Lorbeerblatt **5 Nelken**	spicken, hinzufügen, das Sauerkraut etwa 15 Minuten dünsten lassen, die Zwiebel herausnehmen, das Sauerkraut kühl stellen
	für den Teig
1 Packung (370 g) Brotmischung	mit
1 – 2 Eßl. Kümmel **250 ml (¼ l) lauwarmem Wasser**	nach der Vorschrift auf der Packung zubereiten, gegen Ende der Knetzeit
1 Eßl. leicht erwärmte Margarine	unterkneten den Teig gehen lassen, mit
Weizenmehl	bestäuben, aus der Schüssel nehmen, **kurz** durchkneten den Teig auf der mit Mehl bestäubten Tischplatte zu einem Rechteck (etwa 35 × 25 cm) ausrollen die Hälfte des Sauerkrautes der Länge nach in die Mitte auf den Teig geben
4 Brühwürstchen	der Länge nach (jeweils 2 nebeneinander) darauf legen, das restliche Sauerkraut darüber verteilen zunächst eine der Teigseiten darüber klappen, mit Wasser bestreichen, dann die andere Teigseite darauf klappen, gut andrücken die Teigenden der Rolle gut zusammendrücken die Rolle auf ein gefettetes Backblech legen, nochmals an einem warmen Ort gehen lassen die Rolle mit Wasser bestreichen, in den vorgeheizten Backofen schieben
Strom:	200 – 225
Gas:	3 – 4
Backzeit:	Etwa 50 Minuten.

Kastenweißbrot

500 g Weizenmehl (Type 405)	in eine Rührschüssel sieben, mit
1 Päckchen Trockenhefe	sorgfältig vermischen
1 gestrichenen Teel. Zucker **1 schwach gehäuften Teel. Salz** **2 Eier** **1 Eigelb** **etwa 100 ml lauwarme Milch** **1 Becher (150 g) Crème fraîche**	hinzufügen die Zutaten mit einem elektrischen Handrührgerät mit Knethaken zunächst auf der niedrigsten, dann auf der höchsten Stufe in etwa 5 Minuten zu einem glatten Teig verarbeiten, an einem warmen Ort so lange gehen lassen, bis er etwa doppelt so hoch ist den Teig in eine gefettete, mit
Semmelmehl	ausgestreute Kastenform (30 × 11 cm) geben, nochmals an einem warmen Ort gehen lassen den Teig auf der oberen Seite der Länge nach etwa 1 cm tief einschneiden (nicht drücken), mit Wasser bestreichen, in den Backofen schieben
Strom:	175 – 200 (vorgeheizt)
Gas:	3 – 4
Backzeit:	40 – 50 Minuten.

Schinkenhörnchen

1 Packung (370 g) Brotmischung	mit
250 ml (¼ l) lauwarmem Wasser	nach der Vorschrift auf der Packung zubereiten, gehen lassen den Teig mit
Weizenmehl	bestäuben, aus der Schüssel nehmen, **kurz** durchkneten den Teig auf der mit Mehl bestäubten Tischplatte zu einer runden Platte (Durchmesser etwa 40 cm) ausrollen, mit einem Kuchenrädchen wie eine Torte in 12 Stücke teilen auf jedes Stück etwas von
125 g feingeschnittenem rohem Schinken	geben die runde Seite jedes Stückes noch etwas breiter ziehen, zur Spitze hin aufrollen, als Hörnchen (Spitze nach unten) auf ein gefettetes Backblech legen, nochmals an einem warmen Ort gehen lassen die Hörnchen mit Wasser bestreichen, leicht mit Mehl bestäuben, in den vorgeheizten Backofen schieben
Strom:	200 – 225
Gas:	3 – 4
Backzeit:	Etwa 25 Minuten.

Brötchenkranz

1 Packung (370 g) Brotmischung	mit
250 ml (¼ l) lauwarmem Wasser	nach der Vorschrift auf der Packung zubereiten, gehen lassen den Teig mit
Weizenmehl	bestäuben, aus der Schüssel nehmen, **kurz** durchkneten aus dem Teig 10 runde Brötchen formen, als Kranz auf ein gefettetes Backblech legen, nochmals an einem warmen Ort gehen lassen die Brötchen mit Wasser bestreichen, mit
Sesam **Kümmel** **Mohn** **kernigen Flocken** **geraspeltem Käse**	bestreuen, in den vorgeheizten Backofen schieben
Strom:	175 – 200
Gas:	3 – 4
Backzeit:	30 – 35 Minuten.

Roggenbrot mit Salami

250 g Roggen-Backschrot (Type 1800)	
250 g Weizenmehl (Type 550)	in eine Rührschüssel geben, mit
1 Päckchen Trockenhefe	sorgfältig vermischen
1 Teel. Zucker	
1 Teel. Salz	
etwas Glutamat	
250 ml (¼ l) lauwarmes Wasser	hinzufügen die Zutaten mit einem elektrischen Handrührgerät mit Knethaken zunächst auf der niedrigsten, dann auf der höchsten Stufe in etwa 5 Minuten zu einem glatten Teig verarbeiten, gegen Ende der Knetzeit
150 g kleingeschnittene Salami	unterkneten den Teig an einem warmen Ort so lange gehen lassen, bis er sich sichtbar vergrößert hat, aus der Schüssel nehmen, **gut** durchkneten aus dem Teig 2 längliche Brote formen, auf ein gefettetes Backblech legen, nochmals an einem warmen Ort gehen lassen die obere Seite des Teiges mit Wasser bestreichen, mit Mehl bestäuben, in den vorgeheizten Backofen schieben
Strom:	Etwa 200
Gas:	3 – 4
Backzeit:	Etwa 40 Minuten.

Landbrot

125 g Weizenmehl (Type 1050)	
250 g Roggenmehl (Type 1150)	
125 g Weizen-Vollkornschrot (Type 1700)	in eine Rührschüssel geben, mit
1 Päckchen Trockenhefe	sorgfältig vermischen
1 Teel. Zucker	
2 Teel. Salz	
gemahlenen Pfeffer	
4 Eßl. Speiseöl	
250 ml (¼ l) lauwarmes Wasser	hinzufügen die Zutaten mit einem elektrischen Handrührgerät mit Knethaken zunächst auf der niedrigsten, dann auf der höchsten Stufe verrühren
125 g Sauerteig	hinzufügen, alles in etwa 5 Minuten zu einem glatten Teig verarbeiten, an einem warmen Ort so lange gehen lassen, bis er sich sichtbar vergrößert hat, aus der Schüssel nehmen, **gut** durchkneten aus dem Teig ein rundes Brot formen, auf ein gefettetes Backblech legen, nochmals an einem warmen Ort gehen lassen, die obere Seite des Teiges kreuzweise etwa 1 cm tief einschneiden, mit Wasser bestreichen, mit
Weizenmehl	bestäuben, in den vorgeheizten Backofen schieben
Strom:	Etwa 200
Gas:	3 – 4
Backzeit:	Etwa 50 Minuten.

Gefülltes Stangenbrot Doris

1 Stangenweißbrot (etwa 50 cm lang, 8 cm breit) quer halbieren, aushöhlen

für die Füllung

250 g Butter geschmeidig rühren

125 g gekochter Schinken
125 g Corned Beef beide Zutaten in Würfel schneiden

2 hartgekochte Eier pellen, hacken

1 gehäufter Teel. grüner Pfeffer
1 – 2 Teel. Kapern
einige Oliven, mit Paprika gefüllt

die Zutaten unter die Butter rühren
das Brotinnere (Brotkrumen) zerpflükken, zu der Masse geben, kräftig mit

Salz
Pfeffer
Worcestersoße abschmecken

die Füllung in die Brotstangen geben, in Alufolie verpackt kalt stellen, in Scheiben schneiden, mit

Oliven
Pfefferkörnern
Feldsalat garnieren.

Leinsamenbrot

100 g Leinsamen in
100 ml heißem Wasser etwa 30 Minuten quellen lassen

250 g Roggen-Backschrot (Type 1800)
250 g Weizenmehl (Type 550) in eine Rührschüssel geben, mit
1 Päckchen Trockenhefe sorgfältig vermischen

gut 1 Teel. Zucker
gut 1 Teel. Salz
3 Eßl. Speiseöl
250 ml (¼ l) lauwarme Buttermilch hinzufügen

die Zutaten mit einem elektrischen Handrührgerät mit Knethaken zunächst auf der niedrigsten, dann auf der höchsten Stufe in etwa 5 Minuten zu einem glatten Teig verarbeiten, gegen Ende der Knetzeit den Leinsamen unterkneten
den Teig an einem warmen Ort so lange gehen lassen, bis er sich sichtbar vergrößert hat, aus der Schüssel nehmen, **gut** durchkneten
aus dem Teig ein ovales Brot formen, auf ein gefettetes Backblech legen, nochmals an einem warmen Ort gehen lassen
die obere Seite des Teiges mehrere Male etwa 1 cm tief einschneiden (nicht drükken), mit Wasser bestreichen, in den vorgeheizten Backofen schieben
den Teig während des Backens ab und zu mit Wasser bestreichen, um eine schöne Kruste zu erzielen

Strom: Etwa 200
Gas: 3 – 4
Backzeit: Etwa 1 Stunde.

Brot mit pikanter Füllung

	Für den Teig
1 Packung (370 g) Brotmischung	mit
250 ml (¼ l) lauwarmem Wasser	nach der Vorschrift auf der Packung zubereiten, gehen lassen
	für die Füllung
1 Brötchen (Semmel)	in kaltem Wasser einweichen
1 Zwiebel	abziehen, in Würfel schneiden
1 Eßl. Speiseöl	erhitzen, die Zwiebelwürfel,
1 Bund gehackte Petersilie	kurz darin andünsten
500 g Hackfleisch (halb Rind-, halb Schweinefleisch) 1 Ei 100 g gedünstete Champignonscheiben	und das gut ausgedrückte Brötchen hinzufügen die Masse mit
Salz Pfeffer etwa 1 Teel. Senf etwa 1 Teel. Tomatenmark (aus der Tube)	abschmecken den gegangenen Teig mit
Weizenmehl	bestäuben, aus der Schüssel nehmen, **kurz** durchkneten den Teig (nach Belieben etwas zum Garnieren zurücklassen) auf der mit Mehl bestäubten Tischplatte zu einer runden Platte (Durchmesser etwa 30 cm) ausrollen die Fleischmasse zu einem Kloß (Durchmesser etwa 15 cm) formen, auf den Teig legen
75 g Käse (z. B. Edamer)	in kleine Würfel schneiden, darüber verteilen den Teig über dem Fleisch zusammennehmen, den überstehenden Teig fest zusammendrücken den Teig auf ein gefettetes Backblech legen, mit dem zurückgelassenen Teig garnieren, nochmals an einem warmen Ort gehen lassen die obere Rundung des Teiges in Abständen von etwa 3 cm von oben nach unten etwa 1 cm lang einritzen, mit Wasser bestreichen, mit Mehl bestäuben, in den vorgeheizten Backofen schieben
Strom:	200 – 225
Gas:	3 – 4
Backzeit:	Etwa 1 Stunde.

Weizenvollkornbrot

(mit Kräutern der Provence)

175 g Weizen-Vollkornschrot (Type 1700) 250 g Weizenmehl (Type 550)	in eine Rührschüssel geben, mit
1 Päckchen Trockenhefe	sorgfältig vermischen
1 Teel. Farin-Zucker knapp 2 gestrichene Teel. Salz 3 Eßl. Speiseöl 200 ml (⅕ l) lauwarmes Wasser	hinzufügen die Zutaten mit einem elektrischen Handrührgerät mit Knethaken zunächst auf der niedrigsten, dann auf der höchsten Stufe in etwa 5 Minuten zu einem glatten Teig verarbeiten, gegen Ende der Knetzeit
2 Eßl. Kräuter der Provence	unterkneten den Teig an einem warmen Ort so lange gehen lassen, bis er sich sichtbar vergrößert hat, aus der Schüssel nehmen, **gut** durchkneten aus dem Teig ein rundes Brot formen, auf ein gefettetes Backblech legen,

nochmals an einem warmen Ort gehen lassen
die obere Seite des Teiges mehrere Male etwa 1 cm tief einschneiden (nicht drük-ken), mit Wasser bestreichen, in den vorgeheizten Backofen schieben
den Teig während des Backens ab und zu mit Wasser bestreichen, um eine schöne Kruste zu erzielen

Strom: Etwa 200
Gas: 3 – 4
Backzeit: Etwa 50 Minuten.

Kasseler im Brotteig

1 Packung (370 g) Brotmischung mit
250 ml (¼ l) lauwarmem Wasser nach der Vorschrift auf der Packung zubereiten, gehen lassen
den Teig mit
Weizenmehl bestäuben, aus der Schüssel nehmen, **kurz** durchkneten
den Teig (nach Belieben etwas zum Garnieren abnehmen) auf der mit Mehl bestäubten Tischplatte zu einer länglichen Platte in der doppelten Größe des Kasselers ausrollen
1 kg Kasseler (im Stück, ohne Knochen) darauf legen, die Teigränder mit Wasser bestreichen, um das Kasseler schlagen
den Teig (glatte Seite nach oben) auf ein gefettetes Backblech legen, mit dem zurückgelassenen Teig garnieren
über die obere Seite des Teiges verteilt, einige etwa pfenniggroße Löcher ausstechen oder -schneiden (nicht drük-ken), nochmals an einem warmen Ort gehen lassen
den Teig mit Wasser bestreichen, in den vorgeheizten Backofen schieben

Strom: Etwa 200
Gas: 3 – 4
Backzeit: 40 – 50 Minuten.

Schinken im Brotteig

1 Packung (370 g) Brotmischung	mit
250 ml (¼ l) lauwarmem Wasser	nach der Vorschrift auf der Packung zubereiten, gehen lassen, den Teig mit
Weizenmehl	bestäuben, aus der Schüssel nehmen, **kurz** durchkneten den Teig (nach Belieben etwas zum Garnieren abnehmen) auf der mit Mehl bestäubten Tischplatte zu einer Platte in der doppelten Größe des Schinkens ausrollen
1 kg gekochten Schinken (im Stück)	darauf legen, die Teigränder mit Wasser bestreichen, um den Schinken schlagen den Teig (glatte Seite nach oben) auf ein gefettetes Backblech legen, mit dem zurückgelassenen Teig garnieren über die obere Seite des Teiges verteilt, 2 oder 3 pfenniggroße Löcher ausstechen oder -schneiden (nicht drücken), nochmals an einem warmen Ort gehen lassen den Teig mit Wasser bestreichen, in den vorgeheizten Backofen schieben
Strom:	Etwa 200
Gas:	3 – 4
Backzeit:	40 – 50 Minuten.

Sesambrötchen

375 g Weizenmehl (Type 405)	in eine Rührschüssel geben, mit
1 Päckchen Trockenhefe	sorgfältig vermischen
1 gestrichenen Teel. Zucker 1 schwach gehäuften Teel. Salz 50 g zerlassene lauwarme Margarine 200 ml (⅕ l) lauwarmes Wasser	hinzufügen die Zutaten mit einem elektrischen Handrührgerät mit Knethaken zunächst auf der niedrigsten, dann auf der höchsten Stufe in etwa 5 Minuten zu einem glatten Teig verarbeiten, an einem warmen Ort so lange gehen lassen, bis er etwa doppelt so hoch ist aus dem Teig 24 ovale Brötchen formen, auf ein gefettetes Backblech legen, nochmals an einem warmen Ort gehen lassen die Brötchen mit Wasser bestreichen, mit
Sesam	bestreuen, in den vorgeheizten Backofen schieben
Strom:	175 – 200
Gas:	3 – 4
Backzeit:	Etwa 30 Minuten.

Pikantes Brot

1 Packung (370 g) Brotmischung	mit
250 ml (¼ l) lauwarmem Wasser	nach der Vorschrift auf der Packung zubereiten, gehen lassen
100 g Gouda-Käse	grob raspeln
200 g gares Bratenfleisch 125 g roher Schinken	beide Zutaten in Würfel schneiden die Zutaten unter den gegangenen Teig kneten, mit
Weizenmehl	bestäuben, aus der Schüssel nehmen, **kurz** durchkneten, gleichzeitig dabei zu einer glatten Kugel formen, auf ein gefettetes Backblech legen, nochmals an einem warmen Ort gehen lassen die obere Seite des Teiges mehrere Male kreuzweise etwa 1 cm tief einschneiden (nicht drücken), mit Wasser bestreichen, mit
Sesam	bestreuen, in den vorgeheizten Backofen schieben
Strom:	200 – 225
Gas:	3 – 4
Backzeit:	50 – 60 Minuten.

Käsebrot

500 g Weizenmehl (Type 550) in eine Rührschüssel geben, mit
1 Päckchen Trockenhefe sorgfältig vermischen
1 Teel. Zucker
1 Teel. Salz
etwas Pfeffer
etwas Glutamat
3 Eßl. Speiseöl
250 ml (¼ l) lauwarmes Wasser hinzufügen
die Zutaten mit einem elektrischen Handrührgerät mit Knethaken zunächst auf der niedrigsten, dann auf der höchsten Stufe in etwa 5 Minuten zu einem glatten Teig verarbeiten
den Teig an einem warmen Ort so lange gehen lassen, bis er etwa doppelt so hoch ist, aus der Schüssel nehmen
175 g Emmentaler Käse in nicht zu kleine Würfel schneiden, zu dem Teig geben, gut unterkneten
den Teig in eine gefettete Auflaufform (Durchmesser etwa 20 cm) geben
75 g Emmentaler Käse in kleine Keile schneiden, in den Teig stecken, nochmals an einem warmen Ort gehen lassen
1 Eigelb mit
1 Eßl. Wasser verschlagen, den Teig damit bestreichen
die Auflaufform auf dem Rost in den Backofen schieben
Strom: Etwa 200 (vorgeheizt)
Gas: 3 – 4
Backzeit: Etwa 50 Minuten
das Käsebrot aus der Form nehmen, nach Belieben warm oder kalt servieren.

Brotzopf

2 Packungen (je 370 g) Brotmischung mit
500 ml (½ l) lauwarmem Wasser nach der Vorschrift auf der Packung zubereiten, gehen lassen
den Teig mit
Weizenmehl bestäuben, aus der Schüssel nehmen, **kurz** durchkneten
aus ⅔ des Teiges 3 etwa 40 cm lange Rollen formen, sie als Zopf auf ein gefettetes Backblech legen, der Länge nach mit einem Rollholz eindrücken
den Rest des Teiges in 3 gleichmäßige Stücke schneiden, diese zu etwa 35 cm langen Rollen formen, daraus einen zweiten Zopf flechten, ihn auf den größeren legen, nochmals an einem warmen Ort gehen lassen
den Teig mit Wasser bestreichen, mit Mehl bestäuben, in den vorgeheizten Backofen schieben
Strom: 200 – 225
Gas: 3 – 4
Backzeit: Etwa 50 Minuten.

Sesambrot

500 g Weizenmehl (Type 550)	in eine Rührschüssel geben, mit
1 Päckchen Trockenhefe	sorgfältig vermischen
1 Teel. Zucker	
gut 1 Teel. Salz	
etwas Glutamat	
250 ml (¼ l) lauwarmes Wasser	hinzufügen die Zutaten mit einem elektrischen Handrührgerät mit Knethaken zunächst auf der niedrigsten, dann auf der höchsten Stufe in etwa 5 Minuten zu einem glatten Teig verarbeiten, gegen Ende der Knetzeit
3 Eßl. gerösteten Sesam	unterkneten den Teig an einem warmen Ort so lange gehen lassen, bis er etwa doppelt so hoch ist, aus der Schüssel nehmen, **gut** durchkneten den Teig in eine gefettete Kastenform geben, nochmals an einem warmen Ort gehen lassen, mit
Milch	bestreichen, mit
Sesam	bestreuen, in den Backofen schieben
Strom:	Etwa 200 (vorgeheizt)
Gas:	3 – 4
Backzeit:	Etwa 45 Minuten.

Partybrot

(In der Bratfolie – etwa 8 Portionen)

	Von
1 Weißbrot (500 g)	die Rinde abreiben, einen Deckel abschneiden, das Weißbrot aushöhlen
	für die Füllung
1 Paprikaschote	halbieren, entstielen, entkernen, die weißen Scheidewände entfernen, die Schote waschen
1 – 2 Tomaten	kurze Zeit in kochendes Wasser legen (nicht kochen lassen), in kaltem Wasser abschrecken, enthäuten, das Innere und die Stengelansätze entfernen beide Zutaten in Würfel schneiden, mit
1 Eßl. gehackter Petersilie	
750 g feiner Bratwurstmasse	vermengen, in das Brot füllen, den Deckel darauf legen, mit 2 Holzstäbchen feststecken das Brot auf ein genügend großes Stück Bratfolie legen, mit
40 g zerlassener Butter	bestreichen, die Folie verschließen, auf dem Rost in die Mitte des Backofens schieben
Strom:	200 (vorgeheizt)
Gas:	Etwa 3½
Backzeit:	Etwa 1¼ Stunden.

Kräuter-Käse-Brot

	Für den Teig
250 g Weizenmehl (Type 1050)	
250 g Weizenmehl (Type 550)	in eine Rührschüssel geben, mit
1 Päckchen Trockenhefe	sorgfältig vermischen
1 Teel. Zucker	
1 Teel. Salz	
frisch gemahlenen Pfeffer	
250 ml (¼ l) lauwarmes Wasser	hinzufügen die Zutaten mit einem elektrischen Handrührgerät mit Knethaken zunächst auf der niedrigsten, dann auf der höchsten Stufe in etwa 5 Minuten zu einem glatten Teig verarbeiten, an einem warmen Ort so lange gehen lassen, bis er etwa doppelt so hoch ist
	für die Füllung
2 – 3 Zwiebeln	abziehen, in Würfel schneiden
1 Eßl. Margarine	zerlassen, die Zwiebelwürfel darin andünsten
1 Ei	
100 g geriebenen Gouda-Käse	
5 – 6 Eßl. gemischte gehackte Kräuter	unterrühren den gegangenen Teig aus der Schüssel nehmen, **gut** durchkneten, auf der mit Mehl bestäubten Tischplatte zu einem Rechteck (30 × 40 cm) ausrollen, mit
1 Eßl. weicher Margarine	bestreichen, die Füllung gleichmäßig darauf verteilen die längeren Seiten des Teiges etwas einschlagen den Teig von den kürzeren Seiten her zur Mitte hin aufrollen den Teig in eine gefettete Kastenform (30 × 11 cm) geben, nochmals an einem warmen Ort gehen lassen den Teig auf der oberen Seite auf beiden Rollen zick-zackförmig etwa 1 cm tief einschneiden (nicht drücken)
1 Eigelb	mit
1 Eßl. Wasser	verschlagen, den Teig damit bestreichen, in den Backofen schieben
Strom:	175 – 200 (vorgeheizt)
Gas:	3 – 4
Backzeit:	40 – 50 Minuten.

Käsebrötchen

250 g Weizenmehl (Type 550)
175 g Weizenmehl (Type 1050) in eine Rührschüssel geben, mit
1 Päckchen Trockenhefe sorgfältig vermischen
1 Teel. Zucker
1 Teel. Salz
etwas Pfeffer
250 ml (¼ l) lauwarmes Wasser hinzufügen
die Zutaten mit einem elektrischen Handrührgerät mit Knethaken zunächst auf der niedrigsten, dann auf der höchsten Stufe in etwa 5 Minuten zu einem glatten Teig verarbeiten, gegen Ende der Knetzeit
150 g grob geraspelten Gouda-Käse unterkneten
den Teig an einem warmen Ort so lange gehen lassen, bis er etwa doppelt so hoch ist, aus der Schüssel nehmen, **gut** durchkneten
aus dem Teig etwa 10 ovale glatte Brötchen formen, auf ein gefettetes Backblech legen, nochmals an einem warmen Ort gehen lassen
1 Eigelb mit
1 Eßl. Wasser verschlagen, die Brötchen damit bestreichen, mit
50 g grob geraspeltem Gouda-Käse bestreuen, in den vorgeheizten Backofen schieben
Strom: 175 – 200
Gas: 3 – 4
Backzeit: Etwa 25 Minuten.

Speckbrot

150 g durchwachsenen Speck in Würfel schneiden, auslassen, kühl stellen
1 Packung (370 g) Brotmischung Zwiebelbrot mit
250 ml (¼ l) lauwarmem Wasser nach der Vorschrift auf der Packung zubereiten
gegen Ende der Knetzeit den Speck hinzufügen, unterkneten
den Teig gehen lassen, mit
Weizenmehl bestäuben, aus der Schüssel nehmen, **kurz** durchkneten
aus dem Teig ein rundes Brot formen, auf ein gefettetes Backblech legen, nochmals an einem warmen Ort gehen lassen
die obere Seite des Teiges mehrere Male etwa 1 cm tief einschneiden (nicht drükken), mit Wasser bestreichen, mit Mehl bestäuben, in den vorgeheizten Backofen schieben
Strom: 200 – 225
Gas: 3 – 4
Backzeit: 40 – 50 Minuten.

Kräuterbrötchen

250 g Weizenmehl (Type 550)	
250 g Weizenmehl (Type 1050)	in eine Rührschüssel geben, mit
1 Päckchen Trockenhefe	sorgfältig vermischen
1 Teel. Zucker	
knapp 2 Teel. Salz	
frisch gemahlenen Pfeffer	
3 Eßl. Speiseöl	
250 ml (¼ l) lauwarmes Wasser	hinzufügen die Zutaten mit einem elektrischen Handrührgerät mit Knethaken zunächst auf der niedrigsten, dann auf der höchsten Stufe in etwa 5 Minuten zu einem glatten Teig verarbeiten, gegen Ende der Knetzeit
2 Eßl. gehackte Petersilie	
2 Eßl. feingeschnittenen Schnittlauch	
1 Eßl. gehackten Dill	unterkneten den Teig an einem warmen Ort so lange gehen lassen, bis er etwa doppelt so hoch ist, aus der Schüssel nehmen, **gut** durchkneten aus dem Teig etwa 12 runde Brötchen formen, auf ein gefettetes Backblech legen, nochmals an einem warmen Ort gehen lassen die obere Seite der Brötchen kreuzweise etwa 1 cm tief einschneiden (nicht drücken)
1 Eigelb	mit
1 Eßl. Wasser	verschlagen, die Brötchen damit bestreichen, in den vorgeheizten Backofen schieben
Strom:	175 – 200
Gas:	3 – 4
Backzeit:	Etwa 25 Minuten.

Quarkbrötchen

500 g Weizenmehl (Type 550)	in eine Rührschüssel geben, mit
1 Päckchen Trockenhefe	sorgfältig vermischen
1 Teel. Zucker	
½ Teel. Salz	
250 g Speisequark	(evtl. auf einem Sieb abtropfen lassen)
50 g zerlassene lauwarme Margarine	
200 ml (⅕ l) lauwarmes Wasser	hinzufügen die Zutaten mit einem elektrischen Handrührgerät mit Knethaken zunächst auf der niedrigsten, dann auf der höchsten Stufe in etwa 5 Minuten zu einem glatten Teig verarbeiten, an einem warmen Ort so lange gehen lassen, bis er etwa doppelt so hoch ist, aus der Schüssel nehmen, **gut** durchkneten aus dem Teig 10 – 12 runde Brötchen formen, auf ein gefettetes Backblech legen, nochmals an einem warmen Ort gehen lassen die Brötchen mit
1 Eßl. Milch	bestreichen, nach Belieben mit
Kümmel	
Sesam	
Mohn	bestreuen, in den vorgeheizten Backofen schieben
Strom:	175 – 200
Gas:	3 – 4
Backzeit:	20 – 25 Minuten.

SALZIGE KNABBEREIEN

Fein zu Bier und Wein.
(Rezept Seite 293)

Kümmelkaros

1 Packung (300 g) tiefgekühlten Blätterteig nach der Vorschrift auf der Packung auftauen lassen
1 Ei verschlagen, die 3 Teigplatten mit etwas davon bestreichen (Ei darf nicht am Rand herunterlaufen), eine Platte mit
Salz
Pfeffer
Paprika edelsüß
etwas Kümmel und mit ⅓ von
100 g geriebenem Gouda-Käse bestreuen, die zweite Platte mit der bestrichenen Seite darauf legen, mit verschlagenem Ei bestreichen, mit Salz, Pfeffer, Paprika, Kümmel, der Hälfte des restlichen Käses bestreuen, die dritte Platte mit der bestrichenen Seite darauf legen
den Teig vorsichtig zu einem Quadrat (32 x 32 cm) ausrollen, Quadrate (4 x 4 cm) ausrädern, mit verschlagenem Ei bestreichen, mit dem restlichen Kümmel und Käse bestreuen
die Teigplätzchen auf ein kalt abgespültes Backblech legen, in den vorgeheizten Backofen schieben

Strom: 200 – 225
Gas: 4 – 5
Backzeit: Etwa 20 Minuten.

Käseschnecken

150 g Weizenmehl mit
3 g (1 gestrichener Teel.) Backpulver Backin mischen, auf die Tischplatte sieben, in die Mitte eine Vertiefung eindrücken
100 g geriebenen alten Schweizer oder Holländer Käse
1 Eiweiß
½ Eigelb hineingeben, mit einem Teil des Mehls zu einem dicken Brei verarbeiten
100 g kalte Butter oder Margarine in Stücke schneiden, mit
50 g abgezogenen, gemahlenen Mandeln auf den Brei geben, mit Mehl bedecken, von der Mitte aus alle Zutaten schnell zu einem glatten Teig verkneten, sollte er kleben, ihn eine Zeitlang kalt stellen
den Teig in 2 gleich große Teile teilen, 2 Rechtecke in der Größe von 28 x 24 cm ausrollen
½ Eigelb mit
1 Teel. Milch verschlagen, die Teigplatten damit bestreichen, jede mit der Hälfte von
15 g geriebenem Parmesan-Käse bestreuen, jede von der längeren Seite her fest aufrollen
die Rollen so lange kalt stellen, bis sie

	schnittfest sind, in ½ cm dicke Scheiben schneiden, auf ein gefettetes Backblech legen, in den vorgeheizten Backofen schieben
Strom:	175 – 200
Gas:	3 – 4
Backzeit:	Etwa 12 Minuten.

Parmesanhörnchen

100 g Weizenmehl	mit
6 g (2 gestrichene Teel.) Backpulver Backin	mischen, auf die Tischplatte sieben, in die Mitte eine Vertiefung eindrücken
1 Ei	hineingeben, mit einem Teil des Mehls zu einem dicken Brei verarbeiten
100 g kalte Butter	in Stücke schneiden, mit
100 g geriebenem Parmesan-Käse	auf den Brei geben, mit Mehl bedecken, von der Mitte aus alle Zutaten schnell zu einem glatten Teig verkneten, sollte er kleben, ihn eine Zeitlang kalt stellen aus dem Teig daumendicke Rollen formen, gut 2 cm lange Stücke davon abschneiden, diese zu etwa 5 cm langen Rollen formen, die Enden etwas dünner rollen, als Hörnchen auf ein Backblech legen, in den vorgeheizten Backofen schieben
Strom:	175 – 200
Gas:	3 – 4
Backzeit:	Etwa 10 Minuten.

Salzmandeln

250 g Mandeln	in
kochendes Salzwasser	geben, den Topf von der Kochstelle nehmen, die Mandeln 2 – 3 Minuten darin ziehen lassen, abtropfen lassen, kalt abspülen, die Schalen abziehen die Mandeln gut trocknen lassen
½ Eiweiß	glattrühren, die Mandeln hinzufügen, so lange rühren, bis das Eiweiß gleichmäßig an den Mandeln haftet, sie leicht mit
Salz	bestreuen, nochmals kurz durchrühren die Mandeln auf einem Backblech im Backofen trocknen, leicht bräunen lassen
Strom:	110 – 130 (vorgeheizt)
Gas:	1 – 1½
Dauer des Trocknens:	15 – 25 Minuten.

Käsestangen, gespritzt

100 g Butter oder Margarine	geschmeidig rühren
100 g alten Gouda- oder Schweizer Käse	reiben
100 g Weizenmehl	mit
1 Messerspitze Backpulver Backin	mischen, sieben die Zutaten nach und nach unter das Fett rühren, mit
Salz	
Paprika edelsüß	abschmecken den Teig in einen Spritzbeutel (mit gezackter Tülle) füllen, 10 cm lange Stangen auf ein Backblech spritzen, in den vorgeheizten Backofen schieben
Strom:	175 – 200
Gas:	3 – 4
Backzeit:	10 – 15 Minuten.

Kräuterkugeln

250 g Weizenmehl	in eine Schüssel sieben, mit
1 Päckchen Trockenhefe	sorgfältig vermischen
1 gestrichenen Teel. Zucker	
½ gestrichenen Teel. Salz	
50 g zerlassene, lauwarme Butter	
125 ml (⅛ l) lauwarme Milch	hinzufügen, alles mit einem elektrischen Handrührgerät mit Knethaken zuerst auf der niedrigsten, dann auf der höchsten Stufe in etwa 5 Minuten zu einem Teig verarbeiten
1 gehäuften Teel. Kräuter der Provence	unterkneten den Teig an einem warmen Ort so lange stehenlassen, bis er etwa doppelt so hoch ist, ihn dann auf höchster Stufe nochmals gut durchkneten aus dem Teig etwa 1 cm dicke Rollen formen, etwa 1½ cm dicke Scheiben davon abschneiden, zu Kugeln formen, auf ein gefettetes Backblech legen, an einem warmen Ort nochmals so lange stehenlassen, bis sie etwa doppelt so hoch sind die Kugeln mit
Dosenmilch	bestreichen, mit
grobem Salz	bestreuen, in den vorgeheizten Backofen schieben
Strom:	175 – 200
Gas:	3 – 4
Backzeit:	Etwa 15 Minuten.

Sesam-Käse-Stangen

125 g Speisequark	mit
3 Eßl. Milch	
1 Ei	
1 Eiweiß	
3 Eßl. Speiseöl	
1 gestrichenen Teel. Salz	verrühren
250 g Weizenmehl	
1 Päckchen Backpulver Backin	mischen, sieben, die Hälfte davon unter den Quark rühren, den Rest des Mehls unterkneten
50 g gerösteten Sesam	
25 g geriebenen Parmesan-Käse	unter den Teig kneten den Teig knapp ½ cm dick ausrollen 1½ cm breite und 12 cm lange Streifen daraus schneiden oder rädern
1 Eigelb	mit
1 Teel. Milch	verschlagen die Teigstreifen damit bestreichen, auf ein gefettetes Backblech legen, in den vorgeheizten Backofen schieben
Strom:	175 – 200
Gas:	3 – 4
Backzeit:	10 – 15 Minuten.

Würzige Hobelspäne

1 Packung (300 g) tiefgekühlten Blätterteig nach der Vorschrift auf der Packung auftauen lassen
1 Ei verschlagen, die 3 Teigplatten damit bestreichen (Ei darf nicht am Rand herunterlaufen)
eine Platte mit
Salz
Pfeffer
Paprika edelsüß bestreuen, die zweite Platte mit der bestrichenen Seite darauf legen, mit verschlagenem Ei bestreichen, mit Salz, Pfeffer, Paprika bestreuen, die dritte Platte mit der bestrichenen Seite darauf legen
den Teig vorsichtig zu einem Rechteck (14 x 24 cm) ausrollen, 2 cm breite und 7 cm lange Streifen daraus schneiden, in der Mitte einschneiden, das eine Ende einmal durchziehen
die Hobelspäne auf ein kalt abgespültes Backblech legen, in den vorgeheizten Backofen schieben
Strom: 200 – 225
Gas: 4 – 5
Backzeit: Etwa 15 Minuten
die Hobelspäne mit Paprika bestreuen.

Salzstangen

150 g Weizenmehl mit
100 g Speisestärke
6 g (2 gestrichene Teel.) Backpulver Backin mischen, auf die Tischplatte sieben, in die Mitte eine Vertiefung eindrücken
1 gestrichenen Teel. Salz
1 Ei
3 Eßl. Milch hineingeben, mit einem Teil des Mehls zu einem dicken Brei verarbeiten
100 g kalte Butter oder Margarine in Stücke schneiden, auf den Brei geben, mit Mehl bedecken, von der Mitte aus alle Zutaten schnell zu einem glatten Teig verkneten, sollte er kleben, ihn eine Zeitlang kalt stellen
den Teig etwa 3 mm dick ausrollen, gut 1 cm breite und 10 cm lange Streifen daraus rädern, mit
Dosenmilch bestreichen, mit
Salz
Kümmel bestreuen, auf ein Backblech legen
um ein schöneres Aussehen der Stangen zu erzielen, die Streifen vor dem Bestreichen mit Milch spiralförmig drehen (das eine Ende nach rechts, das andere nach links herumdrehen), das Backblech in den vorgeheizten Backofen schieben
Strom: 175 – 200
Gas: 3 – 4
Backzeit: Etwa 10 Minuten.

Käseecken

150 g Weizenmehl auf die Tischplatte sieben, in die Mitte eine Vertiefung eindrücken
80 g geriebenen Parmesan- oder Schweizer Käse
½ Teel. Salz
Pfeffer
Paprika edelsüß
1 Ei
3 Eßl. Milch hineingeben, mit einem Teil des Mehls zu einem dicken Brei verarbeiten
100 g kalte Butter oder Margarine in Stücke schneiden, auf den Brei geben, mit Mehl bedecken, von der Mitte aus alle Zutaten schnell zu einem glatten Teig verkneten, sollte er kleben, ihn eine Zeitlang kalt stellen
den Teig dünn ausrollen, in Vierecke (etwa 5 x 5 cm) schneiden, diese nochmals in Hälften schneiden, so daß Dreiecke entstehen
die Teigplätzchen auf ein gefettetes Backblech legen, mit
Dosenmilch bestreichen, nach Belieben mit Paprika bestreuen, in den vorgeheizten Backofen schieben
Strom: 175 – 200
Gas: 3 – 4
Backzeit: Etwa 10 Minuten.

Käse-Ringe, -Windbeutel und -Eclairs

	Für den Brandteig
125 ml (⅛ l) Wasser	mit
Salz	
30 g Butter oder Margarine	am besten in einem Stieltopf zum Kochen bringen, den Topf von der Kochstelle nehmen
25 g Speisestärke	mit
75 g Weizenmehl	mischen, sieben, auf einmal in das Wasser schütten, es zu einem glatten Kloß rühren, unter Rühren etwa 1 Minute erhitzen den heißen Kloß sofort in eine Schüssel geben, nach und nach
2 – 3 Eier	unterrühren, weitere Eizugabe erübrigt sich, wenn der Teig stark glänzt und so vom Löffel abreißt, daß lange Spitzen hängenbleiben, kurz bevor diese Beschaffenheit erreicht ist,
1½ g (½ gestrichener Teel.) Backpulver Backin	in den erkalteten Teig geben, ⅓ davon abnehmen, da für Käse-Ringe, die schwimmend in Fett gebacken werden, der Teig etwas fester sein muß unter den übrigen Teig noch so viel Ei rühren, wie erforderlich ist
	für die Käse-Ringe den etwas festeren Teig in einen Spritzbeutel (enge, gezackte Tülle) füllen, kleine Ringe (Durchmesser etwa 4 cm) auf ein gefettetes Pergamentpapier spritzen, sie sofort schwimmend in siedendem
Ausbackfett	auf beiden Seiten hellbraun backen die Ringe mit einem Hölzchen herausnehmen, gut abtropfen lassen, durchschneiden
	für die Windbeutel die Hälfte des weicheren Teiges in einen Spritzbeutel (enge, gezackte Tülle) füllen, Teighäufchen in der Größe einer halben Walnuß auf ein gefettetes, mit Mehl bestäubtes Backblech spritzen, in den vorgeheizten Backofen schieben
Strom:	200 – 225
Gas:	4 – 5
Backzeit:	Etwa 20 Minuten sofort nach dem Backen von jedem Windbeutel einen kleinen Deckel abschneiden
	für die Eclairs den Rest des Teiges in einen Spritzbeutel (enge, gezackte Tülle) füllen, für einen Eclair auf ein gefettetes, mit Mehl bestäubtes Backblech zwei etwa 6 cm

lange Streifen dicht nebeneinander spritzen, einen dritten darauf spritzen

Backzeit: Etwa 20 Minuten (Schaltereinstellung s. Windbeutel)
sofort nach dem Backen die Eclairs aufschneiden

für die Füllung

125 g Butter geschmeidig rühren
100 g Roquefort-Käse mit einer Gabel zerdrücken, unter die Butter rühren
125 ml (⅛ l) Sahne knapp ½ Minute schlagen
1 schwach gehäuften Teel. Sahnesteif einstreuen, die Sahne steif schlagen, unter die Butter-Käsemasse heben
Ringe, Windbeutel und Eclairs mit Käsecreme füllen, die Deckel dünn mit Creme bestreichen, mit
gehackter Petersilie
Kümmel
Mohn
Paprika edelsüß bestreuen, auf die jeweils dazugehörigen Unterteile legen.

Salznüsse

200 g Erdnüsse aus der Schale lösen
½ Eiweiß glattrühren, die Erdnüsse hinzufügen, so lange rühren, bis das Eiweiß gleichmäßig an den Nüssen haftet, sie leicht mit
Salz bestreuen, nochmals kurz durchrühren
die Erdnüsse auf einem Backblech im Backofen trocknen, leicht bräunen lassen

Strom: 110 – 130 (vorgeheizt)
Gas: 1 – 1½
Dauer des Trocknens: Etwa 15 Minuten.

Wiener Speckplätzchen

150 g fetten Speck in kleine Würfel schneiden, auslassen
1 kleine Zwiebel abziehen, in feine Würfel schneiden, zu dem fast ausgelassenen Speck geben, goldgelb dünsten lassen, kalt stellen
250 g Weizenmehl mit
50 g Speisestärke
3 g (1 gestrichener Teel.) Backpulver Backin mischen, auf die Tischplatte sieben, in die Mitte eine Vertiefung eindrücken
knapp 1 gestrichenen Teel. Salz
1 Eiweiß
3 Eßl. Wasser hineingeben, mit einem Teil des Mehls zu einem dicken Brei verarbeiten
darauf das erkaltete Fett mit Grieben und Zwiebelwürfeln geben, mit Mehl bedecken, von der Mitte aus alle Zutaten schnell zu einem glatten Teig verkneten
aus dem Teig etwa 3 cm dicke Rollen formen, so lange kalt stellen, bis sie hart geworden sind, in ½ cm dicke Scheiben schneiden, auf ein Backblech legen
1 Eigelb mit
1 Eßl. Milch verschlagen, die Teigplätzchen damit bestreichen, mit
Kümmel
grobem Salz
geriebenem Käse bestreuen, in den vorgeheizten Backofen schieben

Strom: 175 – 200
Gas: 3 – 4
Backzeit: 10 – 12 Minuten.

GETRÄNKE

Erfrischende Ideen zum Selbermixen.
(Rezept Seite 293)

Aperitif Kir
(1 Portion)

100 ml trockenen Weißwein	in ein Glas geben, mit
2 Eßl. Crème de Cassis (schwarzer Johannisbeerlikör)	verrühren, gut gekühlt servieren.

Green Grass (Sekt-Mix)

	Für die Gurkeneiswürfel
1 kleine Salatgurke	schälen, in große Würfel schneiden, im Mixer oder mit dem Pürierstab eines elektrischen Handrührgerätes pürieren, mit
Pfeffer	
Selleriesalz	würzen
gemischte, gehackte Kräuter	unterrühren die Masse in ein Eiswürfelgefäß geben, im Gefrierfach des Kühlschrankes gefrieren lassen
	für das Getränk jeweils 1 Gurkeneiswürfel in ein Sektglas geben, mit
gekühltem Sekt	auffüllen.

Blue Angel (Sekt-Mix)
(1 Portion)

1 – 2 Eßl. blauen Curaçao	in ein Sektglas geben, mit
gekühltem Sekt	auffüllen, nach Belieben etwas verrühren.

Soft Blossom (Sekt-Mix)
(1 Portion)

1 – 2 Eßl. Aprikosenlikör	in ein Sektglas geben, mit
gekühltem Sekt	auffüllen, nach Belieben
Angostura Bitter	hinzufügen.

Black Velvet (Sekt-Mix)
(1 Portion)

100 ml (1/10 l, etwa 1/2 Glas) dunkles Bier	in ein Sektglas geben, mit
gekühltem Sekt	auffüllen.
Anmerkung:	Diese Mischung muß vorsichtig in das Glas gefüllt werden, da sie sehr schäumt. Kenner mischen Black Velvet, indem sie in jede Hand ein Getränk nehmen und gleichmäßig in das Glas füllen.

Schwyz (Sekt-Mix)
(1 Portion)

1 Teel. Grenadine-Sirup	mit
1 Eßl. Kirschwasser	
1 Eßl. Orangensaft	in ein Sektglas geben, verrühren, mit
gekühltem Sekt	auffüllen.

Türkenblut (Sekt-Mix)
(1 Portion)

2 Eßl. Rotwein	in ein Sektglas geben, mit
gekühltem Sekt	auffüllen.

Sekt-Erdbeeren

250 g Erdbeeren	waschen, entstielen, trockentupfen, halbieren, in eine Schüssel geben, mit
2 Eßl. gesiebtem Puderzucker	bestreuen
4 Eßl. Erdbeerlikör	darüber gießen, zugedeckt etwa 1 Stunde stehenlassen die Früchte gleichmäßig auf 4 große, gut gekühlte Gläser verteilen, mit
½ Flasche gekühltem Sekt	auffüllen.

Melonencocktail mit weißem Rum

(6 Portionen)

1 Wassermelone (etwa 750 g)	schälen, halbieren, aus der Mitte der Fruchthälften mit einem Kugelausstecher einige kleine Kugeln herausstechen, das restliche Fruchtfleisch entkernen, in kleine Würfel schneiden, im Mixer oder mit dem Pürierstab eines elektrischen Handrührgerätes pürieren, mit
Zitronensaft (von etwa 1 Zitrone)	abschmecken, mit
125 ml (⅛ l) weißem Rum	verrühren, zugedeckt an einem kühlen Ort stehenlassen
1 Limone (unbehandelt)	mit heißem Wasser abwaschen, abtrocknen, in dünne Scheiben schneiden den Melonencocktail erst kurz vor dem Servieren in 6 Gläser füllen, mit den Fruchtkugeln und den Limonenscheiben garnieren, gut gekühlt servieren.
Veränderung:	Anstelle von Wassermelone Ogen- oder Honigmelone verwenden.

Southern Comfort Tonic

(2 Portionen)

Wasser-Eiswürfel (aus dem Gefrierfach)	in zwei hohe Gläser geben
8 Eßl. Cointreau	
Saft von ½ Zitrone	darüber geben, mit
Tonic	auffüllen, umrühren, mit
Zitronenschale	garnieren.

Gin-Fizz

50 g Zucker	mit
3 Eßl. Wasser	zum Kochen bringen, kurz aufkochen, erkalten lassen, mit
125 ml (⅛ l) Gin	
125 ml (⅛ l) Zitronensaft	verrühren die Ränder der Cocktailgläser mit
Zitronensaft	anfeuchten, die Gläser mit dem Rand in
Zucker	drücken, den Cocktail hineingeben
Wasser-Eiswürfel (aus dem Gefrierfach)	hinzufügen, mit
Mineralwasser	auffüllen, mit
Zitronenscheiben	garnieren.

Caribean-Drink

(1 Portion)

3 Eßl. Kokosmilch-Likör	mit
2 Eßl. weißem Rum	
5 Eßl. Ananassaft	
2 Eßl. Orangensaft	
2 – 3 Wasser-Eiswürfeln (aus dem Gefrierfach)	in einen Mixbecher geben, gut schütteln
Eiswürfel	in ein Glas geben, die Flüssigkeit darüber gießen, mit
Minze	garnieren.

Party-Cocktail-Mix

(1 Portion)

2 Eßl. Bourbon Whisky	mit
2 Eßl. Campari	
1 Eßl. Maraschino	
Wasser-Eiswürfeln (aus dem Gefrierfach)	in einen Mixbecher geben, gut schütteln, in ein großes Glas gießen, mit
gekühltem Sekt	auffüllen
Ananasstücke	
1 Maraschinokirsche	hinzufügen.

Tempo

2 Zitronen (unbehandelt)	
2 Apfelsinen (unbehandelt)	beide Zutaten mit heißem Wasser abwaschen, in dünne Scheiben schneiden
500 g grüne Weintrauben	waschen, halbieren, entkernen, die Früchte mit
Wasser-Eiswürfeln (aus dem Gefrierfach)	in ein Bowlegefäß geben
10 Eßl. Gin	
10 Eßl. Wermut	
1 Flasche herben Weißwein	
1 Flasche klare Zitronenlimonade	darüber gießen, zugedeckt etwa 1 Stunde an einem kühlen Ort stehenlassen.

Champagner-Bowle

6 Pfirsiche	kurze Zeit in kochendes Wasser legen (nicht kochen lassen), in kaltem Wasser abschrecken, enthäuten, halbieren, entsteinen
¼ Ananasfrucht	schälen beide Zutaten in dünne Scheiben schneiden, in ein Bowlegefäß geben den
Saft von 1 Zitrone	
Saft von 2 Apfelsinen	darüber gießen
4 Eßl. Weinbrand	hinzufügen, zugedeckt etwa 1 Stunde stehenlassen, kurz vor dem Servieren mit
2 Flaschen gekühltem Champagner oder Sekt	auffüllen.

Exotenbowle

½ Honigmelone (etwa 450 g)	entkernen, schälen
6 – 8 frische Datteln	waschen, abtrocknen, einschneiden, entkernen beide Zutaten in kleine Würfel schneiden, in ein Bowlengefäß geben
5 Eßl. Weinbrand	darüber gießen, zugedeckt etwa 1 Stunde stehenlassen
2 Kiwis	schälen, in dünne Scheiben schneiden
1 Kaki	waschen, abtrocknen, halbieren, in Scheiben oder Stücke schneiden (je nach Reifegrad) die Früchte in das Bowlengefäß geben
1 Flasche Weißwein	hinzugießen, nochmals zugedeckt 1 Stunde stehenlassen kurz vor dem Servieren mit
2 Flaschen gekühltem Weißwein 1 Flasche gekühltem Sekt	auffüllen.

Rotweinbowle – spanische Art

2 Zitronen (unbehandelt) 3 mittelgroße Apfelsinen (unbehandelt)	beide Zutaten mit heißem Wasser abwaschen, in dünne Scheiben schneiden, in ein Bowlegefäß geben
100 g Zucker	darüber streuen, zugedeckt etwa 30 Minuten stehenlassen
1 Flasche Rotwein	darüber gießen, nochmals etwa 30 Minuten durchziehen lassen, kurz vor dem Servieren mit
1 Flasche gekühltem Mineralwasser	auffüllen.

Kullerpfirsich

4 mittelgroße reife Pfirsiche	waschen, abtrocknen, rundherum mit einem Holzspießchen einstechen die Pfirsiche in 4 große Gläser geben, mit
1 Flasche gekühltem Sekt	auffüllen.

Limonen-Drink

(1 Portion)

Wasser-Eiswürfel (aus dem Gefrierfach)	in ein Glas geben
4 Eßl. trockenen Wermut	
1 Eßl. Limonensaft	hinzufügen, mit
Zitronenmelisse	garnieren.

Egg-Nog
(1 Portion)

2 Eigelb	
1 Eßl. Zucker	mit einem elektrischen Handrührgerät mit Rührbesen schaumig schlagen
abgeriebene Zitronenschale (unbehandelt)	
1 – 2 Eßl. erhitzten Brandy	
1 – 2 Eßl. kochendes Wasser	hinzufügen, unterrühren das Schaumgetränk in Sekt- oder Champagnerschalen füllen, sofort servieren.

Gurken-Drink
(1 Portion)

250 g Salatgurke	waschen, halbieren, entkernen, in Stükke schneiden, nach und nach in einen elektrischen Entsafter geben
1 Eßl. Sahne	unter den Saft rühren, mit
Salz	
Pfeffer	abschmecken, mit
gehacktem Dill	bestreuen den Gurken-Drink mit
Wasser-Eiswürfeln (aus dem Gefrierfach)	servieren.

Tomaten-Drink
(1 Portion)

250 g Tomaten	waschen, die Stengelansätze entfernen, die Tomaten in Stücke schneiden
75 g Honigmelone, geschält	in Stücke schneiden beide Zutaten nach und nach in einen elektrischen Entsafter geben
1 Teel. Zitronensaft	unter den Saft rühren, mit
Cayennepfeffer	
Worcestersoße	
Salz	abschmecken den Tomaten-Drink inein Glas füllen, mit
Schlagsahne	verzieren, mit
Paprika edelsüß	bestreuen, mit
Wasser-Eiswürfeln (aus dem Gefrierfach)	servieren.

Drei-Früchte-Cocktail

(5 Portionen)

1 Limone (unbehandelt) in 5 Scheiben schneiden, mit den restlichen Limonenstücken die Ränder von 5 Cocktailgläsern anfeuchten, die Gläser mit dem Rand in
Zucker drücken
250 ml (¼ l) ungesüßten Ananassaft mit
125 ml (⅛ l) Maracujanektar
125 ml (⅛ l) Grapefruitsaft
125 ml (⅛ l) weißem Rum verrühren
Wasser-Eiswürfel (aus dem Gefrierfach) in jedes Glas geben, mit der Flüssigkeit auffüllen, mit den Limonenscheiben garnieren.

Orangen-Flip

250 ml (¼ l) Orangensaft mit
1 Becher (150 g) Crème fraîche verschlagen, mit
Zucker abschmecken.

Autofahrerflip – Hallo Partner

1 Zitrone (unbehandelt)
1 Apfelsine (unbehandelt) beide Zutaten mit heißem Wasser abwaschen, die Zitrone dünn schälen, in Streifen und die Apfelsine in Scheiben schneiden, mit
8 Orangensaft-Eiswürfeln (aus dem Gefrierfach)
500 ml (½ l) rotem Traubensaft
1 Eßl. Zitronensaft in einen Mixer geben, gut durchschütteln, auf 4 Gläser verteilen, mit
250 ml (¼ l) Orangenlimonade auffüllen, nach Belieben mit Zitronenstreifen und Apfelsinenscheiben garnieren.

Autofahrerflip – Gute Fahrt

4 Wasser-Eiswürfel (aus dem Gefrierfach) mit
2 Eiern
3 Eßl. Puderzucker
Mark von ½ Vanilleschote
250 ml (¼ l) kalter Milch in einem elektrischen Mixer verschlagen, auf 4 Gläser verteilen, mit
375 ml (⅜ l) Mineralwasser auffüllen, mit
geriebener Muskatnuß bestreuen.

PIKANT EINGELEGTES

Süßsaure Ideen im Glas.
(Rezept Seite 293)

Tomaten in Essig

2 kg kleine, reife, feste Tomaten	waschen, abtrocknen, jede Tomate 15 – 20 mal mit einem Holzspießchen einstechen, in Gläser füllen
	für die Essig-Lösung
4 Schalotten oder kleine Zwiebeln	abziehen, in Ringe schneiden, mit
1 l Weinessig	
250 ml (¼ l) Wasser	
20 g Salz	
20 g Zucker	
2 Gewürznelken	
20 g Pfefferkörnern	
20 g Senfkörnern	zum Kochen bringen, von der Kochstelle nehmen
1 Päckchen Einmach-Hilfe	unterrühren, über die Tomaten gießen, erkalten lassen, die Gläser verschließen.

Birnen, süß-sauer

2 kg kleine Birnen	schälen, waschen, von Blüte und Stiel befreien (nach Belieben Stiele an den Früchten lassen), in
Salzwasser	legen, um zu verhindern, daß die Birnen braun werden
	für die Essig-Zucker-Lösung
750 ml (¾ l) Weinessig (5%)	mit
250 ml (¼ l) Wasser	
1 kg weißem Kandiszucker	
4 Gewürznelken	
1 Stück Stangenzimt	
1 Stück Ingwerwurzel (getrocknet)	
2 – 3 Sternanisblüten (Gewürze in einem Mullbeutel)	zum Kochen bringen die Birnen nach und nach darin fast weich kochen lassen, mit einem Schaumlöffel herausnehmen, in Gläser geben den Saft noch etwas einkochen lassen, über die Birnen gießen, zugedeckt kühl stellen den Saft nach 3 Tagen nochmals abgießen, dick einkochen lassen, von der Kochstelle nehmen
1 Päckchen Einmach-Hilfe	unterrühren, wieder über die Birnen gießen, erkalten lassen, die Gläser verschließen.

Mixed Pickles

1 kg kleine, feste Gurken	waschen, mit
Salzwasser (1 l Wasser und 75 g Salz)	bedecken, 12 – 24 Stunden an einem kühlen Ort stehenlassen, danach sorgfältig bürsten, abspülen die Gurken einzeln mit einem Tuch abtrocknen, schlechte Stellen entfernen
1 kleinen Kopf Blumenkohl	putzen, in Röschen teilen, waschen (evtl. in Salzwasser legen, um Raupen und Insekten zu entfernen), abtropfen lassen
250 g Grüne Bohnen	abfädeln, waschen, in etwa 4 cm lange Stücke brechen
500 g Möhren	putzen, schrappen, waschen, mit einem Buntschneidemesser in Scheiben schneiden Blumenkohl, Bohnen und Möhren nacheinander in Wasser fast gar kochen lassen, auf ein Sieb geben
½ Stange Merrettich	putzen, waschen, in Stücke schneiden
125 g Perlzwiebeln	abziehen das Gemüse mit Meerrettich, Zwiebeln,
3 Lorbeerblättern 20 Pfefferkörnern 10 Pimentkörnern (Nelkenpfeffer)	fest in Gläser schichten
	für die Essig-Zucker-Lösung
750 ml (¾ l) Weinessig (5%)	Mit
1¼ l Wasser 125 g Zucker 60 g Salz	zum Kochen bringen, von der Kochstelle nehmen
1 Päckchen Einmach-Hilfe	unterrühren, über die Mixed Pickles gießen, erkalten lassen, die Gläser verschließen.

Tip: Verschließen von Gläsern:
Dazu aus Pergamentpapier runde Blättchen in der Größe der Oberfläche des Eingemachten schneiden, durch reinen Alkohol, Rum oder Essig ziehen, auf das Eingemachte legen, gut andrücken, die feuchten Blättchen gleichmäßig mit Einmach-Hilfe bestreuen, mit einem Pinsel verstreichen. Die Gläser mit Sichtfolie verschließen.

Soleier, einmal anders

10 Eier	hart kochen, ringsherum die Schale leicht anknicken die Eier in so stark
gesalzenes Wasser	legen, daß sie darin schwimmen
1 – 2 rote Zwiebeln	abziehen, in Ringe schneiden
2 – 3 Stengel Rosmarin Dill 5 – 7 Lorbeerblätter rote und grüne Chilischoten	die vier Zutaten mit in das Glas geben die Eier mindestens 24 Stunden stehenlassen.

Würzig eingelegte Rote Bete

1 kg Rote Bete (Rote Rüben)	putzen, unter fließendem kaltem Wasser sorgfältig bürsten, in
Salzwasser	zum Kochen bringen, weich kochen lassen, aus dem Kochwasser nehmen, mit kaltem Wasser übergießen, schälen, in Scheiben schneiden, evtl. vorher halbieren
5 mittelgroße Zwiebeln	abziehen, in Scheiben schneiden die Rote Bete mit den Zwiebelscheiben,
2 in kleine Stücke gebrochenen Lorbeerblättern	
12 – 15 Gewürznelken	
12 – 15 Pimentkörnern (Nelkenpfeffer)	in eine Schüssel schichten
	für die Essig-Zucker-Lösung
75 g Zucker	mit
500 ml (½ l) Wasser	
1 Teel. Salz	zum Kochen bringen
250 ml (¼ l) Weinessig (5%)	hinzugießen die Flüssigkeit über die Rote Bete gießen, einige Tage durchziehen lassen
Kochzeit:	Etwa 1 Stunde.

Fenchel, süß-sauer

Etwa 1½ kg Fenchelknollen	putzen, waschen, vierteln, in
500 ml (½ l) Salzwasser	geben, zum Kochen bringen, etwa 10 Minuten kochen lassen, auf ein Sieb geben, abtropfen lassen
375 ml (⅜ l) Weinessig (5%)	mit
500 ml (½ l) Wasser	
125 g Zucker	zum Kochen bringen
100 g Schalotten	
3 Knoblauchzehen	
	beide Zutaten abziehen, fein würfeln
1 Limone (unbehandelt)	heiß abwaschen, abtrocknen, in Scheiben schneiden die drei Zutaten mit
2 kleinen roten Chilischoten	
2 Sternanisblüten	
1 Eßl. grünem Pfeffer	
Rosmarinnadeln	in die heiße Flüssigkeit geben, kurz aufkochen lassen, von der Kochstelle nehmen
1 Päckchen Einmach-Hilfe	unterrühren die Fenchelstücke in ein großes Glas geben, die Flüssigkeit darüber gießen, erkalten lassen, das Glas verschließen.

Kürbis, süß-sauer

2½ kg Kürbis schälen, das Mark mit einem Löffel auskratzen, den Kürbis in kleine Würfel schneiden, in eine Schüssel geben

125 ml (⅛ l) Weinessig (5%) darüber gießen, gut durchrühren, den Kürbis etwa 12 Stunden (über Nacht) ziehen und abtropfen lassen, die Flüssigkeit auffangen, in einen Topf gießen, mit

125 ml (⅛ l) Weinessig (5%)
750 g Zucker
1 – 2 Stücken Stangenzimt
einigen Gewürznelken zum Kochen bringen, den Kürbis hineingeben, zum Kochen bringen, glasig kochen lassen, heiß mit der Flüssigkeit in Schraubverschluß-Gläser (Twist-off-Gläser) geben (bis zum Rand füllen), die Gläser zuschrauben.

Essigpflaumen

3 kg Pflaumen waschen, abtropfen lassen, einzeln mit einem Tuch abreiben, mit einem Hölzchen einige Male einstechen

für die Essig-Zucker-Lösung

500 ml (½ l) Weinessig (5%)
250 ml (¼ l) Wasser
1½ kg Zucker
1 Stück Stangenzimt
4 – 5 Gewürznelken
Schale von ½ Zitrone (unbehandelt) zum Kochen bringen, die Pflaumen nach und nach darin gar kochen lassen, mit einem Schaumlöffel herausnehmen, auf einem Sieb gut abtropfen lassen, in Gläser oder Töpfe füllen
den Saft dick einkochen, von der Kochstelle nehmen

1 Päckchen Einmach-Hilfe unterrühren, über die Pflaumen gießen, erkalten lassen, die Gefäße verschließen.

Tomaten-Paprika-Chutney

2 grüne Paprikaschoten
1 rote Paprikaschote halbieren, entstielen, entkernen, die weißen Scheidewände entfernen, die Schoten waschen

1 kg Tomaten kurze Zeit in kochendes Wasser legen (nicht kochen lassen), in kaltem Wasser abschrecken, enthäuten
das Gemüse in Stücke schneiden

500 g Zwiebeln abziehen, in Würfel schneiden
die Zutaten mit

200 g Farinzucker
6 Gewürznelken
10 Senfkörnern
5 Pfefferkörnern
Salz
Paprika edelsüß
250 ml (¼ l) Kräuteressig zum Kochen bringen, gar dünsten lassen
das Chutney in Gläser füllen, nach dem Erkalten verschließen

Dünstzeit: Etwa 30 Minuten.

Essiggurken

4 kg nicht zu große, gerade gewachsene Gurken	waschen, mit
Salzwasser (1 l Wasser und 75 g Salz)	bedecken, 12 – 24 Stunden an einem kühlen Ort stehenlassen, danach sorgfältig bürsten und abspülen
	die Gurken einzeln mit einem Tuch abtrocknen, schlechte Stellen entfernen
375 g Perlzwiebeln	abziehen
75 g Merrettich	putzen, waschen, in Stücke schneiden
Dill Estragon	beide Zutaten waschen
	die Gurken abwechselnd mit den Zutaten in einen Steintopf schichten
	für die Essig-Zucker-Lösung
1½ l Weinessig (5%) 1½ l Wasser 300 – 375 g Zucker	zum Kochen bringen, von der Kochstelle nehmen
1 Päckchen Einmach-Hilfe	unterrühren
	so viel von der heißen Flüssigkeit über die Gurken gießen, daß sie gut bedeckt sind, erkalten lassen, den Topf verschließen.

Mango-Chutney

1½ kg Mango	schälen, halbieren, entsteinen, in Streifen schneiden
125 g Rosinen	verlesen
1 Chilischote	putzen, waschen
3 – 4 Zwiebeln	abziehen, in Würfel schneiden
	die Zutaten mit
300 g Farinzucker 2 Eßl. Salz 2 Eßl. Senfpulver 1 Eßl. gemahlenem Koriander 500 ml (½ l) Essig	zum Kochen bringen, gar kochen lassen, von der Kochstelle nehmen
1 Päckchen Einmach-Hilfe	unterrühren
	das Chutney in Gläser füllen, nach dem Erkalten verschließen
Kochzeit:	10 – 15 Minuten.

Senfgurken

6 kg große, ausgewachsene, feste Gurken	schälen, der Länge nach durchschneiden, das Mark mit einem Löffel auskratzen
	die Gurken in fingerlange Streifen schneiden, mit
200 g Salz	in eine Schüssel schichten, zugedeckt 12 – 24 Stunden an einem kühlen Ort stehenlassen, abtropfen lassen, sorgfältig abtrocknen
250 g Perlzwiebeln	abziehen
½ Stange Meerrettich	putzen, waschen, in Stücke schneiden
	die Gurken mit Zwiebeln, Meerrettich,
10 Gewürzkörnern 3 Lorbeerblättern 15 – 20 weißen und schwarzen Pfefferkörnern 100 g gelben Senfkörnern (evtl. in einem Mullbeutel)	in einen Steintopf oder in Gläser schichten
	für die Essig-Zucker-Lösung
1½ l Weinessig (5%) 1 l Wasser 600 g Zucker	zum Kochen bringen, von der Kochstelle nehmen
1 Päckchen Einmach-Hilfe	unterrühren, über die Gurken gießen, erkalten lassen, die Gefäße verschließen.
	Nach etwa 4 Wochen können die Gurken verwendet werden.

Gewürzessig

½ Teel. Senfkörner	etwas zerdrücken
5 Gewürznelken	zerkleinern
1 große Knoblauchzehe	abziehen
1 Messerspitze geriebene Muskatnuß	
1 Messerspitze gemahlener Ingwer	
einige schwarze Pfefferkörner	
1 gestrichener Teel. Salz	
2 Schalotten	
	alle Zutaten in eine Flasche geben, mit
1 Flasche Weinessig (5%)	auffüllen, die Flasche verschließen, etwa 14 Tage an einem sonnigen Ort (Fenster) oder an einem warmen Ort (Küche) stehenlassen, ab und zu durchschütteln den Gewürzessig durch ein Mulltuch gießen, wieder in die Flasche füllen, die Flasche verschließen.
Tip:	Gewürzessig eignet sich zum Würzen von Fisch und pikanten Soßen.

Himbeeressig

300 g Himbeeren (frisch oder tiefgekühlt)	
	frische Himbeeren verlesen tiefgekühlte Himbeeren auftauen lassen die Himbeeren in eine Flasche mit weitem Hals geben, mit
knapp 500 ml (½ l) Weinessig (5%)	auffüllen, die Flasche verschließen, etwa 14 Tage an einem sonnigen Platz (Fenster) oder einem warmen Ort (Küche) stehenlassen den Essig abgießen, einmal aufkochen, abkühlen lassen, wieder über die Himbeeren gießen, die Flasche verschließen.
Tip:	Himbeeressig eignet sich zum Würzen feiner Salate und Soßen sowie von Wild, Geflügel und Leber.

LEICHTE KÜCHE

Schnell, vitaminreich und gesund.
(Rezept Seite 294)

Kräutersuppe

1 kleine Stange Porree (Lauch) putzen, waschen, kleinschneiden, evtl. nochmals waschen
50 g Butter zerlassen, den Porree darin andünsten
30 g Instant Haferflocken unterrühren
1 l heiße Instant-Hühnerbrühe hinzugießen
100 g gemischte Kräuter waschen, trockentupfen, fein hacken, in die Brühe geben, mit einem elektrischen Handrührgerät pürieren, die Suppe zum Kochen bringen, 2 – 3 Minuten kochen lassen
1 Eigelb mit
125 ml (⅛ l) Sahne verschlagen, die Suppe damit abziehen, mit
Zucker
frisch gemahlenem Pfeffer
geriebener Muskatnuß abschmecken, mit
Brunnenkresse garnieren.

Gefüllte Gurken

1 – 2 Salatgurken schälen, in 5 cm lange Stücke schneiden, die Gurkenstücke aushöhlen, innen und außen mit
Salz
Pfeffer bestreuen, stehenlassen, damit die sich bildende Flüssigkeit entweichen kann

für die Füllung

150 g Thunfisch (aus der Dose) abtropfen lassen, zerpflücken
2 hartgekochte Eier pellen, in Würfel schneiden, mit dem Thunfisch vermengen
2 Eigelb mit
1 – 2 Teel. Senf
1 Eßl. Essig oder Zitronensaft
Salz
Pfeffer
Zucker zu einer dicklichen Masse schlagen nach und nach
125 ml (⅛ l) Salatöl unterschlagen
die Mayonnaise mit der Thunfisch-Eiermasse vermengen, die Gurken damit füllen, mit
Zitronenscheiben
Tomatenachteln
Petersilie garnieren.

Porreesuppe

3 Stangen Porree putzen, waschen, in dünne Scheiben schneiden, evtl. nochmals waschen
1 Eßl. Butter zerlassen, den Porree darin andünsten
50 g Instant Haferflocken hinzufügen, unter Rühren mitdünsten lassen
1 l Instant-Fleischbrühe hinzugießen, zum Kochen bringen, etwa 10 Minuten kochen lassen
125 ml (⅛ l) Sahne unter die gare Suppe rühren, mit
Salz
Paprika edelsüß abschmecken, nach Belieben mit
Brunnenkresse
Porreeringen garniert servieren
Garzeit: Etwa 15 Minuten.
Beigabe: Stangenweißbrot, Butter.
Tip: 1 – 2 Ecken Sahne-Schmelzkäse mit etwas Sahne oder Wasser verrühren, in die Suppe geben, miterhitzen.

Marinierte Champignons

(6 Portionen)

Für die Marinade
etwa 5 Eßl. Olivenöl in eine große Bratpfanne geben
2 Knoblauchzehen abziehen, durchpressen, mit
etwa 200 ml (⅕ l) Wasser
etwa 4 Eßl. Zitronensaft
2 Lorbeerblättern
Salz
Pfeffer zu dem Öl geben, zugedeckt zum Kochen bringen, etwa 5 Minuten kochen lassen
750 g kleine, feste Champignons putzen, waschen, abtropfen lassen, in die Marinade geben, zugedeckt 7 – 10 Minuten dünsten lassen, mit Salz, Pfeffer abschmecken, in der Marinade erkalten lassen, mehrere Stunden oder über Nacht durchziehen lassen
die Marinade kurz vor dem Servieren abgießen
die Champignons mit
1 – 2 Eßl. gehackter Petersilie verrühren, auf 6 Glastellern anrichten, mit
Tomatenachteln
Petersilie garnieren.
Beigabe: Stangenweißbrot, Butter.

Rührei mit Flocken

4 Eier mit
4 Eßl. Milch
Salz
4 Eßl. Instant Haferflocken verschlagen
1 – 2 Eßl. Butter oder Margarine in einer Pfanne zerlassen, die Eiermasse hineingeben
sobald die Masse zu stocken beginnt, sie mit einem Löffel strichweise vom Boden der Pfanne losrühren, so lange weiter erhitzen, bis keine Flüssigkeit mehr vorhanden ist
Rührei muß weich und großflockig, aber nicht trocken sein
das Rührei auf
4 Graubrotscheiben anrichten, mit
1 Eßl. feingeschnittenem Schnittlauch
100 g rohen Schinkenwürfeln bestreuen
Gerinnungszeit: Etwa 5 Minuten.

Rinderfilet Imperial

(2 Portionen)

400 g Rinderfilet	waschen, abtrocknen, in zwei Scheiben schneiden, mit
Salz	
Pfeffer	
1 Teel. Kräutern der Provence	einreiben
1 Zwiebel	abziehen, in Würfel schneiden nach Belieben
1 Knoblauchzehe	abziehen, eine Bratpfanne damit ausreiben
2 – 3 Eßl. Speiseöl	darin erhitzen, die Filetscheiben von jeder Seite darin braten, herausnehmen, warm stellen das Fett aus der Pfanne gießen
1 – 2 Eßl. Butter	darin zerlassen, die Zwiebelwürfel darin glasig dünsten lassen
100 ml Weißwein	hinzugießen
1 Becher (150 g) Crème fraîche	unterrühren, kurz aufkochen lassen, die Soße mit Salz, Pfeffer,
Fleischextrakt	abschmecken
1 Eßl. gehackte Petersilie	unterrühren
2 Scheiben Weißbrot (je etwa 3 cm dick)	in Streifen schneiden, von allen Seiten in
Butter	rösten, auf einer vorgewärmten Platte anrichten, jede Filetscheibe nochmals durchschneiden, mit der Soße fächerartig auf dem Brot anrichten
Bratzeit:	Jede Filetseite etwa 3 Minuten.
Beilage:	Spargel, Champignons.
Veränderung:	3 Eßl. Weinbrand anwärmen, über das Fleisch gießen, anzünden.

Gefüllte Paprikaschoten

4 mittelgroße rote Paprikaschoten	entstielen, von den Schoten einen Deckel abschneiden, Kerne und weiße Scheidewände entfernen, die Schoten waschen, abtrocknen
1 Zwiebel	abziehen
50 g durchwachsener Speck	beide Zutaten in Würfel schneiden, mit
250 g Hackfleisch (halb Rind-, halb Schweinefleisch)	
1 Ei	
3 gehäuften Eßl. Blütenzarten Haferflocken	vermengen, die Masse mit
Salz	
Pfeffer	abschmecken, in die Paprikaschoten füllen, die Deckel auf die Schoten setzen
100 g durchwachsenen Speck	in Würfel schneiden, in einem Topf auslassen, die Paprikaschoten in den Topf setzen
125 – 250 ml (⅛ – ¼ l) Wasser	hinzugießen, die Paprikaschoten gar dünsten lassen
Dünstzeit:	50 – 60 Minuten.
Beilage:	Reis oder Kartoffelpüree, Tomatensoße.

Überbackener Fenchel

4 kleine Fenchelknollen putzen, waschen, halbieren
60 g Butter zerlassen, die Fenchelknollen darin gar dünsten lassen, mit
Salz würzen
die Fenchelknollen nebeneinander in eine gefettete feuerfeste Auflaufform legen
2 Eier mit
125 ml (⅛ l) Milch
3 Eßl. Instant Haferflocken verrühren, die Masse über die Fenchelknollen gießen
400 g gekochten Schinken in Streifen schneiden, über dem Fenchel verteilen
100 g geriebenen Butterkäse darüber streuen, die Form auf dem Rost in den vorgeheizten Backofen schieben den überbackenen Fenchel mit
2 – 3 Eßl. gehackter Petersilie bestreuen
Strom: Etwa 200
Gas: Etwa 4
Backzeit: Etwa 30 Minuten.
Veränderung: Anstelle von Fenchelknollen Staudensellerie, Porreestangen oder Chicorée verwenden.

Müsli nach Bircher-Benner

200 g Kernige Haferflocken mit
250 ml (¼ l) Milch
125 ml (⅛ l) Sahne übergießen, durchziehen lassen
4 Äpfel waschen, abtrocknen, vierteln, entkernen, kleinschneiden, mit dem
Saft von 1 Zitrone übergießen
2 Bananen
4 Apfelsinen
beide Zutaten schälen, Apfelsinen in kleine Stücke, Bananen in Scheiben schneiden
50 g gehackte Haselnußkerne oder abgezogene, gehackte Mandeln
2 Eßl. Honig oder 4 gehäufte Eßl. Zucker mit dem Obst vermengen, unter die Haferflocken heben.

Kräuterpfannkuchen mit Quarkcreme

Für die Quarkcreme

250 g Magerquark mit
etwa 4 Eßl. Sahne oder Milch gut verrühren
1 Teel. geriebenen Meerrettich (aus dem Glas)
3 Eßl. Instant Haferflocken
1 – 2 Eßl. feingeschnittenen Schnittlauch unterrühren, die Quarkcreme mit
Salz abschmecken

für die Kräuterpfannkuchen

150 g Weizenmehl in eine Schüssel sieben, mit
2 Eßl. Kernigen Haferflocken mischen, in die Mitte eine Vertiefung eindrücken
3 Eier mit
250 ml (¼ l) Mineralwasser verschlagen, etwas davon in die Vertiefung geben, von der Mitte aus Eierflüssigkeit und Mehl-Haferflocken-Mischung verrühren, nach und nach die übrige Eierflüssigkeit dazugeben, darauf achten, daß keine Klumpen entstehen, etwa 1 Stunde quellen lassen
50 g geriebenen Käse
2 Eßl. gemischte, gehackte Kräuter unter den Teig rühren
1 Zwiebel abziehen, in feine Würfel schneiden, hinzufügen
den Teig mit
Salz abschmecken
etwas von
4 Eßl. Speiseöl in einer Pfanne erhitzen, eine dünne Teiglage darin von beiden Seiten goldgelb backen
bevor der Pfannkuchen gewendet wird, etwas Speiseöl in die Pfanne geben
den fertigen Pfannkuchen warm stellen
den restlichen Teig auf die gleiche Weise verarbeiten
die Pfannkuchen mit der Quarkcreme servieren, mit
Brunnenkresse garnieren.

Omeletts

4 Eier	mit
½ Teel. Salz	
4 Eßl. Milch	
4 Eßl. Instant Haferflocken	gut verschlagen etwas von
2 Eßl. Butter oder Margarine	in einer Pfanne zerlassen, etwa ¼ der Eiermasse hineingeben, von beiden Seiten goldbraun backen bevor das Omelett gewendet wird, etwas Fett in die Pfanne geben das fertige Omelett warm stellen die restliche Eiermasse auf die gleiche Weise verarbeiten.
Beilage:	Gezuckerte Erdbeeren, Johannisbeeren oder Himbeeren.

Chicorée-Rohkost

(Etwa 2 Portionen)

1 – 2 Chicorée	von den welken Blättern befreien, halbieren, den Strunk keilförmig herausschneiden, die Chicorée waschen, abtropfen lassen (3 äußere Blätter zum Anrichten zurücklassen)
1 mittelgroßen Apfel	waschen, vierteln, entkernen
1 mittelgroße Apfelsine	schälen die drei Zutaten kleinschneiden, mit
1 Eßl. Zitronensaft	vermengen
2 Eßl. Sahne	
1 Teel. Zucker	
Salz	hinzufügen, etwas durchziehen lassen, evtl. nochmals mit Salz, Zucker abschmecken
3 – 4 Eßl. Blütenzarte Haferflocken	vorsichtig unterrühren die Chicorée-Rohkost auf den zurückgelassenen Chicorée-Blättern anrichten, mit
Petersilie	garnieren.
Veränderung:	Etwa 1 Eßl. geriebene Haselnußkerne unterrühren.

Möhrensalat

500 g Möhren	putzen, schrappen, waschen, raspeln
	für die Salatsoße
2 – 3 Eßl. Zitronensaft	mit
1 Teel. Salatöl	verrühren, mit
1 – 2 Eßl. Zucker	
Salz	abschmecken, mit den Möhren vermengen.

Apfelsinenflocken

(1 Portion)

2 kleine Apfelsinen	schälen, in kleine Stücke schneiden, mit
1 Eßl. Honig	vermengen, einige Minuten zum Saftziehen stehenlassen
4 gehäufte Eßl. Kernige Haferflocken	mit den Apfelsinenstücken vermengen, in ein Schälchen geben, nach Belieben mit
1 Apfelsinenscheibe Minzeblättchen	garnieren.
Veränderung:	Gehackte Mandeln oder Nüsse unterrühren, mit flüssiger Sahne begießen.

Knusper-Bratäpfel

	Für die Füllung
3 Eßl. Rosinen	verlesen, in
5 Eßl. Rum	etwa 1 Stunde quellen lassen
2 Eßl. Butter	in einer Pfanne zerlassen
4 Eßl. Blütenzarte Haferflocken	
5 Eßl. braunen Zucker (Rohrzucker)	darin unter ständigem Rühren leicht bräunen lassen, die Pfanne von der Kochstelle nehmen, Rum-Rosinen,
5 Eßl. Sahne	hineingeben, gut verrühren
4 – 5 Äpfel (z. B. Boskop)	waschen, das Kerngehäuse ausstechen, in eine gefettete, feuerfeste Form setzen, mit der Knuspermasse füllen, die Form auf dem Rost in den vorgeheizten Backofen schieben
Strom:	Etwa 225
Gas:	Etwa 5
Backzeit:	Etwa 30 Minuten.
Beigabe:	Vanillesoße oder Nußeis.

Apfelrohkost

(2 Portionen)

2 mittelgroße Äpfel	waschen, abtrocknen, vierteln, entkernen, in kleine Stücke schneiden, mit
1 Becher (150 g) Joghurt	
1 Eßl. Zucker	vermengen
6 gehäufte Eßl. Kernige Haferflocken	unterrühren.
Veränderung:	Geriebene Haselnußkerne, verlesene Rosinen oder etwas gemahlenen Zimt untermischen.

Tropen-Müsli

1 Eßl. Butter in einer Pfanne zerlassen
8 Eßl. Kernige Haferflocken darin unter ständigem Rühren goldgelb rösten, mit
1 Eßl. Zucker bestreuen, noch etwa 1 Minute weiter rösten, erkalten lassen
1 Mango schälen, entsteinen
2 Kiwis
2 Bananen beide Zutaten schälen
2 Nektarinen oder Pfirsiche waschen, halbieren, entsteinen
das Obst in Scheiben schneiden, in eine Schale geben
1 Eßl. Zitronensaft
2 Eßl. Zucker unterrühren
200 g Dickmilch darüber geben, mit den Röstflocken bestreuen.

Birnensalat

4 mittelgroße Birnen schälen, vierteln, entkernen, in dünne Scheiben schneiden (3 Scheiben zum Garnieren zurücklassen)
1 Becher (150 g) Sahnejoghurt mit
1 – 2 Eßl. Zucker
½ Päckchen Vanillin-Zucker
etwas gemahlenem Zimt verrühren, über die Birnenscheiben geben
6 gehäufte Eßl. Kernige Haferflocken
1 – 2 Eßl. gehackte Walnuß- oder Haselnußkerne vorsichtig unterrühren
den Birnensalat in eine Schüssel füllen, mit den zurückgelassenen Birnenscheiben,
Haselnußkernen garnieren.
Veränderung: Anstelle von frischen Birnen eingemachtes Obst (z. B. Birnen, Kirschen, Stachelbeeren) verwenden.

Erdbeer-Milchmix

250 g Erdbeeren	waschen, abtropfen lassen, entstielen, mit einem elektrischen Handrührgerät oder im Mixer pürieren, nach und nach mit
500 ml (½ l) Dickmilch	
500 ml (½ l) Milch	verrühren, mit
etwa 3 Eßl. Zucker	abschmecken
4 gehäufte Eßl. Instant Haferflocken	unterrühren, in Gläser füllen, mit
gerösteten Haferflocken	
Erdbeerhälften	garnieren, gut gekühlt servieren.

Pampelmusen-Müsli

(2 Portionen)

1 Pampelmuse	waschen, abtrocknen, quer halbieren, mit einem spitzen scharfen Messer das Fruchtfleisch vorsichtig aus der Schale lösen, die weiße Haut entfernen
1 Pfirsich	waschen, halbieren, entsteinen beide Zutaten kleinschneiden, mit
1 Becher (150 g) Joghurt	
1 – 2 Eßl. Zucker	vermengen
4 Eßl. Kernige Haferflocken	unterheben, die Masse in die Pampelmusenhälften füllen, mit
Cocktailkirschen	garnieren.

Brunnenkresse-Salat

	Von
150 g Brunnenkresse	die gelben Blätter entfernen, die Brunnenkresse waschen, gut abtropfen lassen
	für die Salatsoße
5 Schalotten oder 1 kleine Zwiebel	abziehen, halbieren, in Scheiben schneiden, mit
2 – 3 Eßl. Salatöl	
2 – 3 Eßl. Essig	verrühren, mit
Salz	
Pfeffer	
Zucker	abschmecken
2 Eßl. gemischte, gehackte Kräuter	unterrühren, mit der Brunnenkresse vermengen
1 – 2 hartgekochte Eier	pellen, hacken, über den Salat streuen, sofort servieren.

Quarkspeise mit Himbeeren

1 Päckchen Gelatine gemahlen, weiß	in einem kleinen Topf mit
5 Eßl. kaltem Wasser	anrühren, 10 Minuten zum Quellen stehenlassen, unter Rühren erwärmen, bis sie gelöst ist
250 g Sahnequark	mit
75 g Zucker	
Saft von 1 Zitrone	gut verrühren
40 g abgezogene, gehackte Mandeln	
4 Eßl. Instant Haferflocken	mit der lauwarmen Gelatinelösung unter die Quarkmasse schlagen
etwa 300 g verlesene Himbeeren	vorsichtig unterheben die Quarkmasse in mit Wasser ausgespülte Förmchen füllen die Speise im Kühlschrank fest werden lassen, auf Dessertteller stürzen, mit
Himbeeren	garnieren, nach Belieben mit
Schlagsahne	verzieren.

Quarkcreme mit Obst

250 g Speisequark	mit
125 ml (⅛ l) Milch	
Saft von 1 Zitrone	
3 Eßl. Zucker	
3 – 4 gehäuften Eßl. Blütenzarten Haferflocken	zu einer geschmeidigen Creme rühren, nach Belieben in einer ausgehöhlten
Melonenhälfte	anrichten.
Beigabe:	Verschiedene Obstsorten mit Cocktailspießen zum Eintauchen in die Quarkcreme.

Weintrauben-Becher

(2 – 3 Portionen)

1 Eßl. Butter	in einer Pfanne zerlassen
8 Eßl. Kernige Haferflocken	unter ständigem Rühren darin goldgelb rösten, mit
1 Eßl. Zucker	bestreuen, noch etwa 1 Minute weiter rösten
250 g grüne oder blaue Weintrauben	waschen, halbieren, entkernen
250 g Sahnequark	mit
1 Eßl. Zitronensaft	
2 Eßl. Zucker	zu einer geschmeidigen Masse verrühren in Gläser schichtweise Weintraubenhälften, Quarkcreme, Röstflocken füllen.

Himbeerschälchen

1 – 2 Eßl. Butter	in einer Pfanne zerlassen
100 g Instant Haferflocken	darin unter ständigem Rühren goldgelb rösten, mit
1 – 2 Eßl. Zucker	bestreuen, noch etwa 1 Minute weiter rösten, erkalten lassen
400 g Himbeeren	sorgfältig verlesen, mit
1 Teel. abgeriebener Zitronenschale (unbehandelt)	vermengen, mit
Zucker	abschmecken
125 ml (⅛ l) Sahne	zusammen mit
1 Päckchen Vanillin-Zucker	steif schlagen die Himbeeren auf Schälchen verteilen, mit den Röstflocken bestreuen, die Sahne darauf geben.
Veränderung:	Anstelle der Sahne Quark oder Joghurt verwenden.

Überbackene Ananas

	Die Hälfte von
8 Scheiben Ananas (aus der Dose)	in eine gefettete Auflaufform legen, die Scheiben mit
2 Eßl. Apfelsinenmarmelade	bestreichen, die übrigen Ananasscheiben darauf legen
50 g Butter	zerlassen
100 g Blütenzarte Haferflocken	
50 g Zucker	
50 g abgezogene, gehackte Mandeln	dazugeben, miteinander vermengen die Masse über die gefüllten Ananasscheiben verteilen die Form auf dem Rost in den vorgeheizten Backofen schieben, warm oder kalt mit
Apfelsinenschalenstreifen (unbehandelt)	
Apfelsinenspalten	garniert servieren
Strom:	Etwa 200
Gas:	Etwa 4
Backzeit:	Etwa 10 Minuten.
Beigabe:	Schlagsahne.

Obstsalat mit Cream Sherry

3 Scheiben Ananas (aus der Dose)	abtropfen lassen, in Stücke schneiden
4 halbe entsteinte Pfirsiche	in Spalten schneiden
3 Kiwis	schälen
1 Banane	schälen beide Zutaten in Scheiben schneiden
200 g Erdbeeren	waschen, gut abtropfen lassen, entstielen
200 g grüne Weintrauben	waschen beide Zutaten halbieren, die Weintrauben entkernen die Früchte in eine Schale oder in ein großes Glas geben, vermengen, mit
1 Eßl. Zucker	bestreuen
4 Eßl. Cream Sherry	darüber geben, etwa ½ Stunde bei Zimmertemperatur zugedeckt stehenlassen kurz vor dem Servieren
1 Eßl. kleingeschnittene Pistazienkerne	über den Obstsalat streuen.

FEINE SPEZIALITÄTEN

Ein bißchen Nouvelle Cuisine.

(Rezept Seite 294)

Brunnenkresse-Suppe mit Truthahnleber (2 Portionen)

150 g Geflügelleber waschen, trockentupfen
1 – 2 Schalotten abziehen, in feine Würfel schneiden, mit der Leber in
125 ml (⅛ l) trockenem Wermut zum Kochen bringen, etwa 7 Minuten kochen, abtropfen lassen
100 g Brunnenkresse putzen, waschen, grob hacken, mit Schalotten und Leber mit einem elektrischen Handrührgerät pürieren, den Wermutsud unterrühren
1 Eigelb mit
3 Eßl. Sahne verschlagen, die Suppe damit abziehen (nicht kochen), mit
Salz
Pfeffer abschmecken
75 – 100 g Truthahnleber waschen, trockentupfen
1 Eßl. Butterschmalz erhitzen, die Leber 3 – 5 Minuten darin braten, in dünne Scheiben schneiden
die Suppe auf 2 Teller verteilen
die Truthahnleberscheiben darauf geben, mit
gewaschener Brunnenkresse garnieren
Garzeit: Etwa 15 Minuten

Krebsschwänze in Schalotten-Sabayon

600 – 750 g (8 – 10 Stück) Krebse gründlich unter fließendem kaltem Wasser bürsten
3 l Wasser mit
3 – 4 Eßl. Salz
1 Messerspitze Kümmel
1 Eßl. gerebelten Dillspitzen zum Kochen bringen, etwa 5 Minuten kochen lassen
jeweils 2 Krebse mit dem Kopf zuerst hineingeben, zum Kochen bringen (dabei färben sich die Krebse rot)
paarweise nach und nach die anderen Krebse hinzufügen, bei jeder Partie das Wasser immer wieder zum Kochen bringen, den Vorgang so lange wiederholen, bis alle Krebse im Sud sind, etwa 5 Minuten kochen lassen
die Krebsschwänze aus der Schale lösen, erkalten lassen

für die Schalotten-Sabayon
den Krebssud durch ein Sieb gießen, 250 ml (¼ l) davon abmessen
5 Schalotten abziehen, in feine Würfel schneiden, mit dem abgemessenen Krebssud,
1 Eßl. Schalotten- oder Estragonessig zum Kochen bringen, auf 5 – 6 Eßl. Flüssigkeit einkochen lassen
2 Eigelb
Salz
Pfeffer unterrühren, die Masse bei schwacher Hitze im Wasserbad so lange mit einem Schneebesen schlagen, bis die Masse sich verdoppelt hat und von cremig-lockerer Konsistenz ist
die Krebsschwänze auf einer Platte anrichten, mit
Dill garnieren, die Schalotten-Sabayon in die Mitte der Platte geben oder dazureichen.

Putensalat mit Kiwi

Etwa 100 g geräucherte Putenbrust	in Streifen schneiden
1 Kiwi	schälen, in Streifen schneiden
100 g Ananasscheiben (aus der Dose)	abtropfen lassen, halbieren
2 Teel. grünen Pfeffer	grob hacken
	für die Salatsoße
1 Eßl. Salatmayonnaise	mit
4 Eßl. Joghurt	
1 – 2 Teel. Senf	verrühren, mit
Salz	abschmecken
1 – 2 Stangen Chicorée	von den welken Blättern befreien, die Blätter vom Strunk lösen, waschen, abtropfen lassen, eine Schüssel damit auslegen die Salatzutaten darauf geben, die Soße darüber verteilen.

Salat von Zander und Austernpilzen (2 Portionen)

Etwa 300 g Zanderfilet	halbieren, unter fließendem kaltem Wasser abspülen, trockentupfen, mit
Zitronensaft	beträufeln, etwa 15 Minuten stehenlassen, in
knapp 125 ml (⅛ l) Weißwein	5 – 7 Minuten dünsten lassen, mit
Salz	
Pfeffer	würzen, erkalten und gut abtropfen lassen
250 g Austernpilze	putzen, die Stielenden abschneiden, die Pilze waschen, abtropfen lassen
2 Eßl. Butter	zerlassen, die Austernpilze darin 3 – 4 Minuten dünsten, mit
1 Eßl. Zitronensaft	beträufeln, mit Salz, Pfeffer würzen, auf
gewaschenen Salatblättern	anrichten, das Zanderfilet darauf geben, mit
Tomatenstreifen	
Kerbel	
Schnittlauch	garnieren
	für die Salatsoße
1 Eßl. Olivenöl	mit
knapp 1 Eßl. Zitronensaft	
1 Eßl. Sherry dry	
½ Teel. Senf	
2 Eßl. Crème fraîche	verrühren
2 Eßl. feingeschnittenen Schnittlauch	unterrühren, mit Salz, Pfeffer abschmecken die Salatzutaten mit etwas von der Soße übergießen, die restliche Soße dazureichen.

Spargelmousse mit Kaviar

(Etwa 2 Portionen)

500 g grünen Spargel	von oben nach unten schälen, die unteren Enden gerade und alle Stangen möglichst gleich lang schneiden, den Spargel waschen, die Spargelspitzen abschneiden, beiseite legen den restlichen Spargel in
500 ml (½ l) Wasser	legen
1 Teel. Butter	
1 Teel. Salz	
Zucker	hinzufügen, zum Kochen bringen, 20 – 30 Minuten kochen, abtropfen lassen, das Spargelwasser auffangen den Spargel mit einem elektrischen Handrührgerät pürieren
1 Päckchen Gelatine gemahlen, weiß	mit
4 Eßl. kaltem Wasser	anrühren, 10 Minuten zum Quellen stehenlassen, unter Rühren erwärmen, bis sie gelöst ist die lauwarme Gelatinelösung unter das noch heiße Spargelpüree rühren, etwas abkühlen lassen
1 Eßl. Crème fraîche	
1 Eiweiß	unterrühren, kräftig durchschlagen, mit
Salz	abschmecken zwei kleine Formen mit
Butter oder Margarine	ausfetten, die Spargelmasse hineinfüllen, glattstreichen, im Kühlschrank fest werden lassen die Spargelspitzen in das kochende Spargelwasser geben, zum Kochen bringen, etwa 15 Minuten kochen, abtropfen lassen das Spargelmousse auf Teller stürzen in die Mitte jeder Portion jeweils einen von
2 Eßl. Kaviar (aus dem Glas)	geben, mit
frischem Tomatenpüree oder Tomaten-Ketchup	garnieren, das Spargelmousse mit den Spargelspitzen umlegen
125 ml (⅛ l) Sahne	etwas anschlagen, mit
1 Teel. zähflüssigem Fleischextrakt (aus dem Glas)	verrühren, zu dem Spargelmousse reichen.

Salade Belle de Nuit

20 gekochte, ausgelöste Krebse (S. 81)	mit
1 – 2 Scheiben schwarzen Trüffeln (aus der Dose)	anrichten
	für die Salatsoße
4 Eßl. Salatöl	mit
etwa 2 Eßl. Weinessig	
1 Teel. mittelscharfem Senf	verrühren, mit
Salz	
Pfeffer	abschmecken, über die Krebse geben den Salat nach Belieben mit
1 Tomatenrose	
Petersilie	garnieren.

Krebssalat in seiner Schale

4 gekochte Taschenkrebse (je etwa 400 g)	aus der Schale lösen (S. 80) das ausgelöste Krebsfleisch in feine Scheiben schneiden die Krebspanzer mit Wasser ausspülen
1 Kopf Salat	von den welken Blättern befreien, die anderen vom Strunk lösen, abtropfen lassen, in feine Streifen schneiden
etwa 150 g Staudensellerie	putzen, waschen, in Streifen schneiden die Krebspanzer mit den beiden Salatzutaten auslegen, das Krebsfleisch auf die vier Krebspanzer verteilen
	für die Salatsoße
1 Ei	etwa 3 Minuten kochen, abschrecken, erkalten lassen, aufschlagen, in eine Schüssel geben, mit
1 – 2 Eßl. Essig **1 Teel. Senf** **1 Teel. Salz**	verrühren, mit
frisch gemahlenem Pfeffer	abschmecken
3 – 4 Eßl. Salatöl **1 Eßl. feingeschnittenen Schnittlauch**	unterrühren die Soße über die Portionen verteilen, mit
Dillzweigen	garnieren.

Almond Crusta

(1 Portion)

	Den Rand eines Weinglases mit
1 Zitronenscheibe	einreiben, in
Zucker	drücken, so daß ein gleichmäßiger Zukkerrand (Crusta) entsteht
1 Orangenspirale (unbehandelt)	so in das Glas legen, daß das Ende der Spirale über den Glasrand hinausragt das Glas kalt stellen einen gut gekühlten Mixbecher (Shaker) mit
5 – 6 Wasser-Eiswürfeln (aus dem Gefrierfach)	füllen
2 cl Zitronensaft **2 cl Orangensaft** **2 cl Mandellikör** **2 cl Kirschwasser**	hineingeben, etwa ½ Minute kräftig schütteln die Flüssigkeit durch ein Barsieb in das vorbereitete Glas gießen den Drink sofort servieren.

Enten-Galantine

1 küchenfertige Flugente (etwa 1 kg) waschen, abtrocknen, die Flügel abschneiden, die Ente entbeinen
die Entenknochen mit den Flügeln in
2 l Salzwasser geben, zum Kochen bringen, etwa 2 Stunden kochen lassen
1 Bund Suppengrün putzen, waschen
1 Apfelsine (unbehandelt) waschen, halbieren
beide Zutaten in die Brühe geben, etwa 20 Minuten mitkochen lassen
die Brühe durch ein Sieb gießen, beiseite stellen
das entbeinte Entenfleisch mit der Haut nach unten auf ein Küchentuch legen, darauf
etwa 500 g feine, ungebrühte Bratwurstmasse verteilen
2 Eßl. abgezogene Pistazienkerne darüber streuen
100 g gepökelte Zunge in Würfel schneiden, auf die Bratwurstmasse geben, die entbeinte Ente aufrollen, mit dem Küchentuch fest umwickeln, die Enden mit Küchengarn verschließen, die eingewickelte Ente wie eine Roulade fest mit Küchengarn umwickeln, in die Entenbrühe legen, zum Kochen bringen, 2¼ – 2½ Stunden darin ziehen lassen (die Galantine muß während der gesamten Garzeit mit Flüssigkeit bedeckt sein, verkochte Brühe evtl. mit Wasser ergänzen)
die gare Galantine in der Brühe erkalten lassen, aus der Brühe nehmen, Küchengarn und Küchentuch entfernen
die Galantine in nicht zu dünne Scheiben schneiden, auf
gewaschenen Endivienblättern mit
eingelegten Pilzen
Bohnensalat anrichten

für die Soße

5 – 6 Eßl. Johannisbeer-Konfitüre mit
etwas Rotwein glattrühren, zu der Galantine reichen.

Wildschweinschinken mit Artischockensalat

150 g Wildschweinschinken (in hauchdünne Scheiben geschnitten)	auf einer Platte anrichten
	für den Artischockensalat
4 gekochte Artischocken	entblättern, das Heu entfernen, die Artischockenböden in etwa 2 cm dicke Streifen schneiden
3 – 4 Eßl. Olivenöl	mit dem
Saft von ½ Zitrone	verrühren, mit
Salz	
geschrotetem schwarzem Pfeffer	abschmecken, mit den Artischockenstreifen vermengen, nach Belieben in
1 großen, geputzten, gewaschenen Artischocke	anrichten, mit
Zitronenscheiben	
Basilikumblättchen	garnieren, zu dem Schinken reichen.

Entensalat, chinesisch

1 küchenfertige Flugente (etwa 2 kg)	waschen, abtrocknen, halbieren, in einen großen Kochtopf geben, so viel Wasser hinzugießen, daß die Ente bedeckt ist
Schale von 1 Zitrone (unbehandelt)	
Schale von 1 Orange (unbehandelt)	
2 Lorbeerblätter	
3 – 4 Gewürznelken	
1 abgezogene Zwiebel	
Pfefferkörner	die 6 Zutaten hinzufügen, mit
Salz	würzen, zum Kochen bringen, etwa 1½ Stunden schwach kochen lassen die garen Entenhälften aus der Brühe nehmen, abkühlen lassen das Fleisch von den Knochen befreien, enthäuten, in Scheiben schneiden
2 Orangen (unbehandelt)	
1 Zitrone (unbehandelt)	beide Zutaten schälen, von der weißen

	Haut befreien, die Früchte in Spalten teilen
150 g Sojabohnen (aus der Dose)	abtropfen lassen das Entenfleisch auf 4 Portionsteller verteilen Orangen- und Zitronenspalten darauf anrichten, die Sojabohnen darüber verteilen
	für die Salatsoße
25 g frischen geschälten Ingwer	reiben
1 Eigelb	mit
1 Teel. Senf	
1 Eßl. Zitronensaft	
Salz, Pfeffer	
1 gestrichenen Teel. Zucker	zu einer dicklichen Masse schlagen nach und nach
125 ml (⅛ l) Sojaöl	unterschlagen den geriebenen Ingwer,
2 Eßl. Sojasoße	unterrühren, die Soße über die Salatzutaten geben.

Wildschweinterrine

400 g Wildschweinfilet	waschen, trockentupfen, enthäuten, mit
Salz, Pfeffer	bestreuen
1 Eßl. Butterschmalz	erhitzen, das Filet rundherum darin anbraten, erkalten lassen
200 g Wildschwein- oder Schweineleber	waschen, trockentupfen
200 g durchwachsener Speck	
250 g fetter Speck	
	die drei Zutaten grob schneiden, durch die feine Scheibe des Fleischwolfs drehen
2 Äpfel	schälen, vierteln, entkernen, in Stücke schneiden, in
etwa 2 Eßl. Weißwein	weich dünsten, erkalten lassen
1 Knoblauchzehe	abziehen, durchpressen, mit den Apfelstücken,
1 Ei	
6 Wacholderbeeren	zu der Fleischmasse geben, gut verrühren, mit Salz, Pfeffer,
Pastetengewürz	würzen
3 Eßl. getrocknete Morcheln	in kaltem Wasser einweichen, ausdrükken, kleinschneiden, mit
2 Eßl. Pistazienkernen	unter die Fleischmasse rühren den Boden einer Kastenform mit ¾ von
200 g dünnen frischen Speckscheiben	auslegen, die Hälfte der Fleischmasse hineingeben, glattstreichen
150 g gekochten Schinken im Stück	in dicke Streifen schneiden, mit dem angebratenen Wildschweinfilet auf die Fleischmasse legen, die restliche Fleischmasse darauf verteilen, mit dem restlichen Speck bedecken die Form mit Alufolie verschließen, in die Rostbratpfanne stellen, in den vorgeheizten Backofen schieben
1 l warmes Wasser	in die Rostbratpfanne gießen, nach der Hälfte der Garzeit nochmals
etwa 750 ml (¾ l) warmes Wasser	hinzugießen
Strom:	200 – 225
Gas:	3 – 4
Garzeit:	Etwa 1½ Stunden von der garen Terrine das flüssige Fett abgießen die Terrine beschweren, mindestens 1 Tag kalt stellen die Terrine kurz vor dem Servieren stürzen, in Scheiben schneiden, mit
Madeiraaspik (S. 158)	anrichten, mit
Löwenzahnblättern	
Morcheln	garnieren.

Rindfleischscheiben in Wacholder-Rotwein-Soße

Etwa 750 g Rindfleisch (aus der Hüfte)	waschen, abtrocknen, evtl. Haut entfernen, mit
Salz	
Pfeffer	würzen
etwa 2 Eßl. Butterschmalz	in einem Bratentopf erhitzen, das Fleisch darin von allen Seiten anbraten den Bratentopf auf dem Rost in den vorgeheizten Backofen schieben sobald der Bratensatz bräunt, etwas
heißes Wasser	hinzugießen, verdampfte Flüssigkeit nach und nach ersetzen
Strom:	225 – 250
Gas:	4 – 5
Bratzeit:	45 – 60 Minuten
	das gare Fleisch auf eine Platte geben, mit Alufolie abdecken, warm stellen
	für die Wacholder-Rotwein-Soße
4 – 5 Schalotten	abziehen, in feine Würfel schneiden, mit
6 – 8 Wacholderbeeren	in den Bratensatz geben, etwa 1 Minute dünsten lassen
375 ml (⅜ l) Rotwein	hinzugießen, zum Kochen bringen die Flüssigkeit auf etwa 150 ml einkochen lassen die Soße durch ein Sieb gießen, die Wacholderbeeren wieder hineingeben, nochmals aufkochen lassen, von der Kochstelle nehmen
etwa 100 g weiche Butter	unterrühren, die Soße erhitzen (nicht

	kochen), mit Salz, Pfeffer abschmecken
	das Fleisch in dünne Scheiben schneiden, mit der Soße servieren.
Beilage:	Gedünstete Pfifferlinge.

Erdbeercreme mit Erdbeersoße

	Für die Erdbeercreme
250 g Erdbeeren	waschen, gut abtropfen lassen, entstielen, mit
40 g Zucker	bestreuen, durch ein Sieb streichen oder im Mixer pürieren
2 Päckchen Gelatine gemahlen, weiß	mit
6 Eßl. kaltem Wasser	anrühren, 10 Minuten zum Quellen stehenlassen, unter Rühren erwärmen, bis sie gelöst ist, kühl stellen
	die Erdbeerpülpe mit
4 Eigelb	
4 cl (2 Gläschen) Eierlikör	im Wasserbad so lange schlagen, bis eine dickliche Creme entstanden ist, die lauwarme Gelatinelösung unterrühren, kalt stellen
	sobald die Creme anfängt dicklich zu werden,
4 Eiweiß	steif schlagen, vorsichtig unterheben
	die Erdbeercreme in eine Schale füllen, kalt stellen
	für die Erdbeersoße
250 g Erdbeeren	waschen, gut abtropfen lassen, entstielen, durch ein Sieb streichen, mit
4 cl (2 Gläschen) Erdbeerlikör	verrühren
	aus der Erdbeercreme mit einem Eisportionierer Kugeln formen, auf einer Platte anrichten, mit
Minzeblättern halbierten Erdbeeren	garnieren, die Erdbeersoße dazureichen.

Traubensorbet mit Frankentrester

500 g grüne Weintrauben	
200 g blaue Weintrauben	waschen, entstielen, entsaften
1 Apfel (z. B. Boskop)	schälen, halbieren, entkernen, fein raspeln, mit dem Traubensaft,
4 Eßl. Zitronensaft	
125 g Zucker	verrühren, so lange erhitzen, bis sich der Zucker völlig gelöst hat, die Masse in eine Schüssel füllen, im Gefrierfach des Kühlschranks etwa 2 Stunden gefrieren lassen aus der Masse mit einem Eisportionierer Kugeln formen, nach Belieben auf
gewaschenen Weinblättern	anrichten, mit
Weintrauben	garnieren.

Apfel-Charlotte mit Muskatcreme

Etwa 600 g Äpfel (z. B. Boskop)	schälen, vierteln, entkernen, fein reiben, mit dem
Saft von ½ Zitrone	
100 ml Apfelsaft	mit einem elektrischen Handrührgerät nicht zu fein pürieren
1 Päckchen Gelatine gemahlen, weiß	mit
4 Eßl. kaltem Wasser	in einem kleinen Topf anrühren, 10 Minuten zum Quellen stehenlassen, unter Rühren erwärmen, bis sie gelöst ist, kühl stellen
6 Eigelb	mit
100 g Zucker	im Wasserbad so lange schlagen, bis eine dickliche Creme entstanden ist, die lauwarme Gelatinelösung mit
4 cl (2 Gläschen) Apfelschnaps	unterrühren, die Masse unter das Apfelpüree heben, kalt stellen, sobald die Creme anfängt dicklich zu werden
125 ml (⅛ l) Sahne	steif schlagen, unterheben die Creme in eine Form füllen, kalt stellen die Apfel-Charlotte kurz vor dem Servieren stürzen, mit
Johannisbeeren	
Apfelwürfeln	garnieren
	für die Muskatcreme
125 ml (⅛ l) Sahne	mit
2 Eßl. Muskateller-Wein	
2 Messerspitzen geriebener Muskatnuß	½ Minute schlagen
1 Päckchen Sahnesteif	hinzufügen, die Sahne steif schlagen die Masse in einen Spritzbeutel mit Sterntülle füllen, die Apfel-Charlotte damit verzieren.

Früchteteller mit Sektpüree und Zimtrittern

1 reife Mango	
1 reife Papaya	beide Früchte schälen, halbieren, entkernen, mit
2 Eßl. Honig	
3 – 4 Eßl. Orangenlikör (Grand Marnier)	im Mixer pürieren, kalt stellen
etwa 750 g vorbereitete Früchte (Mirabellen, Himbeeren, Heidelbeeren, Kirschen, Erdbeeren, Brombeeren, Johannisbeeren)	auf 4 Teller verteilen, mit
etwas Zucker	bestreuen
Rosinenbrot	in etwa 2 cm dicke Scheiben schneiden, 8 runde Platten (Durchmesser etwa 5 cm) ausstechen, auf eine Platte legen
125 ml (⅛ l) Milch	mit
1 Ei	
25 g Zucker	
1 Päckchen Vanillin-Zucker	verschlagen, die Rosinenbrot-Platten damit übergießen, etwas darin weichen lassen (dürfen nicht zu weich werden), in
etwa 3 Eßl. Semmelmehl	wenden
Margarine	in einer Stielpfanne erhitzen, die Brotplatten von beiden Seiten darin backen, mit
Zimt-Zucker	bestreuen, auf den Früchten anrichten das Früchtepüree mit so viel
trockenem Sekt	verrühren, daß es dickflüssig wird, über die Früchte verteilen.

GARNIERTE PLATTEN, KALTE BUFETTS

Ein Reigen kalter Köstlichkeiten.
(Rezept Seite 295)

Hirschkalbsrücken im Blätterteig

Für die Füllung

750 g Hirschkalbsrücken im Stück (ohne Knochen) waschen, abtrocknen, enthäuten
1 Eßl. Butterschmalz erhitzen, das Fleisch von allen Seiten kurz darin anbraten, mit
Pfeffer würzen, herausnehmen
2 – 3 Zwiebeln abziehen
125 g durchwachsener Speck
beide Zutaten in feine Würfel schneiden
125 g Champignons putzen, waschen, fein hacken
die drei Zutaten in den Bratensatz geben, glasig dünsten, erkalten lassen

1 Eßl. gehacktes Basilikum
½ Eßl. gehackten Salbei
½ Teel. gehackten Majoran unter die erkaltete Masse rühren, mit Pfeffer,
Salz abschmecken

für den Teig

1 Packung (300 g) tiefgekühlten Blätterteig nach der Vorschrift auf der Packung auftauen lassen, zu einer länglichen Platte in der dreifachen Größe des Hirschkalbsrückens ausrollen (nach Belieben etwas Teig zum Garnieren abnehmen), etwas von der Füllung in der Länge des Fleischstückes in die Mitte des Teiges geben, den Hirschkalbsrücken darauf legen, mit der restlichen Füllung bedecken, den Teig um das Fleisch schlagen, auf ein mit Wasser abgespültes Backblech legen (glatte Teigseite nach oben), mit dem zurückgelassenen Teig garnieren, über die Teigoberseite verteilt 3 etwa pfenniggroße Löcher ausstechen

½ Eigelb mit
1 Teel. Milch verschlagen, den Teig damit bestreichen das Backblech in den vorgeheizten Backofen schieben

Strom: 200 – 225
Gas: 3 – 4
Backzeit: Etwa 45 Minuten
das gare Fleisch aus dem Backofen nehmen, erkalten lassen, in nicht zu dünne Scheiben schneiden, auf einer Platte anrichten, mit

gedünsteten Birnenhälften, mit Preiselbeeren (aus dem Glas) gefüllt garnieren.
Beigabe: Cumberlandsoße (S. 116).

Rehmedaillons, garniert

(Abb. S. 266)

8 Rehmedaillons (je etwa 75 g, aus dem Rücken) waschen, abtrocknen, mit
Salz
Zitronensaft
gemahlenem Rosmarin würzen, mit
80 g dünnen durchwachsenen Speckscheiben umwickeln, so daß sie eine runde, hohe Form bekommen, den Speck mit einem Holzspießchen feststecken oder mit Küchengarn umwickeln
30 g Butterschmalz oder Margarine erhitzen, das Fleisch von beiden Seiten 5 – 6 Minuten darin braten, herausnehmen, auf einen Teller legen, Holzspießchen (Küchengarn) entfernen, mit
1 Eßl. Weinbrand beträufeln, erkalten lassen
150 g Geflügelleberpastete (aus der Dose) mit
2 Eßl. Crème fraîche
Weinbrand zu einer geschmeidigen Masse verrühren, in einen Spritzbeutel mit gezackter Tülle füllen, auf die Rehmedaillons spritzen, mit
Kiwischeiben
gedünsteten Champignonscheiben
gedünsteten Pfifferlingen
grünen Weintrauben
Mandarinenspalten
Pistazienkernen
Petersilie garnieren.
Beigabe: Cumberlandsoße (S. 116), Toast, Butter.

Kasseler-Platte

(Etwa 8 Portionen)

1½ kg Kasseler Rippenspeer (ohne Knochen) waschen, abtrocknen, auf ein genügend großes Stück Bratfolie legen, die Folie verschließen, auf dem Rost in die Mitte des vorgeheizten Backofens schieben

Strom: 200
Gas: Etwa 3½
Bratzeit: Etwa 50 Minuten
das gare Fleisch aus dem Backofen nehmen, kurze Zeit ruhen lassen, erst dann die Bratfolie öffnen, das Fleisch erkalten lassen, in etwa fingerdicke Scheiben schneiden, auf einer Platte anrichten, mit

Zitronenscheiben
Lorbeerblättern garnieren.
Beigabe: Brötchenkranz, Salate.

Lammrücken im Teig

Für den Quarkblätterteig

250 g Weizenmehl auf die Tischplatte sieben, in die Mitte eine Vertiefung eindrücken

250 g Magerquark
Salz hineingeben, mit einem Teil des Mehls zu einem dicken Brei verarbeiten

250 g kalte Butter in Stücke schneiden, auf den Brei geben, mit Mehl bedecken, von der Mitte aus alle Zutaten schnell zu einem glatten Teig verkneten, 2 – 3 Stunden oder über Nacht kalt stellen

2 Lammkotelettstücke (je etwa 1¼ kg) jeweils vom Knochen lösen, das Fleisch vom Fett befreien
das Fleisch waschen, abtrocknen
jeweils 2 Fleischstücke mit Küchengarn umwickeln, mit

Salz
Pfeffer
Kräutern der Provence würzen

3 – 4 Knoblauchzehen abziehen, durchpressen, das Fleisch damit bestreichen

3 Eßl. Speiseöl erhitzen, das Fleisch rundherum 5 – 6 Minuten darin anbraten, erkalten lassen, das Küchengarn entfernen von

1 kg Mangold die Stiele abschneiden, die Blätter gründlich waschen, in

kochendes Salzwasser geben, zum Kochen bringen, 2 – 3 Minuten kochen lassen, auf ein Sieb geben, mit kaltem Wasser übergießen, abtropfen lassen
die Mangoldstiele waschen, in ½ cm breite Streifen schneiden, in das kochende Salzwasser geben, zum Kochen bringen, 2 – 3 Minuten kochen, abtropfen lassen

für die Soße

1 – 2 Knoblauchzehen abziehen, zerdrücken, mit

2 Eßl. Olivenöl
2 Eßl. Weißweinessig
1 Teel. Senf verrühren, mit Salz, Pfeffer abschmekken, mit den Mangoldstreifen vermengen, gut durchziehen lassen
die Hälfte des Teiges zu einem Quadrat von 35 x 35 cm ausrollen, an den Seiten einen 2 – 3 cm breiten Streifen abschneiden (zum Garnieren zurücklegen)
auf die Mitte des Teiges ¼ von

250 g durchwachsenen Speckscheiben (dünn geschnitten) geben, darauf etwa 4 Mangoldblätter legen, darauf 2 der 4 Fleischstücke legen,

mit 4 Mangoldblättern bedecken, mit ¼ der durchwachsenen Speckscheiben belegen
die Teigränder mit etwas von

1 verschlagenen Eiweiß bestreichen, den Teig über das Fleisch klappen, mit der glatten Seite nach unten auf ein mit Wasser abgespültes Backblech legen
mit einem kleinen Ausstecher 2 Löcher in die Teigoberfläche stechen
die Teigreste durchkneten, ausrollen, beliebige Figuren ausstechen, mit Eiweiß bestreichen, auf die Teigoberfläche kleben
die zweite Teighälfte mit den restlichen Zutaten auf die gleiche Weise zubereiten

1 Eigelb mit
1 Eßl. Milch verschlagen, die Teigpakete damit bestreichen, das Backblech in den vorgeheizten Backofen schieben

Strom: 200 – 225
Gas: Etwa 3½
Backzeit: Etwa 40 Minuten
den garen Lammrücken erkalten lassen, im ganzen auf einer Platte anrichten, mit

Mangold garnieren
die restlichen Mangoldblätter in Streifen schneiden, zu den marinierten Mangoldstielen geben

4 mittelgroße Fleischtomaten (etwa 800 g) waschen, abtrocknen, halbieren, aushöhlen, innen mit Pfeffer bestreuen
den Mangoldsalat mit Salz, Pfeffer,

Weißwein abschmecken, einen Teil davon in die ausgehöhlten Tomaten füllen, auf die Fleischplatte setzen
den restlichen Salat in eine Glasschüssel geben, dazureichen.

Schinkenplatte

Etwa 1 kg westfälischen Knochenschinken oder verschiedene Schinkensorten in Scheiben schneiden, auf einem Holzbrett anrichten

etwa ½ kleine Salatgurke waschen, mit einem Buntmesser in Scheiben schneiden

1 Rettich schälen, waschen, mit einem Rettichschneider zur Spirale schneiden

Radieschen putzen, waschen, in gleichmäßigen Abständen viermal von oben nach unten bis zur Mitte einschneiden, jedes Viertel außen einmal halbrund einkerben, kurze Zeit in kaltes Wasser legen

Gewürzgurken mehrmals von oben nach unten einschneiden, fächerförmig auseinanderziehen

Tomaten waschen, abtrocknen, in Achtel schneiden, die Stengelansätze entfernen

Petersilie waschen, Stiele abschneiden
die Schinkenplatte mit den 6 Zutaten garnieren.

Beigabe: Verschiedene Brotsorten, Butter.

Rinderfiletscheiben, fruchtig und pikant (Etwa 20 Portionen)

2 x 1 kg Rinderfilet (jeweils aus der Mitte geschnitten)	waschen, abtrocknen, evtl. Haut entfernen
4 – 5 Eßl. Speiseöl	in einer großen Bratpfanne erhitzen, die Filets von allen Seiten etwa 5 Minuten darin anbraten, mit
Salz	
Pfeffer	würzen, in eine feuerfeste Form legen, das Bratfett darüber gießen, die Form auf dem Rost in den vorgeheizten Backofen schieben die Filets während des Bratens ab und zu wenden, mit dem Bratensatz begießen
Strom:	225 – 250
Gas:	6 – 7
Bratzeit:	Etwa 30 Minuten
	die garen Rinderfilets aus dem Backofen nehmen, erkalten lassen, jedes Filet in 14 – 16 Scheiben schneiden die Filetscheiben wie folgt garnieren
1. Vorschlag:	
12 Aprikosenhälften (aus der Dose)	abtropfen lassen, jede Aprikosenhälfte mit einer von
12 Cocktailkirschen	füllen jeweils 2 Aprikosenhälften auf 3 Filetscheiben anrichten, mit
Zitronenmelisse	garnieren
2. Vorschlag:	
200 g gekochte Erbsen	mit einem elektrischen Handrührgerät pürieren, durch ein Sieb streichen

1 Teel. Gelatine gemahlen, weiß	in einem kleinen Topf anrühren, 10 Minuten zum Quellen stehenlassen, unter Rühren erwärmen, bis sie gelöst ist, unter das Erbsenpüree rühren
1 Becher (150 g) Crème fraîche	anschlagen, unterheben, die Erbsencreme mit
Salz Pfeffer geriebener Muskatnuß Pilz-Sojasoße (aus dem Reformhaus)	abschmecken, die Creme in einen Spritzbeutel mit gezackter Tülle füllen, einen Ring auf den Rand von 6 Filetscheiben spritzen
1 – 2 Tomaten	waschen, halbieren, entkernen, die Stengelansätze entfernen, das Tomatenfleisch in kleine Würfel schneiden, auf Küchenpapier abtropfen lassen die gespritzten Ringe mit den Tomatenwürfeln füllen, mit
Petersilienblättchen	garnieren
3. Vorschlag:	
½ reife Mango	schälen, entkernen, in 12 Spalten schneiden 6 Filetscheiben mit jeweils 2 Mangospalten über Kreuz belegen, mit jeweils einer von
6 Walnußkernhälften	garnieren
4. Vorschlag:	
Etwa 80 g Gänseleberpastete (aus der Dose)	kühl stellen, in 6 Scheiben schneiden, 6 Filetscheiben damit belegen
12 Mandarinenspalten (aus der Dose)	abtropfen lassen, jeweils 2 Mandarinenspalten auf jede Pastetenscheibe legen jede Filetscheibe mit
Pistazienkernen	garnieren
5. Vorschlag:	
200 g Geflügelleber	waschen, trockentupfen, evtl. Haut entfernen
1 Eßl. Butterschmalz	erhitzen, die Leber etwa 3 Minuten von allen Seiten darin braten, mit
Salz Pfeffer italienischen Kräutern	würzen, erkalten lassen, mit einem elektrischen Handrührgerät pürieren, mit
75 g weicher Butter	verrühren, nochmals mit Salz, Pfeffer,
Madeira oder Weinbrand	abschmecken
	die Masse in einen Spritzbeutel mit gezackter Tülle füllen, auf etwa 8 Filetscheiben Rosetten spritzen
1 hartgekochtes Ei	pellen, in Scheiben schneiden, auf jede Rosette 1 Eischeibe legen
2 – 3 Oliven, mit Paprika gefüllt	in Scheiben schneiden, jeweils 1 Scheibe auf jede Eischeibe legen
6. Vorschlag:	
3 Eßl. Mandarinenspalten (aus der Dose)	abtropfen lassen, auf 3 Filetscheiben verteilen, mit
gehackten Pistazienkernen	garnieren
	für das Aspik
1 Päckchen Gelatine gemahlen, weiß	mit
4 Eßl. kaltem Wasser	in einem kleinen Topf anrühren, 10 Minuten zum Quellen stehenlassen, unter Rühren erwärmen, bis sie gelöst ist
400 ml klare Schildkrötensuppe (aus der Dose)	zum Kochen bringen, von der Kochstelle nehmen, durch ein Sieb gießen
1 – 2 Eßl. Madeira	unterrühren, die Gelatine hineingeben, so lange rühren, bis sie gelöst ist, kalt stellen sobald die Flüssigkeit dicklich zu werden beginnt, die Filetscheiben damit bestreichen die restliche Aspikflüssigkeit auf einen Teller gießen, im Kühlschrank erstarren lassen das erstarrte Aspik in kleine Würfel schneiden, mit den glasierten Filetscheiben auf einer großen Platte anrichten.
Beigabe:	Stangenweißbrot, Butter.

Kalbsschnitzel auf römische Art

	Von
8 Kalbsschnitzeln (je 80 – 90 g)	evtl. die Haut entfernen
3 Eßl. Olivenöl	erhitzen, die Schnitzel darin von jeder Seite etwa 2 Minuten braten, mit
Salz	
Pfeffer	bestreuen
8 Scheiben Parmaschinken (in der Größe der Schnitzel)	in dem Bratfett von beiden Seiten anbraten
16 frische Salbeiblättchen	hinzufügen, miterhitzen jedes Schnitzel mit 1 Salbeiblättchen belegen, jeweils 1 Schinkenscheibe darauf legen die Schnitzel zur Hälfte überklappen jeweils 1 Salbeiblättchen mit einem Holzstäbchen darauf feststecken den Bratensatz mit
125 ml (⅛ l) Weißwein	auffüllen, zum Kochen bringen, über die Schnitzel gießen, warm oder kalt servieren.
Beigabe:	Stangenweißbrot, Tomatensalat.

Senfbraten
(In der Bratfolie)

Etwa 1 kg Kotelettstück mit Filet vom Schwein (ohne Knochen)	waschen, abtrocknen, mit einem scharfen Messer längs tief einschneiden, mit
Salz	
Pfeffer	einreiben
	für die Füllung
2 Eßl. extra-scharfen Senf	mit
2 Eßl. französischem Gewürzsenf	verrühren
2 Zwiebeln	abziehen, in feine Würfel schneiden
1 kleine Knoblauchzehe	abziehen, zerdrücken
3 Bund gemischte, gehackte Kräuter	
	die drei Zutaten mit der Senfmischung verrühren die Masse in den Fleischeinschnitt füllen, mit der restlichen Masse das Fleisch bestreichen, das Fleisch mit Küchengarn umwickeln, auf ein genügend großes Stück Bratfolie legen, die Folie verschließen, auf dem Rost in den vorgeheizten Backofen schieben
Strom:	200
Gas:	Etwa 3½
Bratzeit:	Etwa 1 Stunde das gare Fleisch aus dem Backofen nehmen, kurze Zeit ruhen lassen, erst dann die Bratfolie öffnen, das Fleisch erkalten lassen, in Scheiben schneiden (Küchengarn entfernen), auf einer Platte anrichten, mit
Kerbel	
Tomatenröschen	
Maiskolben	
Perlzwiebeln	garnieren.
Beigabe:	Dunkles Brot.

Senfbraten, Fleischklößchen mit Roquefortfüllung, Kalbsschnitzel

uf römische Art

Fleischklößchen mit Roquefortfüllung

1 Brötchen (Semmel)	in kaltem Wasser einweichen, gut ausdrücken, mit
500 g Rindergehacktem	in eine Schüssel geben
1 Zwiebel	
1 Knoblauchzehe	
	beide Zutaten abziehen, in feine Würfel schneiden
1 Eßl. Speiseöl	erhitzen, Zwiebel- und Knoblauchwürfel darin glasig dünsten lassen, zu dem Gehackten geben
2 Eier	
2 Eßl. gehackte Petersilie	
2 Eßl. Tomaten-Ketchup	hinzufügen, alle Zutaten gut miteinander verkneten, die Masse mit
Salz	
Pfeffer	abschmecken
75 – 100 g Roquefort-Käse	in kleine Stücke schneiden
	aus dem Fleischteig 22 – 24 walnußgroße Klößchen formen, ein Loch in jedes Klößchen drücken, ein Stück Roquefort-Käse hineingeben, wieder zu Klößchen formen
	die Klößchen in
3 Eßl. Semmelmehl	wenden, schwimmend in siedendem
Ausbackfett	in 2 – 3 Portionen jeweils etwa 5 Minuten ausbacken, auf Haushaltspapier abtropfen lassen, heiß oder kalt servieren.

Garnierter Damwildrücken

1 Damwildrücken (etwa 1½ kg)	waschen, abtrocknen, enthäuten
	für die Marinade
2 l Buttermilch	mit
1 Eßl. zerdrückten Wacholderbeeren	
2 Lorbeerblättern	
1 Eßl. zerdrückten Pfefferkörnern	
½ Eßl. zerdrückten Pimentkörnern (Nelkenpfeffer)	verrühren
1 Zitrone (unbehandelt)	mit heißem Wasser abwaschen, in Scheiben schneiden, hinzufügen den Damwildrücken in die Marinade legen, zugedeckt 2 – 3 Tage an einem kühlen Ort stehenlassen, das Fleisch ab und zu wenden das marinierte Fleisch abtropfen lassen, trockentupfen, mit
Salz	
Pfeffer	einreiben, mit
40 g weicher Butter oder Margarine	bestreichen
150 g fetten Speck	in Scheiben schneiden, die Hälfte davon in eine mit Wasser ausgespülte Rostbratpfanne legen, das Fleisch darauf legen, mit den restlichen Speckscheiben bedecken, die Rostbratpfanne in den vorgeheizten Backofen schieben sobald der Bratensatz bräunt, die aus der Marinade genommenen Gewürze (ohne Zitrone),
1 abgezogene, geviertelte Zwiebel	dazulegen, kurz mitbraten lassen, etwas
heißes Wasser	hinzugießen, das Fleisch ab und zu mit dem Bratensatz begießen, verdampfte Flüssigkeit nach und nach ersetzen
Strom:	200 – 225
Gas:	4 – 5
Bratzeit:	45 – 60 Minuten das gare Fleisch vom Knochen lösen, erkalten lassen, in Scheiben schneiden
150 g Geflügelleberpastete (aus der Dose)	mit
2 Eßl. Crème fraîche	
1 Eßl. feingehacktem Basilikum	geschmeidig rühren, in einen Spritzbeutel mit Lochtülle füllen, die Hälfte da-

	von auf das Knochengerüst spritzen, die Fleischscheiben wieder darauf legen, mit der restlichen Geflügellebercreme,
gekochten Spargelspitzen	
blauen Weintrauben	
Kumquats	garnieren, das Fleisch mit
Madeira- oder Sherryaspik (S. 158)	bestreichen.
Beigabe:	Toast oder Stangenweißbrot, Butter.

Käse-Platte

	Auf einer Platte oder einem Brett je 1 Stück
Emmentaler Käse	
Ziegenkäse	
Tilsiter Käse	
Camembert	
Parmesan-Käse	
Roquefort-Käse	
Gouda-Käse	anrichten, mit
gewaschenen blauen oder grünen Weintrauben	garnieren. Nach Belieben die einzelnen Käsesorten auf Weinblättern mit Weintrauben garniert anrichten.

Lachsmousse

500 g Lachs und Lachskopf	unter fließendem kaltem Wasser abspülen, trockentupfen
1 l Salzwasser	mit
2 Lorbeerblättern	
Korianderkörnern	
gerebeltem Salbei	
5 Eßl. Estragonessig	
4 Zitronenscheiben (unbehandelt)	zum Kochen bringen, den Lachskopf hineingeben, zum Kochen bringen, etwa 30 Minuten kochen lassen, aus der Fischbrühe nehmen, den Lachs in die Brühe geben, etwa 10 Minuten darin ziehen lassen (nicht kochen, da dann der Lachs trocken wird) den Lachs in der Fischbrühe erkalten lassen, herausnehmen, von Haut und Gräten befreien, mit einem elektrischen Handrührgerät pürieren
2 schwach gehäufte Teel. Gelatine gemahlen, weiß	in einem kleinen Topf mit
3 Eßl. kaltem Wasser	anrühren, 10 Minuten zum Quellen stehenlassen, unter Rühren erwärmen, bis sie gelöst ist
1 Eßl. Zitronensaft	unterrühren, unter die Lachsmasse rühren
125 ml (⅛ l) Sahne	steif schlagen, mit
2 Eßl. gehacktem Dill	unterheben, mit
Salz, Pfeffer	würzen, die Masse in 4 mit Wasser ausgespülte Förmchen füllen, glattstreichen, im Kühlschrank fest werden lassen, das Lachsmousse auf eine Platte stürzen, mit
Tomatenröschen	
Dillzweigen	garnieren, nach Belieben
gedünstete Lachsscheiben	mit auf der Platte anrichten.

Klassisches Büfett

(Für 20 Personen)

Gemischte Fischplatte	Rezept Seite 80
Schollenfilets im Knuspermantel	Rezept Seite 76
Marinierte Gemüseplatte mit Avocadocreme	Rezept Seite 32
Ente mit Feigen *	Rezept Seite 109
Kräuter-Roastbeef *	Rezept Seite 99
Remouladensoße *	Rezept Seite 116
Filet Gisela *	Rezept Seite 86
Feiner Champignonsalat	Rezept Seite 50 (doppelte Menge)
Getrüffelte Fasanenterrine *	Rezept Seite 68
Zitronenbutter *	Rezept Seite 123 (doppelte Menge)
Kastenweißbrot *	Rezept Seite 201
Brötchenkranz *	Rezept Seite 201
Weizenvollkornbrot *	Rezept Seite 204
Mousse au chocolat	Rezept Seite 172 (doppelte Menge)
Käseauswahl	
Mitternachtssuppe *	Rezept Seite 43 (doppelte Menge)

* Die mit einem Stern gekennzeichneten Rezepte können bereits am Vortage vor- bzw. zubereitet werden, so daß diese Gerichte am Tage des Verzehrs nur nochmals abzuschmecken und anzurichten sind.
Garniervorschläge siehe Küchenratgeber Seite 316 – 318.

Party-Büfett

Gorgonzola-Mousse

1 Päckchen Gelatine gemahlen, weiß	mit
3 Eßl. kaltem Wasser	in einem kleinen Topf anrühren, 10 Minuten zum Quellen stehenlassen
250 g Gorgonzola-Käse	durch ein Sieb streichen, mit
250 ml (¼ l) Sahne	
2 Eßl. trockenem Sherry	verrühren, mit
Pfeffer	
Tabasco	würzen, die Masse in einem kleinen Topf im Wasserbad oder auf der Automatikplatte erhitzen, die Gelatine darunter rühren, so lange rühren, bis sie gelöst ist, die Masse erkalten lassen
125 ml (⅛ l) Sahne	steif schlagen, unter die Masse heben, in eine Sturzform füllen, im Gefrierfach des Kühlschranks fest werden lassen die Form kurz in heißes Wasser tauchen, die Mousse auf eine Platte stürzen, mit
Limonenscheiben	garnieren.

Salat mit wildem Reis und Hummerkrabben

Etwa 225 g wilden Reis	in
etwa 750 ml (¾ l) kochendes Salzwasser	geben, zum Kochen bringen, in etwa 20 Minuten ausquellen lassen, auf ein Sieb geben, mit kaltem Wasser übergießen, abtropfen und erkalten lassen
2 Eßl. Speiseöl	erhitzen, den Reis darin unter häufigem Wenden rösten, erkalten lassen
10 Hummerkrabben	aus der Schale brechen, den dunklen Darm entfernen
	für die Salatsoße
4 Eßl. Salatöl	mit
2 – 3 Eßl. Estragon-Essig	verrühren, mit
Salz	
Pfeffer	
Zucker	abschmecken, mit dem Reis vermengen, die Hummerkrabben unterheben, den Salat gut durchziehen lassen, evtl. nochmals mit Salz, Pfeffer abschmecken, mit
feingeschnittenem Schnittlauch	bestreuen.

Kasseler mit Äpfeln im Blätterteig

	Für die Füllung
750 g Äpfel, z. B. Cox Orange	schälen, vierteln, entkernen, in Spalten schneiden
125 ml (⅛ l) Wasser	mit
250 ml (¼ l) Weißwein	
50 g Zucker	zum Kochen bringen, die Apfelspalten hineingeben, zum Kochen bringen, einige Minuten kochen lassen, auf ein Sieb zum Abtropfen geben, die Flüssigkeit auffangen, die Äpfel erkalten lassen
2 kg sehr mageres Kasseler ohne Knochen	waschen, abtrocknen, auf dem Rost in die Rostbratpfanne legen
2 Eßl. Speiseöl	erhitzen, das Fleisch damit bestreichen, in den vorgeheizten Backofen schieben, in etwa 25 Minuten braun braten lassen evtl. etwas von der
Apfelflüssigkeit	hinzugießen das Kasseler herausnehmen, erkalten lassen
	für den Teig
2 Packungen (je 300 g) tiefgekühlten Blätterteig	nach der Vorschrift auf der Packung auftauen lassen die Teigplatten nebeneinander legen, zu einer Platte in der dreifachen Größe des Kasselers ausrollen (etwas Teig zum Garnieren abnehmen) das Fleisch darauf legen, die Apfelspalten auf das Fleisch schichten, den Teig um das Fleisch schlagen, die Nahtstellen mit etwas von
1 verschlagenen Eiweiß	bestreichen, gut festdrücken das Teigpaket mit der glatten Seite nach unten auf ein mit Wasser abgespültes Backblech legen aus dem restlichen Blätterteig Streifen schneiden, mit dem restlichen Eiweiß bestreichen, die Teigoberfläche damit garnieren mit einem Holzstäbchen mehrmals in die Oberfläche stechen
1 Eigelb	mit
etwas Milch	verschlagen, die Teigoberfläche damit bestreichen das Backblech in den vorgeheizten Backofen schieben
Strom:	200 – 225
Gas:	4 – 5
Bratzeit:	Etwa 25 Minuten
Backzeit:	Etwa 40 Minuten.

Lamm-Curry

Etwa 1½ kg Lammfleisch mit Knochen (Schulter)	waschen, in
kochendes Salzwasser	geben, zum Kochen bringen, abschäumen, etwa 2 Stunden kochen lassen, aus der Brühe nehmen das Fleisch vom Knochen lösen, in Würfel schneiden die Brühe durch ein Sieb gießen
375 g Zwiebeln	abziehen, in Würfel schneiden
1 – 2 Eßl. Margarine	zerlassen, die Zwiebelwürfel darin andünsten, die Lammfleischwürfel dazugeben, mit
Salz, Pfeffer Knoblauchsalz 1 – 2 Eßl. Currypulver	würzen, das Fleisch gut anbraten lassen etwas von
250 ml (¼ l) Lamm-Knochenbrühe	hinzugießen, das Fleisch schmoren lassen, verdampfte Flüssigkeit nach und nach ersetzen, das gare Lammfleisch mit
2 Eßl. Weizenmehl	bestäuben, unter Rühren weiterschmoren lassen
125 ml (⅛ l) Brühe (vom Lammknochen)	hinzugießen, gut verrühren
250 ml (¼ l) Sahne	hinzugießen, das Lammfleisch weiterschmoren lassen
etwa 400 g Ananasstücke (aus der Dose)	abtropfen lassen, hinzufügen, miterhitzen
1 Teel. Butter	zerlassen
100 g abgezogene, gestiftelte Mandeln	darin goldgelb rösten lassen, über das Lammcurry geben
Schmorzeit:	Etwa 45 Minuten.

Entenpastete

	Für den Teig
500 g Weizenmehl	auf die Tischplatte sieben, in die Mitte eine Vertiefung eindrücken
3 Eigelb 125 ml (⅛ l) kaltes Wasser Salz	hineingeben, mit einem Teil des Mehls zu einem dicken Brei verarbeiten
200 g kalte Butter	in Stücke schneiden, auf den Brei geben, mit Mehl bedecken, von der Mitte aus alle Zutaten schnell zu einem glatten Teig verkneten, in Alufolie wickeln, kalt stellen
	für die Füllung
250 g Frühstücksschinken	in Würfel schneiden
1 – 2 Eßl. Butter	zerlassen, die Schinkenwürfel darin glasig dünsten lassen
1 Möhre	putzen, schrappen, waschen, in Stücke schneiden
3 Zwiebeln	abziehen, in Würfel schneiden Möhrenstücke und Zwiebelwürfel in dem Schinkenfett andünsten lassen
1 küchenfertige Flugente (etwa 2 kg)	halbieren, waschen, abtrocknen, evtl. entfetten, in dem Schinken-Gemüse-Fett von allen Seiten gut anbraten, mit
Salz Pfeffer	würzen
2 Lorbeerblätter 125 ml (⅛ l) Instant-Fleischbrühe	hinzufügen, schmoren lassen, nach und nach
125 ml (⅛ l) Weißwein	hinzufügen, die Entenhälften im geschlossenen Topf etwa 1 Stunde schmoren lassen den Deckel abnehmen, das Fleisch so lange weiterschmoren lassen, bis die Flüssigkeit verdampft ist die Entenhälften herausnehmen, erkalten lassen die Schinken-Gemüse-Masse mit dem restlichen Bratensatz durch den Fleischwolf drehen
375 g Kalbfleisch	waschen, abtrocknen, ebenfalls durch den Fleischwolf drehen, mit der Schinken-Gemüse-Masse vermengen, mit Salz,
Cayennepfeffer etwas getrockneter Zitronenschale Pernod	abschmecken das Entenfleisch enthäuten, von den Knochen lösen, in nicht zu kleine Stükke schneiden

25 g Trüffeln (1 kleine Dose)	abtropfen lassen, die Trüffeln grob zerschneiden
	den Teig dünn ausrollen, eine Kastenform (Länge etwa 38 cm) damit auslegen (etwas Teig für den Deckel zurücklassen)
	Fleisch-Gemüse-Masse, Entenfleisch- und Trüffelstücke schichtweise einfüllen
	aus dem restlichen Teig (etwas zum Garnieren zurücklassen) einen Deckel in der Größe der Kastenform-Oberfläche ausrollen, einige kleine Löcher ausstechen, den Teigdeckel auf die Pastetenmasse legen, an den Rändern gut festdrücken
	aus dem restlichen Teig zwei dünne, lange Rollen formen, umeinander schlingen, als Rand auf die Pastete legen
½ Eigelb	mit
etwas Milch	verschlagen, die Pastete damit bestreichen
	die Form auf dem Rost in den vorgeheizten Backofen schieben
Strom:	Etwa 200
Gas:	3 – 4
Backzeit:	1¼ – 1½ Stunden
	die Pastete in der Form erkalten lassen.

Bohnensalat mit Pinienkernen

1 kg junge Brechbohnen	evtl. abfädeln, waschen, in Stücke brechen, in
kochendes Salzwasser	geben, zum Kochen bringen, in etwa 20 Minuten gar kochen, abtropfen und erkalten lassen
etwa 1 Eßl. Speiseöl	erhitzen
100 g Pinienkerne	darin goldbraun rösten, erkalten lassen
6 Eßl. Salatöl	mit
3 Eßl. Kräuteressig	verrühren, mit
gerebeltem Oregano	
Knoblauchsalz	
Salz	
Pfeffer	abschmecken, mit den Bohnen vermengen, den Salat gut durchziehen lassen, nochmals mit Oregano, Koblauchsalz abschmecken, die Pinienkerne unterheben.

Mokka-Parfait

6 Eigelb	mit
175 g Zucker	schaumig schlagen
2 Eßl. Instant-Kaffee	in
1 Eßl. warmem Wasser	auflösen, unter die Eigelbmasse rühren
500 ml (½ l) Sahne	mit
2 Päckchen Vanillin-Zucker	steif schlagen (4 Eßl. zum Verzieren in einen Spritzbeutel mit gezackter Tülle füllen), unter die Eigelbmasse ziehen
	die Masse in eine flache Schale füllen, im Gefrierfach in 3 – 4 Stunden gefrieren lassen
	das Mokka-Parfait auf einer Platte anrichten, mit der zurückgelassenen Sahne verzieren.

Katerfrühstück

(Für 6 – 8 Personen)

8 Matjesfilets	zu Röllchen formen, hochkant in
Zwiebelringe	setzen
2 Bund Radieschen	putzen (das Grün nicht ganz abschneiden), waschen die Zutaten mit
1 geräucherten Bückling	auf einem Brett anrichten, die Matjesröllchen mit
Dill	garnieren.
1 Stück Schweizer Käse	
1 Stück Roquefort-Käse	beide Käsesorten in Würfel schneiden, auf einem Teller mit
Tomatenachteln	anrichten.
100 g Keta-Kaviar (Lachskaviar, aus dem Glas)	in ein Schälchen geben, den Rand mit
1 Eßl. Zwiebelwürfeln	bestreuen, mit
gehacktem Dill	garnieren.
300 g geräucherte Lachsscheiben	auf
gewaschenen Salatblättern	anrichten, mit
Zitronenscheiben	garnieren.
Senf-Sahne-Soße (S. 120)	in ein Schälchen geben.

Salat Dolores

375 g Pellkartoffeln	pellen, in Scheiben oder in Streifen schneiden
200 g frische gepulte Krabben	
1 – 2 hartgekochte Eier	pellen, in Würfel schneiden die Zutaten miteinander vermengen, in einer Salatschale anrichten
	für die Salatsoße
1 Becher (150 g) Crème fraîche	mit
2 Eßl. Tomaten-Ketchup	
1 Eßl. Portwein	
1 Teel. Essig-Essenz (25 %)	verrühren, mit
Salz	
Pfeffer	
Zucker	abschmecken, über die Salatzutaten geben den Salat mit
feingehacktem Dill	bestreuen.

Etwa 250 g verschiedene Salami-Sorten	mit
1 Stück Leberwurst (etwa 200 g)	auf einem Teller anrichten.
Senf-Sahne-Soße (S. 120)	in ein Schälchen geben, mit
feingeschnittenem Schnittlauch	bestreuen.

Büfett International

(Für 10 Personen)

Mailänder Salami mit Weinzwiebeln	Rezept Seite 29 (doppelte Menge)
Sherry-Sardinen *	Rezept Seite 78
Peking-Suppe Taifun	Rezept Seite 42 (doppelte Menge)
Truthahnröllchen, französisch	Rezept Seite 110
Mariniertes Lammfleisch, türkisch	Rezept Seite 92
Bulgarischer Zucchinisalat	Rezept Seite 47
Paprikabutter *	Rezept Seite 123 (doppelte Menge)
Griechisches Fladenbrot	
Brötchenkranz *	Rezept Seite 201
Maçedoine des fruits	Rezept Seite 171
Kleine Käseplatte	Rezept Seite 275
Basilikumkäse *	Rezept Seite 194

* Die mit einem Stern gekennzeichneten Rezepte können bereits am Vortage vor- bzw. zubereitet werden, so daß diese Gerichte am Tage des Verzehrs nur nochmals abzuschmecken und anzurichten sind.
Garniervorschläge siehe Küchenratgeber Seite 316 – 318.

Rustikales Büfett

(Für 10 Personen)

Gefüllte Tomatenkörbchen	Rezept Seite 22
Eisbeinsülze nach Bauernart *	Rezept Seite 166
Salzhering in Sahnesoße Harzer Art *	Rezept Seite 76
Rippe mit Backobst *	Rezept Seite 90
Gepfefferter Schweinerücken *	Rezept Seite 97
Ingwer-Curry-Dressing	Rezept Seite 119
Senf-Sahne-Soße	Rezept Seite 120
Essiggurken *	Rezept Seite 234
Paprikasalat mit Schafskäse	Rezept Seite 51
Maissalat *	Rezept Seite 52
Harzer Käse, eingelegt * oder **Kleine Käseplatte**	Rezept Seite 191
Schnittlauchbutter *	Rezept Seite 124
Käsebrot *	Rezept Seite 207
Landbrot *	Rezept Seite 202
Rote Grütze mit Himbeeren *	Rezept Seite 176 (doppelte Menge)

Büfett für kleine Anlässe

(Für 10 Personen)

Spargelcocktail Hawaii	Rezept Seite 13
Muschelcocktail Bombay	Rezept Seite 18
Roastbeefhäppchen	Rezept Seite 134
Kaviar-Ei-Häppchen	Rezept Seite 134
Canapés mit Parmaschinken und Melonenkugeln	Rezept Seite 140
Canapés mit Hähnchenbrust- und Meerrettich-Mayonnaise	Rezept Seite 141
Canapés mit Camembert	Rezept Seite 138
Staudenselleriesalat mit Äpfeln	Rezept Seite 46
Wildsalat *	Rezept Seite 57
Gefülltes Stangenbrot Doris	Rezept Seite 203
Walnuß-Apfelsinen-Creme *	Rezept Seite 173 (doppelte Menge)

Büfett für offizielle Anlässe

(Für 10 Personen)

Shrimps auf Artischockenböden	Rezept Seite 24
Kaviarschnitten	Rezept Seite 26
Garnierte Kräckers	Rezept Seite 42
Consommé royal *	Rezept Seite 42
Rinderfiletscheiben, fruchtig und pikant *	Rezept Seite 270 (½ Rezept)
Rehrücken garniert mit Apfelsinensoße *	Rezept Seite 106
Pilzsalat mit Basilikum-Mayonnaise	Rezept Seite 46 (doppelte Menge)
Kräuterbutter *	Rezept Seite 122
Stangenweißbrot	
Kräuterbrötchen *	Rezept Seite 211
Schwarzwälder Kirschcreme	Rezept Seite 175 (doppelte Menge)

Leichtes Büfett
(Für 10 Personen)

Champignoncocktail	Rezept Seite 19 (doppelte bzw. dreifache Menge)
Vorspeisenteller Forellenhof	Rezept Seite 28 (acht- bis zehnfache Menge)
Salatplatte	Rezept Seite 47
Sahnequark mit Beilagen	Rezept Seite 196
Kalbsnuß auf provençalische Art *	Rezept Seite 100
Dillbutter *	Rezept Seite 123
Sesambrot *	Rezept Seite 208
Roggen-Schrotbrot *	Rezept Seite 200
Quarkbrötchen *	Rezept Seite 211
Exotischer Zauber	Rezept Seite 183 (doppelte Menge)

Gartenparty
(Für 10 Personen)

Obstcocktail mit Krabben	Rezept Seite 15 (doppelte Menge)
Gurkensuppe	Rezept Seite 36 (doppelte Menge)
Putensülze *	Rezept Seite 167
Remouladensoße *	Rezept Seite 116
Hähnchenbrüstchen in Limettensoße *	Rezept Seite 110 (doppelte Menge)
Schinken mit pikanter Honigkruste *	Rezept Seite 88
Nudelsalat Torcello	Rezept Seite 54
Brotzopf *	Rezept Seite 207
Kastenweißbrot *	Rezept Seite 201
Rotweincreme	Rezept Seite 175 (doppelte Menge)

Nordisches Büfett
(Für 10 Personen)

Lachs mit Tatarensoße	Rezept Seite 74 (zwei- bis dreifache Menge)
Apfelhälften mit Speckriemchen	Rezept Seite 154
Forellen-Cremesuppe	Rezept Seite 41
Schinken in Kräutergelee *	Rezept Seite 159
Kräuter-Dip	Rezept Seite 122
Zwiebelkoteletts mit Senfcreme *	Rezept Seite 100 (zwei- bis dreifache Menge)
Bohnensalat *	Rezept Seite 50 (doppelte Menge)
Zitronenbutter *	Rezept Seite 123
Brotzopf *	Rezept Seite 207
Leinsamenbrot *	Rezept Seite 203
Beerensalat, pikant	Rezept Seite 170 (doppelte Menge)
Roquefortkugeln *	Rezept Seite 190 (doppelte Menge)

* Die mit einem Stern gekennzeichneten Rezepte können bereits am Vortage vor- bzw. zubereitet werden, so daß diese Gerichte am Tage des Verzehrs nur nochmals abzuschmecken und anzurichten sind. Garniervorschläge Küchenratgeber Seite 316 – 318.

Die beste Dr. Oetker
Das kulinarische Ereignis in 3 Bänden.

Für jedes General-Thema: Kochen, Backen, Kalte Küche gibt es ein umfassendes Standardwerk mit der Geling-Garantie der Dr. Oetker-Versuchsküche.

„Die beste Dr. Oetker Kalte Küche" haben Sie bereits. Machen Sie jetzt Ihre Küchen-Bibliothek komplett. Mit den schönsten Rezepten aus dem reichen Schatz unserer jahrzehntelangen Koch- und Backerfahrung.

Küchen-Bibliothek:

Das beste Dr. Oetker Kochbuch.

Mit diesem Buch macht Kochen Spaß!
850 der schönsten Rezept-Ideen und über 450 farbige Rezeptfotos. Jedes Rezept ist genauso beschrieben, wie Sie wirklich kochen. Das haben wir in der Dr. Oetker-Versuchsküche ausprobiert – als Garantie für bestes Gelingen.
19 Kapitel sind übersichtlich geordnet:
Suppen, Soßen, Fleisch, Wild, Geflügel, Fisch, Gemüse, Salate, Eintöpfe, Kartoffel-Gerichte, Gerichte aus Getreide-Erzeugnissen, Eierspeisen, Quarkspeisen, Obst, Süßspeisen, Grillen und Überbacken, Fritieren, Schnellkochen, Tiefkühlkost-Gerichte.

Das beste Dr. Oetker Backbuch.

Dieses Backbuch wird Sie begeistern!
Über 600 Rezepte und Anregungen. Über 400 farbige Rezeptfotos und Abbildungen. 15 Farbdoppelseiten mit fotografischen Meisterwerken der Backkunst.
Dazu ein großer Ratgeberteil mit Tips und Tricks zum Backenlernen und kunstvollen Backen.
In 14 Kapiteln alles über:
Rührteig-Gebäcke, Knetteig-Gebäcke, Quark-Ölteig-Gebäcke, Biskuitteig-Gebäcke, Brandteig-Gebäcke, Hefeteig-Gebäcke, Blätterteig-Gebäcke, Figürliches Backen, Modernes Backen, Herzhaftes Gebäck, Festliches Gebäck, Fettgebäck, Konfekt, Weihnachtsgebäck.

Grönlandkrabben, naturell

(1 Portion)

	Aus
250 g Grönlandkrabben (gegart, mit Schale)	das Fleisch herauslösen, mit dem
Saft von 1 Zitrone	beträufeln, mit
grob gemahlenem Sumatrapfeffer	
Salz	bestreuen, etwa 1 Stunde an einem kühlen Ort durchziehen lassen (den sich evtl. gebildeten Sud abgießen), mit
Dillzweigen	
halbierten Zitronenscheiben	garniert servieren.
Beigabe:	Toast, Butter.

Frische Feigen mit Bündner Fleisch

4 frische Feigen	unter fließendem kaltem Wasser abspülen, abtrocknen, halbieren, mit
125 g in sehr dünne Scheiben geschnittenem Bündner Fleisch	auf einer Platte anrichten.
Beigabe:	Toast oder Weißbrot, Butter.

Avocadocremesuppe, kalt

2 reife Avocados (etwa 500 g)	waschen, gut abtrocknen, längs halbieren, entsteinen, das Fruchtfleisch vorsichtig herauslösen, in kleine Würfel schneiden, mit
1 Eßl. Zitronensaft	beträufeln
750 ml (¾ l) Instant-Fleischbrühe	zum Kochen bringen, die Avocadowürfel hineingeben, zum Kochen bringen, in etwa 5 Minuten garen lassen, durch ein feines Sieb streichen oder im Mixer pürieren, mit
Salz	
Pfeffer	
Weißwein	abschmecken, nochmals kurz erhitzen
2 Eßl. Crème fraîche	unterrühren, erkalten lassen die Suppe mit
½ Eßl. feingehacktem Dill	
1 Teel. gehackten Chilischoten	bestreut servieren.
Anmerkung:	Diese Suppe kann auch heiß serviert werden.

Salatschüssel – Feinschmecker

50 g jungen Spinat	verlesen, 5 – 6 mal gründlich waschen, abtropfen lassen
¼ Kopf Frisée-Salat	putzen, waschen, abtropfen lassen, in Blättchen teilen
½ Salatgurke	waschen, in Scheiben schneiden
1 Bund Radieschen	putzen, waschen, abtropfen lassen, in Scheiben schneiden
1 grüne Paprikaschote	waagerecht halbieren, entstielen, entkernen, die weißen Scheidewände entfernen, die Schote waschen, in Ringe schneiden
1 Zwiebel	abziehen, in Scheiben schneiden
100 g Kaiserschoten (Zuckerschoten)	putzen, waschen
2 Möhren	putzen, schrappen, waschen, in Scheiben schneiden
100 g Champignons	putzen, waschen, in feine Scheiben schneiden eine Salatschüssel mit
1 abgezogenen Knoblauchzehe	ausreiben, die Salatzutaten darin anrichten
	für die Salatsoße
6 – 8 Eßl. Olivenöl	mit
3 Eßl. Weinessig	verrühren, mit
Salz	
Zucker	abschmecken
2 Eßl. grünen Pfeffer	
1 Eßl. feingeschnittenen Schnittlauch	
1 Eßl. gehackten Kerbel	unterrühren, über die Salatzutaten verteilen.

Broccoli-Pastete

	Von
500 g Broccoli	die Blätter entfernen, die Stengel am Strunk schälen, bis kurz vor den Röschen kreuzweise einschneiden, waschen
500 ml (½ l) Wasser	mit
Salz	zum Kochen bringen, den Broccoli hineingeben (einige Röschen zum Garnieren zurücklassen), in 15 – 20 Minuten gar kochen lassen den garen Broccoli herausnehmen, gut abtropfen lassen, durch ein Sieb streichen oder im Mixer pürieren
2 gestrichene Teel. Gelatine gemahlen, weiß	mit
2 Eßl. kaltem Wasser	in einem kleinen Topf anrühren, 10 Minuten zum Quellen stehenlassen, unter das noch heiße Gemüsepüree rühren, so lange rühren, bis sie gelöst ist, etwas abkühlen lassen
2 Eßl. Crème fraîche	
2 Eiweiß	unterrühren, kräftig durchschlagen, mit
Salz	
geriebener Muskatnuß	abschmecken
400 g Sellerieknolle	schälen, waschen, in kleine Stücke schneiden, in
125 ml (⅛ l) kochendes Salzwasser	geben, zum Kochen bringen, in 25 – 30 Minuten gar kochen lassen, herausnehmen, gut abtropfen lassen, durch ein Sieb streichen oder im Mixer pürieren
2 gestrichene Teel. Gelatine gemahlen, weiß	mit
2 Eßl. kaltem Wasser	anrühren, 10 Minuten zum Quellen stehenlassen, unter das noch heiße Selleriepüree rühren, so lange rühren, bis sie gelöst ist, etwas abkühlen lassen
2 Eßl. Crème fraîche	
2 Eiweiß	unterrühren, kräftig durchschlagen, mit Salz,
Pfeffer	abschmecken
400 g Möhren	putzen, schrappen, waschen, in Scheiben schneiden, in
125 ml (⅛ l) kochendes Salzwasser	geben, zum Kochen bringen, in 25 – 30 Minuten gar kochen lassen, herausnehmen, gut abtropfen lassen, durch ein Sieb streichen oder im Mixer pürieren
2 gestrichene Teel. Gelatine gemahlen, weiß	mit
2 Eßl. kaltem Wasser	anrühren, 10 Minuten zum Quellen stehenlassen, unter das noch heiße Möhrenpüree rühren, so lange rühren, bis sie gelöst ist, etwas abkühlen lassen
2 Eßl. Crème fraîche	
2 Eiweiß	unterrühren, kräftig durchschlagen, mit Salz,
Zucker	
Ingwerpulver	abschmecken eine Terrinen- oder Pastetenform (z. B. Kastenform) mit
Speiseöl	fetten, zuerst das Selleriepüree einfüllen, glattstreichen, darauf etwa die Hälfte des Broccolipürees geben, die zurückgelassenen Broccoliröschen mit dem Stiel nach oben leicht eindrücken, mit dem restlichen Broccolipüree bedekken, glattstreichen, zuletzt das Möhrenpüree darauf geben, glattstreichen die Form mit einem Deckel oder mit Alufolie verschließen, in einen Topf mit kochendem Wasser setzen, garen lassen
Garzeit:	45 – 55 Minuten die Pastete in der Form eine Zeitlang an einem kühlen Ort stehenlassen, kurz in heißes Wasser stellen, die Pastete aus der Form nehmen, in nicht zu dünne Scheiben schneiden.
Beigabe:	Knackige Salate.

Gebeizte Forelle mit Dillsoße

(4 – 5 Portionen)

1 küchenfertige Forelle (etwa 1 kg)	unter fließendem kaltem Wasser abspülen, trockentupfen, in zwei Längshälften teilen, das Rückgrat entfernen, die Forelle entgräten die eine Hälfte der Forelle mit der Haut nach unten in eine Schale legen
2 Bund grob gehackten Dill	darauf verteilen
1 Eßl. Salz	mit
1 Eßl. Zucker	
2 Eßl. frisch geschroteten weißem Pfeffer	vermischen, über den Fisch streuen, nach Belieben mit
½ Teel. Weinbrand	beträufeln, die andere Fischhälfte mit der Haut nach oben darauf legen, mit Alufolie bedecken, darauf ein Brett (größer als der Fisch) legen, mit z. B. 2 – 3 geschlossenen, gefüllten Konservendosen gleichmäßig beschweren die Forelle an einem kühlen Ort (Kühlschrank) 2 – 3 Tage stehenlassen, ab und zu mit der sich sammelnden Beize begießen die Forelle aus der Beize nehmen, trockentupfen, enthäuten, die Forellenfilets auf einer Platte anrichten
	für die Dillsoße
4 Eßl. scharfen Senf	mit
1 Teel. Senfpulver	
3 Eßl. Zucker	
2 Eßl. Weinessig	verrühren, nach und nach
5 Eßl. Salatöl	unterschlagen
3 Eßl. gehackten Dill	unterrühren die Soße zu dem Fisch reichen.
Veränderung:	Karotten- und Selleriestreifen, Zwiebeln, Lorbeerblatt, Salbei, Petersilie, Frühlingszwiebeln in die Beize geben.

Beefsteak Tatar

2 Zwiebeln	abziehen, in feine Würfel schneiden, mit
500 – 750 g Tatar	
1 Eßl. Salatöl	
1 – 2 Teel. Senf	
1 Teel. zerdrücktem grünem Pfeffer	verrühren, mit
Salz	
Paprika edelsüß	
Essig	abschmecken das Tatar in Portionen auf einer Platte oder in einer Schüssel anrichten, mit
Majoran	garnieren in jede Portion eine Vertiefung eindrücken jeweils 1 – 2 Eigelb von
6 – 8 Eigelb	hineingeben in kleinen Schüsseln
Zwiebelringe	
geschroteten Pfeffer	
Gewürzgurken	
Schnittlauch	
Paprika edelsüß	
Sardellenfilets	
Kapern	
gehackte Petersilie	dazureichen.
Beigabe:	Bauernbrot.

Geräucherte Gänsebrust, garniert

250 g Sauerkirschen	waschen, evtl. entstielen, entsteinen, mit
75 g Zucker	
3 Messerspitzen gemahlenem Ingwer	bestreuen sobald die Früchte Saft gezogen haben, sie weich dünsten das Kompott erkalten lassen
125 g in Scheiben geschnittene geräucherte Gänsebrust	auf
gewaschenen Eichblattsalatblättern	anrichten, mit dem Kompott garnieren.
Beigabe:	Toast, Butter.

Schinkenquark

250 g Magerquark	mit
4 – 5 Eßl. Milch	verrühren
2 Eßl. feingeschnittenes Basilikum	
1 kleine, feingeschnittene, grüne Chilischote	unter den Quark rühren
100 g rohen Schinken	in feine Würfel schneiden, hinzufügen den Schinkenquark mit
Salz	
Pfeffer	abschmecken.

Lachs auf Weißbrot

½ Stange Meerrettich	putzen, schrappen, waschen einige Streifen Meerrettich abschrappen, zum Garnieren zurücklassen, den restlichen Meerrettich fein reiben
200 ml (⅕ l) Sahne	½ Minute schlagen
1 Päckchen Sahnesteif	einstreuen, die Sahne steif schlagen, den Meerrettich unterrühren, mit
Salz	
Zucker	abschmecken die Sahne in einen Spritzbeutel mit großer Sterntülle füllen, gleichmäßig auf
8 große Scheiben Räucherlachs	spritzen, aufrollen
4 Scheiben Weißbrot	mit
Dillbutter (S. 123)	bestreichen, jeweils 2 Lachsröllchen darauf legen, mit den Meerrettich-Streifen,
Keta-Kaviar (Lachskaviar aus dem Glas)	
Dillzweigen	
Brunnenkresse	garnieren.

Kaviar

(1 Portion)

Etwa 50 g Kaviar (aus dem Glas)	gut gekühlt in einem Schälchen anrichten, mit
Zitronenscheiben oder -achteln	
Eierscheiben	garnieren.
Beigabe:	Toast, Butter.

Gemüsesülze

250 g zerkleinerte Rinderknochen	unter fließendem kaltem Wasser abspülen
500 g Rindfleisch (Beinscheibe)	waschen beide Zutaten in
1 ½ l kaltes Salzwasser	geben, zum Kochen bringen, abschäumen
2 Bund Petersilie	waschen, fein hacken, hinzufügen das Fleisch in etwa 2½ Stunden gar ziehen lassen, aus der Brühe nehmen die Brühe durch ein Sieb gießen, mit Salz,
Speisewürze	abschmecken, erkalten lassen, entfetten, klären (S. 158) 1 l von der Brühe abmessen
1 – 2 geputzte Blumenkohlröschen **4 – 5 geputzte Porreeringe** **3 – 4 geputzte Broccoliröschen** **1 Eßl. frische Erbsen**	die Zutaten waschen, abtropfen lassen, in die Brühe geben, langsam zum Kochen bringen, kurz aufkochen
2 Päckchen Gelatine gemahlen, weiß	mit
6 – 8 Eßl. kaltem Wasser	anrühren, 10 Minuten zum Quellen stehenlassen, unter die noch heiße Brühe rühren, so lange rühren, bis sie gelöst ist die Flüssigkeit mit dem Gemüse in eine mit kaltem Wasser ausgespülte Form füllen, abkühlen lassen
1 – 2 frische Basilikumspitzen **Dillzweige**	hinzufügen, im Kühlschrank erstarren lassen wenn die Sülze schnittfest ist, sie mit einem Messer vorsichtig vom Rand der Form lösen (evtl. vorher kurz in heißes Wasser halten), auf eine Platte stürzen, zu kaltem Braten reichen.

Frucht-Sorbet

(1 Portion)

	Aus
1 Packung Das Feine Zitronen-Sorbet **1 Packung Das Feine Cassis-Sorbet**	mit einem Eisportionierer jeweils 1 Kugel formen, in ein gekühltes Dessertglas oder Glasschälchen geben, mit
beliebigem geeistem Beerenobst	anrichten.

Gebackener Camembert – Mandello

2 Camembert-Hälften (nicht zu reif, gut gekühlt)	zuerst in
1 verschlagenen Ei	dann in
abgezogenen, gehobelten Mandeln	wenden, gut festdrücken, nochmals in dem verschlagenen Ei und den Mandeln wenden, in siedendem
Ausbackfett	goldgelb backen, auf Haushaltspapier abtropfen lassen
1 Bund Petersilie	waschen, sehr gut trockentupfen, kurz in das Ausbackfett tauchen
250 g große Preiselbeeren (amerikanische Sorte)	verlesen, waschen, mit
125 ml (⅛ l) Wasser **50 g Zucker**	weich dünsten, erkalten lassen, nach Belieben mit
Zucker	abschmecken die Camembert-Hälften mit der Petersilie und den Preiselbeeren auf einer Platte anrichten.
Beigabe:	Toast.

Schlemmerbaguette

1 Baguette (Weißbrot, etwa 25 cm lang)	längs halbieren, die Schnittflächen mit
Butter	bestreichen die untere Hälfte des Baquettes mit
gewaschenen Eisbergsalatblättern	belegen
2 Scheiben gekochten Schinken **Tomatenscheiben** **Gurkenscheiben** **Radieschenscheiben** **grüne Paprikascheiben** **grüne Paprikastreifen** **Zwiebelringe** **hartgekochte Eierviertel**	darauf legen, mit
gemischten, gehackten Kräutern	bestreuen die obere Hälfte des Baguettes darauf setzen, servieren.

Knusper-Käsestangen

1 Packung (300 g) tiefgekühlten Blätterteig	nach der Vorschrift auf der Packung auftauen lassen, ausrollen, in etwa 2 cm breite und 12 cm lange Streifen rädern
1 Eigelb	mit
1 Eßl. Dosenmilch	verschlagen, die Teigstreifen damit bestreichen, mit
geriebenem Parmesan- oder Schweizer Käse	bestreuen die Streifen spiralförmig drehen (das eine Ende nach rechts, das andere nach links herum drehen), auf ein mit kaltem Wasser abgespültes Backblech legen, in den vorgeheizten Backofen schieben
Strom:	200 – 225
Gas:	4 – 5
Backzeit:	Etwa 10 Minuten.

Knusper-Salzstangen

1 Packung (300 g) tiefgekühlten Blätterteig	nach der Vorschrift auf der Packung auftauen lassen, ausrollen, in etwa 2 cm breite und 12 cm lange Streifen rädern
1 Eigelb	mit
1 Eßl. Dosenmilch	verschlagen, die Teigstreifen damit bestreichen, mit
grobem Salz	bestreuen die Streifen spiralförmig drehen (das eine Ende nach rechts, das andere nach links herum drehen), auf ein mit kaltem Wasser abgespültes Backblech legen
Strom:	200 – 225
Gas:	4 – 5
Backzeit:	Etwa 10 Minuten.

Juanito's Drink

Wasser-Eiswürfel (aus dem Gefrierfach)	in ein Glas geben
1 Limonenscheibe (unbehandelt)	hinzufügen
6 – 8 Eßl. Tequila	darüber gießen, mit
eisgekühltem klarem Zitronensprudel	auffüllen das Getränk mit Trinkhalmen servieren.

Harzer Käse in Öl

500 ml (½ l) Speiseöl	mit
½ Teel. weißen Pfefferkörnern 2 abgezogenen Knoblauchzehen Kapern ¼ Teel. Kümmel 1 Lorbeerblatt 1 kleinen Rosmarinzweig 1 kleinen Thymianzweig 1 – 2 roten Chilischoten	mischen
500 g Harzer Käse	in die vorgegebenen Einzelstücke (Rollen) teilen, in ein hohes Glasgefäß geben, mit der Marinade übergießen (Käse soll bedeckt sein), mindestens 4 – 5 Tage stehenlassen.
Beigabe:	Grau-, Misch- oder Vollkornbrot.
Anmerkung:	Die Marinade kann mehrmals verwendet werden.

Muntermacher-Müsli

75 g Erdbeeren	waschen, gut abtropfen lassen, entstielen, große Früchte halbieren
50 g Johannisbeertrauben	waschen, gut abtropfen lassen, die Beeren mit einer Gabel von den Stielen streifen die Früchte in eine Schüssel geben, mit
2 – 3 gehäuften Eßl. Haferflocken **1 – 2 Eßl. Hagelzucker**	bestreuen, mit
etwa 250 ml (¼ l) kalter Milch	übergießen.

Gemischter Vorspeisenteller

Etwa 1 kg Krebse (etwa 8 Stück)	gründlich unter fließendem kaltem Wasser bürsten
etwa 2 l Wasser	mit
3 Eßl. Salz **¼ Teel. Kümmel** **1 Eßl. getrockneten Dillspitzen**	zum Kochen bringen, etwa 5 Minuten kochen lassen, 2 Krebse mit dem Kopf zuerst hineingeben, zum Kochen bringen (dabei färben sich die Krebse rot), paarweise nach und nach die anderen Krebse hinzufügen, bei jeder Partie das Wasser immer wieder zum Kochen bringen, den Vorgang so lange wiederholen, bis alle Krebse im Sud sind, etwa 10 Minuten kochen lassen eine große Schüssel mit
1 Bund gewaschenem Dill	auslegen, die noch heißen Krebse darauf legen, den Sud durch ein Sieb gießen, über die Krebse geben, erkalten lassen, mit Alufolie abdecken, 10 – 12 Stunden kalt stellen die Krebse aus dem Sud nehmen, aufbrechen, aus dem Schwanzteil das Fleisch herauslösen, auf einem Teller anrichten, mit 4 Krebsnasen (Krebsvorderteilen),
geschälten, halbierten Avocadoringen **Champignonscheiben** **Brunnenkresse** **Dillzweigen**	garnieren
2 küchenfertige Forellen (je 250 – 300 g)	unter fließendem kaltem Wasser abspülen
125 ml (⅛ l) Weißwein	mit
125 ml (⅛ l) Wasser **10 Pfefferkörnern** **1 Eßl. Weinessig** **1 schwach gehäuften Teel. Salz**	zum Kochen bringen, die Forellen hineingeben, den Topf mit einem Deckel verschließen, zum Kochen bringen, die Forellen in etwa 15 Minuten gar ziehen lassen die garen Forellen herausnehmen, erkalten lassen
	für die Soße den Fischsud zum Kochen bringen
1 Becher (150 g) Crème fraîche	hinzufügen, unter Rühren kurz aufkochen lassen, die Soße mit
Salz **Pfeffer** **Zucker**	abschmecken, durch ein feines Sieb gießen, während des Erkaltens ab und zu durchrühren von den Forellen Kopf und Haut entfernen, die Filets vorsichtig entgräten, zu dem Krebsfleisch auf den Teller geben die Forellenfilets mit einem Teil der Soße übergießen, den Rest dazureichen.
Beigabe:	Toast, Butter.

Garnierte Artischockenböden

8 – 10 Artischockenböden (aus der Dose)	abtropfen lassen
etwa 150 g Geflügelleberpastete (aus der Dose)	mit
2 Eßl. Crème fraîche	
knapp 1 Eßl. Weinbrand	zu einer geschmeidigen Masse verrühren, in einen Spritzbeutel mit Sterntülle füllen, auf die Artischockenböden spritzen, mit
geviertelten Kiwischeiben	
geschnittenen Estragonblättern	garnieren.
Beigabe:	Stangenweißbrot, Butter.

Garnierte Eier

4 hartgekochte Eier	pellen, längs halbieren, das Eigelb herauslösen, durch ein feines Sieb streichen, mit
100 g Doppelrahm-Frischkäse	
1 Eßl. Crème fraîche	verrühren, mit
Salz	
Pfeffer	
Paprika edelsüß	
Currypulver	abschmecken die Masse in einen Spritzbeutel mit Sterntülle füllen, in die ausgehöhlten Eierhälften spritzen, mit
Shrimps	
geviertelten Zitronenscheiben	
Dillzweigen	garnieren.

Garnierte Kalbsmedaillons

250 g Kalbsfilet	waschen, abtrocknen, die Sehnen entfernen, das Fleisch in 4 gleichmäßige Scheiben schneiden, etwas zusammendrücken, mit
Salz	
Pfeffer	würzen
1 Eßl. Butterschmalz oder Margarine	erhitzen, das Fleisch von beiden Seiten 5 – 6 Minuten darin braten, herausnehmen, auf einen Teller legen, mit
1 Eßl. Weinbrand	beträufeln, erkalten lassen
80 g Kalbsleberpastete (aus der Dose)	mit
1 Eßl. Crème fraîche	zu einer geschmeidigen Masse verrühren, in einen Spritzbeutel mit Sterntülle füllen, auf die Kalbsmedaillons spritzen, mit
Aspikwürfeln (S. 158)	
geviertelten Cocktailkirschen	
Mandarinenspalten (aus der Dose)	
Tymianblättern	garnieren.
Beigabe:	Salate, Toast, Butter.

Garnierte Kalbsmedaillons, Garnierte Eier, Garnierte Artischockenböden

KÜCHENRATGEBER

Die Tips und Tricks der kalten Küche.

Das beste Werkzeug ist gerade gut genug

Küchenschere
Geflügelschere
Käsereibe

Wiegemesser
Küchenmesser
Kartoffelschälmesser
Küchenmesser
Küchenmesser
Küchenmesser
Wetzstahl
Tranchierbesteck
Fleischmesser
Fleischmesser
Lachsmesser

Knoblauchpresse
Orangenschäler
Garniergerät
Eierteiler
Spritzbeutel mit verschiedenen Tüllen
Garnierausstecher

Sie sind prima sortiert, wenn Sie über Handrührgerät und Küchenmaschine mit allem Zubehör – von Rührbesen bis Schnitzelwerk und Fleischzerkleinerer – verfügen. Daß Sie einen Toaster haben, setzen wir voraus. Damit können Sie in der Kalten Küche schon eine Menge ausrichten. Aber was wäre sie wert, wenn nicht die nötigen, scharf gewetzten Messer zur Verfügung stünden? Denn nur damit kann so exakt wie möglich und nötig gearbeitet werden. Und mit ein paar anderen guten Werkzeugen auch. Das beste Werkzeug ist übrigens gerade gut genug. Schauen wir uns mal an, was in einer gut ausgerüsteten Küche vorhanden sein sollte:

Die Küchenschere ist ein Allzweckgerät. Es können damit Packungen auf- und Kräuter kleingeschnitten werden. Mit der Ausbuchtung hinter den Klingen werden widerspenstige Drehkorken und normale Kronenkorken geöffnet. Klar, daß Fischflossen einer solchen Schere nicht standhalten; Radieschenblätter z. B. auch nicht.

Die Geflügelschere, mit scharfen Klingen und sehr robust, hilft Ihnen, rohes und gegartes Geflügel in Portionsstücke zu teilen. Sie ist so stark, daß sie auch Knochen teilen kann.

Die Käsereibe brauchen Sie, wenn Ihnen eine grobe Reibe oder ein Elektrogerät zum Zerkleinern fehlt. Ideal ist sie für kleine Portionen.

Das Wiegemesser mit den zwei gebogenen Klingen und den beiden Griffen hackt Kräuter fein und zerkleinert Gemüse, Fleisch und Fisch, egal, ob roh oder gegart.

Küchenmesser zum Schälen, Obst- und Gemüseputzen und zum Zerkleinern gibt's in zahlreichen Formen. Darunter auch das Hackmesser mit der gedrungenen, spitz zulaufenden Klinge.

Der Wetzstahl für Messer mit glatter Klinge ist für Profihausfrauen unentbehrlich. Obwohl es in vielen Haushalten auch schon mechanische oder elektrische Messerschleifer gibt. Damit können auch Messer mit Wellenschliff geschärft werden.

Das Tranchierbesteck – eine Gabel mit zwei langen Zinken und ein scharfes, langes Messer – ist zum Schneiden vor allem von großen Braten und Geflügel unentbehrlich.

Die Fleischmesser, kürzer oder länger, brauchen Sie, um rohes oder gegartes Fleisch gleichmäßig schneiden zu können.

Das Lachsmesser ist erforderlich, um Lachsseiten in hauchdünne, appetitliche Scheiben zu schneiden.

Die Knoblauchpresse ist eine tolle Erfindung. Zwar müssen die Knoblauchzehen noch abgezogen werden, aber die Presse zerkleinert sie.

Der Orangenschäler hilft, die saftigen Zitrusfrüchte so zu schälen, wie es in der klassischen Küche üblich ist, nämlich einschließlich der weißen Haut.

Das Garniergerät sorgt dafür, daß Sie kalte Butter zu Spiralen und Kugeln formen können. Und sogar gerillte Scheiben können damit aus der Butter geschnitten werden.

Eierteiler gibt's für hartgekochte Eier, die Sie achteln möchten (wie hier zu sehen), aber auch solche, mit denen Sie die Eier in gleichmäßige Scheiben schneiden können.
Dicke Champignons lassen sich auch damit teilen.

Der Spritzbeutel mit seinen verschiedenen Tüllen ist zum Verzieren und Füllen mit Cremes aus Frischrahmkäse, Sahne, Mayonnaise und Butter unentbehrlich.

Die Garnierausstecher helfen Ihnen, hübsche Formen aus Möhren-, Kohlrabi-, Gurken-, Sellerie-, Äpfel- und Rote-Betescheiben zu zaubern. Egal, ob Gemüse und Obst roh oder gekocht sind. Es gibt ihn in zahlreichen Formen im Durchmesser von 1 bis 5 cm.

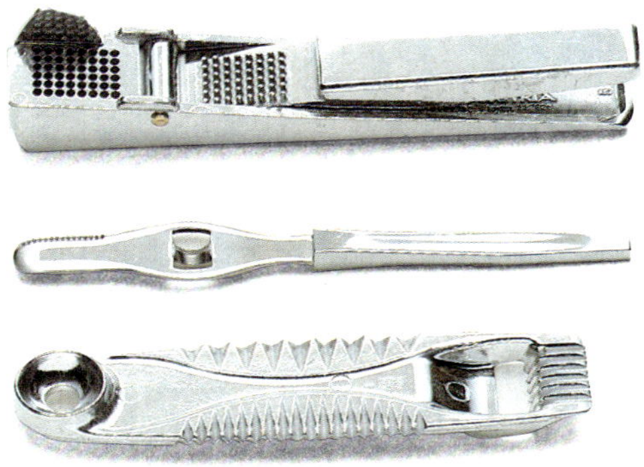

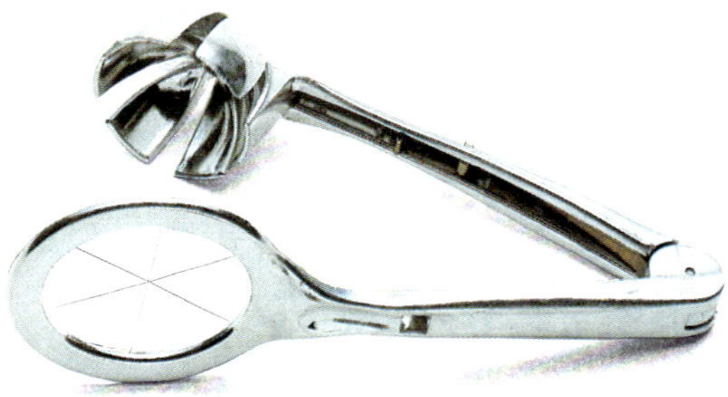

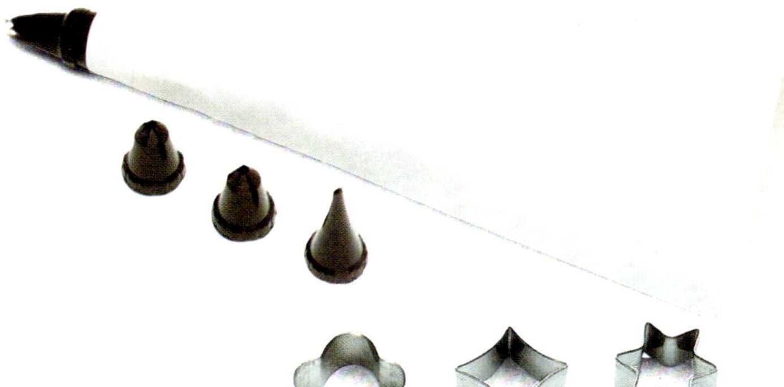

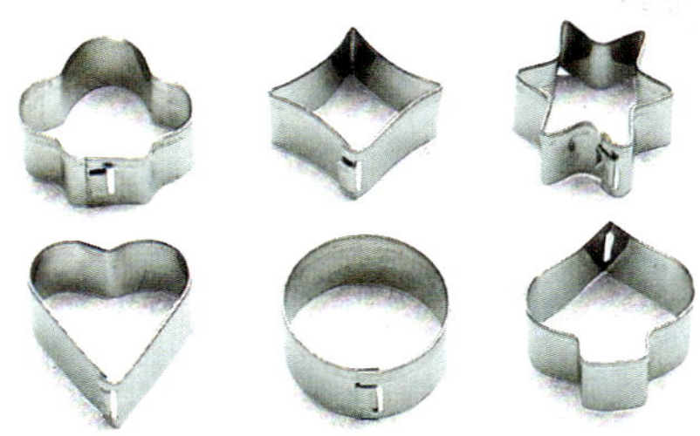

Brot ist aller Kalten Küche Anfang

Ein bißchen Historie vorweg
Wie jedes Nahrungsmittel, so hat auch Brot seine jahrtausende alte Geschichte. Im Zeitraffer betrachtet, sieht sie so aus: Getreidepflanzen wie Weizen, Gerste und Hirse gibt's als Kulturform seit 6000 Jahren. Zwischen den Jahren 6000 und 3000 v. Chr. wurde Getreide im Orient, in China und Indien angebaut. Auch in Ägypten. Im Land der Pharaonen wurde es zur Hochkultur gebracht. Gerste und Weizen wurden zu Brot gebacken. Es gibt darüber Dokumente, die von immerhin 30 Sorten zeugen. Allerdings durfte nicht jeder jedes Brot essen. Den Göttern war das feinste mit Namen Qamh geweiht, Pharaonen und andere Fürstlichkeiten bekamen „köstlich gebackenes" und für die Soldaten war das mindere Brot gedacht.
In Indien wurde schließlich die Weisheit geprägt: „Der besten Dinge Bestes ist das Brot", und im antiken Griechenland, in Böotien – wo Weizen angebaut wurde – waren die Einwohner als Verschwender verschrien, weil sie nur weißes, köstliches Brot aßen.
Dabei war es Jahrtausende vorher mit dem Backen noch nicht weit her. Das Getreide wurde zerkleinert, also in mörserähnlichen Gefäßen zerstoßen, mit Wasser gemischt, so daß es aufquellen konnte und dieser Brei wurde dann in Fladenform auf heiße Steine gestrichen. Dort trockneten die Fladen sozusagen zum ersten täglichen Brot der Menschheit. Steine also als Vorläufer unserer Backstuben, Getreidebrei als Vorläufer des Brotteiges. Solch ein Fladenbrot mußte übrigens am Backtag gegessen werden, denn am nächsten Tag war es – weil arm an Flüssigkeit – steinhart. Glücklicherweise entdeckten die Menschen dann eines schönen Jahrtausends, wie Brot gebacken wird und ließen auch die Betrachtung seines gesundheitlichen Wertes nicht außer acht. In unseren Breiten, vor allem in Deutschland, entwickelte sich seit dem Mittelalter eine sagenhafte Fertigkeit im Brotbacken und darin, immer neue Sorten zu erfinden. Inzwischen können wir hierzulande über 200 verschiedene Brotsorten verfügen. Eine solche Vielfalt gibt's nur einmal auf der Welt. Bei uns in der Bundesrepublik.

Die vielen Brotsorten und -formen
Brotsorten, das sind alle nach Mehlart, Mehltype, Mehlmischung, Verarbeitung und Konsistenz gleichen Brote.
Aber neben den Sortenbezeichnungen gibt's auch Unterschiede in Form und Oberfläche der Brote. So sind zum Beispiel Längs- oder Ovalformen häufiger als runde. Die Oberflächen können blank oder bemehlt, glatt sein oder Einschnitte haben. Da gibt's die längs, quer und kreuzweise eingeschnittenen Brote. Manche haben auch Einstiche, manche nur Vertiefungen, die vor dem Backen mit den Fingern in den Teig gedrückt werden.
Es gibt geschobene Brote, die einzeln gebacken werden und rundherum Kruste haben und angeschobene Brote. Dabei berühren sich die Teiglaibe und bilden an diesen Stellen keine Kruste. Schließlich gibt es noch Kasten- und Korbbrote. Die einen in Kastenformen, die anderen in Körben gebacken. Sie haben den geringsten Krustenanteil.

Die Teigmischungen – unterschiedlich wie die Sorten
Denken Sie an Graubrot – als Fladen, Ring oder Laib. Denken Sie an Schwarzbrot in Kasten- oder Laibform oder an Weißbrot als Laib, Baguette oder Stangenbrot –, das sind alles Bezeichnungen aus unserem Sprachgebrauch. Der Fachmann aber unterscheidet ausschließlich nach den verwendeten Mehlsorten. Hier ist der Überblick darüber, was es alles im Bäckereifachgeschäft und im Lebensmittelhandel gibt. Hübsch nach Sorten geordnet.

Roggenbrot: Besteht aus Roggenmehl verschiedener Ausmahlungsgrade, wird zu allerlei Sorten und Formen verarbeitet. Seine Krume ist grobporig, sein Geschmack aromatisch-feinsäuerlich. Es hält sich lange frisch. Und weil es meist fein ausgemahlen ist, enthält es auch reichlich Vitamine und Mineralstoffe.
Idealer Belag: Deftige Wurstsorten, roher Schinken, Räucherfisch und kräftige Käsesorten wie Tilsiter oder Appenzeller.

Weizenbrot: Da gibt's zahlreiche Teigmischungen. Es wird aus reinem Weizenmehl mit Wasser oder Milch, auch mit Fett (Toastbrot), mit Salz und Zucker hergestellt. Als Triebmittel wird Hefe verwendet. Je nach Krustenanteil schmeckt es mild bis kräftig. Allerdings wird es rasch altbacken und sollte spätestens am Tag nach dem Einkauf verzehrt werden.
Idealer Belag: Zarte Wurstsorten wie Mortadella, Kalbfleischwurst, Kalbsleberwurst, Räucherlachs, Krabbenfleisch, Hummerfleisch, Kaviar (echter und deutscher), gekochte Eier, Buttermischungen, gekochter Schinken, milde Delikateßsalate, Leberterrinen. Natürlich auch – ganz kostbar – Gänseleberterrinen.

Roggenmischbrot: Der Teig wird aus Roggen- und Weizenmehl in verschiedenen Mischungen und Ausmahlungsgraden mit Sauerteig oder Hefe oder mit beiden geführt. Je dunkler die Krume des Brotes ist, um so höher ist der Ausmahlungsgrad des Mehles. Und damit enthält das Brot auch einen höheren Anteil an Nähr- und Wirkstoffen. Solche Roggenmischbrote müssen mindestens 51% Roggenmehl enthalten. Das würzig-kräftig schmeckende Brot ist bei uns der Renner, denn es wird am meisten gekauft. Im Sprachgebrauch heißt es schlicht Graubrot.
Idealer Belag: Deftige und milde Wurstsorten, roher und gekochter Schinken, milder und schärferer Käse, geräucherter Fisch und Fischzubereitungen.

Weizenmischbrot: Der Teig wird mit einem überwiegenden Anteil an Weizenmehl, einem geringeren also an Roggenmehl zubereitet. Je mehr Weizenmehl das Brot enthält, um so milder ist es, um so heller und krosser ist die Kruste.
Idealer Belag: Eher milde als kräftige Wurstsorten, Frischrahmkäse, Brie oder milder Camembert, Schnittkäse wie Edamer und Emmentaler, Lachs- und Kochschinken, Fischzubereitungen und rustikale Pasteten und Terrinen.

Vollkornbrot: Ungeschälte Getreidekörner, einschließlich der Keimlinge, werden gemahlen und zu Vollkornbrot verarbeitet. Vollkornbrot enthält alle Bestandteile des gereinigten Korns, einschließlich der äußeren Schichten (Aleuronschicht), der Mineralstoffe und eben des wertvollen Keims. Was bewirkt, daß in Vollkornbrot vor allem die für den Kohlenhydratstoffwechsel dringend nötigen B-Vitamine enthalten sind, aber durch den Keimling auch mehrfach ungesättigte (lebensnotwendige) Fettsäuren und Eiweiß. Es gibt Roggen- und Weizenvollkornbrot. Roggenvollkornbrot ist würzig-kräftig und etwas säuerlich. Weizenvollkornbrot dagegen milder und von walnußartiger Würze.
Idealer Belag: Alles was kräftig und deftig ist. Geräucherter roher Schinken, Frühstücksspeck, Schmalzzubereitungen, geräucherte und luftgetrocknete Wurst (Salami z. B.), Räucherfisch wie Makrele, Bückling und auch Räucheraal. Und dann die würzigen Käsesorten von Gorgonzola bis Roquefort, von altem Gouda- bis Münsterkäse.

Die interessanten Spezialbrote
Da gibt es eine Reihe würziger Sorten, die aus speziell hergestelltem Mehl nach eigens entwickeltem Backverfahren (Beispiel: Knäcke) und mit den üblicherweise nicht verwendeten Zutaten wie z. B. Buttermilch, Zwiebeln, Kümmel, Sesam und sogar Walnüssen hergestellt werden. Ein kurzer Blick darauf:

Grahambrot aus Weizenschrot, ungesalzen und ungesäuert, hat eine lockere Krume, ist von kernig-nussigem Geschmack und wird auch als Diätbrot angeboten.

Schlüterbrot aus Roggen mit aufgeschlossener Kleie. Ein Roggenbrot, das nach einem besonderen Backpatent hergestellt wird. Von kräftigem, leicht süßlichem Aroma.

Simonsbrot. Es kann sowohl ein Roggen-, als auch ein Weizenvollkornbrot sein, wird nach besonderem Verfahren mit zu Brei gequollenen Körnern und Hefe oder Sauerteig gemischt. Das Kastenbrot wird in der Dampfkammer gebacken, ist dunkel, hat keine Kruste und schmeckt herb mit leichter Süße.

Steinmetzbrot: Dazu werden speziell behandelte Roggen- und Weizenkörner benötigt, die zum Teig verarbeitet und länger als übliches Brot in Formen gebacken werden. Das gibt dem Brot Würze.

Pumpernickel – in Westfalen erfunden. Dazu wird Roggenschrot und dunkles Roggenmehl verwendet, mit Sauerteig gemischt und bei geringer Temperatur mindestens 16, höchstens 24 Stunden gebacken. Und zwar in Dampfkammern. Dabei entstehen Dextrine und Röststoffe, die dem Brot nicht nur sein typisch dunkles Aussehen, sondern auch den malzigsüßen, kräftigen Geschmack geben und es sehr saftig machen.

Knäckebrot kann aus Roggen-, Weizenmehl oder Weizenschrot hergestellt sein. Kommt kross und mürbe, gesalzen oder mit Gewürzen angereichert auf den Markt. Manche Sorten verlangen Milch- oder Buttermilchzusatz. Das Flachbrot wird bei hohen Temperaturen rasch gebacken und anschließend noch getrocknet. Einige Sorten schmecken neutral, viele würzig.
Ein Brot, das über Monate hinaus – trocken und verschlossen gelagert – frischgehalten werden kann.

Toastbrot. Durch Fettzugabe an den Teig erhält das Brot aus Weizenmehl seine lockere, feinporige Krume. Ideal zum Toasten. Es gibt auch Toast mit Roggenmehl (Anteil meist 20%), der kräftig-würziger schmeckt.

Zwiebelbrot ist entweder ein Roggen- oder ein Weizenmischbrot mit Anteil an gerösteten Zwiebelstücken.

Walnußbrot – auch ein Roggen- oder Weizenmischbrot mit einem hohen Anteil an halbierten Walnußkernen. Schmeckt großartig. Nach zwei Tagen werden die Nüsse allerdings weich.

Diätbrote. Sie seien nur der Vollständigkeit halber erwähnt. Sie haben ausschließlich die Aufgabe, bei vorgeschriebenen Diäten eingesetzt zu werden. Es gibt sie natriumarm, eiweißarm, eiweißreich und kalorienvermindert.

Die praktischen Backmischungen
Wie es Kuchenbackmischungen gibt, so werden glücklicherweise auch Brot-Backmischungen angeboten. Sie sind äußerst problemlos zu handhaben, ergeben meist ein 500-g-Brot und haben den Vorteil, daß sie frisch aus dem eigenen Backofen serviert werden können.

Kleinbegäck gehört auch dazu
Unter dem Begriff Kleingebäck versteht der Fachmann Gebackenes, das – wie Brot – zum Essen gereicht wird. Davon gibt es in der Bundesrepublik etwa 1200 verschiedene Spezialitäten, vom Hamburger Rundstück bis zu den bayerischen Semmeln, von den Kölner Röggelchen bis zu den Berliner Schrippen. Sie können runde, längliche, eingeschnittene und glatte Brötchen kaufen. Solche – oder fast alle – gibt's auch als Stangen. Salz- und Laugenbrezeln, Hörnchen, Flechtsemmeln, Zopfbrötchen und hessische Milchwecken gehören auch zum Kleingebäck. Das meiste wird mit Weizenmehl zubereitet, aber es gibt auch Kleingebäck aus Roggen (Röggelchen). Mit Sicherheit werden Sie unter diesen Spezialitäten eine Menge für Ihre Kalte Küche finden. Sie sind übrigens unentbehrlich auf einem Brotbüffet oder auf einem rustikalen Büffet.

Von Canapés, Sandwiches und Smørrebrøds
Canapés sind inernational berühmte, belegte Brot-Häppchen, Vertreter der feinen Küche. Sie sollen gerade so groß sein, daß sie einen einzigen Bissen ausmachen. Canapés werden vorzugsweise zum Sektfrühstück und zum Imbiß serviert. Ganz selten werden sie auch als Vorspeise oder zum Cocktail vor Tisch gereicht. Weißbrot, aber auch Pumpernickel, zartes Mischbrot oder Toast werden in Quadrate, Dreiecke, Streifen oder Rauten geschnitten oder als Taler ausgestochen. Hauptsache, sie sind nicht viel größer als der Durchmesser einer Eischeibe. Die feinsten Canapés sollen mit dem Feinsten belegt sein: zum Beispiel mit Kaviar und Räucherlachs, Räucheraal, Hummerstückchen und Austern. Das heißt aber nicht, daß sie weniger aufwendig nicht mindestens ebenso lecker belegt werden könnten. Immer wird das Brot mit Butter oder Buttermischungen bestrichen. Es werden pro Person etwa 6 Canapés gerechnet.

Sandwiches sind eine Erfindung des ehrenwerten John Montagu, jenes Vierten Earl of Sandwich, der 1718 bis 1792 lebte. Besser: Er ließ erfinden. Als Kartenspieler aus Leidenschaft mochte er sein Spiel nie unterbrechen. Und um die Karten nicht mit Fettfingern anfassen zu müssen, legte ihm sein Koch noch eine dünne Scheibe Brot aufs fein belegte Brot. Es entstand eine delikate Klappstulle. Das Sandwich war geboren. Aus zarten Brotscheiben zubereitet, darf es aus der Hand gegessen werden.

Smørrebrøds sind eine Erfindung, die den Dänen alle Ehre machen und der beste Beweis für ihren guten Geschmack sind. Sie belegen höchstens ½ cm dicke Brotscheiben – ob Toast-, Weiß-oder Roggenbrot mit den leckersten Sachen. Mit Lachs, Hummer- und Krebsfleisch, mit Rührei, gekochtem Ei, Fleisch, Fisch, Geflügel, Wurst und Käse und mit Delikateßsalaten. Luxus-Smørrebrøds kommen dann gleich mit einem Belag aus Gänseleberparfait, geräucherten Austern, Langusten und Kaviar daher. Das Typische: Bei Smørrebrøds geht es nie ohne Garnierung zu und meist nicht ohne frisches Kopfsalatblatt. Dill, Petersilie und allerlei Kräutchen, Rote Bete in Streifen, Gürkchen, Mayonnaise, Sahnerosetten sind beinahe Pflicht.

Was auf Brot und in Salat gehört

Wollten wir alles beschreiben, womit Sie Brote köstlich belegen, Salate mischen und Kalte Büffets zum Ereignis werden lassen können, diese Buchseiten würden dazu nicht ausreichen. Suchen wir uns deshalb nur die Perlen der Produkte aus, die zur Kalten Küche gehören.

Butter muß sein
Natürlich gehören Butter oder gute Margarine (wem das lieber ist) auf's Brot. Egal, für was Sie sich entscheiden. Hauptsache, der Aufstrich ist frisch. Ernährungsphysiologisch wertvoll sind beide, wenn auch von verschiedener Zusammensetzung. Butter hält sich im geschlossenen Gefäß im Kühlschrank mindestens zehn Tage frisch. Margarine kann sechs Wochen lagern.

Am Anfang ist das Ei.
Auch wenn die Frage nie beantwortet wird, ob denn Ei oder Henne zuerst dagewesen sind, in der Kalten Küche steht das Ei an erster Stelle. Es ist sozusagen ihre stärkste Säule. Hartgekochte Eier stehen ganz vorne unter allen Zutaten. Sie sind relativ geschmacksneutral und lassen sich deshalb vorzüglich mit Wurst und Schinken, Fisch und Meeresfrüchten, Gemüse und Fleisch kombinieren. Da rohe Eier außerdem eine wesentliche Grundlage für die unentbehrliche Mayonnaise sind – ob selbst gerührt oder gekauft – kann niemand an ihrer Wichtigkeit zweifeln.
Aber: In der Kalten Küche nur frische, höchstens zehn Tage im Kühlschrank gelagerte Eier verwenden.

Rustikaler Genuß: Wurst
1500 Wurstsorten gibt's in der Bundesrepublik, die hausgemachten wie Gutswurst nicht mitgezählt. Und die Importe wie ungarische oder italienische Salami natürlich auch nicht. Deutschland – Wurstland. Schon im Mittelalter wurde hierzulande Wurst auf Eß- und Freßfesten tonnenweise vertilgt. Adel wie Bürgertum standen sich da in nichts nach. Damals hatten sich die Deutschen oder zumindest die Menschen, die auf dem späteren deutschen Territorium lebten, auf Platz eins der Wurstesser emporgearbeitet. Der heutige Konsum beweist, daß diese Stellung eher ausgebaut wurde. Denn pro Kopf und Jahr ißt der Bundesbürger 19 kg Wurst plus 7 kg andere Fleischerzeugnisse. Was stolze 26 kg ausmacht. Tendenz steigend. Daran hat selbstverständlich die bei uns geliebte Kalte Küche ihren erheblichen Anteil. Wurst ist in aller Munde, ob zum Frühstück, zwischendurch oder am Abend, am familiären Eßtisch oder zur Gästebewirtung.
1500 Wurstsorten! Sie einzeln aufzuführen, würde zu weit führen. Aber einen Überblick sollten Sie hier schon bekommen. Alle Wurstsorten bestehen aus drei Arten: Kochwürste, Rohwürste und Brühwürste.

Kochwürste aus vorgekochten Zutaten sind meist Frischwürste und daher begrenzt haltbar. Angeräuchert halten sie natürlich länger. Zur Kochwurstfamilie gehören z. B.: Leberwürste und -pasteten, Blut- und Rotwurst, roter Preßsack, roter Schwartemagen, Rotzungenwurst und wurstähnliche Sülzen.

Rohwürste werden ausnahmslos aus rohem Fleisch hergestellt. Sie werden gesalzen, getrocknet und geräuchert und damit konserviert. Sie sind also lange haltbar. Beispiele für streichfähige Sorten: Tee- und Mettwurst; für schnittfeste Sorten: Cervelat- und Schlackwurst, Schinken- und Katenwürste.

Brühwürste. Ihr Brät – vorwiegend aus rohem Fleisch – wird in Därme gefüllt. Dann werden die Würste abgebrüht. Sie sind nur begrenzt haltbar. Dazu gehören u. a. Fleisch- und Gelbwurst, Jagd-, Bierwurst und Bierschinken.
Ob Sie nun die gehobenen Sorten, wie getrüffelte Leberwurst oder die deftigen wie Rot- oder Blutwurst bevorzugen, ist eine Frage des Anlasses. Aufs rustikale Büffet gehört keine getrüffelte Wurst, auf Canapés keine einfache Blutwurst. Alles zu seiner Zeit. Nur dies ist wichtig: Je frischer die Wurst, um so besser schmeckt sie.

Leckerer Braten. Egal, ob Schweine- oder Kalbsbraten, gebratenes oder gekochtes Geflügel, Wildbraten oder gekochtes Rindfleisch, z. B. Rinderbrust, alles läßt sich verwenden. Braten als Aufschnitt oder mit pikanten Soßen und – wie gekochtes Fleisch – in Salaten, aber auch als Belag, es gibt ungezählte Möglichkeiten, Fleisch in der Kalten Küche einzusetzen.

Köstlicher Schinken
Schinken ist das frische Fleisch der Schweinekeule und ist sowohl als Braten als auch als gekochter und roher (geräucherter) Schinken erhältlich. Allerdings: Nicht alles, was als Schinken auf dem Markt angeboten wird, ist aus der Schweinekeule gemacht und dürfte nicht die Bezeichnung Schinken tragen. Zum Beispiel der gekochte Vorderschinken ist kein echter, weil er aus der Schweineschulter produziert wird. Auch der Lachsschinken ist kein echter Schinken, wenn auch eine fabelhafte Spezialität. Er wird aus dem Kotelettfleisch des Schweines hergestellt, warm oder kalt geräuchert und naturgereift. Er ist immer mager und zart und wird durch einen Speckmantel vor dem Austrocknen geschützt. Im Gegensatz zum Pariser Lachsschinken aus dem gleichen Stück, der von besonders feinem Geschmack ist. Daß auch Kasseler kein Schinken ist, sei nur am Rande erwähnt. Dabei handelt es sich um mild gepökeltes Kotelett- oder Nackenstück vom Schwein, das bei geringer Temperatur geräuchert wird. Hier ein paar Informationen über die wichtigsten „richtigen" Schinken aus der Schweinekeule.

Räucherschinken mit Knochen: Holsteiner Katenrauchschinken von mildem Rauchgeschmack und charakteristischem Aroma und Westfälischer Knochenschinken, würzig-rauchig, werden über Buchenholz geräuchert.

Räucherschinken ohne Knochen: Schwarzwälder Schinken – stark gepökelt, kernig-würzig, wird mit Nadelhölzern geräuchert. Ardenner Schinken aus Frankreich stammt von Schweinen, die mit Eicheln gefüttert werden und hat daher auch seinen kräftigen Geschmack. Wacholderrauch macht ihn noch würziger.

Luftgereifte Schinken mit Knochen. Ihre wichtigsten und köstlichsten Vertreter sind die Parma- und San Daniele-Schinken, die bis zu 15 Monate luftgetrocknet werden und mit jedem Monat besser werden. Beide sind nussig-mild im Geschmack, der San Daniele fast noch leckerer als der Parma.
Bayonner Schinken aus den französischen Pyrenäen ist auch naturgereift, dem Parma ähnlich, wird aber meist nur 9 Monate luftgetrocknet.

Fein aromatisch: Käse
Wir mögen unsere deutschen Käse: Den herzhaft pikanten Bergkäse, einen Hartkäse aus dem Allgäu. Oder den Weißlacker, auch Bierkäse genannt, ein kräftig-würziger halbfester Schnittkäse. Den Romadur, jenen delikaten Weichkäse, sehr pikant. Die gibt's aber meist nur regional. Den Butterkäse, ein halbfeser, milder Schnittkäse von gewisser Haselnuß-Süße. Den relativ neuen Bavaria Blue, außen mit weißem Edelpilz, innen mit blauem Edelpilz, hocharomatisch-würzig und sahnig. Die gibt's national. Wir mögen auch die deutschen Sorten, die den ausländischen – dem Emmentaler, Gouda, Edamer – nachempfunden wurden. Nur: Kommt Käse aus dem Ursprungsland, schmeckt er halt besser, weil er dort wie hier nach seinen Original-Rezepten hergestellt wird. Gut, daß wir heute über die meisten europäischen Sorten verfügen können. Über Käse aus Frankreich. Nicht über alle 400 Sorten, aber über viele. Über Käse aus Griechenland, wie den Kascaval und den Feta. Aus Dänemark, wie den Blue Castello, den Luxus Danbo, den Esrom. Oder über solch originellen Käse wie den Stilton aus England, einem halbfesten Käse mit Innenschimmel, sehr aromatisch und im Land König der Käse genannt. Oder den echten Cheddar, rötlich fest, der mit dem nachgemachten Chester kaum verwandt ist. Schließlich aus Italien echten Parmesan, den Parmigiano Reggiano, den Edelschimmelkäse von besonders zartem Aroma mit Namen Gorgonzola, den Frischkäse Mozzarella und natürlich die echten Holländer, den Gouda, den Edamer und die Original Schweizer Emmentaler, Appenzeller und Greyerzer. An Käse mangelt es uns nicht. Und Delikatessengeschäfte, die auf sich halten, führen viele Sorten, Spezialgeschäfte noch mehr. Hergestellt werden die meisten europäischen Käsesorten aus Kuhmilch, viele aus Schaf- und Ziegenmilch und mancher Mozzarella (nicht jeder) aus Büffelmilch. Käsefans begrüßen die Vielfalt des Angebots. Denn ein Käsebüffet ist für sie das Größte. Und Käse ist als schlichter Brotbelag so gut wie auf Schnittchen, Smørrebrøds und in Salaten.

. . . und die Delikatessen?
Ohne sie wäre die Kalte Küche nur halb so interessant. Aber Delikatessen sind teuer, deshalb werden sie auch nicht so häufig eingesetzt. Wenn aber, dann lohnt es sich. Schauen wir sie uns an:

Räucherlachs. Der beste ist der Ostseelachs von der deutschen Küste. Beinahe so gut der schottische und skandinavische Wildlachs. Für feine belegte Brote, zu Toast, auf Canapés und vorzüglich für Cocktails.

Hummer. Der Kardinal der Meere, unter den Krustentieren bei uns das beliebteste, schmeckt kalt mit excellenten Soßen köstlich, ist als Cocktail und als Belag hervorragend geeignet. 500 g schwere Hummern haben das beste, zarteste Fleisch.

Kaviar. Egal, welche Sorte, echter Kaviar stammt immer von den Rogen verschiedener Störarten und kommt zum größten Teil aus der UdSSR oder Persien, genau vom Kaspischen Meer. Kaviar ist wohl das, was sich jeder vorstellt, wenn von Delikatessen die Rede ist. Aber noch lange nicht jeder mag ihn. Kaviar-Fans sind allerdings gerne bereit, den geforderten hohen Preis dafür zu zahlen. In kleinen Mengen werden damit Canapés oder Salate garniert, um ein kulinarisches Glanzlicht aufzusetzen. Es gibt aber auch preiswerten deutschen oder dänischen Kaviar oder Kaviar aus Lachsrogen (Keta-Kaviar).

Räucheraal. In der Qualität schießt der Spitzkopf-Blankaal aus der Ostsee – frisch, glänzend, saftig und ungeheuer würzig – den Vogel ab. 300 g schwere Aale sind bei Kennern die Favoriten. Lecker auf Schwarzbrot, Weißbrot und zu Toast, auf Canapés, Schnittchen und Fischbüffets.

Bücklinge und geräucherte Makrelen sind in der Kalten Küche nicht zu verachten. Die Bücklinge – heißgeräucherte, nicht ausgenommene Heringe – haben zu Beginn der Heringsfangsaison, z. B. im Mai-Juni, ihr bestes, zartes Fleisch, auch die Makrelen, die heutzutage schon auf vielfältige Art – z. B. mit Pfeffer – geräuchert werden, aber etwas weniger saftiges Fleisch haben. Beide sollten für rustikale Essen eingesetzt werden.

Geräucherter Heilbutt mit seinem zarten, fettreichen Fleisch ist eine Delikatesse, die auf keinem Fischbüffet fehlen darf, die aber auch auf Brot oder zu Brot großartig schmeckt und manchem Fischsalat Pfiff gibt.

Flußkrebse. Genießer sagen, die 80 g schweren seien die besten. Zart ist ihr Fleisch allemal. Aus den Schalen gelöst sind sie eine gute Ergänzung auf Fischplatten, ausgezeichnet für Canapés und Schnittchen, auf Smørrebrøds, mit Sahne-, Crème fraîche- oder Mayonnaisenzubereitungen.

Trüffeln – die köstlichen Pilze aus dem französischen Périgord (schwarze) oder dem italienischen Piemont (weiße) wird man zumeist nur als sparsame Garnierung verwenden, denn sie sind sündhaft teuer. Frisch gekocht sind sie allerdings ein Genuß, der jedem feinen Salat die Krone aufsetzt.

Krabbenfleisch. Da ist das kräftig-aromatische Fleisch der Nordseegarnele besonders lecker. Für Salate, Cocktails, zu Brot, in Mayonnaise-Sahne und als Garnierung vorzüglich.

Fischkonserven von Crab meat bis Hering in Tomaten, von Krebsschwänzen bis Miesmuscheln, sie alle gehören zur Kalten Küche, bereichern Fischplatten, eigenen sich für belegte Brote, Smørrebrøds und auch für Salate.

Austern sind zwar nicht jedermanns Sache, aber wer sie mag, schwört darauf. Es gibt sie auch eingelegt oder geräuchert eingelegt. Für Canapés der elitären Sorte werden sie sogar frisch verwendet. Zur Kalten Küche gehören sie allemal. Denn frische Austern werden ja – wie Sie wissen – direkt aus ihren Schalen gegessen.

Gekochter Fisch. Schellfisch, Kabeljau oder Heilbutt (ganz fein: Seezunge) kann vorzüglich zu Salaten verwendet werden oder – in Mayonnaise, Crème fraîche oder Sahne auch als Belag.

Fisch richtig ausnehmen und filieren

Natürlich können Sie von Ihrem Fischhändler erwarten, daß er Ihnen ausgenommenen, portionierten Fisch und auch Fischfilets verkauft. Oder Ihnen die Seezunge oder die Schollen filiert, was ja gar nicht so ganz einfach ist. Aber nicht immer gelangt Ihnen der Fisch topf- oder pfannenfertig auf den Küchentisch. Zum Beispiel dann nicht, wenn Ihnen ein Angler seinen frischen Fang ins Haus bringt oder wenn Sie Salz- oder grüne Heringe kaufen. Diese Fische müssen vor der Zubereitung ausgenommen und – wenn für's Rezept nötig – auch filiert werden. Wie Fisch ausgenommen, geputzt und filiert wird, zeigen wir Ihnen in unserer Fotofolge. Daß Frischfisch, ob ganze Fische oder Fischportionen, noch fürs Kochen oder Braten vorbereitet werden muß, wissen Sie selbst. Zur Erinnerung nochmal: Fisch kurz unter fließendem kaltem Wasser abspülen (nicht darin liegenlassen). Mit Haushaltspapier trockentupfen. Den Fisch säuern, entweder mit Essig oder mit Zitronensaft beträufeln, das macht das Fleisch fest. Gesalzen wird der Fisch erst, kurz bevor er in Topf oder Pfanne kommt. Fisch niemals gesalzen stehenlassen. Denn Salz entzieht dem Fisch Wasser, laugt ihn aus und macht ihn trocken und weniger schmackhaft.

Filieren einer Seezunge. Haut am Schwanzende waagerecht mit Messer einschneiden, etwas abheben. Schwanz mit Haushaltspapier belegen, festhalten. Haut zum Kopf hin abziehen.

Ebenso Haut von Fischunterseite abziehen. Fleisch mit scharfem Messer bis zu den Gräten am Rückgrat entlang sauber einschneiden.

Fleisch am Kopfende von den Gräten lösen. Filet waagerecht abschneiden.

Alle vier Filets vom Rücken – und der Bauchseite je zwei – vorsichtig ablösen.

Ausnehmen eines Herings. Fisch mit einem Messer vom Schwanzende zum Kopf hin schuppen. Bauch aufschlitzen. Flossen mit Schere abschneiden.

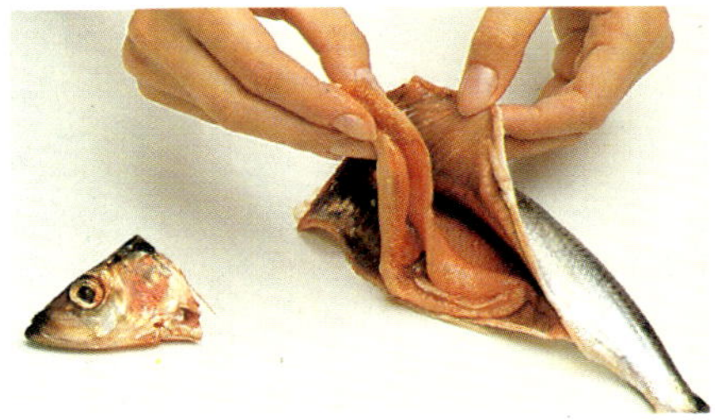

Fischkopf abschneiden. Innereien entfernen. Milchner evtl. zu Fischsoßen verwenden.

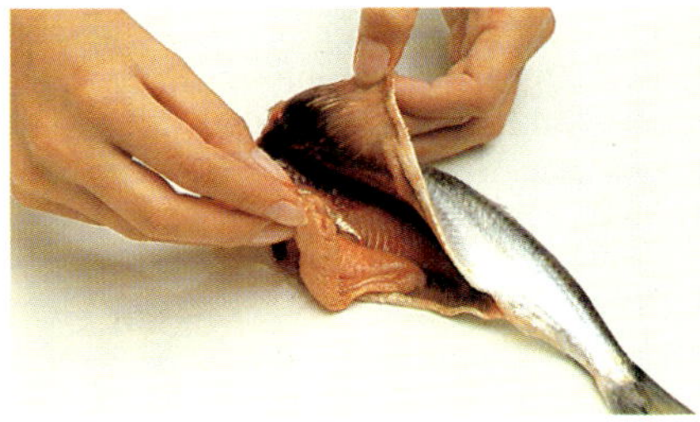

Schwarze Innenhaut herauslösen. Fisch unter kaltem Wasser abspülen.

Fisch am Rücken entlang bis auf die Rückengräte einschneiden.

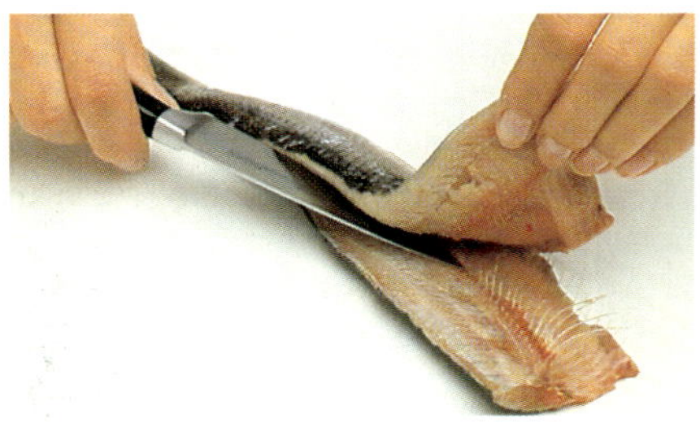

Filet mit scharfem Messer an den Gräten entlang vom Kopf- zum Schwanzende hin abschneiden. Restliche Gräten aus den Filets entfernen.

Enthäuten von Filets. Vor dem Filieren Haut am Schwanzende rundherum einschneiden, etwas anheben. Vom Schwanz zum Kopf hin vom Fleisch ziehen.

Hummer zerlegen

Hummer, daran besteht gewiß kein Zweifel, gehört zu den Starzutaten der Kalten Küche. Ganz gleich, ob er gekocht und kalt mit excellenten Soßen zu Weißbrot, Butter und Wein, ob als Vortischcocktail zubereitet oder ob er als Belag für besonders feine Schnittchen oder Canapés gereicht wird. Er hat immer diesen Hauch von Kostbarkeit, der vielen erstrebenswert erscheint und für den – leider – auch bezahlt werden muß. Hummer ist teuer. Dafür kann er aber auch dem Gaumen schmeicheln wie kaum ein anderer Meeresbewohner. Delikatessengeschäfte und Fischhandlungen führen meist lebendfrische Hummer. Gekochte natürlich auch. Erhältlich sind Hummer in Größen bis zu 50 cm Länge und bis zu 1500 g Gewicht. Feinschmecker sagen übrigens, die 500 g schweren seien die besten und hätten das zarteste Fleisch. Hummer gibt's auch tiefgekühlt und da glücklicherweise etwas preiswerter.
Lebende Hummer sind übrigens grau-braun bis grün-schwarz. Und da der Hummerpanzer eine zweifarbige Schicht hat, wird der Hummer beim Kochen kardinalrot. Die obere, dunkle Schicht kocht weg. Und dieses Kardinalrot hat dem Hummer auch einen feinen Zusatznamen eingebracht, nämlich Kardinal der Meere.
Hummer haben übrigens so kräftige Scheren, daß sie beim Zubeißen durchaus einen kleinen Finger knacken könnten. Also lassen Sie bitte so lange den Draht oder das kräftige Band dran, mit dem man die Scheren zusammenhält, bis er gekocht ist. Gekocht wird Hummer in gesalzenem Wasser. Er wird mit dem Kopf zuerst lebendig ins sprudelnd kochende Wasser gegeben und muß etwa ½ Stunde darin garen. Tiefgekühlte Hummer brauchen nur 20 Minuten, wenn sie unaufgetaut ins Waser gegeben werden. Selbstverständlich kann Hummer auch heiß serviert werden, er muß dann aber auch heiß tranchiert werden. Hummer für die Kalte Küche wird erkaltet tranchiert. Das geschieht am besten so, wie wir es auf den Fotos zeigen. Dazu wird ein kräftiges, scharfes Messer gebraucht oder die Spezial-Hummerschere, um die Scheren aufzuknacken. Hummerschere und Hummerspieß sind dann nötig, wenn Hummer aus der Schale gegessen wird.

Hummer auf den Rücken legen, nacheinander die Beinchen aus dem Panzer drehen.

Beide Scheren mit der Hand aus den Gelenken drehen, herausziehen, evtl. mit Messerspitze Gelenke durchtrennen. Unteres Scherengelenk ist noch dran.

Hummer vom Schwanz zum Kopfende hin mit einem scharfen Messer aufschneiden, in zwei Hälften teilen.

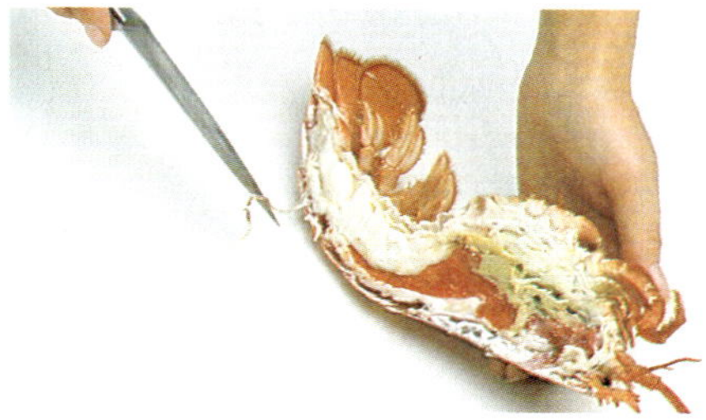

Den Darm – meist ist er wie ein dunkler Faden – mit einer Pinzette aus dem Schwanzfleisch entfernen.

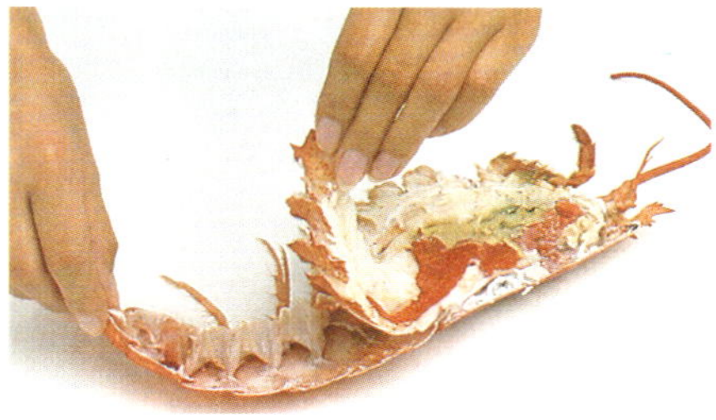

Hummerfleisch aus den Schalen lösen. Mit einer Hand den Panzer festhalten, mit der anderen das Fleisch herauslösen.

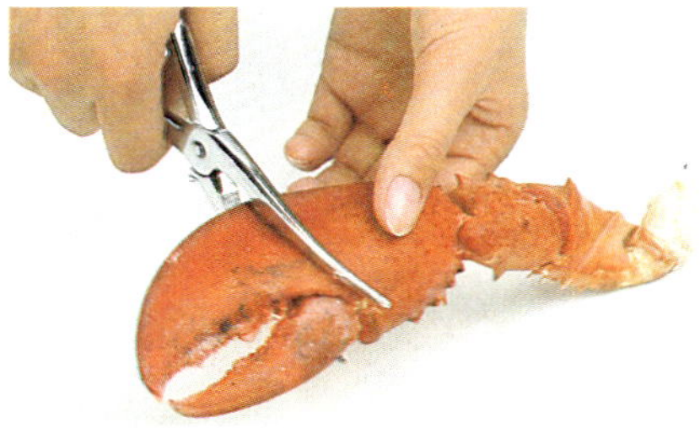

Die Scheren in der Mitte knacken, mit der Hummerschere oder einem starken Messerrücken oder einem kleinen Hammer.

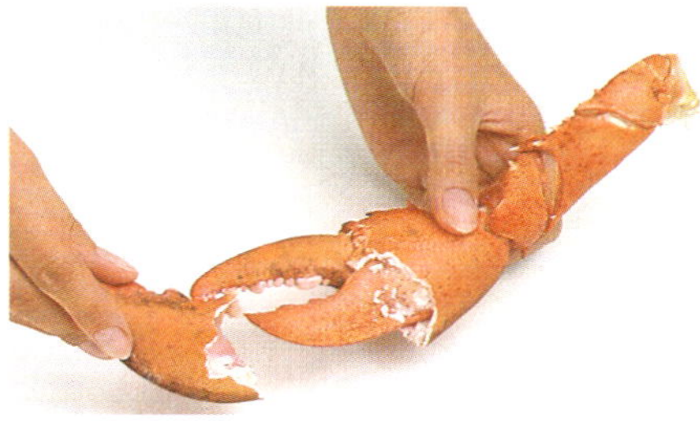

Nun den oberen spitzen Teil abziehen und das zarte Scherenfleisch freilegen.

Vor dem Anrichten noch die unteren Scherengelenke abdrehen, Fleisch herausnehmen. Schwanzfleisch in Scheiben schneiden, anrichten.

Geflügel dressieren und tranchieren

Ob Sie nun – wie wir – eine Ente für den Kochtopf oder den Bräter vorbereiten oder ob es Hähnchen, Fasan, Täubchen, Puter oder Gans sein sollen, im Prinzip sind alle Vögel gleich zu behandeln. Tiefgekühlte Ware bekommen Sie, wie bekannt, küchenfertig. Was Ihnen an Vorbereitungsarbeiten bleibt: auftauen, waschen, wenn gewünscht auch füllen, dressieren und würzen. Bei Frischware ist es nicht viel anders. Gerät Ihnen aber mal ein Vogel im Federkleid – möglicherweise ein Fasan – in die Hände, dann müssen Sie ihn rupfen. Aber vorsichtig, damit die Haut nicht verletzt wird. Danach wird der stehengebliebene Federflaum über offener Flamme abgesengt (Gas- oder Spiritusflamme). Falls noch Federkielreste in der Haut stecken, werden sie mit der Pinzette herausgezogen. Dann wird das Tier ausgenommen, nachdem Kopf und ein Stückchen Hals und die Unterschenkel entfernt wurden. Jetzt geht's weiter wie bei küchenfertigem Geflügel: innen und außen waschen, abtrocknen, innen würzen und dann dressieren. Wie das gemacht wird, sehen Sie am Beispiel einer Ente auf unseren Fotos. Nach dem Dressieren wird das Geflügel außen gewürzt, Magergeflügel wie Fasan und Rebhühnchen evtl. noch mit Speckscheiben belegt.

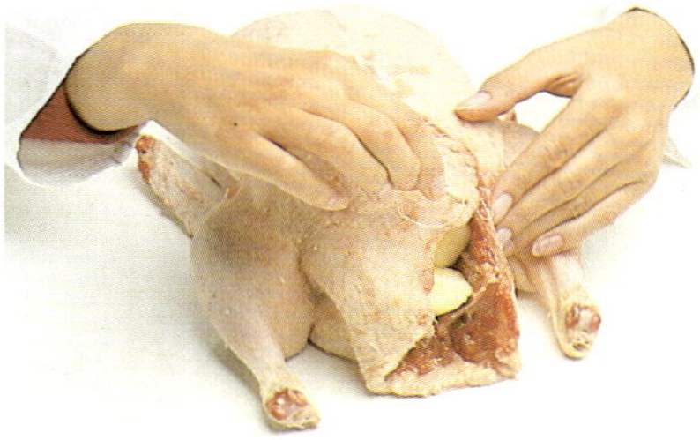

Dressieren einer Ente. Ente mit Rücken auf Arbeitsfläche legen. Öffnung zustecken oder zunähen.

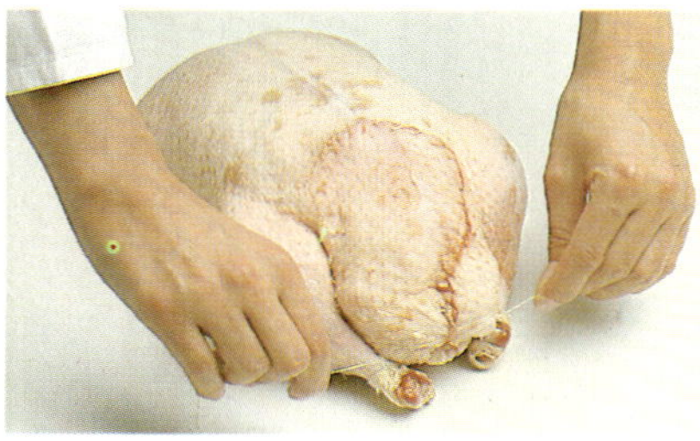

Flügel hinter die Rücken-Hautfalte stecken. Hautlappen vom Hals auf Brust legen. Flügel und Hautlappen festbinden.

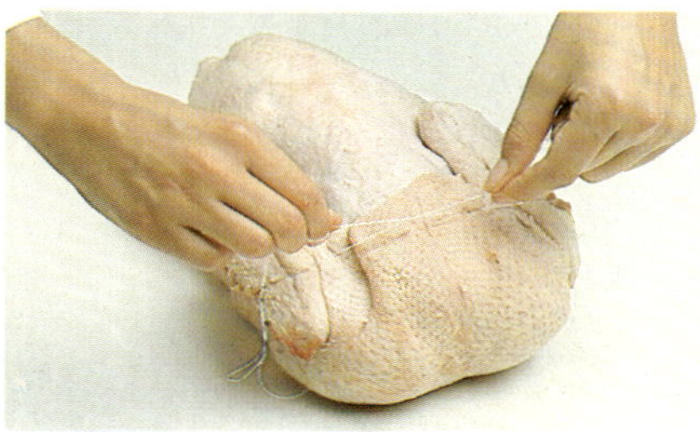

Küchengarn an zugenähter Öffnung fixieren. Keulen umwickeln und zusammenbinden, so daß sie sich eng an den Körper legen.

Bratfertige Ente nach Belieben mit Speckscheiben belegen, damit sie beim Braten saftig bleibt und nicht zu braun wird.

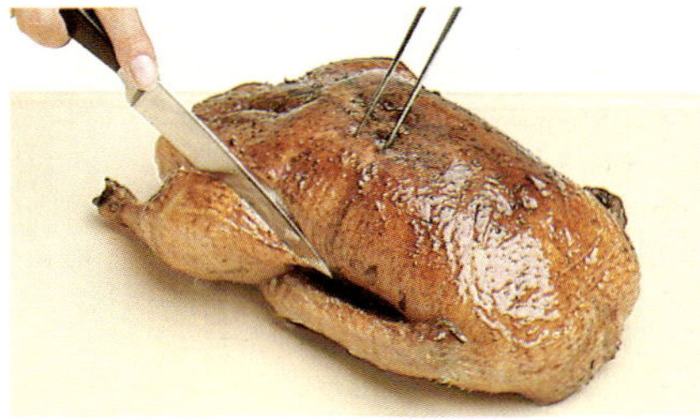

Tranchieren einer Ente. Ente auf den Rücken legen. Mit Tranchiergabel festhalten, mit Tranchiermesser Keulenfleisch durchschneiden. Knochen ein wenig drehen, mit Messer durchtrennen.

Mit den Flügeln genauso verfahren, d. h. mit dem Messer vom Rumpf trennen, evtl. mit der Geflügelschere nachhelfen.

Mit dem Tranchiermesser Scheiben aus dem Brustfleisch schneiden. Erst von oben gerade aufs Knochengerüst, dann die Scheiben waagerecht vom Knochengerüst schneiden.

Oder: Brustfleisch mit dem Messer auf beiden Seiten von den Brustknochen lösen. Zum Schneiden auf ein Küchenbrett legen.

Ausgelöstes Brustfleisch mit scharfem Messer in dicke Scheiben schneiden. Restliches Entenfleisch von den Knochen lösen, in Stücke schneiden.

Angerichtete Fleischplatte. Kleines Geflügel kann auch in vier Teile tranchiert serviert werden. Täubchen ganz servieren.

Tranchieren von Rehrücken und Hasen (Kaninchen)

Ob es um Reh-, Hirsch- oder Hasenrücken geht (oder auch um Lammrücken), tranchiert werden sie alle auf die gleiche Weise. Und das so sorgfältig und gleichmäßig, daß sie in Scheiben wieder auf's Knochengerüst gelegt – aussehen, als wäre der Rücken überhaupt nicht zerlegt. Ob Sie frisch oder tiefgekühlt kaufen, ist heute keine Frage des Geschmacks mehr. Denn Wild macht beim Einfrieren den Reifungsprozeß durch, der bei frischem Wild durchs Abhängen erzielt wird. Wenn Sie aber die Wahl haben, nehmen Sie keine gespickte Ware, sondern bardieren den Braten lieber. Das heißt: Ihn mit Scheiben von geräuchertem fetten Speck umwickeln. Das hält ihn saftig, würzig und spart Kalorien, denn vor dem Verzehr wird der Speckmantel abgenommen. – Beim Wildhasen gibt's beim Braten eine kleine Schwierigkeit. Das Rückenfleisch mit den Filets ist so zart, daß es nur ½ Stunde zu garen braucht. Im Gegensatz zu den Keulen, die 1 bis 1½ Stunden brauchen. Was tun? Entweder, Sie kaufen nur Keulen oder nur Rücken (eine Hälfte reicht für eine Person) oder Sie legen den Rücken nach etwa der Hälfte der Garzeit der Keulen mit in den Bräter. Bei einem Hauskaninchen werden Rücken und Keulen zur gleichen Zeit gar, weil das Fleisch gleich zart ist.

Tranchieren eines Rehrückens. Rehrücken mit dem Knochen nach unten auf die Arbeitsplatte legen, festhalten. An der Mittellinie entlang bis zum Knochen durchteilen. Mit der Messerspitze das Fleisch waagerecht ablösen.

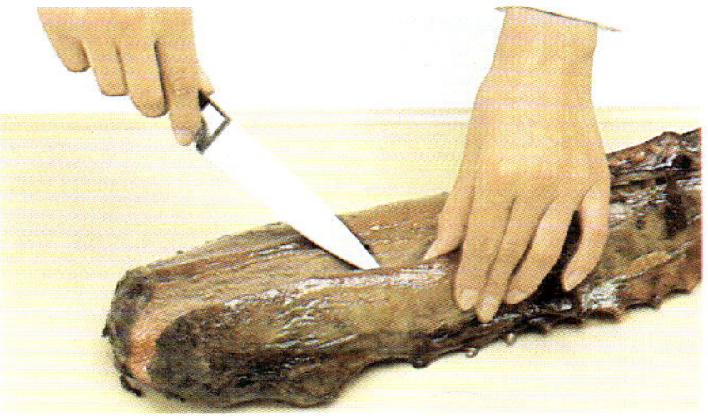

Filets in schräge dicke Scheiben schneiden. Dabei Fleisch mit der Tranchiergabel festhalten.

Zum Anrichten die Rehrückenscheiben wieder auf das Knochengerüst legen, evtl. mit Aspik überziehen und garnieren.

Tranchieren eines Hasen. Hasen (Kaninchen) auf Rücken legen, an einer Keule festhalten. Die Keule schräg zum Körper hin abtrennen, die anderen Keulen entgegengesetzt abtrennen.

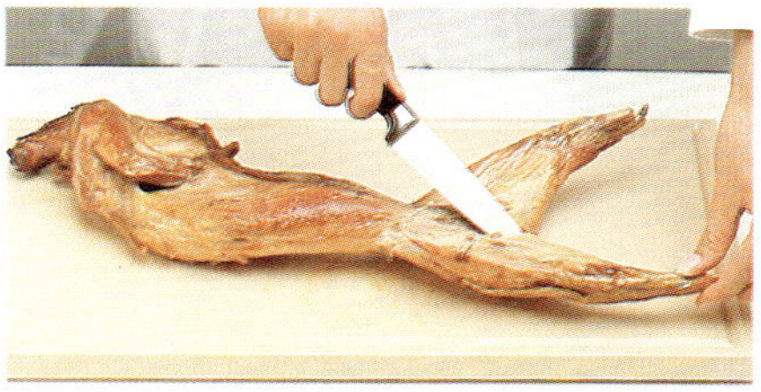

Einen Vorderlauf festhalten. Mit dem Messer an der Schulter entlang abtrennen. Genauso mit dem anderen Lauf verfahren. Dabei den Knochen leicht drehen und Sehne durchtrennen.

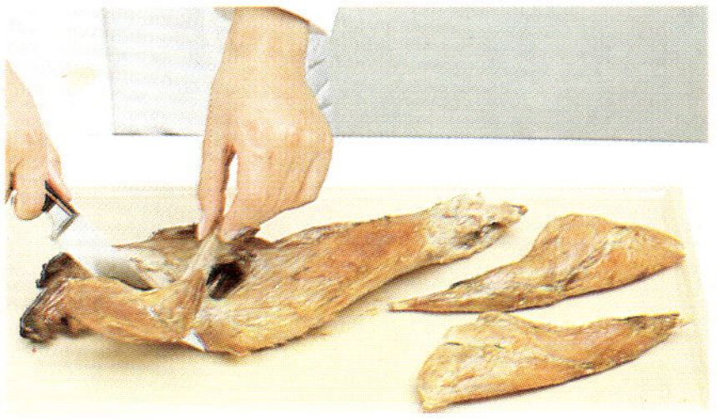

Hasen (Kaninchen) längs halbieren. Zuerst Rückenfleisch vom Knochengerüst heben, möglichst in einem Stück. Dann übriges Fleisch vom Knochengerüst abtrennen.

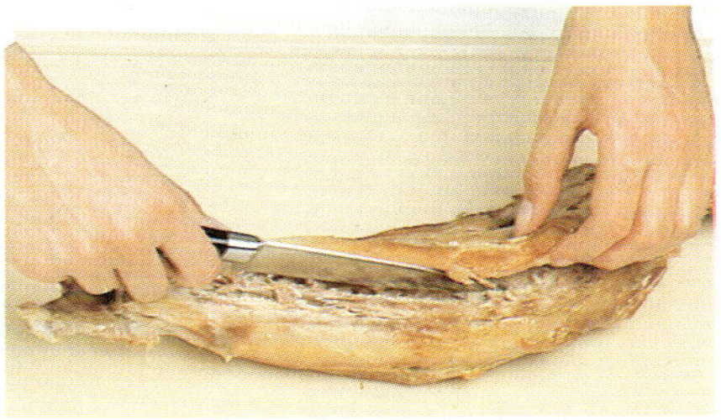

Rückenfleisch in Stücke schneiden. Übriges, abgetrenntes Fleisch halbieren. Dabei die Stücke mit der Tranchiergabel festhalten.

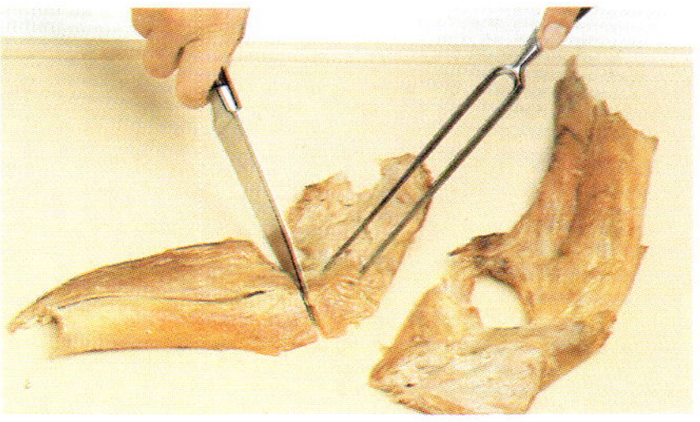

Tranchierten Hasen (Kaninchen) auf einer Platte anrichten. Nach Belieben mit Soße überziehen.

Übrigens: Wenn Sie ausschließlich Hasenkeulen zubereiten, die es – wie Hasenrücken – tiefgekühlt gibt, sollten diese mariniert werden. Sie geben sie in eine Marinade aus Buttermilch, 2 Lorbeerblättern, 3 zerdrückten Wacholderbeeren, ½ Teel. Senfkörnern, 1 Teel. gerebeltem Majoran oder Thymian. Die Keulen müssen mit der Buttermilch bedeckt sein und 24 Stunden darin mariniert werden. Dann werden sie abgetrocknet und in Speck angebraten, mit Flüssigkeit angegossen und etwa 1½ Stunden geschmort.

Küchenkräuter – Kräuterküche

All die aromatischen Kräutchen, so gesund wie wohlschmeckend, sind es erst, die der Kalten Küche geschmacklich die rechte Geltung verschaffen. Hier ein Überblick über die gebräuchlichsten Kräuter:

Basilikum: Das würzig-pfeffrige Kraut gibt's von Frühsommer bis Herbst frisch. Verwendet werden nur die Blätter. Für Nudel-, Käse-, Fleisch und Fischzubereitungen bestens geeignet.

Bohnenkraut: Ab Juli frisch zu kaufen. Stengel und Blätter werden verwendet. Gut in allen Bohnengerichten und derben Salaten aus Hülsenfrüchten und Fleisch.

Borretsch: Schmeckt frisch nach Gurken und ist daher für alle Gerichte aus Gurken unentbehrlich. von Mai bis September frisch auf dem Markt. Die bildschönen Borretschblüten sind eine attraktive Garnierung.

Petersilie: Ohne sie wäre die Kalte Küche ein glattes Nichts. Sie kann Würzzutat und Garnierung zugleich sein. Am aromatischsten ist sie im Sommer, die glatte mehr noch als die krause.

Pimpernelle: Das Kraut, das milde nach Nüssen schmeckt, gibt's selten frisch. Dabei sind seine Blätter eigentlich unentbehrlich für Grüne Soße, Salate, Kräuterquark und -butter.

Rosmarin: Die Zweige mit den nadelförmigen Blättern würzen bitter-aromatisch-pikant sowohl Fleisch und Fisch als auch Tomaten- und andere Gemüsegerichte.

Dill: Oft auch im Winter, im Frühjahr als Unterglasware, aber richtig aromatisch erst im Sommer vom Freiland gibt es Dill, der frisch anis-ähnlich schmeckt. Für grüne Salate, Crème-fraîche-Zubereitungen und Fisch unentbehrlich.

Estragon: Frisch erhältlich von Frühjahr bis Herbst. Sein Geschmack ist intensiv-aromatisch und ein bißchen süßlich. Sehr gut für Salatmarinaden und Kräuterbutter.

Kresse: Genauer handelt es sich um Gartenkresse, die ganzjährig in Kästchen angeboten wird. Für Salate, kalte Platten, kalte Suppen und als eigenständiger Salat.

Salbei: Nur im Sommer frisch erhältlich, sonst getrocknet. Schmeckt streng würzig und ist ideal für italienische Salate.

Sauerampfer: Frisch von Frühling bis Frühsommer. Die zarten, fein-säuerlich schmeckenden Blätter werden für kalte Soßen verwendet und überall da eingesetzt, wo Kräutermischungen am Platz sind. Zum Beispiel für Grüne Soße.

Schnittlauch: Auch er schmeckt am besten während der Sommersaison. Zu haben ist er aber fast immer.

Liebstöckel: Es heißt auch Maggikraut, schmeckt intensiv nach Bouillon und ist daher sparsam zu verwenden.

Lorbeer: Wer ein Lorbeerbäumchen hat, kann Lorbeerblätter ständig frisch ernten, sonst sind getrocknete Blätter erhältlich. Für Fischzubereitungen unentbehrlich, auch zum Würzen von Braten geeignet, die kalt aufgeschnitten werden sollen.

Majoran: Die Blätter werden frisch oder getrocknet hauptsächlich für Fleischgerichte und Füllungen verwendet.

Schnittsellerie: Er ist so hocharomatisch-würzig wie Knollensellerie. Frisch im Sommer und Spätsommer. Für deftige Salate, Quark-, Eier- und Mayonnaisesoßen.

Thymian: Leider spärlich, aber immerhin wird Thymian frisch von Frühjahr bis Herbst angeboten. Schmeckt würzig nach Nelken. Triebe und Blätter werden zu Schwein-, Lamm- und Wildzubereitungen und in Salatmarinaden verwendet.

Zitronenmelisse: Das zart nach Zitrone schmeckende Kräutchen ist gleichermaßen geeignet für Salate, wie Kräutersoßen, -butter und -quark. Und für Erfrischungsgetränke und Cocktails.

Borretsch

Petersilie

Pimpinelle

Rosmarin

Kresse

Salbei

Sauerampfer

Schnittlauch

Majoran

Schnittsellerie

Thymian

Zitronenmelisse

Salat braucht die exakte Vorbereitung

Grüne wie Delikateßsalate, Vortischcocktails wie Obstsalate gehören zur Kalten Küche. Und je besser und exakter sie vorbereitet werden, um so appetitlicher und leckerer werden sie. Dazu gehört aber auch, daß die verschiedenen Zutaten – egal, ob Gemüse, Fleisch, Fisch, Wurst, Käse oder Obst – sorgfältig und gleichmäßig geschnitten und gemischt werden. Das Auge ißt mit. Das gilt vor allem für Salate und ihre verwandten Zubereitungen. So sollten Sie zum Beispiel Kopfsalatblätter in mundgerechte, möglichst gleichmäßig große Blätter zupfen und dabei die groben Blattrippen entfernen.
Endiviensalat und Chicorée, Chinakohl und Eisbergsalat können Sie in gleichmäßige Streifen schneiden. Oder Sie trennen die Blätter ab und schneiden sie in grobe, gleichgroße Stücke. Zutaten für Rohkost – wie Möhren, Kohlrabi, Sellerie, Fenchel oder Rettich – werden auf der Rohkostreibe grob geraspelt oder gehobelt. Salatgurken können – mit oder ohne Schale – gehobelt oder mit dem Messer in Scheiben geschnitten werden. Nach Wunsch dicker oder dünner. Tomaten für Salate sehen in Scheiben geschnitten so gut aus wie geachtelt oder gar in 16 Stücke geteilt. Die grünen Stengelansätze sollten immer entfernt werden, denn sie sind zäh und schmecken nicht. Am besten immer vor dem Schneiden entfernen, d. h. einfach mit dem Messer aus den Tomaten herausheben. Wer's ganz klassisch machen möchte, legt die Tomaten kurze Zeit in kochendes Wasser, schreckt sie mit kaltem Wasser ab und zieht die Haut ab. Dann werden die Tomaten in die gewünschte Form geschnitten, wobei meist auch die Kerne entfernt werden. Aus Gurken, Melonen und Kartoffeln lassen sich Kugeln mit dem *Kartoffelausstecher* herausheben. Das sieht besonders hübsch aus.
Auch bei Paprikaschoten kommt es auf den guten Schnitt an. Wer Ringe haben möchte, schneidet einen Deckel von der Schote ab, putzt die Schote und schneidet sie dann in gleichmäßige Ringe. Wer Streifen haben möchte, viertelt, putzt, wäscht die Schote, trocknet sie ab und schneidet dann aus den Vierteln gleichmäßig dicke und lange Streifen.
Nun bereiten Sie ja Salate nicht nur aus rohem Gemüse zu. Es darf – und muß manchmal – auch gekochtes sein. Denken wir nur an Erbsen und Bohnen. Aber auch Möhren, Sellerie und Kohlrabi – die nicht als Rohkost dienen – werden gekocht in Salate gegeben. Oder Sie nehmen das Buntmesser zu Hilfe, das dem Gemüse ein hübsches Rillenmuster gibt. Und zum Garnieren können aus dicken rohen oder gekochten Gemüsescheiben zusätzlich Figuren ausgestochen werden, wie wir es im Garnierthema auf Seite 315 zeigen.
Hier noch ein paar Beispiele für das Schneiden von Gemüse und Obst:
Ganze Zwiebeln in dünne Scheiben, Ringe, gleichmäßige Würfel oder in Streifen schneiden.
Champignons in Scheiben, Hälften oder Viertel schneiden.
Staudensellerie in kurze Stücke, Porree (Lauch) in Streifen oder Scheiben schneiden.
Kohl – gleich welchen – nur in Streifen schneiden.

Aus Radieschen und Rettich können ebensogut Scheiben wie Stifte geschnitten werden. Beides sieht hübsch aus.
Spargel in kurze Stangen oder in Stücke schneiden.
Da Salate aber nicht nur aus Gemüse bestehen, sollten wir auch einen Blick auf die anderen, wichtigen Zutaten tun. Es geht um Fleisch, Wurst, Fisch, Meeresfrüchte, Geflügel, Käse und auch um Obst. Für alle, einschließlich Gemüse, gelten diese paar goldenen Regeln:

Schneiden Sie nach Möglichkeit alle Zutaten, die zu einem Salat verarbeitet werden sollen, in Stücke gleicher Form; also in Streifen, Würfel, Scheiben oder Ringe. Mischen Sie höchstens zwei verschieden geformte Zutaten miteinander. Vielleicht Kugeln (von Melonen oder Äpfeln) und Streifen. Oder Scheiben und Würfel.

Fleisch wird am besten in Streifen oder in dünne Scheiben geschnitten. Das gilt auch für Wurstsorten, die jedoch auch gewürfelt werden können. Aus Käse schneiden Sie am besten Streifen oder Würfel, aber kleine.
Gekochter Fisch läßt sich weniger gut zerschneiden, besser zerpflücken.
Schellfisch zum Beispiel löst sich meist schuppenförmig auseinander, was sehr hübsch aussieht.
Krabben, Muscheln und Austern werden ganz verwendet.
Aus Langusten- oder Hummerfleisch lassen sich aber relativ gleichmäßige Stücke schneiden.

Obst – wie Kirschen – wird entsteint oder z. B. Weintrauben werden halbiert entkernt.

Äpfel wie Birnen können Sie in Streifen oder geviertelt in dünne Scheiben schneiden.
Enthäutete Pfirsiche sehen als Spalten gut aus.
Genau wie Mandarinen oder Orangen, die wie ein Apfel geschält werden. Achten Sie darauf, daß auch die weiße Haut entfernt wird. Mandarinen- und Orangenspalten mit einem scharfen Messer aus den Trennhäuten lösen.

Geschälte Kiwis sehen in Scheiben und in Würfeln sehr hübsch aus. Melonen können gewürfelt oder zu Kugeln geformt werden (Kartoffelausstecher). Beerenfrüchte sollten Sie ganz verwenden. Nur bei Erdbeeren eine Ausnahme machen, wenn sie allzu groß sind. Dann sind sie halbiert besser.

Und noch ein Wort zum Garnieren: Salat immer in einer großen Schüssel mischen und in einer anderen Schüssel anrichten. Garniert werden können Delikateßsalate immer mit einem Sträußchen Kräuter von der Sorte, die mitverwendet wurde. Gekochte Eier in Scheiben oder Achtel geschnitten sehen hübsch aus. Wo's paßt, sind Radieschenrosetten angebracht oder ausgestochene Möhrenscheiben. Sehr hübsch machen sich auch halbierte oder in Scheiben geschnittene spanische Oliven mit Paprikafüllung. Wichtig ist nur, daß Sie vorzugsweise als Garnierung ein Produkt nehmen, das Sie auch im Salat verwendet haben. Ausnahme sind meistens hartgekochte Eier, die – gehackt, in Scheiben oder Streifen geschnitten – zu fast allen Salaten passen.

Marinaden müssen rassig sein

Erst die auf den Salat abgestimmte Marinade macht ihn zum Genuß, ganz gleich, ob es sich um grünen Salat oder um Delikateßsalat handelt. Und rassig muß sie sein. Das bedeutet nicht, daß sie vor Schärfe brennen muß, sondern daß sie den Pfiff haben sollte, der sie unvergeßlich macht. Das kann ein Schuß Kirschwasser oder Weinbrand sein, das kann Wein oder Sherry sein. Das können aber genausogut gelungene Kräutermischungen, wie ein besonderer Essig (Wein- oder Himbeeressig) bewirken. Auch ein besonderes Öl verleiht ihm eine interessante Note, zum Beispiel das würzige Walnußöl. Bei Mayonnaisen sollten Sie auch nicht zu sparsam sein. Verwenden Sie für die Kalte Küche immer nur das beste und frischeste Material. Es zahlt sich geschmacklich aus, wenn nach diesen Kriterien auch Sahne, saure Sahne oder Crème fraîche eingekauft werden. Kräuter- und Würzsoßen sind für die Salatsoße ebenso unentbehrlich, wie all die interessanten Gewürze, von Angostura bis Zitronenpfeffer, von Curry bis Paprika. Ob Sie die Marinade nun Dressing nennen, wie die Amerikaner, oder nur gut deutsch Salatsoße, gemeint ist immer dasselbe. Nämlich das, was jedem Salat die einmalige Würze gibt. Die Marinade kann auf Essig-Öl-Grundlage zubereitet werden und als Basis auch Crème fraîche, süße oder saure Sahne und Mayonnaise haben.

Essig-Öl-Marinaden sind zu empfehlen für Blattsalate oder Salate aus frischem zartem Gemüse. Auch Sahne-Marinaden sind dafür geeignet. Marinaden aus Mayonnaise oder Crème fraîche verlangen nach etwas festeren Zutaten. Beim Gemüse ist das zum Beispiel Chinakohl und Eisbergsalat, Chicorée und Paprika. Sonst sind sie vorzüglich für Misch- und Delikateßsalate.
Hier nun etwas über die Zutaten für Marinaden, z. B. Essig. Da gibt es verschieden gewürzte Essigsorten wie Zitronen- und Kräuteressig. Relativ neu ist der Himbeeressig, der den Geschmack sonnenreifer Himbeeren mitbringt. Sherry und edle Weinessige – weiß und rot – haben eine starke Würzkraft. Also sparsam verwenden und lieber nachschmecken, als sofort die ganze Menge in die Marinade geben. Fein, aber sehr zurückhaltend ist Obstessig, der meist aus Äpfeln hergestellt wird.
Als Austausch oder geschmacksgebende Zutat können Sie gut Zitronensaft verwenden (was ein paar mehr Vitamine und Mineralstoffe auf Ihre Teller bringt). Bei Sahnemarinade gehört er ohnehin dazu und für Crème fraîche-Marinaden ist er oft unentbehrlich. Aber Vorsicht: Zitronensaft würzt intensiver als die meisten Essigsorten.

Und die Gewürze? Zwar ist Salz kein Gewürz, aber es ist unentbehrlich für Salzmarinaden. Weißer oder schwarzer Pfeffer gehört in fast allen Fällen hinein. Manchmal gibt eine Prise Cayennepfeffer die gewünschte Schärfe. Oder die fertig zu kaufenden gewürzten Pfeffer und Zitronenpfeffer geben zusätzlich Geschmack. Eine Pfeffer- oder Salz-Knoblauchmischung vermittelt einen Hauch von Mittelmeerküche und grüner Pfeffer gibt die ganz besondere Note. Mancher gibt gern die unvermeidliche Prise Zucker in die pikante Marinade, die ja wirklich den Geschmack abrundet. Curry, Paprika, gemahlener Ingwer, sogar die interessante Prise Zimt sind erlaubt. Denn es gibt kaum ein Gewürz, mit dem Sie nicht experimentieren könnten. Daß Zwiebeln meist unentbehrlich sind und Knoblauchzehen von vielen für Salatmarinaden heißgeliebt sind und von anderen absolut abgelehnt werden, wissen Sie ja auch. Gut tut mancher Marinade ein Teelöffel Senf oder geriebener Meerrettich, ein Eßlöffel gehackte Kapern, eine pürierte Sardelle, ein Eßlöffel püriertes Chutney, gleich welcher Frucht. Daß Sie die Kräuter nicht vergessen, setzen wir voraus.

Noch ein paar Worte zum Öl. Das Beste ist für Salatmarinaden gerade gut genug. Nehmen Sie die geschmacksneutralen Salatöle, die es bei uns im Handel gibt, dann können Sie nichts falsch machen. Bevorzugen Sie aber reines Pflanzenöl (das steht auf dem Etikett). Denn solche Öle – Sonnenblumen-, Maiskeim-, Sojaöl – enthalten reichlich mehrfach ungesättigte Fettsäuren. Sie sind den Vitaminen ähnlich, die der menschliche Körper auch nicht selbst bilden kann, müssen ihm also zugeführt werden und sind daher lebensnotwendig. Sie können auch sehr gut Olivenöl mit seinem interessanten Aroma verwenden. Das Beste: extra vergine, was auch auf dem Etikett steht. Dieses Öl wird kaltgeschlagen, was seine Wirkstoffe weitgehend erhält. Übrigens: Fett ist bei Rohkost, Blattsalaten und rohen Gemüsesalaten besonders wichtig, weil manche Wirkstoffe – wie das Provitamin A und fettlösliche, wie die Vitamine A und E – vom menschlichen Körper nur verwertet werden können, wenn sie durch Fett aufgeschlossen werden.

Olivenöl gibt es – wie andere Ölsorten – mit Kräutern. Außerdem können Sie auf Erdnußöl zurückgreifen, das einen ganz besonderen Geschmack hat. Mehr noch das Walnußöl (rasch verbrauchen, da es leicht ranzig wird) und noch viel mehr das Haselnußöl, das einen sehr intensiven Nußgeschmack hat und deshalb vorsichtig dosiert werden muß.

Crème fraîche, aus dem Rahm von frischer Milch gewonnen, war in Frankreich schon lange ein Renner, bis sie auch – und das sehr rasch – bei uns für die feine Küche akzeptiert wurde und nun nicht mehr aus unseren Salatschüsseln (übrigens auch nicht aus den Kochtöpfen) wegzudenken ist. Crème fraîche hat einen durchschnittlichen Fettgehalt von 30 Prozent (genau wie unsere süße Sahne) und ist im übrigen auch für süße Speisen vorzüglich geeignet. Zum Beispiel für Obstsalate.

Exotische Früchte

Guave

Datteln

Kaktusfeige

Avocado

Kiwi

Kaki-Frucht

Litschi

Mango

Passionsfrucht

Papaya

Limette

Kumquat

Melone

Melone

Es ist kein Problem mehr, an exotische Früchte heranzukommen. Superschnelle Flugzeuge und Kühlschiffe machen's möglich, die Fremdlinge über den gut sortierten Obst- und Gemüsehändler auf unsere heimischen Tische zu bringen. Die wichtigsten sind auf unseren Bildern zu sehen. Die *Guave* z. B., aus den Tropen Mittel- und Südamerikas stammend, die fünfmal so viel Vitamin C enthält wie Zitrusfrüchte. Oder die aus Asien stammende *Kaki*, die heute auch in den Mittelmeerländern angebaut wird. Sie schmeckt sehr süß und ganz entfernt nach Aprikose. Dank des intensiven Anbaus in Israel und des schnellen Transports können wir jetzt auch über frische (früher nur über getrocknete) *Datteln* verfügen. Ein süß-aromatischer Genuß. Die stachelige *Kaktusfeige* mit ihrem erfrischend-süßen Fruchtfleisch, ursprünglich aus Südamerika stammend, heute in Tropen und Subtropen zu finden, bereichert nun auch unsere Obstkörbe. Die *Avocado*, zwar tropische Steinobstfrucht, aber auch pikant zuzubereiten, ist bei uns beinahe schon zu Hause. Wie die *Kiwi* aus Neuseeland. Eine Köstlichkeit, die fast zur Selbstverständlichkeit beim Obsteinkauf gehört. Dagegen sind die *Litschis* aus China mit ihrem zartsüßen weißen Fruchtfleisch eher rar auf unserem Markt. *Mangos* – möglichst als Einzelfrucht, also z. B. nicht mit anderen Früchten gemeinsam in Salaten zu verwenden, – haben ein intensives, äußerst charakteristisches Aroma. Die tropische *Passionsfrucht* mit dem weißen, saftigen Fleisch ist die Basis des inzwischen bei uns so beliebten Maracujasaftes und der Maracuja-Liköre. Die kräftig-aromatische *Baummelone* namens *Papaya* ist roh wie zubereitet ein Genuß. Die *Limette*, eine Art grüne Zitrone, verwenden wir gerne, weil sie mehr und milderen Saft als die Zitrone hergibt. Die Zwergorange *Kumquat* gehört zur Familie der Zitrusfrüchte. Und auf *Melonen*, ob Wasser- oder Zuckermelonen – mag heute bei uns niemand mehr verzichten. Es gibt sie fast das ganze Jahr über. Die Wassermelonen sind nicht so aromatisch, aber höchst saftreich, die Zuckermelonen sind hocharomatisch mit dem Zusatzeffekt, daß sie reich an Mineralstoffen, Vitaminen und Nährstoffen sind. Wäre noch die köstliche *Ananas* zu nennen, die seit eh und je ihren Platz auf unserem Markt hat und nun ganzjährig und preiswerter als je von der afrikanischen Elfenbeinküste zu haben ist.

Ananas

Hübsch garniert – hübsch serviert

Garnieren ist eigentlich die Kunst des Weglassens, d. h. Speisen niemals mit Garnierung überladen. Deshalb: Wer sparsam garniert, beweist den besseren Geschmack und läßt seinen Gästen einen Blick auf all die Köstlichkeiten offen, die sie erwartet. Die Garnierung soll das appetitliche Aussehen der Speisen unterstreichen, soll sozusagen das Tüpfelchen auf dem i sein und den zusätzlichen Hauch von Verwöhnen auf Schüssel und Teller bringen. Und weil Garnieren so einfach ist, zeigen wir Ihnen auf den Fotos ein paar Anregungen. Radieschenblüten, Tomatenrosen, Zitronenrädchen sind schnell gemacht. Damit kann einem Gericht das Krönchen aufgesetzt werden, das es für Augen und Gaumen reizvoller macht und das in keinem Fall die Speisen überlädt. Beginnen wir mit der *Butter*, die genausogut Margarine sein kann. Ganz nach Geschmack. Damit können Sie zaubern. Aber gut gekühlt muß beides sein, um sie in Form bringen zu können. Das Fett muß also fast immer aus dem Kühlschrank kommen. Zum Formen gibt es viele Möglichkeiten. Diese zum Beispiel: Mit einem Buntmesser gleichmäßige Scheiben oder Würfel schneiden und mit Petersilie anrichten.

Butter (diesmal muß sie weich sein) in eine Schüssel füllen, kühl stellen, dann mit dem Butterhobel von außen zur Mitte hin Locken ziehen, die sich in der Mitte zur Blüte formen. Mit wenig Petersilie garnieren. Fertig.

Butterkugeln: Dazu kalte Butter würfeln und diese Würfel zwischen zwei nassen, geriffelten Butter-Holzbrettchen rund formen. Wenn es zum Essen paßt, kann die Butter in Paprika edelsüß, gehackten Kräutern oder geschrotetem Pfeffer gewälzt werden.

Kräuterbutter entsteht aus weicher Butter, gemischt mit gehackten Kräutern und Gewürzen. Sie wird in Alufolie gerollt, gekühlt und dann in Scheiben geschnitten serviert.

Locken sind leicht mit dem Butterhobel geformt. Buttertaler werden in Holzmodeln bereitet, die vorher 30 Minuten in kaltem Wasser liegen müssen. Model füllen und mit dem Modelstempel herausdrücken. Sofort in Eiswasser legen. Auf Kopfsalat anrichten.

Zitronen als Garnierung einsetzen, heißt gleichzeitig, ihren Saft mit benutzen können. So können Zitronen zurechtgemacht werden: Zitronenscheiben schneiden, Ränder einkerben, Scheiben zur Mitte hin einschneiden, zwei Scheiben ineinanderstecken. Oder mit einem Spezialraspel Zitronenschalenlocken von der Schale abziehen. Oder eine Zitronenhälfte dreimal einkerben und mit Kresse füllen. Oder eingekerbte Schalenhalbmonde fertigen. Oder Zitronenscheiben mit Pastetenförmchen ausstechen, so daß sie einen hübschen Bogenrand bekommen.

Tomaten sind deshalb als Garnierung so beliebt, weil sie Speisen den roten Glanzpunkt aufsetzen. Mit Weiß (Rettich) und Grün (Kräuter) kombiniert, wirken sie noch frischer. Tomatenblüte: Die Frucht zwölfmal mit einem scharfen Messer gleichzeitig zur Mitte hin einschneiden. Die entstandenen, spitzblattförmigen Segmente ergeben eine Blüte, wenn jedes zweite Segment nach oben gebogen wird. Kresse in die Mitte geben. Fertig.
Rot-Weiß-Garnierung: Eine Tomatenhälfte auf die Schnittfläche legen, fünfmal etwa bis zur Hälfte einschneiden. Die Einschnitte mit Rettichscheiben füllen, die mit Pastetenförmchen ausgestochen wurden, so daß sie einen Wellenrand bekommen.
Mondsicheln: Tomatenviertel bis zur Mitte hin einschneiden, die Spitzen leicht auseinanderziehen, so daß eine Form wie zwei Mondsicheln entstehen.

Rosen: Feste Tomaten rundherum so schälen, daß noch etwas Fleisch an der Schale bleibt. Locker von innen nach außen einrollen und etwas nach außen zur Rose biegen. Auf glatte Petersilie legen. Tomatenrosen machen kalte Platten und Salate noch ansehnlicher, zumal dann, wenn sie mit Petersilie kombiniert werden.

Möhren: Damit läßt sich eine Menge ausrichten. Egal, ob die Scheiben roh oder gekocht sind, nur etwas dicker müssen sie sein. Ausgestochene Formen: Mit kleinen Ausstechformen aus rohen oder gekochten dicken Möhrenscheiben winzige Herzen, Blüten und Kleeblätter ausstechen. Für die Kalte Küche sehr reizvoll: Bei Sülzen zuerst einen Spiegel aus Aspik gießen, aus ausgestochenen, gekochten Möhrenscheiben ein Muster legen, noch etwas Aspik gießen, anziehen lassen, dann die Sülze fertigstellen. Ein

paar Petersilienbüschel dazwischen sehen noch besser aus. Möhrenspiralen werden aus rohen Möhren hergestellt. Verwenden Sie möglichst dicke Wurzeln. Geschnitten werden sie mit Hilfe eines Rettichschälers und garniert mit Dillspitzen.
Möhrenscheiben, schräge Rechtecke (Rauten) und Würfel können – gekocht oder roh – hübsch mit dem Buntmesser zurechtgeschnitten werden.
Ausgestochene Muster, die reinen Formen oder die Scheiben, die in der Mitte die Form zeigen, machen die gold-orangefarbenen Möhren zum beliebten Garniermittel. Sie können ruhig aus rohen Möhrenscheiben gemacht werden, wenn sie zum Beispiel einen Salat, eine kalte Platte oder eine Rohkost hübscher machen wollen. Es ist auch möglich, sie auf ungeschälte Gurkenscheiben zu legen. Ein guter Kontrast, der dadurch verstärkt wird, daß noch etwas Petersilie dazugelegt wird. Genauso können Sie übrigens mit Kohlrabi verfahren, dessen Weiß mit Kräutern aufgeputzt wird.

Beim weißen Rettich scheiden sich die nord- und süddeutschen Geister. Echte Bayern mögen ihn nur oder vorzugsweise in Scheiben geschnitten, gesalzen und damit zum „Weinen" gebracht (er zieht Wasser) und dann serviert. Viele wollen ihn lieber als Spirale. Frisch gesalzen. Aber auch beim Garnieren machen die Bayern eine Ausnahme. Da dürfen weder die Scheiben noch die Spiralen gesalzen sein, weil sie sonst ihre Frische verlieren und unansehnlich werden.
Rettich kann, in Scheiben geschnitten, diese mit der Bogenrandform ausgestochen, mit Tomatenschnitzchen oder Radieschenrosetten belegt werden. Nach Belieben die Scheiben im Wechsel mit Tomatenscheiben anlegen und zusätzlich mit Petersilie garnieren. Locke auf Salat. Hübsch sieht eine Rettichscheibe – bis zur Mitte eingeschnitten – aus, wenn sie auf einem Kopfsalatblatt angerichtet wird.
Und dann die lange Rettichspirale! Um sie schneiden zu können, brauchen Sie den Rettich-Spiralschneider, den es in Haushaltsfachgeschäften gibt. Wie er gehandhabt wird, steht gewöhnlich auf der Packung. Jedenfalls wird der Spieß mit der Spirale ins dicke Ende des Rettichs gesteckt. Mit einem Messer, das an der Spirale befestigt ist, wird dann die Form bis zum spitzen Ende des Rettichs geschnitten. Die Spirale wird – auseinandergezogen und auf Sellerieblätter gelegt – auf Platten gelegt.

Radieschen gehörten schon zu Großmutters Zeiten zum bevorzugten Garniergemüse. Ihre rote Schale und ihr weißer Kern machen sie so beliebt, weil sie so frisch aussehen.
In Scheiben geschnitten und schuppenförmig als Rand angelegt, bilden sie die einfachste Garnierung.
Blüten: Nicht schwer, die Radieschen achtmal auszuzacken, in die Mitte ein bißchen Petersilie anzulegen und damit eine Blüte zu zaubern. Oder sie nur viermal zu einer einfacheren Blüte auszakken, von denen mehrere – in ein Schüsselchen gefüllt – als Zusatzschmaus und Garnierung auf eine Platte gestellt werden.
Dann sind da noch die Radieschenrosen: Die rote Schale bis fast zur Wurzel hin spitzblättrig schneiden oder nur bis zur Mitte hin etwas runder einschneiden und auseinanderbiegen. Wichtig ist nur, daß nach dem Schnitt die Radieschen – alle hier angeführten Garnierungen – in Eiswasser gelegt werden, damit sie erst richtig aufblühen.
Weitere Radieschen-Blüten: Viermal von oben nach unten zur Mitte hin einschneiden, so daß vier zusammenhängende Viertel entstehen. Jedes Viertel außen nochmal halbrund einkerben, in kaltes Wasser legen.
Bei rustikalen Platten einfach geputzte Radieschen, noch mit gestutzten Stielen dran, rund um ein Salzfäßchen auf den Platten anrichten. Die Radieschen können zum Verzehr am Stiel angefaßt, in Salz getaucht und gegessen werden. Köstlich zum Beispiel zu Leberwurst-Broten.
Und wer es sich ganz einfach, aber sehr attraktiv machen will, kauft ein paar Bund praller Radieschen, wäscht und putzt sie, läßt aber ein bißchen Grün dran und stellt sie umgekehrt wie einen Strauß in eine große Schüssel. Die kommt dann aufs Büfett.

So werden Krusten- und Schalentiere und Schnecken gegessen

Keine Angst vor fremden Tieren. Wenn Sie noch nie Muscheln, Austern, Schnecken oder Hummer gegessen haben, dann können Sie sich hier orientieren.
Schalten wir noch kurz zurück auf den gekochten Hummer, der ja häufig kalt mit Soßen gereicht wird. Meist ist er dann aber schon tranchiert. Die Hälfte mit den dazugehörigen Scheren und Beinchen liegt auf Ihrem Teller. Was tun? Da ein Hummerbesteck mitserviert wird (Schere und Spieß), können Sie beruhigt dem Tier zuleibe gehen. Aus dem Körper ist das Fleisch einfach mit Spieß und Gabel zu entnehmen. Auch aus den Scheren. Aber in den Gelenken und in den dickeren Beinteilen steckt noch zartes Fleisch. Das heißt: Überall, wo Sie mit einer Gabel nicht hingelangen, bedienen Sie sich des Spießes, mit dessen Hilfe das Fleisch herausgezogen werden kann. Und die Beinchen dürfen Sie aussaugen. Einfach dazu in die Finger nehmen. Bei gekochten Langusten haben Sie dagegen etwas weniger Arbeit, weil sie keine Scheren haben. Sonst ist alles wie beim Hummer.
Flußkrebse, diese kleinen Schalentiere – am besten, wenn sie um 80 g wiegen – sind etwas mühsamer zu essen, weil meist nur die Hände zu Hilfe genommen werden. Außer, es wird ein Krebsmesser serviert. Die Scheren werden im Gelenk mit den Händen abgebrochen und mit dem Krebsmesser geknackt. Das Fleisch wird einfach ausgelutscht. Dann die Beine abbrechen und aussaugen. Den Kopf nach hinten drücken und aus dem Brustpanzer ziehen. Den Panzer mit einem kleinen Löffel leerschaben. Zum Schluß den Schwanz abbrechen, mit einem Messer seitlich öffnen, oberen Schwanzpanzer ablösen und den Darm entfernen. Fleisch – das Beste des ganzen Krebses, herausnehmen, Chintinstreifen entfernen (zarte, knorpelähnliche Scheiben) und das Fleisch genießen. Pro Person werden etwa 600 g Flußkrebse gerechnet.
Über Geschmack läßt sich nicht streiten – weder bei Hummern noch bei Krebsen – denn viele mögen die Krabbeltiere absolut nicht. Auch bei Austern scheiden sich die Geister. Sie sind nicht jedermanns Sache. Aber es gibt Austernfans, die 24 bis 48 Austern – auch Trüffel des Meeres genannt – bei einem Essen schlürfen. Auf den Fotos rechts können Sie es sehen, wie Austern fachgerecht aufgebrochen und gegessen werden. Miesmuscheln (Mies kommt von Moos und nicht von mies = schlecht), früher die Auster des kleinen Mannes genannt, ist es nun längst nicht mehr. Kenner wissen sie hoch zu schätzen. Sie werden gekocht, gefüllt und überbacken gegessen, aus Dosen (auch mit anderen Ingredienzen zubereitet) und auf rheinische Art, nämlich in einem gewürzten Weinsud gegart, portionsweise in tiefen Tellern serviert, mit dem Sud, der im Anschluß ans Muschelessen oder dazu gelöffelt wird. Weiß- oder Graubrot mit Butter, Bier und Schnäpschen oder Weißwein sind die richtigen Beigaben.
Bleiben noch die Weinbergschnecken. In der Spezial-Schneckenpfanne gebacken, die Häuschen dick mit Kräuterbutter (die viel Knoblauch enthält) zugestrichen, sind Schnecken auf Burgunder Art. Ein Genuß, bei dem die zerlaufende Butter mit dem Brot aufgetunkt werden darf. Und ein Elsässer Wein oder auch ein Burgunder gehört dazu. Zum Schneckenessen brauchen Sie ein Besteck, wie Sie es auf unseren Fotos sehen.

Miesmuschelfleisch mit einer leeren Muschelschale aus der Muschel lösen.

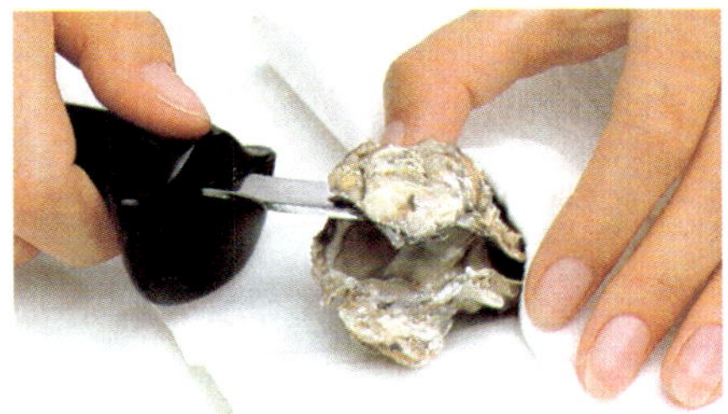

Auster mit der gewölbten Schale nach unten auf ein Küchentuch legen, bedecken, festhalten. Austernbrecher zwischen die Schalen stecken.

Austernbrecher leicht auf und ab bewegen, bis sich die obere Schale löst.

Austernfleisch mit Austernbrecher von der Schale trennen und mit der Flüssigkeit schlürfen.

Das gefüllte Schneckenhäuschen mit der Schneckenzange fassen, darunter einen Löffel für abtropfende Butter halten.

Schnecke mit der langzinkigen Gabel aus dem Häuschen holen und verspeisen.

Pasteten, Terrinen, Galantinen und Mousses

Was die Pasteten im allgemeinen und die Terrinen im besonderen angeht, so herrscht da eine ziemliche Sprachverwirrung. Bei den Mousses und Pies ist es ein bißchen besser.

Genau: Wenn jemand sagt, Königin-Pasteten sind Pasteten, dann hat er absolut recht. Denn hier wird eine gebackene Blätterteigform mit Ragout gefüllt und ist eine Pastete. Wenn aber jemand sagt, Gänseleberpastete sei eine Pastete, so hat er nur bedingt recht. Dann nämlich, wenn die Gänseleber oder die Gänseleberfarce in Pastetenteig eingebacken ist. Wenn aber die pure Gänselebermischung in einer Form gegart wird, dann handelt es sich um eine Terrine. Das sind auch jene aus verschiedenen Schlachtfleisch-, Leber- und Geflügelmischungen – sozusagen zum Fleischteig oder mit anderen Worten zur Farce aufgearbeitet – die unter der Bezeichnung Pasteten in Dosen auf dem Markt sind. Auch wenn Sie französische „Pastete" angeboten bekommen, die in Schüsseln beim Delikateßhandel oder beim Fleischer angeboten werden, dann handelt es sich allenfalls um Schüsselpasteten. Aber in Wahrheit sind es Terrinen, weil sie keinen Teigmantel haben. So jedenfalls will es die internationale Küche – und so ist es auch richtig.

Pasteten werden entweder blind (also leer) gebacken und dann gefüllt. Oder der Pastetenteig wird mit einer Farce aus Fleisch-, Geflügel-, Wild-, Pilz-, Fisch- oder Gemüsemischungen gefüllt in typischen Formen im Ofen gebacken. Terrinen dagegen sind sozusagen die reine Fülle, die in geschlossenen Formen im Wasserbad im Backofen gegart werden. Sie sind eine köstliche Vorspeise, unentbehrlicher Bestandteil des Kalten Büffets oder auch einer Menüfolge und werden zu Brot, aber auch – wenn es rustikale Terrinen sind – zu feinsaurem Gemüse oder feinsalzigen Zubereitungen wie Oliven und Cornichons gegessen.

Pasteten werden gewöhnlich ohne jede Beilage verzehrt. Und zu beiden wird mit Vorliebe ein köstlicher Tropfen edlen Weines getrunken. Zur Pastete darf es der derbere, muß es aber ein aromatischer Wein sein. Übrigens: Pasteten können mit Blätterteig, feinem Hefeteig oder – was am häufigsten geschieht – mit salzigem Mürbeteig gebacken werden.

Galantinen gehören eigentlich auch in die Familie, die wir landläufig Pastete nennen. Sie haben mit den Pasteten ja auch gemein, daß sie einen „Mantel" haben. Hier ist es nicht Teig, sondern es kann sich um Geflügel wie Hähnchen handeln, aus denen die Knochen gelöst wurden. Es kann sich aber auch um Schweinefüße ohne Knochen oder Gänsehälse (dabei geht es meist um die pure Haut) handeln. Das also sind sozusagen die „Formen", die mit einer feinen Farce gefüllt werden. Früher tat sich der Pastetenbäcker etwas darauf zugute, die Form des Tieres und des Teilstückes wie in der Natur zu erhalten, wenn er zum Beispiel eine Hähnchengalantine zubereitete. Heute wird das entbeinte Fleisch gefüllt, gerollt und gebunden und damit eine Rollpastete hergestellt, die ja nicht weniger köstlich ist. Galantinen werden nach dem Formen in einem Küchenhandtuch oder in Folie verpackt oder mit Küchengarn umwickelt und in Fleischbrühe gegart. Gewöhnlich werden sie nach dem Erkalten (und wenn Küchentuch, Folie oder Küchengarn entfernt sind) mit Aspik (Gelee) überzogen. Das hält sie frisch.

Mousse, das ist zartes Mus – profan gesagt. Aber eines von der allerbesten Sorte. Gewöhnlich wird Wild, Geflügel, Leber, Gemüse, Schinken oder Fisch püriert, mit Gelatine und geschlagener Sahne gemischt (fachmännisch montiert, also aufgeschlagen) und dann fein gewürzt. Dann kommt die Mousse in kleine oder große Formen und wird kühl gestellt, bis sie fest geworden ist und mit einem würzigen Aspik (Gelee) überzogen. Oder die Form wird mit Gelee ausgegossen, die Mousse hineingefüllt, mit Gelee überzogen und kalt gestellt. In der neuen Küche, der Nouvelle cuisine, sind Mousses außerordentlich beliebt. Nicht zu Unrecht. Denn es sind köstliche Speisen, die auf der Zunge zergehen. Dazu ein Stück Toast mit Butter und ein ausgesucht guter Wein – eine Vor- oder Zwischenspeise von hohen Graden.

Vorrat für Überraschungsgäste

Es kommt ja nicht selten vor, daß Überraschungsgäste ins Haus schneien. Und seien es nur die besten Freunde, die eben mal auf einen Sprung hereinschauen und denen trotzdem etwas Gutes angeboten werden soll. Auf kaltem Wege. Ein haltbarer Vorrat sollte deshalb immer vorhanden sein. Für alle Fälle. Hier ist eine Liste der Lebensmittel, die Ihnen helfen, rasch sogar, ein Kaltes Büfett zu arrangieren. Daß Sie dabei auch auf Konserven zurückgreifen müssen, ist selbstverständlich. Wenn's etwas frischer zugehen soll, greifen Sie ins Gefriergerät, das Sie ohnehin für den Vorrat nutzen. Wir geben Ihnen aber mit dieser Aufstellung nicht etwa den stillen Befehl, nun alles zu besorgen, was wir hier vorschlagen. Es soll eine Auswahl sein, die Sie nach Ihren Bedürfnissen aussuchen können. Was Sie davon zusätzlich zu Ihrem Vorrat beschaffen wollen, müssen wir Ihnen selbstverständlich überlassen. Ein Teil davon genügt ja auch schon, um damit Überraschungsgästen ein Überraschungsessen zu bereiten.

Im Vorratsschrank könnten lagern: Nudeln, Reis, Knäckebrot, Kräckers, Chips, Gebäck in Packungen, Kaffee, Tee, Nüsse, Delikateßsoßen (Schaschlik-, Meerrettich-, Barbecuesoße), Tomaten- und Curry-Ketchup, Tomatenmark, Mayonnaise, Remoulade, Senf, Merrettich, Soja- und Worcestersoße, Dosenmilch, H-Milch und H-Sahne, Käse in Dosen.

An Konserven könnten vorhanden sein: Gemüse in Dosen nach Ihrer Wahl, feinsauer eingelegte Sorten wie Gurken und Mixed Pickles, Oliven, Dosenschinken, Geflügel, Sülze, Corned-beef, Fleisch- und Wurstkonserven, Fischkonserven wie Krabben und Ölsardinen, schließlich noch Obst und – wenn Sie wollen – Suppen.

Im Kühlschrank wäre gut ein Vorrat an Eiern, Butter, Milch, länger haltbare Wurst, Schnittkäse, Sahne, Crème fraîche, Joghurt, Quark, Fertigdessert, Joghurtzubereitungen und vacuumverpackte Wurst- und Fleischwaren.

Im Gefriergerät, Ihrer besten Vorratskammer, kann praktisch alles lagern. Vom frischen bis zum zubereiteten Gemüse, Frischfleisch und Bratenscheiben, Ihr Vorrat an frischem Brot (bitte noch warm einfrieren, dann schmeckt's besser), Sahne, Butter, Frischwurst in Scheiben, alles aus dem Tiefkühl-Angebot, Krabben und Meeresfrüchte anderer Art, Räucherlachs, Geflügel, Wild, ja sogar Hummer, Langusten und Krebse. Obst und Eiscreme sowieso. Ein Teil von all dem, was wir hier aufgeführt haben, ist ohnehin in fast jedem Haushalt vorhanden. Und auffüllen können Sie Ihren Vorrat ja, wie Sie es für richtig halten.

Bleiben noch die Getränke: Fast alle, bis auf Wein, sind problemlos zu lagern. Spirituosen wie Weinbrand, Gin, Whisky und Liköre im Vorratsschrank oder in der Hausbar. Bier, Sekt und Schnäpse kommen in den Kühlschrank. Bier kann auch im Keller lagern. Wein muß im Keller lagern. Limonade und Mineralwasser hat im Kühlschrank wie im Keller Platz. Es liegt an Ihnen, zu entscheiden, wieviel Sie lagern wollen.

Ein guter Rat zum Schluß: Vorräte immer wieder erneuern. Also frisch Gekauftes in den Vorrat legen und länger Gelagertes verbrauchen, damit nichts alt wird und an Qualität verliert.

Wie Gäste bewirtet werden – wie sich der Gast bedient

Seine Gäste ohne den Begrüßungsdrink willkommen zu heißen oder ein Essen ohne den Apéritif zu eröffnen, ist heutzutage beinahe schon nicht mehr möglich. Die Drinks: Sekt pur oder mit Orange, Sherry, ein Cocktail. Dazu können auch ein paar Häppchen serviert werden. Zum Beispiel Canapés. Ein Geheimtip, Menschen näher zu bringen, die ein bißchen fremdeln: Es ist das Gläschen Klarer, Kümmelschnaps oder Wodka. Mehr als eines Glases bedarf es meist nicht, um die Zungen zu lösen und den Grundstein für einen gelungenen Abend zu legen.

Wenn dann ein Essen hinzukommt, das Gaumen und Augen erfreut, kann nichts mehr schief gehen. Wer nun noch über Personal verfügt, das bedienen kann, braucht sich um den weiteren Verlauf keine Gedanken zu machen. Das geht dann alles wie am Schnürchen. Aber wer verfügt schon über diese hilfreichen Menschen? Also bedienen wir unsere Gäste selbst. Und das sollten wir uns so einfach wie möglich machen. Was die Kalte Küche schon garantiert. Denn sie macht in der Vorbereitungszeit mehr Arbeit; es bedient sich ja praktisch jeder selbst. Kaltes Essen soll auf dem Tisch stehen, wenn die Gäste eintreffen, das Kalte Büfett muß fertig sein, die Platten fürs Sektfrühstück bereitstehen. Daß Tisch oder Tische gedeckt sind, versteht sich von selbst. Auf diese Weise können die Dame des Hauses und der Hausherr dem Fest gelassen entgegensehen und unbelastet mit ihren Gästen den Abend genießen. Außer, daß für Getränke und eventuell auch für Essennachschub gesorgt werden muß.

Ein Wort zwischendurch zum vorbildlich gedeckten Tisch: Das Tischtuch muß untadelig sein, der Blumenschmuck flach, damit sich die Gäste nicht durch die Blume unterhalten müssen, die sich gegenübersitzen. Farblich sollten Tischtuch, Blumen und Geschirr aufeinander abgestimmt sein. Hat das Geschirr nur von einem Blickpunkt aus erkennbares Dekor, also zum Beispiel einen Blumenstrauß, dann wird es selbstverständlich so eingedeckt, daß der Gast den Strauß natürlich und nicht auf dem Kopf stehend sieht. Die Servietten gehören auf die eingedeckten Teller, das Besteck wird in der Reihenfolge des Gebrauchs von außen nach innen zum Tellerrand hin gelegt. Rechts die Messer, links die Gabeln. Die Löffel liegen gewöhnlich oberhalb des Tellers, in der Reihenfolge des Gebrauchs von oben nach unten zum Teller hin. Die Gläser stehen rechts oben am Teller. In der Reihenfolge des Gebrauchs von außen rechts nach links in Richtung Tischmitte.

Es kann losgehen. Ob Kalte Platten, Kaltes Büfett oder Sektfrühstück oder auch Schnittchen. Auch in der Kalten Küche gilt die klassische Menüfolge: Zuerst Fisch, dann Fleisch (oder Wurst oder Schinken), Gemüse und/oder Salate, Käse und schließlich Obst oder Dessert.

Der Gast bedient sich also selbst. Und genau in der Reihenfolge, die wir eben genannt haben. Egal, ob von den auf dem Tisch servierten Speisen oder vom Kalten Büfett, vom Canapé- oder Schnittchenteller. Daß am Tisch erst zu essen begonnen wird, wenn sich alle bedient haben, sollte selbstverständlich sein und wird nur der Vollständigkeit halber erwähnt.

Übrigens: Mokka und Verdauungsschlückchen (Digestif) servieren Hausfrau und Hausherr persönlich. Sie sind meist das Signal zum Aufbruch, falls nicht ehrlich gebeten wird, das Fest noch in gemütlicher Runde ausklingen zu lassen.

Wir danken folgenden Firmen für die freundliche Unterstützung

Burda-Verlag, München
Gruner & Jahr AG & Co, Hamburg
Hutschenreuther AG, Selb
Jahreszeiten-Verlag, Hamburg
Köllnflockenwerke, Elmshorn
Komplettbüro für Presse- und Öffentlichkeitsarbeit GmbH, München
VIF, Das Gourmet Journal, Hamburg
Württembergische Metallwarenfabrik AG, Geislingen/Steige

A

Abwällen – kurzes Erhitzen eines rohen Lebensmittels durch Eintauchen in kochendes Wasser oder Übergießen damit.

Allerleigewürz – Piment (Nelkenpfeffer).

Alufolie – fein ausgewalztes Aluminium. Verwendung zum Verpacken, z. B. von Butter, Kaffee, Schokolade und zum schonenden Garen von Fleisch, Fisch, Gemüse im eigenen Saft.

Amerikaner – feines, flachrundes Gebäck mit Backpulver gebacken, Durchmesser etwa 12 cm.

Amerikanischer Flußkrebs – aus den USA nach Deutschland verpflanzt, als Ersatz für den in manchen Gegenden selten gewordenen Edelkrebs. Ausgewachsen etwa 10 cm lang und 30 – 40 g schwer. Scheren kleiner als beim Edelkrebs. Durch Kochen verfärbt er sich rot. Vorwiegend werden nur die Schwänze dieser Art verwendet.

Anchovis – hergestellt aus unausgenommenen oder ausgenommenen Sprotten mit oder ohne Kopf, mit oder ohne Schwanz, in Gewürzen gereift.

Anis – Gewürz für Back- und Süßwaren sowie Liköre.

Aperitif – Getränk, das vor der Hauptmahlzeit zur Anregung des Appetits getrunken wird. Meist alkoholreiche Likörweine, z. B. Sherry, Wermutwein, Kräuter- oder Bitterliköre.

Appetitsild – hergestellt aus Anchovis (Kräutersprotten), ausgenommen, der Länge nach parallel zur Rückengräte geteilt, enthäutet, entgrätet.

Aprikotieren – Überziehen von Backwaren mit Aprikosenmarmelade, auch als Zwischenschicht oder als Unterlagen für Güsse und Glasuren.

Arme Ritter – Süßspeise, in Milch eingeweichte Weißbrotscheiben oder Zwiebäcke, paniert, in Fett gebraten und mit Weinschaum oder Vanillesoße serviert.

Aromen – syn. Essenzen.

Ascorbinsäure – Bezeichnung für Vitamin C.

Aspik – Gallerte, ursprünglich durch Kochen aus der leimgebenden Substanz von Kalbsfüßen oder Schwarten, heute fast nur noch unter Verwendung von Gelatine bereitet. Aspik wird für Fleisch-, Fisch-, Gemüse- und Ei-Zubereitungen verwendet.

B

Bahmi – chinesisches Nudelgericht mit Gemüsen, Gewürzen, Fleisch und Garnelen.

Bahmi Goreng – Zubereitung wie Bahmi, jedoch nach Beifügen von Butter, Soja-Soße und Brühe angebraten.

Baiser – syn. Meringe, feine Backwaren, unterschiedlich geformtes, trockenes, sprödes Schaumgebäck. Die Schaummasse wird langsam bei schwacher Hitze auf Backunterlagen getrocknet.

Ballbäuschen – Gebäck aus Rührteig, unregelmäßig geformte Teigbällchen, in siedendem Fett ausgebacken.

Bambussprossen – Gemüse, Triebe der jungen immergrünen Bambussträucher. Heimat: Ostasien. Geringe Frisch-Einfuhr, überwiegende Importe als Konserven.

Baumtomaten – Südfrucht, Beerenfrucht mit tomatenartigem bis säuerlichem Geschmack. Größe und Form braunroten Pflaumen ähnelnd. Geringe Einfuhr.

Bavarois – syn. bayrische Creme, Dessert auf Gelatine-Basis, aus abgeschlagener Eiercreme mit geschlagener Sahne vermischt oder aus gesüßtem Fruchtpüree mit Schlagsahne, auch mit Zugabe von Früchten.

Béchamelsoße – helle gebundene Soße, unter Mitverwendung von Milch bereitet.

Beefsteakhack – Schabefleisch, Tatar. Schieres, fein zerkleinertes Rindfleisch zum Rohessen.

Beignets – Krapfen, in Backteig getauchte Lebensmittel (Fleisch, Fisch, Obst oder Gemüse) in Fett ausgebacken.

Beize – Marinade, zum Einlegen von Fleisch zur Geschmacksabwandlung (Sauerbraten) oder zur Milderung des oft strengen Wildgeschmacks. Enthält neben den Hauptbestandteilen wie Essig, Rotwein oder Buttermilch zahlreiche Gewürze und Zwiebeln.

Belegfrüchte – kandierte Früchte zum Garnieren und Füllen von Torten, Gebäcken, Desserts.

Bickbeeren – Heidelbeeren, Blaubeeren.

Bircher Müsli – Rohkostmischung aus Getreideflocken, geriebenen Äpfeln, Zucker oder Honig und evtl. Nüssen und Rosinen.

Blanchieren – Kurzes Erhitzen von Gemüse oder Obst im Siebeinsatz in siedendem Wasser oder Wasserdampf.

Blinis – (deutsch: Plinsen) kleines russisches Hefegebäck aus Buchweizen- und/oder Weizenmehl, im Spezialpfännchen gebacken, mit saurem Rahm als Vorspeise serviert oder als Beilage zu Fleisch, Wild, Geflügel oder Eiern gereicht.

Bordelaise – syn. Sauce Bordelaise, Bordeauxsoße. Braune, sehr würzige Soße aus brauner Grundsoße, Rotwein, konzentriertem Fleischsaft und Gewürzen.

Borschtsch – russisches Nationalgericht, Suppe aus roten Beten, Weißkohl, Kartoffeln, Rindfleisch, Zwiebeln unter Zusatz von Essig und saurer Sahne.

Bouillabaisse – Fischsuppe, ursprünglich Spezialität der französischen Mittelmeerländer (Marseille), aus vielen verschiedenen Fischsorten, Muscheln, Krabben, Tomaten, Zwiebeln, Knoblauch, verschiedenen Gewürzen und Olivenöl.

Bouillon – Fleischbrühe, zumeist aus Rindfleisch hergestellt.

Bouletten – vor allem in Berlin gebräuchliche Bezeichnung für Frikadellen.

Bremer Pinkel – Wurstsorte aus Hafergrütze, Fettgewebe, Flomen und Zwiebelwürfeln, wird im norddeutschen Raum mit Grünkohl serviert.

Brioche – syn. Apostelkuchen. Feines Frühstücksgebäck aus ei- und fettreichem Hefeteig.

Brüsseler Kohl – Rosenkohl.

Buchteln – süße Hefeteig-Klöße, gefüllt, z. B. mit Pflaumenmus oder Quark, im Backofen nebeneinander in einer Form gebacken.

Bündner Fleisch – im Schweizer Kanton Graubünden hergestelltes, leicht gepökeltes und an der Luft stark getrocknetes Rindfleisch, zum Verzehr hauchdünn geschnitten.

C

Canapés – Appetitschnittchen aus ausgestochenen Weiß- oder Schwarzbrottalern, mit Butter bestrichen, mit Bratenfleisch oder anderem feinem Belag dekorativ angerichtet.

Canehl – Stangenzimt

Casein – wichtigster Eiweißkörper der Milch.

Cashew-Kerne – geschälte und enthäutete Samen der Cashew-Nuß. Geschmack mandelartig, etwas süßlich.

Cassata – italienisches Speiseeis mit gewürfelten, kandierten Früchten, zusätzlich auch Nüssen oder Krokant.

Charlotten – feine Cremespeisen, mit Bisquits, Waffeln o. ä. eingefaßt.

Chateaubriand – kurzgebratene, doppelt fingerdicke Fleischscheibe aus der Mitte des Rinderfilets.

Chaud-froid – eine Decksoße für kalte Speisen.

Chilipfeffer – syn. Pfefferschote, Cayennepfeffer, Guinea-Pfeffer, Chilis. Sehr scharfes Gewürz, meist feingemahlen, aus getrockneten Pfefferschoten, im unreifem, grünem Zustand als Peperoni bekannt.

Chili-Soße – besonders scharfe Würzsoße aus Tomatenmark, Zucker, Essig, Chilis, Pimientos und spezieller Gewürzmischung, als Beigabe zu gegrilltem oder gebratenem Fleisch und zum Würzen von Soßen.

Chutney – Würzpaste aus unpassiertem Mark von Tomaten und/oder Mango-Früchten, meistens mit Ingwer, Rosinen, Pfeffer und Zucker stark eingekocht.

Citronat – kandierte Fruchtschalen von Citrusfrüchten, meist als Backzutat angeboten.

Coffein – syn. Tein. Enthalten in Kaffeebohnen, schwarzem Tee sowie Kolanüssen, Kakao und Mate, regt das zentrale Nervensystem an.

Consommé – Kraftbrühe, hergestellt aus Fleischbrühe und Rindfleisch.

Cordon bleu – Fleischgericht, bestehend aus zwei Kalbsschnitzeln, zwischen die gekochter Schinken und Emmentaler Käse gelegt ist, mit Panade umhüllt und in Fett gebraten.

Cottage Cheese – syn. Hütten- oder Katenkäse. Körniger Frischkäse.

Couscous – tunesisches Gericht aus grobem Weizengrieß, mit Fleisch, vorwiegend Hammelfleisch, serviert.

Crab meat – Krebsdauerkonserve, hergestellt aus gekochten, ausgepulten Steinkrabben und Kurzschwanzkrebsen.

Crayfisch – Englische und amerikanische Bezeichnung für Flußkrebse.

Crème fraîche – frischer Rahm aus Kuhmilch, Spezialität aus Frankreich, zum Verfeinern von Suppen, Soßen etc.

Crêpes – sehr dünne Eierkuchen, gerollt oder gefaltet mit Konfitüre oder Fleisch gefüllt.

Crevetten – französische Bezeichnung für Säge- und Ostseegarnelen.

Cumberland-Soße – Würzsoße, meistens aus rotem oder schwarzem Johannisbeergeleee, Südwein, Orangeat, Zitronat, Zitronensaft und Gewürzen; Beigabe zu Wild, Pasteten, Gänse- und Entenbraten.

Currypulver – Gewürzmischung aus Kardamom, Cayennepfeffer, Koriander, Kurkuma, Ingwer, Kümmel, Muskatblüte, Nelken, Pfeffer und Zimt, scharfpikanter Geschmack, zum Würzen von Reisspeisen, Fisch, Fleisch und Ragouts.

D

Dämpfen – Spezielles Garverfahren, das Gargut ist auf einem Siebeinsatz von Wasserdampf umgeben.

Dampfnudeln – Gebäck aus süßem Hefeteig, zu Klößen geformt, in einer Auflaufform im Backofen in wenig Milch gegart.

Dauerwurst – besonders sorgfältig und lange gereifte und getrocknete, schnittfeste Rohwurst mit erhöhter Qualität und Haltbarkeit.

Debreziner – ungarische Brühwurst, meistens geräuchert, z. T. mit Knoblauch; als Beilage zu Eintopf- und Gemüsegerichten.

Demi-glace – braune Grundsoße, mit Zusatz von Bratenfond, Schinken, Pilzen, Tomaten eingedickt, entfettet und passiert.

Deutscher Kaviar – hergestellt aus Fischrogen von See- und Süßwasserfischen, z. B. Heringen.

Dijon-Senf – Speisesenf, hergestellt ausschließlich aus schwarzen oder braunen, nicht entölten Senfkörnern, meistens „extrascharf".

Dressieren – Formgeben von koch- oder bratfertigen Lebensmitteln mit Hilfe von Nadeln, Stäbchen, Klammern, Fäden (z. B. Rouladen, Geflügel, Rollmops).

Dressing – Salatsoße.

Dünsten – Garen in wenig Flüssigkeit, bei wasserreichem Gut oft im eigenen Saft, manchmal mit Fettzusatz (gut schließender Deckel).

E

Eclair – syn. Liebesknochen, feine Backware aus Brandteig, länglich, mit Creme gefüllt und mit Glasur überzogen.

Edelkrebs – sehr geschätzter Süßwasserkrebs aus Mitteleuropa, Skandinavien, Rußland und Jugoslawien.

Eierschecke – aus Schlesien und Sachsen stammender Hefeteig-Blechkuchen, bestrichen mit einer Masse aus Quark, Rosinen, Butter, Eigelb und Maisstärke, mit gehobelten Mandeln bestreut.

Eierstich – Suppeneinlage aus verquirlter, gewürzter Eiermasse, im Wasserbad gestockt.

Einlegen – Konservieren von bestimmten Lebensmitteln in Essig (z. B. Mixed Pickles, Gurken, Rote Bete). Zum Einlegen von Obst im Rumtopf wird hochprozentiger Rum (54%) unter Zusatz von Zucker verwendet.

Einwecken – haushaltsübliches Verfahren zum Haltbarmachen von Lebensmitteln, vorwiegend Obst und Gemüse.

Einweichen – Einlegen von Lebensmitteln in Flüsssigkeiten (meistens Wasser) zum Quellen, z. B. Trockenfrüchte. Das Einweichwasser sollte immer mitverwendet werden, damit Mineralstoffe und wasserlösliche Vitamine nicht verlorengehen.

Eiserkuchen – Rührteiggebäck, in einem Waffeleisen dünn ausgebacken und heiß zu Röllchen oder Tüten geformt.

Elisen-Lebkuchen – Lebkuchen, auf Oblaten gebacken, enthalten mindestens 25% Mandeln oder Hasel- bzw. Walnußkerne.

Emincé – syn. Geschnetzeltes.

Enthäuten – Abziehen der Haut, z. B. von Fleisch oder Früchten vor der Zubereitung.

Entrahmen – teilweises oder vollständiges Abscheiden des Milchfettes aus Milch.

Erbswurst – in Wurstform gepreßtes und abgepacktes kochfertiges Suppenerzeugnis aus Erbsmehl, Fett, Speck, Gewürzen und Salz.

Erdäpfel – Kartoffeln.

Erdnußfett – weiß, fast geruch- und geschmacklos, gewonnen aus Erdnußöl, Verwendung zum Backen.

Erdnußöl – syn. Arachisöl, wichtiges Speiseöl, gewonnen aus Erdnüssen.

Essenzen – syn. Aromen, konzentrierte Zubereitungen von Geruchs- oder Geschmacksstoffen, die Lebensmitteln oder Speisen einen besonderen Geruch oder Geschmack verleihen sollen; besonders gebräuchlich die Geschmacksrichtungen „Rum“ und „Zitrone“.

Essig – syn. Speise-, Tafelessig (Gärungsessig), hergestellt durch Umwandlung von Alkohol (mit Hilfe von Essigbakterien und Luftsauerstoff) in Essigsäure, Erzeugnis auch als „Branntwein-Essig“ bekannt. Ist Wein der Ausgangsstoff, wird „Echter Weinessig“ gewonnen. Gärungsessig enthält höchstens 15,5% wasserfreie Essigsäure. Unterarten: Kartoffelessig, Obstessig, Bieressig, Kräuteressig.

Essig-Essenz – wasserhaltige Essigsäure, enthält mehr als 15,5% wasserfreie Essigsäure, im Einzelhandel in einer Stärke von höchstens 25% erhältlich; läßt sich – je nach Verwendungszweck oder Geschmack – zu unterschiedlich saurem Essig verdünnen.

Essigfrüchte – eine Form von Obstkonserven, besonders Birnen und Pflaumen, nach dem Vorkochen eingelegt in Weinessig und Zucker, evtl. mit Gewürzen.

Essiggemüse – tafelfertig zubereitetes Gemüse (auch Mischungen), sauer oder süßsauer eingemacht (z. B. Mixed Pickles).

Eßkastanie – syn. Marone, Dauermarone, Kastanie, Edelkastanie, Samen aus der Steinfrucht des Kastanienbaumes, eignet sich geröstet als Füllung in Geflügel sowie als Beilage zu verschiedenen Gerichten.

F

Falscher Hase – Hackbraten.

Farcieren – Füllen einer Speise, z. B. Geflügel oder Gemüse, mit einer Farce (Füllmasse meistens aus Fleisch, Fisch oder Pilzen).

Farin – gelb- bis dunkelbrauner, feiner Zucker, vorwiegend verwendet in Backwaren und Bonbons.

Filetieren – syn. filieren, Heraustrennen der beiden Filets aus Fisch und Fleisch.

Filet mignon – syn. Filet medaillon, aus der Spitze des Filets vom Rind geschnittene kleine runde Beefsteaks.

Fischrogen – unbefruchtete Eier der Fische, zu Fischerzeugnissen verarbeitet.

Fisolen – niedrige Buschbohnen.

Flageolettbohnen – flachovale Wachsbohnen (Stangenbohnen).

Flambieren – zeremonielles, löffelweises Übergießen und Abbrennen von hochprozentigem Alkohol auf Speisen.

Flammeri – kalt oder warm zu genießende Süßspeise aus Grieß, Reis oder Sago, mit Milch, Fruchtsaft oder Wein bereitet.

Flan – in West- und Südeuropa übliche Bezeichnung für eine feine puddingartige Süßspeise.

Fleischextrakt – zu pastenförmiger Konsistenz eingedickter, wäßriger, dunkelbrauner, aromatischer Fleischauszug; zum Verfeinern und Würzen von Speisen.

Fleisch-Fondue – Fleischgericht aus grob gewürfeltem Rinderfilet; auf lange Gabeln gespießt wird das Fleisch bei Tisch in heißem Fett gegart, bekannteste Art „Fondue bourguignonne“.

Fleischkäse – fein gekuttertes, brühwurstartiges Erzeugnis aus Rind- und Schweinefleisch, in Formen laibartig gebacken oder gebrüht.

Flomen – syn. Liesen, Bauchwandfettgewebe des Schweines, dient zur Gewinnung von Flomenschmalz (Schweineschmalz).

Florentiner – knuspriges, flaches Mandel- oder Nußgebäck, eine Seite mit Schokolade überzogen.

Fondant – syn. Fondantmasse, feinkristalline, zähweiche, auf der Zunge leicht zergehende, süße Masse, als Pralinenfüllung oder zur Herstellung von Zuckerwaren (z. B. Pfefferminztaler, Kokosflocken).

Fonds – Grundbrühen zur Herstellung von Soßen.

Fondue – Schweizer Gericht, meist aus grob gewürfeltem Käse, der mit Weißwein in einem Fondue-Geschirr bei Tisch auf einer Spiritusflamme bis zum Schmelzen erhitzt und mit Weißbrot verzehrt wird.

Frappé – französisch – geschlagen, auch Frappee. Mit Eisstückchen bzw. anderweitig gekühlte Mischgetränke oder erfrischende Süßspeisen mit Früchten, evtl. unter Zusatz von Speiseeis oder Sorbet. Gut gekühlt, aber nicht gefroren, serviert.

Fricandeau – Teilstück von der Keule des Kalbes, geeignet zum Kurzbraten.

Frikassee – Fleischgericht aus gekochtem oder leicht angeschmortem Kalbs- oder Hühnerfleisch, evtl. auch aus Fisch, in einer weißen, würzigen Soße.

Fritieren – Ausbacken (d. h. Garen und Bräunen) von vorbereiteten Lebensmitteln schwimmend in heißem Fett.

Fructose – Fruchtzucker.

Frühlingsrolle – syn. Loempia, südostasiatisches Gericht, Teigrolle, gefüllt mit verschiedenen Gemüsen, evtl. auch Fleisch, in der Pfanne oder schwimmend in Fett gegart.

frutti die mare – (Meeresfrüchte) Fischchen, kleine Tintenfische, Austern, Muscheln, Scampi, mariniert oder paniert und in Öl gebakken.

G

Galantine – kaltes Fleischgericht von Spitzenqualität, hergestellt aus Scheiben oder kleinen Stücken feinen Fleisches, zumeist Geflügel, Wild, verbunden durch feinzerkleinerte Fleischmasse. Bei Galantinen dient der von Knochen völlig befreite, im Fleisch noch möglichst unverletzte Körper, z. B. einer Poularde oder Ente als Umhüllung für die Fleischmasse.

Garnelen – langschwänzige Krebse, am bekanntesten ist die Nordseegarnele (Krabbe). Andere Garnelenarten werden aus aller Welt importiert.

Gelatine – (Speisegelatine), Gelierstoff, quillt in kaltem Wasser, ergibt beim Abkühlen geschmacksneutrale, klar durchsichtige Gele. Verwendet als Geliermittel für Aspik, Sülzen, Gelee- und Cremespeisen. Farblos oder künstlich gefärbt, gemahlen oder in Blattform.

Geschnetzeltes – kleine Fleischscheiben vom Kalb, evtl. auch Rind oder Schwein, kurzgebraten, mit Sahne gebunden.

Gewürznelke – Gewürz; dunkelbraune, getrocknete, kurz vor dem Aufblühen geerntete Blütenknospen des Gewürznelkenstrauches, ganz, geschrotet oder gemahlen angeboten.

Glasnudeln – Teigwaren aus Reis- oder Hülsenfruchtmehl, vorwiegend aus China stammend.

Glasuren – Überzüge auf Zuckerwaren, Dauer-und Frischbackwaren.

Glutamat – Geschmacksverstärker bei allen nicht süßen Lebensmitteln, besonders bei Suppen und Soßen.

Gnocchi – Nockerln auf italienische Art, kleine Kugeln aus feinem Kartoffelteig, pochiert, mit Butter und Parmesankäse überbacken.

Granat – Nordseekrabben.

Granatapfel – Südfrucht, Beerenfrucht des Granatapfelbaumes.

Grappa – italienische Bezeichnung für Tresterbranntwein.

Gratinieren – Überbacken einer Speise in starker Hitze zum Bräunen und zur Krustenbildung.

Griebenschmalz – gewürztes oder ungewürztes Schweineschmalz mit Grieben aus frischem Rückenspeck oder Flomen.

Grillen – Garmethode durch Einwirken von Strahlungswärme direkt auf das Gargut, besonders geeignet für Fleisch, Geflügel und Fisch.

Grüner Salat – Kopfsalat.

Grünkern – oder Grünkorn, im halbreifen Zustand geerntetes, vorsichtig gedörrtes und geschältes Korn des Dinkel-Weizens. Verarbeitet zu Graupen, Grünkernmehl, -grieß oder -flocken. Geben Suppen und Soßen eine grüngelbliche Farbe und angenehm würzigen Geschmack.

Grütze – geschälte und zerschnittene Körner von Hafer, Gerste und Buchweizen. Feinheitsgrade: grob, mittel und fein. Verwendet für Suppen, Brei, außerdem für Grützwurst.

Gugelhupf – süddeutsche Bezeichnung für Napfkuchen.

H

Hackepeter – zubereitetes Hackfleisch, meistens aus Schweinefleisch.

Halve Hahn – Im Rheinland Bezeichnung für ein Roggenbrötchen mit Käse belegt, mit Senf bestrichen, darauf Zwiebel- und Gewürzgurkenringe angerichtet.

Haschee – Gericht aus feinstzerkleinertem Fleisch oder Innereien wie Lunge, Nieren usw.

Haselnußöl – gewonnen durch Auspressen von Haselnüssen, angenehmer Geruch. Wird fast ausschließlich für Nugatmassen verwendet.

Hasenpfeffer – oder Hasenklein, Schmorgericht, bei dem alle Teile vom Hasen (auch Kopf, Lunge, Herz und Blut) verwendet werden.

Haxe – syn. Kalbshaxen: Vorder- oder Hinterhaxe, kräftiges, mageres, um den Röhrenknochen des Beines sitzendes Fleisch, geeignet zum Braten. Schweinehaxen oder Eisbein, Unterschenkel der Vorder- oder Hintergliedmaßen vom Schwein, frisch oder gepökelt gekocht und auch zusätzlich überbraten verzehrt.

Himmel und Erde – Eintopfgericht aus pürierten Äpfeln und Kartoffeln, als Beilage zu gebratenen Blutwurstscheiben und zu Leber.

Hochrippe – syn. Hohe Rippe, Hochrücken, Teilstück vom Rinderrücken. Erstrangiges Kochfleischstück von jungen Tieren, auch zum Braten geeignet. Aus dem mageren Kern können auch Steaks geschnitten werden.

Hollerbeeren – Holunderbeeren.

I

Ingwer – Gewürz, geschälter Wurzelstock der Ingwer-Staude; frisch, getrocknet, gemahlen und kandiert angeboten. Charakteristisches Aroma, bei höherer Dosierung brennend scharf. Zum Würzen und Verfeinern von Speisen und Backwaren.

Irish stew – Eintopfgericht aus Hammelfleisch, Weißkohl und Kartoffeln, gewürzt mit Pfeffer und Kümmel.

J

Joghurterzeugnisse – hergestellt aus Milch oder Sahne mit spezifischen Milchsäurebakterien-Kulturen (Joghurtkulturen).

Julienne – in feine Streifen geschnittene Suppengemüse-Mischung, frisch oder getrocknet, in Brühe gegart.

Jus – fettfreier Fleischsaft, tritt beim Braten oder Erhitzen aus, geliert beim Erkalten. Besonders vom Kalbsbraten gern zum Überziehen und Garnieren von Aufschnitt, kaltem Fleisch usw. verwendet.

K

Kaisergranat – syn. Tiefseekrebs, dem Hummer sehr ähnlicher Krebs, jedoch kleiner (bis zu 24 cm). Verzehrt wird hauptsächlich das „Schwanz"-Fleisch, das Scherenfleisch nur von großen Exemplaren.

Kaiserschmarren – Süßspeise: Eierkuchen wird während des Garens in der Pfanne mit zwei Gabeln zerrissen, mit Zucker bestreut oder mit Marmelade bestrichen.

Kalamar – syn. Kalmar, zehnarmige Tintenfische.

Kandieren – Tränken von Früchten oder Fruchtschalen mit dicker Zuckerlösung und anschließendes Trocknen.

Kandis – besonders große Zuckerkristalle, beliebtes Süßungsmittel für Tee.

Karamelisieren – Bräunen von Zucker durch Erhitzen.

Karbonade – norddeutsche Bezeichnung für Kotelett.

Kardamom – gemahlenes Gewürz, wird hauptsächlich in der Weihnachtsbäckerei verwendet.

Karfiol – Blumenkohl.

Kartoffelstärke – syn. Kartoffelmehl, vielfache Verwendung als Dickungsmittel in der Küche.

Kasseler Rippenspeer – hergestellt nach dem Berliner Fleischermeister Cassel, aus frischen Kotelettsträngen vom Schwein durch mildes Pökeln und anschließendes goldbraunes Räuchern. Gleichmäßig rosarotes Fleisch.

Kaviar – syn. Echter Kaviar: gesalzenes Fischerzeugnis, hergestellt aus dem Rogen verschiedener Störarten.

Kefirerzeugnisse – hergestellt aus Milch oder Sahne mit spezifischen Gärungserregern (Kefirpilze). Mildsaurer Geschmack, durch Kohlensäuregehalt spritzig, mit geringem Alkoholgehalt.

Ketakaviar – syn. Lachskaviar.

Ketchup – Würzsoße aus Tomatenmark, Zwiebeln, Zucker, Essig und verschiedenen Gewürzen. Zum Würzen und als Beigabe zu vielen Gerichten.

Kichererbse – Hülsenfrucht, gelblich bis hellrötlich.

Kirschenmichel – Süßspeise. Rührteig aus Grieß und Mehl, mit Süß- oder Sauerkirschen vermengt, in einer Auflaufform gebacken.

Kipper – Räucherfisch, hergestellt durch Kalträuchern, muß vor dem Verzehr noch gegart werden.

Klippfisch – getrockneter Fisch. Naß oder trocken gesalzen und durch Trocknen haltbar gemacht.

Klopse – Kugelig bis flachoval geformte, gewürzte Hackfleisch-Masse, meistens in Fett gebraten. Evtl. auch aus Fischfleisch.

Knacker – Brühwürstchen.

Kokosfett – syn. Kokosöl, angenehm nußartiger Geschmack, gewonnen aus dem getrockneten Kernfleisch der Kokosfrucht, zum Kochen, Backen, Braten und zur Herstellung von Margarine und Speisefett.

Kola-Nuß – Samen des Kolabaumes, getrocknet importiert für Erfrischungsgetränke und Süßwaren, coffeinhaltig.

kondensieren – bei Lebensmitteln: schonendes Eindikken oder Konzentrieren, hauptsächlich von Milch.

konservieren – behandeln von Lebensmitteln zur Verbesserung ihrer Haltbarmachung.

Koriander – Gewürz, ganz, geschrotet oder pulverisiert erhältlich, zum Würzen von Backwaren, Fleisch, Fisch und Getränken.

Krabben – umgangssprachliche Kurzbezeichnung für Nordseekrabben.

Krabbenfleisch – gekochtes Krebstiererzeugnis, hergestellt aus geschälten Garnelen, haltbar gemacht.

Krapfen – syn. Berliner Pfannkuchen, feine Backwaren. Hefeteig, kugelförmig, in Fett schwimmend ausgebacken, oft mit Marmeladenfüllung, mit Zucker bestreut oder glasiert.

Kräuteressig – Essig mit deutlichem Kräutergeschmack, gewonnen durch Ausziehen der Kräuter mit dem Essig.

Kren – Meerrettich.

Krevetten – in Anlehnung an französich: crevette, Sammelname für Garnelenarten.

Kristallzucker – (Raffinade, Weißzucker), enthält deutlich erkennbare Kristalle.
Sorten: grob-, mittel- oder feinkörnig.

Krokant – Zuckerware aus Nüssen und Mandeln und geschmolzenem, karamelisiertem Zucker.

Kroketten – unterschiedlich, meist länglich geformte, salzige Teig-Zubereitung aus Kartoffeln, Fleisch oder Gemüse, paniert und in Fett ausgebacken. Aus gekochtem Reis auch in süßer Zubereitung.

Krustade – warmes Vorgericht, Pastetenteig, in Hohlform gebacken, mit verschiedenen Füllungen.

Krustentiere – Krebstiere. Nach dem Aussehen werden unterschieden: langschwänzige, z. B. Garnelen (Shrimps), Flußkrebse, Hummer, Kaisergranat, Langusten und kurzschwänzige, z. B. Taschenkrebse, Blau- und Königskrabbe.
Nach Abkochen und Entfernen der Schale wird das Krebsfleisch gewonnen.

Kurkuma – Gewürz, intensiv gelbe Färbung, wichtiger Bestandteil des Currypulvers.

Kutteln – Oberbegriff für die eßbaren Teile des Magen-Darm-Traktes vom Rind, zubereitet auch Kuttelfleck genannt.

Kuttern – sehr feine Zerkleinerung von Fleisch in spezieller Maschine (Kutter).

L

Labskaus – Eintopfgericht aus gepökeltem, schierem Rindfleisch, Zwiebeln und Kartoffeln, wird mit Salzheringen, Roten Beten, Spiegelei und Gewürzgurke serviert.

Lachshering – ausgenommener, geräucherter Salzhering mit Kopf.

Lachskaviar – syn. Ketakaviar, gesalzenes Fischerzeugnis, aus dem Rogen von Lachsarten.

Lachsmakrele – kaltgeräucherte, gesalzene Makrele.

Lachsschinken – schieres Schweinefleisch aus dem Kotelettstrang, gepökelt und geräuchert.

Lake – (Pökellake), konzentrierte Salzlösung zur Naßpökelung von Fleisch.

Landjäger – kaltgeräucherte Rohwurst, flach gepreßt, schnittfest, gut haltbar.

Langusten – meist sehr große (25 – 60 cm lang) Speisekrebse ohne Scheren.

Laugenbrezeln – speziell zubereitete Brezeln mit glänzender, brauner Kruste, meist mit grobem Salz bestreut.

Läuterzucker – gekochte, vom Schaum befreite, mehr oder weniger konzentrierte, sehr reine Weißzuckerlösung.

Leberkäse – Wursterzeugnis, in Formen gebacken oder gebrüht.

legieren – Sämigmachen von Soßen und Suppen durch Zugabe von verschlagenem Eigelb und vorsichtigem Erwärmen.

Leinsamen – syn. Leinsaat. Samen der Lein- oder Flachspflanze.

Leipziger Allerlei – Gemüsemischung, bestehend aus jungen Erbsen, jungen Karotten/Möhren, Brechspargel und Blumenkohlröschen.

Lemon-Squash – Zitronensirup aus geschälten und entkernten Zitronen, der noch alle Fruchtbestandteile enthält; mit Wasser verdünnt als Erfrischungsgetränk.

Lende – Bezeichnung für Filet.

Liebesäpfel – Tomaten.

Liebesknochen – Eclairs.

Liebesperlen – Zuckerwaren, harte Dragées, kleine bunte Zuckerperlen.

Liesenschmalz – Flomenschmalz.

Linzer Torte – runde Torte aus feinem Mürbeteig, mit Johannisbeer- oder Himbeermarmelade bestrichen und mit einem Mürbeteiggitter überdeckt.

Löffelbiskuits – Biskuitgebäck in löffel- oder katzenzungenähnlicher Form.

Lorbeerblätter – Gewürz, z. B. für Eintopf- und Fischgerichte und Beizen.

Luftspeck – frisch gepökelte Speckseiten, an der Luft ohne Räucherung getrocknet.

Lummerkotelett – Filetkotelett vom Schwein.

M

Macis – Muskatblüte.

Madeira – portugiesischer Likörwein der Insel Madeira.

Madeirasoße – braune, gebundene Soße mit Madeirawein, besonders zu gekochtem Schinken, Zunge und anderen Fleischgerichten.

Magermilch – entrahmte Milch, praktisch fettfrei.

Maikraut – Waldmeister.

Maisstärke – in der Lebensmittelindustrie meist gebräuchliche Stärke, z. B. für Pudding-, Suppen- und Soßenpulver, auch wichtig zum Binden von Soßen und Suppen.

Mango-Chutney – Würzsoße aus Mangofrüchten, mit Ingwer, Pfeffer, Rosinen und Zucker eingekocht; Beigabe zu Reisgerichten.

Mango-Soße – Würzsoße aus Mangofrüchten, Sultaninen, Zucker, mit Curry und anderen Gewürzen; Beigabe zu chinesischen und indischen Spezialitäten sowie zu Geflügelgerichten.

Maraschino-Kirschen – in Maraschino-Likör oder andere geeignete Spirituosen eingelegte, ausgesucht große, rote Kirschen (oft gefärbt).

Marille – Aprikose.

Marinade – 1. syn. Beize
2. Salatsoßen aus Öl und/oder Sahne, Crème fraîche, Joghurt, Mayonnaise mit Essig und Gewürzen.

Marone – Eßkastanie.

Marsala – italienischer Dessertwein.

Marzipan – hergestellt aus Marzipan-Rohmasse (süße Mandeln und Zucker) und Puderzucker.

Maultaschen – schwäbische Spezialität. Teigstücke aus ausgerolltem Nudelteig, mit Fleisch und/oder Gemüse gefüllt.

Matjeshering – Salzhering, hergestellt aus einem frischen, fetten, noch nicht geschlechtsreifen Hering.

Mayonnaise – kalte Soße aus Salatöl, Hühnereigelb, Essig und Gewürzen.

Meeresfrüchte – syn. frutti di mare.

Meerrettich – Gewürzpflanze, Wurzel frisch und konserviert (gerieben) erhältlich.

Meersalz – syn. Seesalz, gewonnen durch Verdunsten von Meerwasser.

Meringe – süddeutscher Ausdruck für Baiser.

Milchferkel – Spanferkel.

Minestrone – italienische Gemüsesuppe, häufig mit Bohnen und Teigwaren.

Mixed Pickles – Mischung von tafelfertig zubereitetem Gemüse (z. B. Gurken, Blumenkohl, Silberzwiebeln, Tomatenpaprika, Maiskölbchen, Möhren), mit Aufguß aus Essig, Kräutern und Gewürzen.

Mockturtlesuppe – „falsche Schildkrötensuppe", hergestellt unter Verwendung einer Einlage von Kalbskopffleisch und Champignons.

Möppkenbrot – syn. westfälische Beutelwurst, Blutwurst mit Cerealien.

Morchel – syn. Speisemorchel, wertvoller Speisepilz.

Mostrich – Speisesenf.

Münchner Weißwurst – Brühwürstchen aus Kalb-, Jungrind- und Schweinefleisch und Gewürzen.

Muscheln – Weichtiere ohne Kopf, in zweiklappiger Schale, im Wasser (vorwiegend Meer) lebend, dienen seit ältester Zeit zur menschlichen Ernährung (z. B. Austern, Miesmuscheln, Herzmuscheln).

Muskatfrucht – pfirsichähnliche Steinfrucht, deren Samen (Muskatnuß) und ihr zerschlitzter Mantel (Muskatblüte) als Gewürz verwendet werden.

Mutzenmandel – in Fett gebackenes, mandelförmiges Knetteiggebäck, vorwiegend in der Karnevalszeit gebacken.

N

Nappieren – Überdecken einer Speise mit einem gelierfähigen Überzug, besonders für kalte Speisen geeignet.

Nasi Goreng – Indisches Reisgericht mit Gemüsen, Gewürzen, Fleisch von Rind, Schwein oder Huhn sowie Garnelen.

Negerküsse – halbkugelige Schaumzuckerwaren mit Schokoladenüberzug.

Nelkenpfeffer – Piment (Allerleigewürz).

Nockerln – Teigklößchen aus Mehl, Eiern, Butter und Milch, in Salzwasser gegart; Beilage zu Fleisch oder als Suppeneinlage.

Nugat – syn. Nougat, Zuckerware, hergestellt aus geschälten Nußkernen, Zucker und Kakaoerzeugnissen, als Füllung von Pralinen und Schokoladen; auch in Riegeln oder als Schichtnugat mit unterschiedlichen Nugatarten und -farben erhältlich.

O

Obers – österreichische Bezeichnung für Sahne.

Oblaten – (Backoblaten) blattartige, meist weiße Dauerbackware aus dünnflüssigem Teig, dienen u. a. als Unterlage für Lebkuchen, Makronen, Konfekt.

Obstessig – ausschließlich aus Obstwein durch Gärung hergestellter Essig.

Ochsenmaulsalat – Feinkostsalat aus Streifen oder Scheiben von gepökeltem, gekochtem Rindermaul, schwäbische Spezialität.

Olivenöl – hell- gelbgrünes Öl, gewonnen aus dem Fruchtfleisch der Oliven, reines Olivenöl genußtauglich.

Ölsardinen – Fischdauerkonserven.
syn. Sardinen in Öl.

Orangeat – kandierte Fruchtschalen der Pomeranze, Backzutat.

Osso bucco – italienisches Gericht aus Kalbshaxenscheiben, geschmort mit Tomaten und Sellerie.

P

Paella – spanisches Eintopfgericht aus Fleisch, Gemüse, Muscheln und Krabben, evtl. mit Reis.

Palatschinken – österreichisches Gericht, Eierkuchen, meist gefüllt mit Obst, Konfitüre oder Creme.

Panieren – Vorbereiten von Lebensmitteln zum Braten oder Ausbacken in Fett durch Wenden nacheinander in Mehl, verschlagenem Ei und Semmelmehl.

parboiled Reis – mit Wasser, Wärme und Druck vorbehandelter Reis, verbesserte Kocheigenschaften, bleibt beim Wiederaufwärmen körnig, Kochzeit wie bei Reis üblich.

Parfait – 1. pastetenähnliches Feinkosterzeugnis, zumeist aus Fleisch
2. hochwertige Speiseeiszubereitung.

Passieren – Durchstreichen von weichen, oft gegarten Lebensmitteln durch ein Sieb.

Pasteten – 1. Fleischzubereitung aus zerkleinertem Fleisch (Wild oder Geflügel) und Gewürzen, Sammelbezeichnung Wurstpasteten;
2. feine Backware aus Blätterteig, wird warm verzehrt mit einer Füllung aus pikant gewürztem Fleisch, Fisch oder Gemüse;
3. pralinenähnliche Süßware, mit mindestens 2 verschiedenen Füllungen, größer als Pralinen.

Pasteurisieren – Verfahren zum kurzfristigen Haltbarmachen von Lebensmitteln durch Erhitzen auf Temperaturen unter 100 Grad C.

Peperoni – Bezeichnung für die unreifen, grünen Früchte des Chilipfeffers.

Pepperoni – schnittfeste Rohwurst aus Rind- und Schweinefleisch.

Petits fours – feine Backwaren, zierliche Dessertstükke, meist aus Biskuitteig, mit feinsten Füllungen und Glasuren.

Pfälzer Blutwurst – vorwiegend zum Warmverzehr bestimmt.

Pfefferkraut – syn. Bohnenkraut, minzeartiges Küchenkraut.

Pfefferpotthast – westfälisches Fleischgericht (magere Rindfleischwürfel mit viel Zwiebeln gar gekocht, stark gepfeffert).

Pfefferschoten – Chilipfeffer.

Pfirsich „Melba" – Dessert aus Vanille-Eis, Pfirsichschnitzeln, Schlagsahne mit Melbasoße, bestehend aus Erdbeerkonfitüre und Johannisbeergelee.

Piccalilli – Erzeugnis aus einem Gemüsegemisch, bestehend aus Blumenkohl, Gurken und Silberzwiebeln in einer gebundenen Senfsoße.

Pichelsteiner – Eintopf aus verschiedenen Gemüsen und Fleischwürfeln.

Pie – in England und USA verwendete Bezeichnung für runde oder auch eckige Gebäcke mit Obst-, Fleisch- oder Geflügelfüllungen.

Pilaw – orientalisches Reisgericht mit Fleisch, Fisch oder Geflügel und Gewürzen.

Piment – syn. Nelkenpfeffer, Gewürzkörner, Jamaikapfeffer, Allerleigewürz.

Piroggen – kleine russische Pasteten aus Hefeteig, gefüllt mit Fleisch, Ei, Fisch oder Gemüse, oft als Beigabe zu Suppen.

Pistazien-Kerne – Ölsamen, geschälte, meist enthäutete Kerne
Pistazie (Steinfrucht), verwendet als Gewürz und zum Garnieren von Speisen.

Pizza – ursprünglich italienisches Fladengebäck aus Hefeteig, belegt mit Tomaten, Schinken, Käse, Pilzen, Zwiebeln, Sardellen u. v. a. m.

Plockwurst – schnittfeste Rohwurst aus Rind- und Schweinefleisch, regional auch „Blockwurst" genannt.

Plumpudding – besonders in Großbritannien geschätzter, im Wasserbad gegarter, kuchenartiger, sehr nahrhafter Pudding aus wenig Mehl, Zucker, Eiern, Fett, Rosinen, Sukkade und Gewürzen, wird warm verzehrt, zuweilen flambiert.

Plundergebäck – feine Backware aus Hefeteig.

Pochieren – gar ziehen lassen, langsames Garen in Flüssigkeit bei einer Temperatur knapp unter dem Siedepunkt.

Pökeln – Salzen, Zubereiten und Haltbarmachen von Fleisch und Fisch mit Hilfe von Kochsalz.

Polenta – in Italien beheimateter dicker Brei aus Maismehl und/oder Maisgrieß, in Salzwasser gegart, heiß serviert, als Beilage zu Fleischgerichten.

Pomeranze – syn. Bitterorange, Bigaradie, Sevilla-Orange; Citrusfrucht, Beerenfrucht, wird für Getränke, Konfitüren/Marmeladen, Süßwaren, Orangeat verwendet.

Porridge – in Großbritannien beheimateter warmer, leicht gesüßter Haferflockenbrei, mit Milch oder Sahne zubereitet.

Porterhouse Steak – Zwischenrippenstück vom Rind mit Filet und Knochen, entspricht einem Ochsenkotelett mit Filet.

Pot au feu – französische Suppen- bzw. Eintopfspezialität aus Rindfleisch, Suppenhuhn und Gemüsen.

Pottasche – syn. Kaliumcarbonat; weißes, geruchloses Pulver, Verwendung als Backtriebmittel, insbesondere für Honigkuchen.

Poularde – gemästetes Junghuhn.

Powidl – in Österreich, CSSR und Ungarn übliche Bezeichnung für Pflaumenmus.

Prager Schinken – zart gepökelter und gekochter Schinken von in Böhmen gezüchteten Schweinen.

Prasselkuchen – feine Backware schlesischer und sächsischer Herkunft aus Blätterteig, flach, mit Streuseln und Zuckerglasur.

Prawns – englisch für Garnelen.

Preßhefe – im Handel übliche Verkaufsform von Backhefe.

Preßkopf – Brühwurst mit groben, schwartenhaltigen Schweinefleischstücken in der fein gekutterten Grundmasse aus Rind- und Schweinefleisch.

Preßsack – syn. Weißer Preßsack; Sülzwurst aus Schweinefleisch.

Printen – braune Lebkuchen.

Puderzucker – syn. Puderraffinade, auch Staubzukker; hergestellt durch Vermahlen von Kristallzucker.

Puffbohnen – syn. Dicke/Große Bohnen, Ackerbohnen; Hülsenfrüchte.

Pumpernickel – Brotsorte, krustenfrei, aus Roggenbackschrot oder Roggenvollkornschrot, von dunkler Farbe und süßlich-aromatischem Geschmack.

Pürieren – Zerstampfen oder Zerdrücken eines rohen oder gekochten Lebensmittels zu Brei.

Q

Quellen – Fähigkeit zahlreicher Lebensmittel, Flüssigkeit, zumeist Wasser, aufzunehmen und dabei ihr Eigenvolumen zu vergrößern (z. B. Reis, Hülsenfrüchte, Gelatine usw.).

R

Radi – bayerische Bezeichnung für Rettich.

Raffinade – syn. raffinierter Zucker, besonders reiner Weißzucker.

Ragout – würziges Gericht aus bissengroßen Fleischstücken in gebundener Soße.

Ragout fin – Kalbfleischgericht in weißer Soße, evtl. auch in Pasteten serviert.

Rahm – Sahne.

raspeln – Zerkleinerungsart von Gemüse und Obst, meistens für Rohkost.

Räucherfische – unterschiedlich vorbereitete, kalt- oder heißgeräucherte Fische.
Heißgeräuchert werden frische oder nur schwach gesalzene Fische, schmecken mild nach Rauch, Fleisch ist möglichst hell.
Kaltgeräuchert werden vorgesalzene und salzgare Fische oder Fischteile. Schmecken spezifisch nach Rauch und leicht bis stark salzig. Sind länger haltbar als heißgeräucherte Fische.

Räuchern – Behandeln von Lebensmitteln mit frischem Rauch von verschwelendem, naturbelassenem Holz; ursprünglich zur Verlängerung der Haltbarkeit, heute vorwiegend zur Aromatisierung von Fisch, Fleisch- und Wurstwaren.

Ravioli – italienische Spezialität, kleine Nudelteigtaschen, mit Fleisch und anderen Zutaten gefüllt.

Regensburger – kurze, etwa 60 – 80 g schwere Brühwürstchen.

Remoulade – mayonnaisenartige Soße mit Kräutern und Gewürzen.

Reneklode – syn. Reineclaude, Pflaumensorte, rundliche Form. Schale grünlich bis gelblich.

Rilette – Fleischkonserve; vorgebratenes, fein zerkleinertes Schweinefleisch, mit Fettgewebe, Zwiebeln, Kräutern und Gewürzen zubereitet, mit Schmalz überschichtet.

Risotto – Reisgereicht; Brühreis und Zwiebeln in Fett angedünstet, in Brühe gegart.

Roastbeef – hochwertiges, zum Kurzbraten geeignetes Fleischstück vom Rinderhinterviertel.

Rodonkuchen – feine Backware aus Rührteig, in Napfkuchenform gebacken.

Rohkost – ohne Hitze zubereitete Pflanzenkost.

Rohrnudeln – süßer, zu Klößen geformter Hefeteig, in gefetteter Form im Backofen (ohne Zusatz von Milch) gebacken.

Rohrzucker – aus Zuckerrohr gewonnener Zucker.

Rollbraten – kleinere oder dünne Fleischstücke werden zusammengerollt, oft schon bratfertig gewürzt und durch Fäden oder ein Netz zusammengehalten.

Rollmops – marinierter, gewürzter Hering mit eingerollter Gurke, mit Stäbchen durchspießt.

Rosinen – syn. Sultaninen, Sultanas. Luftgetrocknete abgestreifte Beeren verschiedener Arten der Weinrebe.

Rösti – Schweizer Kartoffelspezialität. Blanchierte oder gegarte Kartoffelstreifen werden gewürzt und in der Pfanne in Form eines kleinen Fladens gebakken.

Rote Grütze – hauptsächlich in Norddeutschland verbreitete Bezeichnung für eine süß-säuerliche kalte Speise aus roten Beerenfrüchten und -säften und Dickungsmitteln wie Speisestärke oder Sago.

Rübenkraut – syn. Rübensirup. Eingedickter Saft von Zuckerrüben.

Rübenzucker – aus Zuckerrüben gewonnene Zuckerart.

Rumpsteak – kurzgebratene, fingerdicke Scheibe vom Roastbeef.

Russisch Brot – Dauerbackware, meist zu Buchstaben oder Zahlen geformt, mit glänzender Oberfläche.

Russische Eier – Zubereitung aus hartgekochten Eiern und Mayonnaise, evtl. mit Kaviar garniert.

S

Saccharin – als Süßstoff verwendetes fein kristallines, weißes Pulver. Höhere Süßkraft als Zucker.

Sacher-Torte – Schokoladentorte mit Marzipan oder geriebenen Mandeln, mit (Aprikosen-) Marmelade gefüllt.

Safran – Gewürz, mit intensiv gelbem Farbstoff.

Sago – gekörnte Stärke. Ursprünglich gewonnen aus dem Mark der Sagopalme oder anderen Palmenarten. In Deutschland vorwiegend aus Kartoffelstärke bereitet und in Sagoform (Körner, Perlen oder Flocken) angeboten. Geschmacksneutral, dient zum Andicken von Suppen und süßer Fruchtgrützen.

Saitling – Dünndarm vom Schaf; sehr zarte, daher zum Mitessen bestimmte Wursthülle.

Salami – schnittfeste, kalt geräucherte Rohwurst.

Salm – Lachs.

Sambal – aus Indonesien stammende scharfe Beigabe zu Speisen.

Samos – Griechischer Likörwein von der Insel Samos.

Sandgebäck – Sammelbegriff für mürbe Backwaren.

Sardelle – Anchovis.

Sauce Béarnaise – syn. Bearner Soße. Soße aus aufgeschlagenem Eigelb mit untergerührter Butter, Schalotten, Estragon, Essig, Wein, feinen Kräutern und Gewürzen; als Beigabe zu gebratenem oder gegrilltem Fleisch und Fisch.

Sauce Hollandaise – Soße aus aufgeschlagenem Eigelb und Butter, nur mit Zutaten wie Salz, Muskat, Zitronensaft abgeschmeckt. Für feine Gemüse sowie helle Fleisch- und Fischgerichte.

Sauerteig – gesäuerter und gärender Teig, dient zur Geschmacksbildung, zum Lockern und Erlangen der Backfähigkeit von Roggenmehl.

Saure Heringe – hergestellt aus ausgenommenen, nicht entgräteten Heringen mit Kopf.

Savarin – ringförmige Backware französischen Ursprungs. Aus hochwertigem gerührtem Hefeteig, nach dem Backen mit Alkohol getränkt, z. T. mit Füllung.

Scampi – italienische Bezeichnung für Kaisergranat.

Selchfleisch – gekochtes, gepökeltes und geräuchertes Schweinefleisch. Von bayrisch-österreichisch selchen = räuchern.

Semmel – Bezeichnung für Brötchen.

Serbisches Reisfleisch – Eintopfgericht aus Fleischstückchen, Reis, Tomaten und Pilzen.

Sherbet – Sorbet.

Sirloinsteak – besonders feines Lendensteak.

Sojabohnen – Hülsenfrüchte der Sojapflanze, erbsenähnlich, Enthalten 20% fettes Öl und bis zu 50% hochwertiges Eiweiß.

Soja-Soße – Würzsoße, ostasiatischen Ursprungs, dunkelbraun, hocharomatisch, vielerlei Verwendung.

Soljanka – berühmte russische Suppe ursprünglich aus Fisch mit Krabben und Muscheln; heute auch als Fleischsoljanka mit (gepökeltem) Rindfleisch. Zubereitung in beiden Fällen mit Tomaten, Steinpilzen, Kapern, Zitronensaft, Dill und saurer Sahne.

Sonnenblumenöl – hellgelbes, klares Öl, angenehmer Geschmack, gewonnen aus Sonnenblumenkernen. Wertvoller Rohstoff zur Herstellung von Margarine.

Sorbet – Schwach gefrorene Speiseeiszubereitung zumeist auf der Basis von Fruchtsäften, auch unter Zusatz von Wein, Schaumwein oder Likör.

Soufflé – Auflauf.

Soufflé glacé – Eisauflauf.

Spätzle – Teigwaren, besondere, unregelmäßige Form.

Spanferkel – auch Milchferkel, junges, noch säugendes Ferkel.

Sukkade – Zitronat.

Sultaninen – Rosinen.

Szegediner Gulasch – Fleischgericht nach Art des Gulasch mit Sauerkraut als Einlage oder Beilage.

SCH

Schabefleisch – Beefsteakhack.

Schalotten – Zwiebelsorte.

Schaltiere – Sammelbegriff für Weichtiere mit kalkhaltigem Gehäuse: Schnecken und Muscheln.

Schaschlik – ursprünglich (türkisch) am Spieß gebratene Hammelfleischstückchen. Heute verschiedene magere Fleisch-, Speck-, Leber- und/oder Nierenstücke sowie Stücke von Paprikaschoten, Tomaten und Gurken.

Schattenmorelle – dunkle Sauerkirschsorte.

Schildkrötensuppe – auch Echte Schildkrötensuppe genannt, hergestellt aus Fleischstücken der Schildkröte, Fond unter Mitverwendung von Rind- und Kalbfleisch zubereitet.

Schillerlocken – 1. Räucherfisch, zubereitet aus den grätenfreien Bauchseiten vom Dornhai.
2. Backware aus Blätterteig, zu Tüten geformt, mit Schlagsahne gefüllt.

Schlackwurst – schnittfeste Rohwurst, geräuchert.

Schlagobers – österreichische Bezeichnung für geschlagene Sahne.

Schlagrahm – Schlagsahne.

Schlagsahne – Sahneerzeugnis mit mindestens 30% Fett.

Schlesisches Himmelreich – Gericht aus geräuchertem durchwachsenem Speck, in Salzwasser mit Backobst gegart, mit Kartoffel-, Semmel- oder Hefeklößen serviert.

Schmoren – kombiniertes Garverfahren von Braten und Kochen. Beim Anbraten in Fett wird das Gut (meistens Fleisch) gebräunt, dann unter Zugabe von Flüssigkeit zu Ende gegart.

Schwammerl – süddeutsche Bezeichnung für Pilze.

Schweineschmalz – aus Fettgewebe des Schweines erschmolzenes Fett: weiß, seidenartig glänzend, streichbar. Von angenehmem, arteigenem Geruch und Geschmack.

ST

Stangenzimt – syn. Kaneel, Gewürz; Rinde des Zimtbaumes.

Stanniol – Zinnfolie, silberglänzende Folie aus extrem dünn ausgewalztem Zinn, heute durch Aluminium ersetzt.

Staubzucker – Puderzucker.

Steak – Sammelbezeichnung für senkrecht bis schräg zur Fleischfaser geschnittene Fleischscheiben, vorwiegend vom Rind.

Sterilisieren – bei Lebensmitteln Konservierungsverfahren mit Hilfe von Hitze.

Sternanis – Gewürz.

Stockfisch – getrockneter Fisch aus bestimmten Arten.

Stuten – Backware aus leichtem Hefeteig, oft in Kastenform gebacken und mit Zusatz von Trockenfrüchten.

T

Tabasco-Soße – Würzsoße auf der Basis von Pfefferschoten, wegen des intensiven Geschmacks Anwendung nur tropfenweise.

Tafelspitz – Wiener Spezialität, gekochte Rinderkeule, in fingerdicke Scheiben geschnitten, mit geriebenem Apfel und Meerrettich sowie Schnittlauchsoße angerichtet.

Tafeltrauben – syn. Weintrauben. Möglichst kernlose Beeren der Weinrebe. Im Gegensatz zu den Kelter Traubensorten zum Frischverzehr kultivierte, meist großbeerige Sorten.

Taschenkrebs – großwüchsiger, zehnfüßiger Meereskrebs, enthält in Scheren und Körper wohlschmeckendes Fleisch.

Tatar – Beefsteakhack.

Terrine – pastetenartiges Vorgericht, besteht meistens aus einer Fleischfarce, die mit Speckscheiben abgedeckt wird. In einer Terrine im Wasserbad gegart.

Thüringer Mett – zubereitetes Hackfleisch vom Schwein.

toasten – syn. rösten: bräunen von Brot durch Wärmestrahlung.

Topfen – Bezeichnung für Frischkäse bzw. Speisequark.

Topfenstrudel – ursprünglich österreichische Spezialität aus Strudelteig mit Quarkfüllung in länglich-flacher Form, häufig mit Trokkenfrüchten.

Tortellini – italienische Spezialität, Nudelringe, gefüllt mit Fleisch, Käse, Wurst, verschiedenen Gewürzen.

Tournedos – etwa 3 cm dicke Scheiben aus dem Rinderfilet, völlig fettfrei. Kurzgebraten zubereitet.

tranchieren – zerlegen von genußfertig zubereitetem Fleisch, Wild oder Geflügel sowie Fisch in Portionen bestimmter Größe.

Trüffeln – unterirdisch wachsende Würz-Pilze, dienen zum Würzen von Fleischspeisen und feinen Wurstsorten.

V

Vakuum-Verpackung – Packungen, aus denen die Luft durch Absaugen entfernt worden ist. Eingesetzt bei sauerstoff- und aromaempfindlichen Lebensmitteln, z. B. Röstkaffee.

Vol-au-vent – große Blätterteigpastete, mit Ragout gefüllt.

W

Waldmeister – Würzkraut, wildwachsend; wird zur Bereitung von Maibowle verwendet.

Waldorfsalat – Feinkostsalat aus Äpfeln, Sellerie und Nüssen, angemacht mit Mayonnaise. Benannt nach dem Hotel Waldorf-Astoria.

Walnußöl – syn. Nußöl, fast farblos bis gelblich, von angenehmem nußartigem Geschmack. Gewonnen aus Walnußkernen.

Wassermelonen – Südfrüchte mit meist rotem, sehr saftigem Fleisch, bis 15 kg schwer.

Weichseln – dunkle Sauerkirschen.

Weinbeeren – Rosinen.

Weinessig – ausschließlich aus Wein durch Gärung hergestellt.

Wiener – Brühwürstchen. Bezeichnung wird nicht auf die Stadt Wien, sondern auf einen Koch namens Wiener zurückgeführt.

Wiener Schnitzel – Kalbfleischscheibe, mit Ei und Semmelmehl paniert, in der Pfanne gebraten, mit Zitronenscheiben und Kapern serviert.

Windbeutel – sehr lockeres Gebäck aus Brandteig, meist mit Schlagsahne gefüllt und mit Puderzucker bestäubt.

Worcestersoße – syn. Worcestershiresoße. Flüssige Würze, zum Abschmecken von Suppen, Soßen, Eintopfgerichten.

Z

Zigeuner-Soße – Würzsoße auf der Grundlage von Tomatenmark, vielfach mit Paprika und Zwiebeln. Als Beigabe zu Reis, Eier- und Fleischspeisen.

Zimt – Gewürz, hergestellt aus der Rinde verschiedener Arten des Zimt- und Zimtcassiabaumes. Als Kaneel, Stangenzimt/Zimtstangen oder gemahlen.

Zitronat – Sukkade, kandierte Schalen oder Zitronatzitrone, Backzutat.

Zuckerhut – in konische Form gepreßter Zucker (Raffinade), vorwiegend verwendet für Feuerzangenbowlen.

Zuckermais – syn. Gemüsemais, Süßmais, milchreif geerntet. Ganze Kolben werden gedünstet oder gegrillt. Maiskörner als Gemüse, evtl. mit Erbsen gemischt.

Zuckersirup – flüssiger Zucker in höherer Konzentration.

Zuger Kirschtorte – rosafarbige Buttercremetorte, deren Boden und Decke aus Baiser besteht. Die Zwischenlage ist mit Kirschwasser getränkter Biskuitboden.

Zwiebelfleisch – vorwiegend in Österreich bekanntes Fleischgericht aus in Fett gerösteten Zwiebeln und mageren Rindfleischscheibchen.

Rezeptverzeichnis nach Kapiteln

COCKTAILS

Seite

VORSPEISEN

Seite

SUPPEN

Seite

SALATE

Seite

PASTETEN, TERRINEN, MOUSSES

Seite

Pasteten

Terrinen

Mousses

FISCHE, KRUSTEN- UND SCHALENTIERE

Seite

FLEISCH

Seite

WILD UND GEFLÜGEL

Seite

Wild

Geflügel

SOSSEN, DIPS, BUTTERMISCHUNGEN, BROTAUFSTRICHE

Seite

Soßen

Dips

Buttermischungen

Brotaufstriche

SCHNITTCHEN, SANDWICHES, CANAPÉS

Seite

Schnittchen

Sandwiches

Canapés

KLEINE SCHLEMMEREIEN — Seite

SÜLZEN, ASPIK — Seite

DESSERTS

KÄSE-ZUBEREITUNGEN

BROTSPEZIALITÄTEN

SALZIGE KNABBEREIEN

Seite

GETRÄNKE

Seite

PIKANT EINGELEGTES

Seite

LEICHTE KÜCHE

Seite

FEINE SPEZIALITÄTEN

Seite

GARNIERTE PLATTEN/ KALTE BÜFETTS

Seite

Garnierte Platten

Kalte Büfetts

KULINARISCHE IMPRESSIONEN

Seite

KÜCHENRATGEBER

Seite

Rezeptverzeichnis, alphabetisch

A

Seite

B

Seite

C

Seite

D

Seite

E

Seite

F

Seite

G

Seite

H

Seite

I

Seite

J

Seite

K

Seite

L

Seite

M

Seite

N

Seite

O

Seite

P

Seite

Q

Seite

R

Seite

S

Seite

Sch Seite

St Seite

T Seite

U

V

W

Z